检察教育"十三五"规划教材

刑法总则案例释义

XINGFA ZONGZE ANLI SHIYI

韩锦霞／著

中国检察出版社

图书在版编目（CIP）数据

刑法总则案例释义／韩锦霞著．—北京：中国检察出版社，2020.2
ISBN 978-7-5102-2388-4

Ⅰ.①刑… Ⅱ.①韩… Ⅲ.①刑法－总则－案例－汇编－中国
Ⅳ.①D924-105

中国版本图书馆 CIP 数据核字（2019）第 300886 号

刑法总则案例释义

韩锦霞 著

出版发行：	中国检察出版社
社　　址：	北京市石景山区香山南路 109 号（100144）
网　　址：	中国检察出版社（www.zgjccbs.com）
编辑电话：	（010）86423704
发行电话：	（010）86423726　86423727　86423728
	（010）86423730　68650016
经　　销：	新华书店
印　　刷：	北京玺诚印务有限公司
开　　本：	710 mm×960 mm　16 开
印　　张：	20.25
字　　数：	371 千字
版　　次：	2020 年 2 月第一版　2020 年 2 月第一次印刷
书　　号：	ISBN 978-7-5102-2388-4
定　　价：	62.00 元

检察版图书，版权所有，侵权必究
如遇图书印装质量问题本社负责调换

编写说明

2018年我院精品课程《刑法学》获河南省教育厅精品在线课程"刑事案例分析与风险防范"立项,由此,我们的课程建设和改革工作进入了一个新阶段。课程组认真总结了数十年来在教学理念、教学内容、教学方法和教学手段方面的认识、方法、经验和教训,对课程再次进行了新的定位和规划。作为总结继承、改革和发展的一个重要标志,我们组织编写了《刑法教程》《刑法总则案例释义》和《刑法习题集》,以适应新形势、新目标下对刑法学的要求,更好地为后续课程提供必要的基础理论和知识准备,进一步为培养学生的分析问题、解决问题的能力服务。

本书既不是单纯地注释和评论现行刑法条文,也不是简单地分析评说案例,而是从实际案例出发,提出问题并解决问题,以求将理论与实践相结合。通过每一章节后的案例讨论和自测题,使学生既可以从实例分析中明了刑法,又可以从法理中了解实际,帮助学生提高融会贯通、举一反三的能力。

本书在编写过程中得到了领导和同仁的大力支持和帮助。课题组成员刘伟丽教授、高林副教授等帮助收集案例、整理资料,许多地方检察院提供案源,以及责任编辑在编辑本书过程中付出了辛勤的汗水,在此谨致深深的谢忱!

由于水平和学识有限,加之时间匆促,书中难免存在缺点和错误,敬希读者赐教和批评指正。

作 者
2020年1月

目　　录

第一章　刑法基本原则 …………………………………（ 1 ）
　一、罪刑法定原则 ……………………………………（ 1 ）
　二、适用刑法人人平等原则 …………………………（ 4 ）
　三、罪责刑相适应原则 ………………………………（ 6 ）

第二章　刑法的效力 ……………………………………（ 11 ）
　一、我国刑法对外国人在我国领域内犯罪的效力 …（ 11 ）
　二、我国刑法对我国公民在我国领域外犯罪的效力 …（ 14 ）
　三、我国刑法对外国人在我国领域外犯罪的效力 …（ 16 ）
　四、刑法的溯及力 ……………………………………（ 19 ）

第三章　犯罪概说 ………………………………………（ 23 ）

第四章　犯罪客体 ………………………………………（ 28 ）

第五章　犯罪的客观方面 ………………………………（ 32 ）
　一、危害行为 …………………………………………（ 32 ）
　二、因果关系 …………………………………………（ 37 ）

第六章　犯罪主体 ………………………………………（ 44 ）
　一、刑事责任年龄 ……………………………………（ 44 ）
　二、精神病人的刑事责任能力 ………………………（ 49 ）
　三、聋哑人、盲人犯罪与刑事责任 …………………（ 53 ）
　四、醉酒的人的刑事责任 ……………………………（ 55 ）
　五、犯罪主体的特殊身份 ……………………………（ 59 ）
　六、单位犯罪 …………………………………………（ 62 ）

第七章　犯罪的主观方面 …………………………………（68）
一、犯罪故意的概念和特征 …………………………………（68）
二、直接故意的概念和特征 …………………………………（74）
三、间接故意的概念和特征 …………………………………（77）
四、过失犯罪的概念和特征 …………………………………（80）
五、疏忽大意的过失 …………………………………………（84）
六、过于自信的过失 …………………………………………（87）
七、疏忽大意的过失与间接故意的区别 ……………………（90）
八、过于自信的过失与间接故意的区别 ……………………（93）
九、意外事件的概念和特征 …………………………………（97）
十、意外事件与疏忽大意的过失的区别 …………………（100）
十一、意外事件与过于自信的过失的区别 ………………（105）
十二、刑法上的认识错误 …………………………………（107）
十三、对象的错误 …………………………………………（110）
十四、行为错误 ……………………………………………（112）
十五、因果关系的错误 ……………………………………（113）
十六、犯罪目的和犯罪动机 ………………………………（116）

第八章　排除犯罪性事由 …………………………………（120）
一、正当防卫的概念和特征 ………………………………（120）
二、正当防卫开始时间和终止时间的认定 ………………（129）
三、正当防卫必要限度的认定标准 ………………………（133）
四、紧急避险的概念和特征 ………………………………（139）
五、紧急避险是否适用于职务上、业务上负有特定责任
　　的人 ……………………………………………………（144）
六、自招危险特别是故意的犯罪行为招致的危险可否紧
　　急避险 …………………………………………………（146）
七、牺牲他人生命保全本人生命的紧急避险 ……………（148）
八、安乐死的定性 …………………………………………（155）

第九章　故意犯罪过程中的停止形态 ……………………（159）
一、犯罪既遂 ………………………………………………（159）
二、犯罪预备的概念和特征 ………………………………（162）

目　录

　　三、犯罪中止的概念和特征 …………………………………（168）
　　四、放弃重复侵害行为的定性 ………………………………（172）
　　五、犯罪未遂 …………………………………………………（174）
　　六、犯罪着手的认定 …………………………………………（177）
　　七、犯罪未得逞的认定 ………………………………………（180）
　　八、不能犯未遂的认定与处理 ………………………………（183）
　　九、犯罪分子意志以外的原因的认定 ………………………（186）

第十章　共同犯罪 ………………………………………………（190）
　　一、共同故意的认定 …………………………………………（190）
　　二、一方实行过限的共同犯罪如何定罪 ……………………（194）
　　三、内外勾结（非身份者与身份者）共同犯罪的定性 ……（200）
　　四、间接实行犯的定性与处理 ………………………………（204）

第十一章　一罪与数罪 …………………………………………（209）
　　一、一罪与数罪的区分标准 …………………………………（209）
　　二、想象竞合犯与法条竞合犯的区别 ………………………（212）
　　三、牵连犯的构成与处理 ……………………………………（215）
　　四、继续犯与连续犯的区别 …………………………………（219）
　　五、结果加重犯的认定与处理 ………………………………（222）
　　六、吸收犯与牵连犯的区别 …………………………………（225）

第十二章　刑罚的体系和种类 …………………………………（230）
　　一、管制 ………………………………………………………（230）
　　二、死刑 ………………………………………………………（233）
　　三、怀孕妇女的死刑适用 ……………………………………（236）
　　四、未成年人的死刑适用 ……………………………………（239）
　　五、75周岁以上的人的死刑适用 ……………………………（241）
　　六、非刑罚处罚方法——职业禁止 …………………………（245）

第十三章　刑罚裁量 ……………………………………………（248）
　　一、自首的成立条件 …………………………………………（248）

二、投案后不承认，一审审理过程中又承认的，能否认定为自首 …………………………………………………………（250）
　　三、主动交代司法机关还未掌握的余罪是否成立自首 …………（253）
　　四、立功的规定 …………………………………………………（256）
　　五、累犯的构成与处理 …………………………………………（258）
　　六、缓刑期满后又故意犯罪是否构成累犯 ……………………（260）
　　七、数罪并罚的适用 ……………………………………………（263）
　　八、缓刑的规定与适用 …………………………………………（267）

第十四章　刑罚的执行 ………………………………………………（273）
　　一、减刑的适用与条件 …………………………………………（273）
　　二、假释的规定与适用 …………………………………………（279）

第十五章　刑罚的免除 ………………………………………………（285）
　　一、追诉时效的起算和中断 ……………………………………（285）
　　二、已立案的案件起诉时已过追诉时效的应当如何处理 ……（288）
　　三、不受追诉时效期限限制的几种情况 ………………………（289）

参考答案 ………………………………………………………………（294）

参考书目 ………………………………………………………………（313）

第一章 刑法基本原则

刑法的基本原则问题是刑事立法和刑事司法中一个带有全局性、根本性的问题。所谓刑法的基本原则，是指贯穿全部刑法规范、具有指导和制约全部刑事立法和司法意义，并体现我国刑事法治的基本精神的准则。[①] 启蒙运动时期，资产阶级反对封建刑事专擅制度的刑法革命所作出的重要历史贡献，是在近代刑事立法中确立了"罪刑法定原则""罪刑均衡主义"和"刑罚人道主义"三大基本原则。经过几百年的历史验证，以罪刑法定主义为代表的传统刑法原则已经发展为全人类刑事立法的普遍准则，当代世界各国的刑法大都贯彻着这三项基本原则。新中国的刑事立法经过几十年的发展变化，也确立了适合中国社会实际的基本原则。我国刑法的基本原则包括罪刑法定原则、适用刑法人人平等原则和罪责刑相适应原则。

一、罪刑法定原则

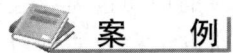

（一）案情简介

被告人魏某，男。被告人赵某，女。被告人魏某与赵某一起到某市招待所，冒充夫妻姘居，并在房间内用带闪光灯的照相机拍摄裸体性交姿态或单人裸体淫秽照片共21张。招待所的工作人员发现后向有关部门举报。经调查，魏某和赵某均已成家，一个偶然的机会两人认识，后便勾搭成奸，曾多次相约出去姘居，并多次用相机拍摄两人性交姿态或单人裸照，但是所拍摄的淫秽照片仅限于两人观看，并没有散发或传播。

（二）问题

我国刑法罪刑法定原则的内涵何在？本案中被告人的行为是否属于犯罪行为？

---

① 高铭暄、马克昌主编：《刑法学》，北京大学出版社2014年版，第24页。

（三）学理分析

罪刑法定原则是近代刑法的基本原则。它是在反对封建特权和司法擅断的斗争中，由资产阶级思想家提出并逐渐完善，最终形成的一项法律原则。罪刑法定原则的思想最早可以追溯到古罗马时代，但第一次被实体法明确规定是在1215年英王约翰签署的大宪章中，而第一次使用"罪刑法定原则"这一概念的是德国的刑法学家费尔巴哈，最早明确将其作为刑法原则体现于刑法中的则是1810年法国刑法。

罪刑法定原则的本质可以用"法无明文规定不为罪，法无明文规定不处罚"这句法律谚语来加以概括。按照通说，罪刑法定有两个基本要求，一是刑法的法定化、实定化，二是条文的明确化。为了贯彻这两个基本要求，罪刑法定原则产生了以下几个派生原则：

第一，排斥习惯法。按照《中华人民共和国宪法》的规定，除了具有立法权限的国家机关以外，其他任何部门、组织和个人不得制定含有犯罪、刑事责任和刑罚制裁内容的法律。也就是说，罪刑法定原则要求刑法必须具有成文法的法典形式，一切习惯刑法和具有刑罚意义的习惯制度都必须废除。习惯法曾是法的主要渊源，早期成文法大都是习惯的法律性总结和记载。但是，在当代法律制度中，要坚决摒弃刑事法律中沿袭习惯法，习惯法只存在于民商事法律中。

第二，排斥绝对不定期刑。定罪的主要目的在于制裁犯罪，落实刑罚。欲严格贯彻罪刑法定原则，不仅罪刑应当法定，与犯罪相联系的刑罚也需要法定。在刑法理论上，通常把没有任何期限或数量限制的刑罚方法称为"绝对不定期刑"，将同特定的犯罪联系在一起并且严格确定具体的期限或者数量，只有一种选择可能的刑罚方法称为"绝对确定刑"，把针对特定的犯罪分别规定有一定的选择范围和量刑幅度的刑罚方法称为"相对确定刑"。由于"绝对确定刑"和"绝对不确定刑"都存在很大的弊端和缺陷，在实践中很少有国家采用。而"相对确定刑"克服了前两种形式法定刑的弊端，便于法官在保证司法统一的基础上，根据具体案情和犯罪人的具体情况，在法定刑的幅度内选择适当的刑种，有利于刑罚功能和目的的实现，因而目前世界各国广泛采用这种刑罚方法。

第三，禁止有罪类推。罪刑法定原则是资产阶级反对刑事专擅主义的产物。因此，"法无明文规定不为罪"的原则本质上是类推的对立面。类推曾是一项长期存在的法律制度，在中国古代刑法中，称为"比附援引"。1979年，中国刑法仍然存在类推制度。直至1997年10月1日，类推制度才在中国刑法中被废除，进而确定了罪刑法定原则。

第一章　刑法基本原则

第四，禁止重法溯及既往。刑法溯及既往，即是采用事后的刑事立法方法来制裁刑法生效前的行为。从逻辑上来看，对于事前的行为，事后的立法本不应该发生适用效力。如果说允许刑法溯及既往，事实上就等于扩大了刑法的适用范围。

对于本案的具体定性，需要结合刑法分则的相关条文与罪刑法定原则来进行。在本案中，主要存在两个问题：一是被告人魏某与赵某两人勾搭成奸的行为是否为法律所禁止？二是被告人魏某与赵某在行奸的过程中，接连多次拍摄淫秽照片的行为是否属于犯罪行为？

在中国古代，两个人勾搭成奸的行为属于通奸行为，并非历朝历代都把通奸行为视为犯罪行为，仅仅是从道德方面加以谴责。1997年10月1日颁布的刑法也并未把通奸行为视为犯罪行为。故此，根据罪刑法定原则的内涵要求，两被告人的通奸行为不是犯罪行为。至于两人在行奸过程中拍摄淫秽照片的行为，刑法中也难以找到渊源，《刑法》仅在第363－365条规定了相关的罪名，但要求必须以牟利或传播为目的。被告人所拍摄、制作淫秽照片的主观目的并非传播或牟利，如果把两人的行为视为犯罪，显然过于勉强。

综上所述，被告人的行为没有触犯刑法的明文规定，应当视二人无罪。

案例讨论

1. 案例一：2005年9月15日，B市的家庭主妇张某在家中利用计算机ADSL拨号上网，以E话通的方式，使用视频与多人共同进行"裸聊"，被公安机关查获。对于本案，B市S区检察院以聚众淫乱罪向S区法院提起公诉，后又撤回起诉。

案例二：从2006年11月到2007年5月，Z省L县的无业女子方某在网上从事有偿"裸聊"，"裸聊"对象遍及全国22个省、自治区、直辖市，在电脑上查获的聊天记录就有300多人，网上银行汇款记录1000余次，获利2.4万元。对于本案，Z省L县检察院以传播淫秽物品牟利罪起诉方某，L县法院以传播淫秽物品牟利罪判处方某有期徒刑6个月，缓刑1年，并处罚金5000元。

关于上述两个网上"裸聊"案，在司法机关处理过程中，对于张某和方某的行为如何定罪存在以下三种意见：第一种意见认为应定传播淫秽物品罪（张某）或者传播淫秽物品牟利罪（方某）；第二种意见认为应定聚众淫乱罪；第三种意见认为"裸聊"不构成犯罪。

问：根据罪刑法定原则，评述上述两个网上"裸聊"案的处理结果。

2. 2003年1月至8月，被告人李某为营利，先后与他人预谋，采取张贴广告、登报的方式招聘男青年做"公关人员"，并制定了《公关人员管理制度》。李某指使他人对公关先生进行管理,并在其经营的"金麒麟""廊桥"及"正麒"酒吧内将多名"公关先生"多次介绍给男性顾客,由男性顾客将"公关人员"带至南京市"新富城"大酒店等处从事同性卖淫活动。关于本案,辩护人提出,刑法及相关司法解释对同性之间的性交易是否构成卖淫未作明文规定,而根据有关辞典的解释,卖淫是指"妇女出卖肉体"的行为。因此,组织男性从事同性卖淫活动的,不属于组织"卖淫",依照罪刑法定原则,李某的行为不构成犯罪。而法院认为,卖淫就其常态而言,虽是指女性以营利为目的,与不特定男性从事性交易的行为,但随着立法的变迁,对男性以营利为目的,与不特定女性从事性交易的行为,也应认定为卖淫。对卖淫作如上界定,并不违背罪刑法定原则。

问:如何理解罪刑法定原则?

自 测 题

甲在某证券交易大厅偷窥获得在该营业部开户的乙的资金账号及交易密码后,通过电话委托等方式在乙的资金账号上高吃低抛某一只股票,同时通过自己在证券交易部的资金账号低吃高抛同一只股票,造成乙损失30万元,甲从中获利20万元。对甲应当如何处理?(   )

A. 属于法无明文规定的情形,不以犯罪论处
B. 以盗窃罪论处
C. 以故意毁坏财物罪论处
D. 以操纵证券价格罪论处

二、适用刑法人人平等原则

案 例

(一)案情简介

2015年6月11日,天津市第一中级人民法院依法对周永康受贿、滥用职权、故意泄露国家秘密案进行了一审宣判,认定周永康犯受贿罪,判处无期徒刑,剥夺政治权利终身,并处没收个人财产;犯滥用职权罪,判处有期徒刑7年;犯故意泄露国家秘密罪,判处有期徒刑4年,三罪并罚,决定执行无期徒刑,剥夺政治权利终身,并处没收个人财产。

(二)问题

我国刑法中适用刑法人人平等原则的内涵何在?本案中法院对被告人行为

的认定是否体现了适用刑法平等原则？

（三）学理分析

"法律面前人人平等"的口号，起源于新兴资产阶级强烈的人权认识。在启蒙运动时期，法国和英国的启蒙思想家卢梭和洛克等人首先系统地阐述了"天赋人权"的思想观念。1789年的法国人权宣言中全面确认了法律面前人人平等这一原则。今天，法律面前人人平等原则已经成为一项重要的宪法性原则。所有法律的适用都应体现这一原则的精神。基于刑法的适用直接关系到公民一定自由的剥夺甚至关系到个人的生杀予夺，宪法的这一原则能否在刑法适用领域内得到彻底贯彻，就更为引人注目。《刑法》第4条明确规定："对任何人犯罪，在适用法律上一律平等。不允许任何人有超越法律的特权。"这就是适用刑法人人平等原则。

适用刑法人人平等原则的基本含义是：任何人犯罪，都应当受到法律的追究；同样情节的犯罪人，在定罪处罚时应当平等；任何人受到犯罪的侵害，都应当依法受到保护，而且被害人同样的权益应当受到刑法同样的保护；任何人不得享有超越法律规定的特权，不得因犯罪人或者受害人的特殊身份、地位、或者不同出身、民族、宗教信仰等而对犯罪和犯罪人予以不同的刑罚适用。

当然，该原则并不否定因犯罪人或被害人特定的个人情况而在立法上、司法上允许定罪量刑有所区别，如对累犯从重处罚、对未成年人从轻处罚等。

根据这一原则，任何人实施危害社会的行为，只要该行为符合犯罪构成的全部构成要件，都应当被认定为犯罪，也都应该按照犯罪构成要件事先确定的罪名定罪处罚，并且在任何条件下都应当坚持犯罪构成要件的统一标准，不允许任何人有超越法律的特权。本案的被告人周永康是中共中央政治局原常委、中央政法委原书记，他虽然身为高级领导干部，却没有严格履行自己的职责，辜负了党和人民的重托，利用手中掌握的权力为个人谋取私利，走上了犯罪道路。对于周永康案件，司法机关在适用法律上体现了平等原则，没有因为他是高级领导干部而姑息他的犯罪行为。首先在定罪上平等，周永康在担任中国石油天然气总公司副总经理，中共四川省委书记，中共中央政治局委员、公安部部长、国务委员和中共中央政治局常委、中央政法委书记等职务期间，利用职务上的便利，为他人谋取利益，非法收受他人巨额财物的行为完全符合刑法规定的受贿罪的犯罪构成。其次，在量刑上也充分体现了适用刑法平等的原则。周永康利用职务的便利，直接或通过家人收受巨额贿赂，受贿共计折合人民币1.29772113亿元，数额特别巨大，其犯罪行为情节严重。天津市第一中级人民法院经审理认为，周永康受贿数额特别巨大，但其归案后能如实供述自己的罪行，认罪悔罪，绝大部分贿赂系其亲属收受且其系事后知情，案发后主动要求亲属退赃且受贿款物全部追缴,具有法定、酌定从轻处罚情节;滥用职权,犯罪情节特别严重;故意泄露国家秘密,犯罪情节特别严重,但未造成特别严重的后果。根据周永康犯罪的事实、性质、情节和对于社会的危害程度,因此法院的判决是适当的。

2002年1月29日、2月23日,某大学机电系四年级学生刘某先后两次用火碱、硫酸将北京动物园的5只熊烧伤,其中一头黑熊双目失明。硫酸伤熊事件发生后,社会各界议论纷纷,很多人认为应该从重处罚刘某。但是,2002年4月30日,北京市西城区人民法院判处被告人刘某犯故意毁坏财物罪,免予刑事处罚。

问:法院这样判决是否违反平等适用原则?是否说明刘某拥有法外特权?假设有很多人认为刘某很有才华,如果坐牢太可惜了,因此请求法院对其违法轻判,是否可以?

某日,王某和李某共同串通抢劫路人周某的钱财(价值1万元),二人共同实施抢劫,情节相同。但法院审理此案时,考虑到王某是县政府副县长的儿子,因此判王某犯抢劫罪,判处3年有期徒刑,而判李某犯抢劫罪,判处5年有期徒刑。该法院的做法违背的原则是哪项?( )

A. 罪刑法定原则
B. 罪责刑相适应原则
C. 惩办与教育相结合的原则
D. 刑法面前人人平等原则

三、罪责刑相适应原则

案 例

(一)案情简介

被告人薄熙来身为国家工作人员,接受唐肖林、徐明请托,利用职务便利,为相关单位和个人谋取利益,直接收受唐肖林给予的财物,明知并认可其家庭成员收受徐明给予的财物,其行为已构成受贿罪;薄熙来身为国家工作人员,利用职务便利,伙同他人侵吞公款,其行为已构成贪污罪;薄熙来身为国家机关工作人员,滥用职权,致使国家和人民利益遭受重大损失,其行为已构成滥用职权罪,情节特别严重。公诉机关指控薄熙来受贿人民币20447376.11元、贪污人民币500万元、滥用职权的事实清楚、证据确实、充分,指控罪名成立,但指控薄熙来认可其家庭成员收受徐明给予的财物中,计人民币1343211元因证据不足,不予认定。对薄熙来所犯受贿罪、贪污罪、滥用职权罪,均应依法惩处,并数罪并罚。薄熙来受贿、贪污所得赃款赃物已分别追缴或抵缴。鉴于其用于购买枫丹·圣乔治别墅的受贿所得赃款系以其依法应予没收的财产抵缴,故该别墅作为犯罪所得应当继续追缴。根据薄熙来犯罪的事实、性质、情节和对于社会的危害程度,依照《中华人民共和国刑法》第385条第1款、第386条、第382条第1款、第383条第1款第(一)项及第2款、第397条第1款、第25条第1款、第61条、第57条第1款、第59条、第69条、第64条之规定,一审法院判决如下:

一、被告人薄熙来犯受贿罪,判处无期徒刑,剥夺政治权利终身,并处没收个人全部财产;犯贪污罪,判处有期徒刑15年,并处没收个人财产人民币100万元;犯滥用职权罪,判处有期徒刑7年;决定执行无期徒刑,剥夺政治权利终身,并处没收个人全部财产。

二、扣押、冻结在案的受贿所得赃款赃物及用于抵缴受贿所得赃款的被告人薄熙来财产共计折合人民币20447376.11万元依法上缴国库;贪污所得赃款人民币500万元依法返还辽宁省大连市人民政府;其余部分作为薄熙来个人财产依法予以没收。

三、被告人薄熙来受贿所得赃款购买的位于法国戛纳松树大道7号的枫丹·圣乔治别墅继续追缴,予以没收。①

(二)问题

罪责刑相适应原则的含义是什么?

(三)学理分析

罪刑相适应的思想在古代就已经存在,"以牙还牙,以眼还眼"就是古代罪刑相适应的写照,其产生是基于因果报应观点。意大利刑法学家贝卡里亚系统地阐述了罪刑相适应的思想——"如果说,对于无穷无尽、暗淡模糊的人类行为组合可以应用几何学的话,那么也很需要有一个相应的、由最强到最弱

---

① 《薄熙来案一审判决书》,载《人民网》2013年9月22日。

的刑罚阶梯。"①

犯罪是一种客观的社会危害行为，刑罚则是直接作用于犯罪的法律制裁，而接受刑罚惩罚的犯罪人同时又是一个享有基本权利的社会成员。也就是说，对犯罪的制裁必须同犯罪分子所造成的社会危害保持特定的量的平衡关系，否则，刑罚就没有任何适用的依据和标准。经过历史的检验，罪责刑相适应原则也就蕴涵了这样的含义：犯什么样的罪，就应当承担什么样的刑事责任，法院也应当判处其相应轻重的刑罚，做到重罪重罚，轻罪轻罚，罪刑相称，罚当其罪。

同时，罪责刑相适应原则的现代命题也提出以下基本要求：一是刑罚只适用于犯罪。刑罚是一种特殊的制裁方法，无论是原始的复仇主义还是绝对的报应论，无论是古典功利主义的刑罚目的论还是当代社会的制裁防卫论，一切同罪刑相适应原则相关联的刑罚思想，所体现的共同准则就是刑罚只能适用于犯罪。二是刑罚必须同犯罪相适应。在刑事立法上贯彻罪刑相适应原则，首先需要明确各类犯罪社会危害性的差异，区分犯罪的轻重；其次，需要针对不同的犯罪，确定明确的、与其危害性相适应的刑罚方法及其可以裁量的范围；最后，刑法所确定的各种刑罚方法之间必须保持量的递进性和相互之间的平衡性，以便全面适应复杂的犯罪现象。三是量刑必须同刑罚目的相适应。量刑既是对犯罪行为的刑罚性评价，又是对刑罚执行的限定。因此，量刑的过程应当是罪刑相适应原则的具体反映。但是，量刑又同刑罚的根本目的相联系，刑罚预防犯罪的目的只有通过具体的刑罚裁量才能得到现实的实现。②

受贿罪是指国家工作人员利用职务上的便利，索取他人财物或者非法收受他人财物，为他人谋取利益的行为。关于受贿罪的处罚，《刑法》第386条规定："犯受贿罪的，根据受贿所得数额及情节，依照本法第383条的规定处罚。索贿的从重处罚。"《刑法》第383条第1款规定："对犯贪污罪的，根据情节轻重，分别依照下列规定处罚：（一）贪污数额较大或者有其他较重情节的，处3年以下有期徒刑或者拘役，并处罚金。（二）贪污数额巨大或者有其他严重情节的，处3年以上10年以下有期徒刑，并处罚金或者没收财产。（三）贪污数额特别巨大或者有其他特别严重情节的，处10年以上有期徒刑或者无期徒刑，并处罚金或者没收财产；数额特别巨大，并使国家和人民利益遭受特别重大损失的，处无期徒刑或者死刑，并处没收财产。"其第2条规

---

① ［意］切萨雷·贝卡里亚：《论犯罪与刑罚》，黄风译，中国大百科全书出版社1993年版，第66页。

② 陈浩然：《理论刑法学》，上海人民出版社2000年版，第81~83页。

定:"对多次贪污未经处理的,按照累计贪污数额处罚。"

但是,对于贪污犯与受贿犯的量刑不能单纯从犯罪所得数额上比较而确定量刑。对受贿罪如何掌握量刑的标准,特别是掌握死刑的标准,是一个十分重要的问题。根据近年来的审判实践,对于受贿罪的量刑,特别是对死刑的掌握,应当从犯罪的事实、犯罪的性质、情节和对社会的危害程度全面衡量来决定刑罚,主要应注意以下几个方面的问题:

1. 受贿数额的大小

受贿数额客观地反映了案件事实,同时也反映了被告人主观恶性的大小,它是体现犯罪情节的一个重要方面。受贿数额大,反映被告人主观恶性深,社会危害大,量刑时就应判处较重刑罚。受贿数额小,一般情况下反映主观恶性及社会危害较小,量刑时应判处较轻刑罚。2016年4月最高人民法院、最高人民检察院《关于办理贪污贿赂刑事案件适用法律若干问题的解释》第1条规定:贪污或者受贿数额在3万元以上不满20万元的,应当认定为刑法第383条第1款规定的"数额较大",依法判处3年以下有期徒刑或者拘役,并处罚金。第2条规定:贪污或者受贿数额在20万元以上不满300万元的,应当认定为刑法第383条第1款规定的"数额巨大",依法判处3年以上10年以下有期徒刑,并处罚金或者没收财产。第3条规定:贪污或者受贿数额在300万元以上的,应当认定为刑法第383条第1款规定的"数额特别巨大",依法判处10年以上有期徒刑、无期徒刑或者死刑,并处罚金或者没收财产。

2. 受贿情节的轻重

受贿数额的大小是受贿情节的重要组成部分,但并不是全部情节。被告人在受贿中的具体表现,有无索贿以及其他一些相关的情节,也是表现之一。另外,被告人没有索贿的情节,但从其受贿的细节看其情节是比较恶劣的。

3. 给国家造成的损失

给国家造成损失的大小,是受贿情节的一个重要方面,也是决定刑罚的一个重要因素。特别是因受贿而给国家造成的经济损失有时往往要大于贪污犯罪,这也是受贿犯罪数额不能简单与贪污数额比较而确定刑罚的重要原因。被告人薄熙来为了个人的利益,置国家、单位利益于不顾,犯罪情节特别严重。

4. 是否具有法定的从轻、从重处罚的情节

罪犯认罪态度如何,有无自首、立功表现,也是量刑要掌握的重要方面。从该案情况看,他人之所以送给薄熙来财物,就是看重其手中的权力。被告也正是利用手中的权力,大肆收受对方的财物,为他人谋取利益。

据以上分析,以当时的法律规定,法院的判决是完全正确的,较好地体现了罪责刑相适应的基本原则。

案例讨论

2007年1月,张某、余某为还债而谋划绑架勒索。然而经过一番矛盾与挣扎后,余某趁张某不在,把3个被绑架的孩子都放了,并且把自己身上仅剩的20元钱给了孩子用作车费。2007年5月24日,云南省呈贡县人民法院对张某、余某绑架案进行了开庭审理,对张某、余某绑架案进行了宣判:以绑架罪判处余某有期徒刑6年,并处罚金3万元;张某则被判处有期徒刑12年,并处罚金6.5万元。

问:对于这个"善良绑匪"该不该从轻发落据媒体报道后,在社会各界引起广泛争议。分析该案判决是否符合罪刑相适应原则。

自测题

下列哪种情形体现了罪刑相适应原则?( )
A. 对累犯从重处罚
B. 对自首、立功的从宽处罚
C. 对中止犯处罚轻于未遂犯、预备犯
D. 对不满18岁的人犯罪,应当从轻或者减轻处罚

第二章 刑法的效力

刑法的效力范围又称刑法的适用范围,是指刑法在时间、空间范围的效力。刑法的效力范围涉及国家主权、民族关系、新旧法律的关系问题,是刑事法律和刑法理论中的一个重要问题。刑法的效力范围明确规定在我国《刑法》第 6 条至第 12 条中。

一、我国刑法对外国人在我国领域内犯罪的效力

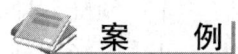 案 例

(一) 案情简介

1. 唐纳,23 岁,外国人,系某医科大学留学生。某年 5 月 13 日,唐纳遭到另一名留学生约翰殴打后,蓄意报复。6 月 10 日晚 7 时许,唐纳得知约翰在宿舍会客,便手持木棒敲门。约翰将门打开后,唐纳用木棒击打约翰。约翰挣脱后,会同本国留学生芬利等 7 人,手持木棒等器械,聚集在留学生宿舍楼。唐纳也和该国留学生 5 人手持木棒和尖形刀具,聚集在留学生宿舍楼,双方发生殴斗。在厮打中,唐纳用尖形刀具乱刺,刺中对方留学生芬利的上腹部,创伤透入胸腔,经抢救无效死亡。

2. 被告人奥格雷,男,33 岁,苏联人,副驾驶员。1985 年 12 月 19 日,被告人奥格雷与机长乙等机组人员,在苏联境内驾驶 47845 号安—24 型民航客机,执行某市民航局 101/435 航班任务。当飞机飞到东经 118°09′00″北纬 52°40′00″上空时,被告人趁领航员上厕所之际,以机舱出机械故障为由,将机械师骗出驾驶舱,随即锁上驾驶舱门,扭动自动驾驶仪,持刀威逼驾驶飞机的机长乙向中国方向飞行,机长乙被迫改变航向,19 日 14 时 30 分许,该机降落在我国黑龙江省某县某乡农田里。

(二) 问题

外国人在我国领域内犯罪是否适用我国刑法?

(三) 学理分析

世界各国对于本国领域内发生的犯罪，一般都采取有条件的属地主义原则。所谓属地主义，是指以地域为标准，凡是发生在本国领域内的犯罪，无论是本国人还是外国人，均适用本国刑法；反之，均不适用本国刑法。属地原则直接维护了领土主权，但是单纯实行这一原则，无法对本国领域外侵害本国国家和公民利益的犯罪适用本国刑法。因此，大多数国家又在属地原则的基础上采用属人原则、保护原则，并根据国际条约对国际犯罪行使管辖权。对于本国领域内发生的犯罪，原则上适用本国刑法，但是享有外交特权和豁免权的外国人犯罪作为例外；对于在本国领域外发生的犯罪，则附条件地适用本国刑法。我国刑法关于空间效力的规定也是如此。

外国人在我国领域内犯罪，适用我国刑法，但是享有外交特权和豁免权的外国人的刑事责任问题通过外交途径解决。外国人是指不具有中华人民共和国国籍的人，包括具有外国国籍的人和无国籍的人。

我国领域，是指我国国境以内的全部区域，具体包括：（1）领陆，即国境线以内的陆地、岛屿，包括其地下的地层。（2）领水，包括内水和领海。内水包括国境以内的江、河、湖泊，领海基线以内的内海、内海湾、内海峡。领海指与一国海岸或内水相连的在领海基线以外、领海线以内的属于我国主权之下的12海里的海水带及水下地层。（3）领空，即领陆、领水的上空，及于空气空间（大体在100—110公里的高度），不包括外层空间。另根据国际惯例，我国的船舶、航空器亦应视为我国的领域，即所谓的拟制领土。

在我国领域内犯罪，是指犯罪发生地在我国领域内。我国《刑法》第6条第3款规定："犯罪的行为或者结果有一项发生在中华人民共和国领域内的，就认为是在中华人民共和国领域内犯罪。"犯罪行为既包括犯罪实行行为，也包括犯罪预备行为。犯罪结果既包括有形的结果也包括无形的结果；既包括实际发生的危害结果也包括犯罪分子预期的危害结果。只要发生在我国领域就应视为在我国领域内犯罪。

《刑法》第6条第1款规定："凡在中华人民共和国领域内犯罪的，除法律有特别规定的以外，都适用本法。"对于外国人在我国领域内犯罪来说，所谓"法律有特别规定"，是指《刑法》第11条"享有外交特权和豁免权的外国人的刑事责任，通过外交途径解决"的规定。外交特权与豁免权，是指按照国际法或者有关协议，在平等互惠的前提下，为使一国外交代表在驻在国能够有效地执行职务，而由驻在国给予的特别权利和待遇。

根据《中华人民共和国外交特权与豁免权条例》《维也纳外交关系公约》

和《维也纳领事关系公约》，享有外交特权与豁免权的外国人主要包括：

1. 各国驻我国的大使、公使、代办、参赞、武官、三等以上秘书、使馆行政技术人员以及与他们共同生活的配偶以及未成年子女。

2. 应邀来我国访问的外国国家元首、政府首脑、外交部长及其他具有同等身份的官员。

3. 各国驻我国的领事代表和其他领事馆人员。

4. 根据我国签订的条约或协定享有一定外交特权与豁免权的商务代表。

5. 途经或临时留在我国境内的各国驻第三国的外交官。

6. 按照我国有关规定和实践，除外交人员以外，凡依照我国与各国所订条约协定应享有外交特权和豁免权的商务代表，也予以外交官待遇。

上述人员在我国领域内犯罪，不适用我国刑法，但决不意味着我国对上述人员犯罪只能坐视不管。对于上述享有外交特权和豁免权的外国人的刑事责任问题，通过外交途径解决。如要求派遣国召回；建议派遣国依法处理；宣布为不受欢迎的人，限期出境等。

上述两个案例，都属于外国人在我国领域内犯罪的情形。案例1中无论犯罪行为还是犯罪结果都发生在我国境内。案例2中犯罪行为一直延续到我国境内，犯罪结果也发生在我国境内。两个案例中的被告人又不属于享有外交特权和豁免权的外国人。因此，我国司法机关对上述案件有管辖权。另外，根据我国参加的反劫机的国际公约，即1970年11月16日签订的《关于制止非法劫持航空器的公约》（简称《海牙公约》）和1971年9月23日签订的《关于制止危害民用航空安全的非法行为的公约》（简称《蒙特利尔公约》），如发生外国飞机被劫持在我国降落等有关涉外事件，应按我国法律，并结合上述公约的有关规定处理，同时符合我国《刑法》第9条所规定的中国应承担条约义务的范围内，"对于中华人民共和国缔结或者参加的国际条约所规定的罪行，中华人民共和国在所承担条约义务的范围内行使刑事管辖权的，适用本法。"应适用我国刑法，依法追究其刑事责任。

案例讨论

1. 被告人扎美尔·某某·巴托，男，30岁，某国商人。被告人于某年11月25日下午，至中国银行某市分行市中支行，用变造的某国护照和某国西太平洋银行旅行支票计8000元，采取签署上述某国护照上那西·某某姓名的手法，骗兑得美元3242元（折合人民币2.68万余元），人民币1.12万余元。同年11月30日上午，被告人至某饭店外币兑换处，仍采用上述方法，骗兑得人民币8512元。当日下午，被告人又至中国银行某市分行营业处外币兑换处，再次采用上述方法,企图骗兑人民币 1.85 万余元钱款时,被该行工作人员察觉当场扭获而未得逞。

问:我国法院对此案是否有管辖权?为什么?

2. 1991 年和 1996 年,被告人张某(香港人)等人将在内地非法购买的一批枪支弹药偷运到香港。1997 年 9 月,张某等人经密谋并由张子强出资,在广东省汕尾市非法买卖大量炸药、雷管和导火线,偷运香港。此外,张某一伙在广州等地经多次密谋策划后,分别于 1996 年 5 月和 1997 年 9 月在香港绑架了李某、林某和郭某,勒索巨额赎金。在本案中,就走私枪支、弹药罪而言,从内地走私到香港,属于跨境犯罪;就绑架罪而言,预备行为发生在内地、实行行为发生在香港。

问:内地的司法机关对张某案是否具有刑事管辖权?

当开往 A 国的我国国际列车行驶于 B 国境内时,A 国公民甲与 C 国公民乙因争抢靠窗口的座位而发生斗殴,甲愤怒之下用刀将乙捅死。对甲的犯罪行为哪项说法是正确的?( )

A. 可以适用我国刑法　　B. 应当适用我国刑法
C. 不能适用我国刑法　　D. 通过外交途径解决

二、我国刑法对我国公民在我国领域外犯罪的效力

案 例

(一)案情简介

1. 被告人严某,男,38 岁,中国公民,我国驻某国大使馆的汽车司机。被告人严某先后利用驾车去机场接送外国人员、代表团成员的机会,在驻在国首都机场行李处多次进行盗窃,陆续窃得大量外币现钞,以及手表、照相机等财物,共折合人民币 10 万余元。

2. 被告人李某,男,26 岁;被告人王某,男,24 岁。二被告人均系我国公民。某年 10 月,该二人受雇在美国轮船上工作。同月 24 日,轮船停泊在法国某港口后,二人在船上酗酒闹事,不仅不听劝阻还公然杀死制止他们的中国公民张某。

（二）问题

我国公民在我国领域外犯罪是否适用我国刑法？

（三）学理分析

世界各国对于本国人在本国领域外犯罪，一般都采取有条件的属人原则解决刑事管辖权问题。所谓属人原则，是指以人的国籍为标准，凡是本国人犯罪，无论是在本国领域内或在本国领域外，均适用本国刑法。这是基于国家对本国公民的属人优越权而产生的。西方大陆法系国家多采用这一原则。我国刑法关于我国公民在外国犯罪的刑事管辖问题，也是如此规定的。《刑法》第7条第1款规定，中华人民共和国公民在中华人民共和国领域外犯本法规定之罪的，适用本法，但是按本法规定的最高刑为3年以下有期徒刑的，可以不予追究。其第2款规定，中华人民共和国国家工作人员和军人在中华人民共和国领域外犯本法规定之罪的，适用本法。这是我国刑法对属人原则的规定。这里涉及以下三个问题：

1. 中国公民的界定。中国公民，是指取得中华人民共和国国籍的自然人，取得中华人民共和国国籍的外国血统的人，是中国公民。已经取得外国国籍的华人，不是中国公民。

2. 我国普通公民的域外刑事管辖原则。我国普通公民在我国领域外犯罪的，不论按照当地法律是否认为是犯罪，也不论是何种犯罪罪行，或罪轻罪重，还不论侵犯了何国或何国公民的利益，原则上都适用我国刑法。只不过所犯之罪最高刑为3年以下有期徒刑的，可以不予追究。所谓"可以不予追究"，不是绝对不追究而是保留追究的可能性。这里的"最高刑"是指按其罪行应当适用的量刑幅度的最高刑。如果同一条文中有几个量刑幅度时，即按其罪行应当适用的量刑幅度的法定最高刑计算。

3. 我国特定公民的域外刑事管辖原则。国家工作人员或者军人在我国领域外犯罪的，不论罪行轻重、法定刑高低，都适用我国刑法，且不存在可以不予追究的问题。换言之，可以不予以追究的情况只适用于普通公民，不适用于国家工作人员和军人。

上述两个案例都是我国公民在领域外犯罪的情形。在案例1中，行为人严某的盗窃数额特别巨大，依照我国《刑法》第264条规定，处3年以上10年以下有期徒刑，并处罚金。在案例2中，被告人李某和王某二人在美国的轮船上实施故意杀人行为，按照我国《刑法》第232条的规定，其法定最低刑为3年。所以，我国司法机关对两个案件都有刑事管辖权，应当适用我国刑法。

案例讨论

我国河北省政府办公厅副主任丁某去韩国考察时,不小心在宾馆引起火灾,造成重大损失。

问:丁某的行为是否适用我国刑法?

下列哪些行为人应依属人原则适用我国刑法?( )

A. 加拿大人甲 2000 年取得中国国籍,2003 年回加拿大办事时,因发生纠纷将他人打成重伤

B. 我国上海人乙 2002 年取得美国国籍,2004 年去埃及旅游时,抢了一个游人的提包,内有 2000 美元

C. 我国公民丙在泰国旅游时偷窃了一个游客的钱包,内有泰铢折合人民币 800 元

D. 中国公民赵某从甲国贩卖毒品到乙国后回到中国①

三、我国刑法对外国人在我国领域外犯罪的效力

案 例

(一) 案情简介

1. 泰国公民甲在泰国抢劫了中国籍游客王某的一架照相机,为逃脱王某的抓捕,甲用刀将王某刺成重伤。

2. 阮某,系无国籍人,组织武装控制了缅甸边境一些地方种植罂粟,建立毒品加工厂,并将毒品销往北美国家。后阮某进入我国境内旅游观光,被我国公安机关抓获。

(二) 问题

外国人在我国领域外犯罪适用我国刑法的条件和根据是什么?

(三) 学理分析

各国刑法的适用范围,特别是对于外国人在本国领域外犯罪的效力范围,

---

① 侯国云主编:《刑法》,中国政法大学出版社 2007 年版,第 19 页。

按理应由国际法加以规定,但目前由于国际法尚无明确规定,所以只能由各国依本国的国内法来决定。对于外国人在本国领域外犯罪,各国在立法上一般采用保护原则和普遍管辖原则,来确定本国刑法的适用范围。

保护原则,亦称安全原则或保护主义,是指以保护本国利益为标准,主张不论犯罪人是本国人还是外国人,也不论犯罪发生在本国领域内还是本国领域外,只要是侵害了本国国家或公民的利益,都适用本国刑法。该原则更好地贯彻了国家主权原则、拓宽了本国刑法的效力范围,但是当犯罪人是外国人且犯罪行为发生在国外时,就会受到他国主权的限制,与他国的刑事管辖权发生冲突。因而各国刑法在采取这一原则时,都自觉地加以限制。

普遍管辖原则,亦称普遍管辖主义,是指以保护国际社会的共同利益为标准,主张不论犯罪人是本国人还是外国人,也不论犯罪地在本国领域内还是在本国领域外,只要是侵害了国际公约、条约所保护的国际社会的共同利益,缔约国或参加国发现罪犯在其领土之内时便适用本国刑法,行使刑事管辖权。

1. 我国刑法规定的保护管辖权

我国《刑法》第8条规定,外国人在中华人民共和国领域外对中华人民共和国国家或者公民犯罪,而按本法规定的最低刑为3年以上有期徒刑的,可以适用本法,但是按照犯罪地的法律不受处罚的除外。

上述规定表明,外国人在我国领域外对我国国家或者公民犯罪,我国有权管辖,但要注意以下三个问题:

(1) 所谓"外国人",是指不具有中华人民共和国国籍而具有外国国籍的人和无国籍人。取得外国国籍的具有中国血统的华人,是外国人。我国不承认双重国籍。

(2) 外国人在我国领域外若适用我国刑法,必须具备三个条件:一是犯罪行为必须侵犯了我国国家或者我国公民的利益,这是适用我国刑法的前提条件;二是所犯之罪必须是按照我国刑法规定的最低刑为3年以上有期徒刑的重罪;三是按照犯罪地的法律规定也应受处罚。这里的法定"最低刑"是指按其罪行应当适用的量刑幅度的最低刑。如果同一条文中有几个量刑幅度时,即按其罪行应当适用的量刑幅度的法定最低刑计算。

(3) 外国人在我国领域外对我国国家或者公民犯罪,而且按照我国刑法规定的最低刑为3年以上有期徒刑的,是"可以"适用我国刑法,而不是"必须"适用我国刑法。

保护管辖权的适用是有一定困难的,因为犯罪人是外国人,犯罪地点也在外国,如果犯罪的外国人没有在我国领域内被抓获,或者该犯罪人没有被引渡到我国,我国司法机关是无法对其追究刑事责任的。因此,外国人在我国领域外对我国国家或公民犯罪,只限于某些严重的犯罪,才适用我国刑法,而不是对一切犯罪都适用我国刑法。如此规定,既照顾到实际情况,又有利于保护我国国家和公民的合法权益。

在案例1中,泰国公民甲的行为侵害了我国公民的合法权益,触犯了我国刑法,已构成抢劫罪。按照我国《刑法》第263条的规定,抢劫罪的法定最低刑为3年有期徒刑。抢劫罪是一种严重犯罪,各国刑法都将其规定为犯罪加以处罚。因此,对于泰国公民甲的行为,可以适用我国刑法。

2. 我国依据国际条约对国际犯罪行使刑事管辖权

"普遍管辖原则,也叫'世界主义'。最早萌芽于古罗马帝国的尤士丁尼安法典中……17世纪初,被誉为'国际法之父'的休果·格老秀斯(Huge Grotius, 1583—1645),以自然法的观点,从理论上第一次提出并论证了普遍管辖的价值。"① 1997年刑法修订前,我国刑法没有明确规定普遍管辖原则,但是我国先后加入了《东京条约》《海牙公约》《蒙特利尔公约》《联合国海洋法公约》《关于防止和惩处侵害应受国际保护人员包括外交代表的罪行的公约》等国际公约,承担了条约义务,实际上承认了普遍管辖。1997年修订刑法后明确规定了普遍管辖原则,强调我国对缔结或者参加的国际条约所规定的犯罪,在所承担的条约义务的范围内行使管辖权。当然,普遍管辖权的行使在实践中受到如下限制:一是适用该原则的犯罪必须是危害人类共同利益的国际性犯罪;二是管辖国应是有关公约的缔结国或参加国;三是管辖国的国内法也将该行为规定为犯罪;四是罪犯出现在管辖国的领域内。由此可见,普遍管辖原则并不意味着任何国家对任何犯罪都有管辖权。

按照国际条约规定,毒品犯罪是一种严重的国际犯罪,各缔约国都有管辖权。因此,案例2中无国籍人阮某,在我国境外犯走私、贩卖毒品、制造毒品罪,可以适用我国刑法。

 案例讨论

意大利人甲、乙、丙、丁等人在公海上抢劫过往商船,但未曾抢过中国船只。一天,甲等人的贼船停靠在我国港口,被我国警方抓获。

问:根据普遍管辖的规定,分析该案的刑事管辖。

---

① 高铭暄:《刑法学原理》(第一卷),中国人民大学出版社1993年版,第302页。

自测题

1. 下列哪一种行为应依保护原则适用我国刑法？（　）

A. 我国北京人甲 2001 年取得德国国籍，2005 年甲在未与德国妻子离婚的情况下又与一法国人结婚

B. 美国人乙在英国留学时，杀害了一名日本留学生

C. 泰国公民丙在泰国抢劫了中国国籍王某的一架照相机

D. 马来西亚公民丁在马来西亚与我国公民赵某赌博，赢了赵某 30 万元人民币

2. 下列哪些行为可依照普遍管辖原则直接适用我国刑法？（　）

A. 缅甸人甲从缅甸向美国贩卖毒品，2004 年 5 月来我国旅游

B. 日本人乙 2001 年在美国杀死一名韩国人后，为逃避惩罚而周游世界，2005 年来到我国

C. 伊拉克人丙将一架以色列飞机劫持到巴基斯坦，逃跑后于 2006 年来到我国

D. 索马里人丁在索马里海域抢劫过往商船，但未曾抢劫过我国船只，某日来到我国

四、刑法的溯及力

案　例

（一）案例简介

周某于 1992 年盗窃他人财物，共计价值人民币 3000 余元，当时被公安机关取保候审，周某为逃避法律制裁，一直潜逃在外，直至 2006 年 1 月公安机关才将其抓获归案。2006 年 5 月，江苏省睢宁县人民检察院以周某犯盗窃罪向江苏省睢宁县人民法院提起公诉，要求法院依法惩处。

（二）问题

由于本案发生在新刑法实施以前，案发于新刑法颁布以后，该行为应适用哪一部刑法来定罪量刑？

（三）学理分析

刑法的溯及既往的效力，是指刑法生效后，对其生效以前未经审判或者判决尚未确定的行为是否适用的问题。如果适用，就是有溯及力；如果不适用，

则没有溯及力。

关于刑法的溯及力问题，各国所采取的原则不尽一致，大致包括从旧原则、从新原则、从轻原则和从旧兼从轻原则。而我国和大多数国家一样，采用从旧兼从轻原则，即原则上适用旧法，新法没有溯及力，但新法不认为是犯罪或处刑较轻的，则按新法处理。简而言之，该原则从有利于行为人的视角出发审视法律适用问题。具体而言，包括以下几种情况：

1. 当时的法律不认为是犯罪而新刑法认为是犯罪的，适用当时的法律，新刑法没有溯及力。如我国1997年刑法规定了侵占犯罪，而在该刑法实施以前类似的行为只作为行政或民事问题来处理，不认为是犯罪，因此对过去的此类危害行为，按照上述原则不能以犯罪论处。

2. 当时的法律认为是犯罪而新刑法不认为是犯罪的，则适用新刑法，不追究刑事责任，即新刑法有溯及力。如投机倒把罪。

3. 当时的法律和新刑法都认为是犯罪，并且按照1997年《刑法》第四章第8节规定应当追诉的，按行为时法律追究刑事责任，新刑法此时无溯及力；如果行为时刑法和新刑法都认为是犯罪且法定刑完全相同，则适用行为时的法律；如果行为时的刑法处刑比新刑法重时，则适用新刑法，此时新刑法有溯及力。这里所体现的正是从旧兼从轻原则中的从轻。如果刑法规定的某一犯罪只有一个法定刑幅度，法定最高刑或者最低刑是指该法定刑幅度的最高刑或最低刑；如果刑法规定的某一犯罪有两个以上的法定量刑幅度，法定最高刑或者最低刑是指具体犯罪行为应当适用的法定刑幅度的最高刑或最低刑。①

4. 依照当时的法律已经作出生效判决的，该判决继续有效。即使新刑法不认为是犯罪或者处刑较轻的，也不能适用新刑法改变原来的判决。这主要是为了维护人民法院生效判决的严肃性和稳定性。

另外，根据最高人民法院《关于适用刑法时间效力规定若干问题的解释》，以下几种情况应特别注意：

（1）新、旧刑法规定完全相同的，适用旧法。
（2）犯罪行为由新法生效前继续到新法生效后的，适用新法。
（3）在押在案人犯自首、立功、缓刑、假释的撤销，适用新法。
（4）累犯的时限标准，适用新法。

刑法所体现的从旧兼从轻原则是有限度的原则，而不是可以任意适用新旧刑法中有利于行为人的部分规定，否则不利于维护我国刑法的完整性和稳定

---

① 最高人民法院：《关于适用〈刑法〉第12条几个问题的解释》，载《司法文件选编》1998年合订本，第143页。

性。本案例中周某的行为发生在新刑法实施以前，按照1979年《刑法》第151条规定，盗窃、诈骗、抢夺公私财物数额较大的，处5年以下有期徒刑、拘役或者管制。按照1997年《刑法》第264条规定，盗窃公私财物，数额较大或多次盗窃的，处3年以下有期徒刑、拘役或者管制，并处或单处罚金。二者应处的法定主刑不同，附加刑也不同，新刑法有附加刑，而旧刑法无附加刑。对于本案，首先应该比较主刑，新刑法主刑较轻，所以本案应统一适用新刑法，不论附加刑轻重如何。

案例讨论

胡某，原为某银行信用卡业务部工作人员，1996年，胡某与人投资成立公司，胡某出资15万元。在缺乏投资所需资金的情况下，胡某利用职务之便，违规擅自用信用卡透支资金进行经营活动。其中：1996年8月至12月，胡某用张某的10张信用卡共透支100余万元，方法是使用信用卡透支，又反复转卡盖章，至案发时，胡某实际授权透支总额为70万元。

案发后，胡某共退款45万元，尚有25万元未退还。某市人民检察院于1997年9月以胡某犯挪用公款罪和贪污罪提起公诉。法院经审理后认为，胡某利用职务之便，用擅自授权透支的方法挪用公款人民币70万元进行营利活动，其行为构成挪用公款罪。

问：胡某的行为应当适用《关于惩治贪污罪贿赂罪的补充规定》还是1997年刑法？

自测题

1. 关于刑法的溯及力问题，下列哪些说法是正确的？（ ）

A. 甲1995年强奸一名妇女，直到1999年才被破案。经查，1979年刑法和1997年刑法关于强奸罪的规定完全相同。因此，对甲应适用1979年刑法

B. 乙在1997年6月将某人非法拘禁，直到1997年10月才将某人释放，对乙应适用1997年刑法

C. 丙在1995年2月至1997年6月先后盗窃17次，价值20余万元。1997年10月至1998年3月间盗窃9次，价值8万多元，直到案发，对丙应适用1997年刑法

D. 1991年3月丁因犯盗窃罪被判处有期徒刑4年，后被减刑1年，于1994年3月刑满释放。1998年5月丁又犯抢夺罪。丁不构成累犯

2. 《刑法修正案（八）》于 2011 年 5 月 1 日起施行。根据《刑法》第 12 条关于时间效力的规定，下列哪一选项是错误的？（　　）

A. 2011 年 4 月 30 日前犯罪，犯罪后自首又有重大立功表现的，适用修正前的刑法条文，应当减轻或者免除处罚

B. 2011 年 4 月 30 日前拖欠劳动者报酬，2011 年 5 月 1 日后以转移财产方式拒不支付劳动者报酬的，适用修正后的刑法条文

C. 2011 年 4 月 30 日前组织出卖人体器官的，适用修正后的刑法条文

D. 2011 年 4 月 30 日前扒窃财物数额未达到较大标准的，不得以盗窃罪论处

第三章 犯罪概说

我国《刑法》第13条明确规定了犯罪的概念，根据刑法的规定和刑法理论，犯罪是具有严重社会危害性、刑事违法性和应受刑罚处罚性的行为。犯罪的三个基本特征是紧密联系、不可分割的。严重的社会危害性是犯罪的实质特征，刑事违法性是其法律特征，而应受惩罚性是前两个特征的最终归宿。在认定犯罪行为时，三个特征必须同时具备，缺一不可。

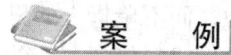

（一）案情简介

被告人刘某于2016年3月7日手持一张信用卡到自动取款机上取款，卡上存有500元人民币，刘某欲取300元。在取款时由于操作失误多加了一个零，取300元变成取3000元。没想到，自动取款机并未因操作失误而拒付，竟吐出3000元，使刘某大为意外。刘某出于好奇，又操作一遍，结果自动取款机又吐出3000元。此时，刘某已经知道自动取款机出现故障，但出于贪心，刘某又先后从自动取款机取出人民币2万元，占为己有。案发后，刘某认为又不是自己到银行去偷钱，是自动取款机把钱主动送给自己，刘某的辩护律师也认为这是一个不当得利的问题，属于民法调整的行为，不构成刑法中的犯罪。

（二）问题

刘某的行为是民法中的不当得利还是刑法中的犯罪行为？

（三）学理分析

犯罪的定义是对犯罪行为基本特征的高度概况，是刑法理论的基本组成部分。但各国对犯罪定义的表述并不相同，从各国规定在刑法中的犯罪定义来看，大致可以分为三种类型：（1）犯罪的形式定义，是指仅从犯罪的法律特征上给犯罪下定义，而不涉及犯罪的阶级性或社会性特征。这种概念指出了犯罪的法律特征，即犯罪是具有刑事违法性、应受刑罚处罚性的行为，而没有规定行为为什么会在刑法中被规定为犯罪，没有揭示犯罪的实质内容，因此被称为犯罪的形式定义。大陆法系国家刑法一般均采用犯罪的形式定义。（2）犯罪的实质定义，指出犯罪是具有社会危害性的、对社会造成损害的行为。因为它揭示了犯罪的实质内容，而没有说明犯罪是违反刑法的行为，没有说明犯罪的刑事违法性，因此被称为犯罪的实质定义。该定义规定在早期社会主义国家的刑法中。（3）犯罪的形式与实质相统一的犯罪定义。在这类定义中，一方面指出犯罪是具有社会危害性的行为，另一方面又规定犯罪是违反了刑法规定的、应当受到刑罚制裁的行为。前者是犯罪的实质特征，后者是犯罪的法律特征即形式特征，因此该概念被称为是犯罪的形式与实质相统一的概念。社会主义国家刑法多采用该模式。

我国1979年旧刑法第10条、1997年新刑法第13条均采用了该概念。根据该概念，犯罪是具有严重社会危害性、刑事违法性和应受刑罚处罚性的行为。但书部分的含义：从量的要求上对犯罪做了限制，只有超过"情节显著轻微危害不大"的程度的，才能构成犯罪，否则就是一般违法行为。

根据我国刑法犯罪概念的规定，可知犯罪乃是一种行为，而不单指人的思想。人的任何一种思想，只要没有见之于行动，对社会尚未造成任何危害，就不构成犯罪。因为思想是人们头脑中的思维活动，如果不通过人的行为，这种思维活动对客观世界没有任何意义，也不会对客观世界起到任何作用，就不会造成任何危害，所以犯罪与思想问题是完全不同的，不能混淆它们之间的界限。错误的思想要纠正，落后的言论要批评，但是纠正和批评必须摆事实、讲道理，以理服人，绝对不能采用刑罚惩罚的手段来解决，以致扩大犯罪范围而造成错案。

犯罪作为一种行为，其具有一般行为的基本特征，即行为人基于一定思想发动于外的一种举止（作为或不作为），但并非一切行为都是犯罪。犯罪行为区别于其他非罪行为的自身独有的基本要点，即犯罪的特征。犯罪行为具有以下三个特征：

1. 犯罪的本质特征——严重的社会危害性

行为具有严重的社会危害性是犯罪最基本的、具有决定意义的特征。所谓社会危害性，是指犯罪人的犯罪行为给法律所保护的社会利益所造成或可能造成的危害。在我国具体表现为对国家安全、公共安全、公民的人身权利、民主权利、各种财产权利、经济秩序和各种社会秩序等的侵犯。行为是否具有严重的社会危害性是区分犯罪与违法行为的根本标准。为了体现犯罪这一本质特征，《刑法》不仅在第13条概念中规定情节显著轻微、危害不大的不认为是犯罪，而且在刑法分则许多条文中以"情节严重""情节恶劣"等作为犯罪构成的要件。因此把握犯罪这一特征时，要注意以下几点：

（1）注意行为有无社会危害性

①看清事物的本质。从事物的本质而非现象上把握行为的性质，如同样造成他人人身伤亡或财产损失的行为，有的可能属于故意杀人、伤害或故意毁坏公私财物，有的可能属于正当防卫、紧急避险或意外事件。因此必须通过现象看本质，从而认定事物的性质。

②综合考虑主客观因素。社会危害性是主观和客观的统一，因此社会危害性首先表现在客观上的危害，造成客观危害结果的行为必须是受行为人主观意志支配下的行为，该行为才构成犯罪。

③要用全局的观点分析行为的性质。社会危害性是由多种因素所决定的，对之不能做片面理解。如某些行为尽管对某些地区、某些单位有益，但如果从全局看不利于社会的发展，仍应认定其具有社会危害性，如有的地区生产销售伪劣产品。

④要有发展的观点。社会危害性是一个历史的范畴，在不同的历史条件下，同样的行为其社会危害性的有无可能发生变化，以前有社会危害性的行为可能变为无社会危害性，以前没有社会危害性的行为可能变为有社会危害性的行为。如投机倒把、证券期货等犯罪。

（2）注意衡量社会危害性的大小

①行为所侵犯的客体即法益。这是决定行为社会危害性大小的首要因素。如有的法益如国家安全一经侵犯就构成犯罪，有的法益如人的健康权等还需要根据其他因素确定行为是否达到严重的程度。

②行为的手段、方法和实施的时间、地点。如有的行为是否采用暴力、威胁的方法实施，如暴力干涉婚姻自由罪，或者是否在特定的时间、地点实施如《刑法》第340条规定的非法捕捞水产品罪、第277条规定的妨害公务罪。

③行为的后果。行为是否可能造成严重的危害结果、造成危害结果的大小是影响行为社会危害性大小的重要因素，即认定行为构成犯罪与否的重要因素。如失火罪。

④行为人的主观因素。如行为人是否具有罪过、罪过的形式如何、是否具有特定动机或目的都影响社会危害性程度，决定了该行为是否构成犯罪。如故意犯罪，处刑就重，过失犯罪，处刑就轻。

⑤行为情节。有时在行为侵犯社会关系比较一般时，还要综合考虑情节这一因素，即情节严重或情节恶劣的才构成犯罪。对情节严重、恶劣与否的认定又需要从行为的手段、方法、后果、行为人的一贯表现、行为人的动机、社会影响等方面综合判断。

综上所述，社会危害性具有以下特征：首先，社会危害性是质和量的统一。社会危害性的"质"表现为犯罪对刑法所保护的法益的侵害，社会危害性的"量"即社会危害性的大小和程度。其次，社会危害性是主观和客观的统一，即犯罪行为的客观危害结果与主观恶性的统一。再次，社会危害性是形式与内容的统一。社会危害性的内容即对社会关系的破坏，形式则是其表现方式多种多样。最后，社会危害性是客观存在与主观评价的统一。

社会危害性的意义表现在以下几个方面：首先，它是犯罪构成的基础，立法者只能将具有严重社会危害性的行为规定为犯罪。其次，它是决定该行为是否属于正当行为的关键。再次，根据《刑法》第13条但书部分的规定区分罪与非罪。最后，量刑时根据社会危害性的大小确定对犯罪人的刑罚。

2. 犯罪的法律特征——刑事违法性

刑事违法性是从行为与刑法规范的角度说明犯罪的特征。刑事违法性指行为违反了刑法规范，即行为符合刑法规定的犯罪构成。这里的"刑法规范"包括刑法和特别刑法。

严重的社会危害性是刑事违法性的前提，刑事违法性是严重的社会危害性在刑法上的表现。

3. 犯罪的法律后果——应受刑罚性（刑罚当罚性）

应受刑罚性是从行为与国家的反应方式的角度说明犯罪的特征。应受刑罚性，是指犯罪行为应当承担刑事责任，受到刑罚制裁。

严重的社会危害性、刑事违法性和应受刑罚性三者是密切联系的。严重的社会危害性是犯罪的基本特征，但如果没有后两个特征，就无法将犯罪和一般违法行为区别开来；刑事违法性是犯罪的法律特征，是严重的社会危害性的法律表现，又是应受刑罚性的前提之一，没有它，社会危害性就无法得到一致的把握，承担刑罚也就没有了法律根据；而应受刑罚性是行为的法律后果，是前两个特征的必然结论，也是前两个特征的最终目的。

本案中，刘某第一次获得3000元人民币，是操作失误所致，具有不当得利性质，但后来他明知自动取款机发生故障，还多次取款，说明其主观上具有非法占有目的，且数额较大，根据《刑法》第264条之规定已经构成盗窃罪，应当追究刑事责任。

案例讨论

1. 被告人李某在某机关任秘书科长期间，与本单位一女干部（有夫之妇）多次通奸，被其同事孙某揭发，李某因此受到党纪政纪处分，因而对孙某怀恨在心，图谋报复。李某先后模仿孙某的笔迹写了三封挂号信寄给境外的敌特机关，信中编造了一些关于我军布防情况的假情报，并且要求提供进行反共活动的经费。然后，又以"知情人"的名字写信给公安局，要求对孙某写挂号信之事进行追查。上述信件后被公安机关截获，并查明是李某所为。

问：被告人李某的行为是否构成犯罪？构成什么罪？

2. 2007年1月28日晚7时，农民工唐某军到宁波市鄞州区古林鄞州银行ATM机，打算将其弟弟唐某光借记卡里的4.49万元余额转到自己的借记卡里。在输入转账金额时，唐某军误将4.49万元输成49.49万元，但ATM机却显示转账成功，而借记卡压根就没有透支功能。唐某军有些不敢相信，但查看了自己的借记卡发现金额确实增加了，于是他不停地转账，直至卡里的金额超过100万元。第二天上午，唐某军再次跑到那台ATM机上转账，直至卡里的金额猛涨至2254586.70元。中午，唐某军将此事告诉了弟弟唐某光。两人决定，先由弟弟唐某光去银行新开户一张卡，唐某军再通过ATM机将自己借记卡里的钱转到新卡上，最后再通过新卡取钱。随后，按照这个方案，唐某军将自己卡里50多万元金额转到新卡里。29日下午唐氏兄弟俩分别从十多家银行取走现金579500元。

问：二被告人的行为是否构成犯罪？构成什么罪？

自 测 题

青年乙于某日晚在一僻静胡同里抢夺了一妇女的手提包，内有人民币3000元。在此案件的案情事实上，对犯罪构成没有意义的有哪项？（ ）

A. 实施了抢夺他人较大数额财物的行为
B. 行为人具有非法占有他人财物的目的
C. 行为人具有刑事责任能力
D. 行为人选择了晚上在僻静胡同里作案

第四章 犯罪客体

犯罪客体是我国刑法所保护、而为犯罪行为所侵犯的法益。犯罪客体是犯罪构成的必要要件。不侵犯任何法益，就意味着不具有社会危害性，也就不能构成犯罪。

在刑法学中，通常把犯罪客体分为三种，即一般客体、同类客体、直接客体。这三者是按照犯罪所侵犯的法益的范围所作的不同层次的概括，是一般与特殊、整体与部分的关系。

案 例

（一）案情简介

甲用汽车非法倒卖香烟被工商行政管理机关连车带货扣押。第二天晚上，甲即带上尖刀、钳子潜入工商所，实施盗窃，试图将自己的汽车盗回。当甲正在用犯罪工具撬车门时，被值班人员发现。当值班人员来抓他时，甲用尖刀刺伤了一名值班人员。

（二）问题

甲的盗车行为侵犯的客体是什么？

（三）学理分析

犯罪客体是我国刑法所保护、而为犯罪行为所侵犯的法益。犯罪客体作为犯罪构成的必备要件之一，说明犯罪危害了什么利益，是犯罪行为具有严重的社会危害性的这一本质的集中体现。任何一种犯罪都必然侵害一定的法益，不侵害客体的行为就是不具备社会危害性的行为。当然也就不可能构成犯罪，犯罪客体的概念揭示了犯罪的本质，说明了它在犯罪构成要件中占有重要位置。

犯罪客体具有以下三个特征：

1. 犯罪客体是一种法益。法益包括权利和利益，其主体包括国家、法人等单位，也包括集体和个人。

2. 犯罪客体是我国刑法所保护的法益。由于法益内容十分丰富，范围特别广，有政治、经济、文化、教育、民族、宗教、伦理等方面的法益，也有财

第四章 犯罪客体

产、婚姻、家庭的法益等，但并非所有的法益都能作为犯罪客体对待，作为犯罪客体的法益，是为刑法所保护的一部分重要的法益，刑法所调整的法益主要是《刑法》第 2 条和第 13 条规定的。

3. 犯罪客体是为犯罪行为所侵犯的法益。刑法所保护的法益无论是物质关系还是思想关系，都是客观存在的。纯粹的客观存在的法益并不是犯罪客体，只有当受到侵害时才能成为犯罪客体，如同样是人的生命，如此人的生命被非法剥夺，该行为构成犯罪；如系被依法判处死刑而被剥夺生命，则这种行为不构成犯罪，两者的区别在于前者侵害了他人的生命权，后者没有侵害他人的生命权，因为此人的生命权已不受法律保护，不再作为权利存在。因此犯罪是犯罪行为所侵犯的法益，如果一个行为不侵犯一定的客体，等于该行为没有社会危害性，也就不能成为犯罪。

从不同的角度，用不同的标准，可以对犯罪客体进行划分。根据犯罪行为所侵犯的法益范围的大小，犯罪客体可分为一般客体、同类客体、直接客体，它们之间是共性和个性的关系，是一般与特殊的关系。

1. 一般客体，即一切犯罪所共同侵害的客体，即我国刑法所保护的法益的整体，而不是某些具体犯罪侵犯的法益的某一部分。在我国任何一种犯罪行为，都从不同的侧面、不同的程度对我国和人民的利益构成了危害，都侵害了我国现行的法律制度和社会秩序。犯罪的一般客体揭示了一切犯罪的共同特征，从整体上说明了社会危害性，从根本上划分了罪与非罪的界限。

2. 同类客体，即某一类犯罪行为所共同侵犯的客体，即某一类犯罪所共同侵犯而为刑法所保护的法益的某一部分或某一方面。

3. 直接客体，犯罪行为直接侵犯的某种具体的法益，即刑法所保护的法益的某一具体部分。任何犯罪都是具体的，任何具体的犯罪都必然侵害具体的法益，揭示了具体犯罪所侵犯的法益的性质，区分此罪与彼罪的重要因素。如同样是盗窃电线的行为，可能由于侵犯不同的直接客体，就构成不同的犯罪。

根据某种具体犯罪侵犯的直接客体的数量，直接客体又可以分为简单客体和复杂客体。复杂客体中又可以进一步分为主要客体和次要客体。

主要客体是指某一行为侵犯的复杂客体中重点保护的法益。主要客体决定犯罪的主要性质。

次要客体是指某一犯罪行为所侵害的、刑法予以一般保护的某种具体的法益。次要客体是在同类性质犯罪中区分此罪与彼罪的依据，同时由于次要客体的存在，刑法往往根据次要客体被侵犯的程度规定了其他类似犯罪的较高的法定性，因此次要客体对定罪量刑具有重要意义。

犯罪客体与犯罪对象不同。犯罪对象是犯罪行为侵害、指向、影响的人、物、信息。如杀人的对象是"他人",而杀人罪的客体是"他人的生命权";盗窃罪的对象是"他人的财物"而客体是"财产权"。二者的主要差异表现为:(1)客体是抽象的,对象是具体的;(2)客体揭示犯罪的本质,对象显示犯罪指向的人、物或信息;(3)所有的犯罪都会损害法益但不一定损害对象,如盗窃电视机不一定损害电视机本身,但损害了他人的财产权;(4)所有的犯罪都存在客体,但不一定有犯罪对象,如脱逃罪。

本案中,甲的盗窃行为侵犯的客体是公共财产的所有权。根据我国《刑法》第91条的规定,在国家机关管理中的私人财产,以公共财产论。本案所涉及的汽车虽然是甲所有,但是,其正处于国家机关的合法扣押中,属于国家机关管理中的私人财产,应以公共财产论。甲盗窃自己所有的、被国家机关依法扣押的汽车,实际上侵犯的是公共财产的所有权,已经构成了犯罪。另外,甲在实施盗窃的过程中,为抗拒抓捕而当场使用暴力,其行为的性质依照《刑法》第269条的规定,已经转化为抢劫罪,应以抢劫罪定罪量刑。

 案例讨论

燕某,男,汉族,15岁,高中学生,某年5月23日早上7时许,犯罪嫌疑人燕某因恼恨同村的同班同学成某代他人向自己要账,心存报复,遂打电话哄骗成某去附近一山神庙玩耍,其随身携带一把菜刀(家中做饭用)前往山神庙,想在山神庙对成某用菜刀进行伤害,后因其先于成某到山神庙,其本人又产生畏惧心理,不敢用刀对成某进行伤害,遂将菜刀藏至山神庙附近一红薯窖旁边的草丛中。待早上7时30分左右成某赶到山神庙后,燕某以其同学李某在红薯窖内上不来为由哄骗成某下到窖内,等成某下到窖底后,遂用十余斤重的石头对成某抛砸,并声称此举是成某要账所逼,成某表示认错后要求上去时,燕某假装答应,等成某上到一半后又用十余斤重的石头对成某抛砸,先后几次向窖内抛砸,听不到成某声音后在窖外声称:成某不出来就在窖外等一天,并继续向窖内扔石头若干块,后其村居民成某某经过时,成某大声呼救才得以脱险,燕某等成某某、成某二人走后,将所带菜刀从草丛中取出扔至红薯窖西北方一沟内返回其家中。

燕某本人供述向窖内扔石头自己没有考虑杀死成某,拿刀是想用菜刀砍他几下,后来因为害怕就把刀藏起来了,用石头砸他,把他砸成啥样,砸死或砸伤,没有想那么多,只是想报复他。

对于本案中燕某的行为认定存在不同意见:第一种意见认为燕某的行为是故意杀人行为,客观方面燕某实施了杀人行为;第二种意见认为燕某的行为足以致使成某伤残或者死亡,但其对成某的伤残或者死亡持放任态度,主观故意应为间接故意,而间接故意需要造成严重后果才构成犯罪,成某的伤情为轻伤,故燕某的行为不构成犯罪。建议对燕某不批准逮捕①。

问:根据犯罪客体的相关理论,分析本案的行为性质。

自测题

甲从正在使用的铁路上偷窃十根枕木,就甲的行为,下列哪些说法是正确的?( )

A. 侵害的对象是枕木
B. 侵害的对象是交通设施
C. 侵害的客体是财物权利
D. 侵害的客体是交通安全

---

① 河南省济源市人民检察院提供。

第五章　犯罪的客观方面

犯罪客观方面是犯罪活动的客观外在表现。犯罪客观方面的事实特征包括危害行为、危害结果以及犯罪的时间、地点、方法等。其中，危害行为是一切犯罪构成不可缺少的要件；危害结果是绝大多数犯罪构成所必需的要件；犯罪的时间、地点、方法仅仅是某些犯罪构成所必需的要件。

一、危害行为

（一）案情简介

1. 吴某（男，45岁）为减少继承父亲遗产的法定继承人的人数，以便分得更多的遗产，便极力怂恿其兄乘坐飞机出差。为达到此目的，吴某甚至自己掏钱为其兄购买飞机票，因为最近一段时间民航客机频繁出事，吴某便希望通过让其兄乘坐飞机而飞机失事，从而达到杀死其兄的目的。其兄为吴某表面的热情所动，遂乘坐飞机外出。果然，飞机因遇到强烈风暴坠毁，其兄也死于空难。吴某突然良心不安，于是到公安机关自首，以致案发。

对于此案，公安机关内部就能否立案发生了分歧。一种观点认为应当立案侦查。理由在于：在此案中，行为人有故意杀人的主观罪过，又实施了一定的行为，而被害人又因为听了吴某的怂恿乘坐了飞机并发生了死亡结果，吴某的行为与其兄的死亡之间存在因果关系。所以，吴某的行为符合故意杀人罪的构成要件，应当立案。另一种观点认为不应该立案。理由在于：吴某的劝导行为并不必然导致被害人的死亡，被害人的死亡纯属意外，因而吴某的劝导行为并不是被害人死亡的原因，二者之间并没有刑法上的因果关系。①

2. 被告人邹某，女，31岁，某县幼儿教师。某年5月25日上午10时，被告人邹某带领4名幼儿外出游玩。走在最后面的一个幼儿李某（男，5岁

---

① 参见陈兴良：《刑法案例教程》，中国法制出版社2007年版，第17页。

半）失足掉入路旁粪池。邹某见状惊慌失措，但不肯跳入粪池中救人，只向行人大声呼救。此时，有一中学生田某（男，16岁）路过此处，闻声后立刻跑到粪池边观看，并同邹某在附近找到一根小竹竿，探测粪池深浅，测得粪水深约75厘米（半人深），但邹、田二人均不肯跳入粪池内救幼儿，只是一起高呼求救。最后，农民范某闻声赶来跳下粪池抢救，但为时已晚，幼儿被救上来时，已经停止呼吸。

（二）问题

刑法上的危害行为是什么？有哪些基本特征？

（三）学理分析

1. 危害行为的特征

根据我国刑法理论，危害行为是指行为人在其意识和意志的支配下实施的具有社会危害性与刑事违法性的身体的动、静或言辞。其特征是：

（1）危害行为是表现于外部的行为人的身体的动、静，这是危害行为的客观外在特征，称为"体素"。这里的身体的动静，包含两方面的行为方式，其中身体的"动"是指身体的举动、外在的动作，而"静"是指身体的静止、消极的行动，如以目示意、默示等。但无论哪一种行为方式都必须能够影响和改变客观事物，必须对社会具有危害性，这是危害行为的法律特征，称为"介素"。如果某些表达思想的言辞方式不可能对他人的思想、行为产生影响，则不能作为刑法意义上的危害行为。

（2）危害行为是人的内在意识和意志的外在表现，即行为人的身体的动静是由行为人的心理态度支配的。这是危害行为的主观内在特征，称为"心素"。危害行为虽然在形态上呈现出客观性、外在性，但它同样是人的思想的体现，是受人的意识和意志支配的，如果不受人的意识和意志支配，即使在客观上造成了危害后果，也不能认定是刑法意义上的危害行为。因此，在睡梦状态下的言语、举动，不可抗力支配下的行为，以及身体受到外力强制下的行动等等，都不具有刑法意义上"危害行为"的内涵。

（3）危害行为是刑法上明文予以禁止的行为，这是危害行为"法定性"的体现，它强调只有被我国刑法所明文禁止的行为，才具有严重危害社会的性质，才能作为刑法意义上的"行为"认定。

上述三个特征是每一个危害行为所必须具备的，缺一不可。

基于上述特征，我们认为下列行为不是危害行为：

第一，缺乏意识和意志因素（主观内在特征）的行为，主要表现为：（1）身体的条件反射行为；（2）睡梦中的言谈举止；（3）意外事件中的行为，由于不能抗拒、不能预见的原因引起的；（4）身体受到暴力强制时的行为。

第二，不具有社会危害性的行为，因缺乏危害行为的"介素"，当然不是危害行为，主要包括：（1）合法行为；（2）正当行为。

2. 危害行为的表现形式

（1）作为。行为人以积极的身体活动所实施的刑法禁止实施的危害行为，是危害行为的一种基本方式，即"不应为而为"。刑法意义上的作为是由人的一系列积极动作所构成的，而不是指某一个别的动作环节，如甲开枪杀害乙的行为，就包括甲接近乙、瞄准、扳动枪机等，即使是过失犯罪如交通肇事罪以作为的形式出现，也只有行为人通过一系列的积极动作，才能使刑法所保护的法益受到损害。

作为，不仅指行为人自己的身体动作，还包括行为人利用动物（狗、蛇），借助自然力（风势、水势），借助不具备犯罪主体条件的他人（精神病人、儿童）或借助他人的过失行为或意外行为（甲推乙顶丙至楼下，致丙死亡）实施犯罪的行为，都应视为利用者或者借助者本人以作为的形式实施的犯罪行为。

（2）不作为。是指刑法要求行为人必须履行实施某种特定积极行为的义务，行为人能够履行而没有履行该义务的行为，即"应为而不为"。不作为除了应当具备危害行为的特征以外，还应当具备以下三个特征：①从主体看，行为人负有实施特定积极行为的法律义务；②行为人有能力履行特定法律义务，这是不作为成立的重要条件；③行为人没有履行作为的特定法律义务，产生了危害后果，行为与危害后果有法律上的因果关系，这是成立不作为犯罪的关键条件。

由此可见，不作为必须以负有某种特定义务为前提。特定义务是指在一定的社会关系内，基于一定的事实与条件产生的要求行为人为一定积极行为的具体法律义务。这种义务产生的根据主要有以下几种：

第一，来源于法律上的明确规定，即行为人所违反的义务是法律所明确规定的。如《刑法》第261条规定的遗弃罪。

第二，职务上、业务上所要求的义务。职务或业务要求的义务范围很广，具体认定要根据职务、行业的管理规定、规章制度而定。认定职务或业务要求的业务，一要注意义务的时限，二要注意义务的对象。如果并非行为人应执行职务或从事业务之时，便不产生义务。此外，作为义务的对象，必须仅限于职务或业务范围之内。

第三，先行行为引起义务。指由于行为人先前实施的某一行为，使刑法所保护的法律利益处于危险状态，行为人此时就负有救护法益、防止危险发生的义务，如将无自救能力的儿童带到危险地带等。

需要注意的是，行为人先前的义务，既包括积极的行为也包括消极行为，既包括故意行为也包括过失行为，还包括合法行为与违法行为。

第四，基于法律地位和法律行为所产生的义务。如对自己管理下的建筑物或动物、对自己监护下的精神病人等，在有发生侵害法益的危险时，管理人或监护人有防止其发生的义务。

由不作为的行为方式构成的不作为犯，可以分为纯正不作为犯与不纯正不作为犯。纯正不作为犯，是指我国刑法明确规定以不作为的方式的危害行为为其构成要件的犯罪。这种犯罪在我国刑法上为数极少，主要是遗弃罪、玩忽职守罪和遗弃伤员罪。不纯正的不作为，是指行为人以不作为的方式去实施我国刑法规定的以作为的方式危害行为为其构成要件的犯罪，必须具备三个条件：一是行为人具有不使符合犯罪构成的危害结果发生的义务，这些义务是法律所要求的或期待的；二是行为人有防止危害结果发生的现实可能性；三是行为人以不作为方式实施的犯罪事实与以作为方式实施的犯罪事实相当。

上述案例1中，被告人吴某主观上虽有致其兄死亡的意图，但在客观上并没有采取杀人行为，而是意图通过飞机失事使其兄死亡，因而不存在刑法上的行为，不构成犯罪。

（3）持有。是指行为人对特定物品进行事实上或法律上的支配、控制。无论是英美法系刑法理论还是大陆法系刑法理论都对"持有"属于危害行为毫无异义，我国刑法也规定了一些持有型犯罪，如《刑法》第128条非法持有枪支弹药罪、第352条非法携带、持有毒品原植物种子、幼苗罪；另外，某些个罪中包含了持有的行为表现，如《刑法修正案（五）》增设的妨害信用卡管理罪，该罪包含了持有伪造的信用卡、持有伪造的空白信用卡等持有行为，《刑法修正案（九）》增设非法持有宣扬恐怖主义、极端主义物品罪，在对持有的表述中，除大部分明确采用"持有"一词外，在个别犯罪中表述为"携带"，这里的携带是指随身持有，也可以是秘密携带。由此可见，携带具有持有的意蕴。[①] 以上规定的特点是，持有对象仅限于刑法规定的某些特殊物品，包括：①非法物品，如伪造的货币；②违禁货币，如毒品、未经灭活的原植物种子、幼苗；③管制物品，如枪支、弹药、管制刀具和爆炸性、易燃性、放射性、毒害性物品；④来源不明的物品，如国家绝密、机密文件、资料和巨额财产。

上述案例2，是一起涉及不作为的案件，被告人邹某对幼儿的死亡负有作

[①] 陈兴良主编：《刑罚适用总论》（上卷），法律出版社1999年版，第290页。

为义务，而田某作为一名过路人，没有特定的作为义务，因而田某不构成犯罪。

 案例讨论

1. 被告人洪某，某市出租汽车公司司机。某年11月20日晚11时许，被告人洪某驾驶的夏利"的士"在大街上招客。当行至某市谢家村路口时，遇一中年男子（何某，某工厂司机）招呼自己的汽车，洪某即停车。何某将一大量失血并已昏迷的老人抱上洪某的汽车后座，并说是自己撞伤的老人，要求洪某驱车前往省第二医院抢救。当车行驶10分钟到达阳明路时，何某要求洪某停车稍候几分钟，称自己去附近找一熟人一并前去医院帮忙，被告人洪某应允，当即停车等候。当时已过深夜12时，被告人洪某等候约30分钟后，见情况不妙，怀疑何某已逃逸，便乘夜深无人之际，将伤重老人弃于附近大街上。第二天交通警察发现老人尸体，经法医鉴定属失血过多致死。后公安机关将何某和被告人洪某一并缉获。检察机关以故意杀人罪对何某和洪某提起公诉，人民法院最后对何某作出故意杀人罪的判决，宣布洪某无罪。

问：洪某是否构成犯罪？

2. 被告人王某，男，36岁，工人。王某晚上经常做噩梦。某晚，王某晚上又做噩梦，梦见自己与一头恶狼奋力搏斗，最后竭尽全力扼住狼颈才将其制服。第二天清早醒来后，发现其妻已经死亡，悲痛惊慌中急忙向公安机关报案。经过调查验证，其妻系外力扼住脖子致机械性窒息死亡，凶手为王某。

问：运用所学原理分析王某是否构成犯罪？

自测题

1. 下列行为人的行为中哪些属于刑法上的不作为？（ ）

A. 甲骑自行车将乙撞伤后扬长而去，乙因未得到及时救助而死亡

B. 丙在路边捡拾一个婴儿抱回家中，后见该婴儿有病，又将该婴儿扔到路边

C. 丁见年迈的父亲生病，假装不知，不对父亲进行医治，后其父的身体自行恢复

D. 戊与妻因故争吵，妻声称"不活了"，当着戊的面将毒药喝下。戊不管不顾，喝酒睡觉。妻死亡

2. 下列与不作为犯罪相关的表述，哪一选项是正确的？（ ）

A. 警察甲接到报案：有歹徒正在杀害其妻。甲立即前往现场，但只是站

在现场观看,没有采取任何措施。此时,县卫生局副局长刘某路过现场,也未救助被害妇女。结果,歹徒杀害了其妻。甲和刘某都是国家机关工作人员,都没有履行救助义务,均应成立渎职罪

B. 甲非常讨厌其侄子乙(6岁)。某日,甲携乙外出时,张三酒后驾车撞伤了乙并迅速逃逸。乙躺在血泊中。甲心想,反正事故不是自己造成的,于是离开了现场。乙因得不到救助而死亡。由于张三负有救助义务,所以甲不构成不作为犯罪

C. 甲下班回家后,发现自家门前放着一包来历不明、类似面粉的东西。甲第二天上班时拿到实验室化验,发现是海洛因,于是立即倒入厕所马桶冲入下水道。甲虽然没有将毒品上交公安部门,但不构成非法持有毒品罪

D. 《消防法》规定,任何人发现火灾都必须立即报警。过路人甲发现火灾后没有及时报警,导致火灾蔓延。甲的行为成立不作为的放火罪

3. 甲女得知男友乙移情,怨恨中送其一双滚轴旱冰鞋,企盼其运动时摔伤。乙穿此鞋运动时,果真摔成重伤。关于本案的分析,下列哪一选项是正确的?（　　）

A. 甲的行为属于作为的危害行为
B. 甲的行为与乙的重伤之间存在刑法上的因果关系
C. 甲具有伤害乙的故意,但不构成故意伤害罪
D. 甲的行为构成过失致人重伤罪

二、因果关系

案　　例

（一）案情简介

甲在某饭店就餐时,与乙发生口角,甲揪拽乙衣领而相互撕扯,后被人劝开。乙离开饭店后,甲又追及,从后边用手杵乙肩、颈、背部并揪乙衣领,摁压其头部,致使乙颈部屈曲,随即坐于地上并当即突发死亡。鉴定结论:乙因受外力作用致颈部过屈,引起小脑下后动脉瘤破裂出血,造成颅压增高,压迫脑干致呼吸循环衰竭而死亡。

（二）问题

甲的行为与乙的死亡之间有无因果关系?甲对乙的死亡是否应负刑事责任?

(三) 学理分析

因果关系是刑法中一个极其复杂而重要的问题。刑法上的因果关系，是指危害行为与危害结果之间的引起与被引起的关系。应当从以下两个方面理解：

1. 各种犯罪的法定犯罪构成规定或要求的因果关系，是法定犯罪构成的组成部分

如暴力干涉婚姻自由罪，"引起被害人死亡的，处2年以上7年以下有期徒刑"，这里所说的"引起"是指行为人的行为与被害人死亡之间有因果关系。在我国刑法分则中，凡是使用"致""引起""造成""因而发生"等词语表明危害行为与危害结果的发生之间有因果关系，归纳起来有以下几种：

（1）在所有过失犯罪和某些故意犯罪中，危害结果是犯罪构成的必备要件。如《刑法》第129条规定："依法配备公务用枪的人员，丢失枪支不及时报告，造成严重后果的，处3年以下有期徒刑或者拘役。"本罪是故意犯，但"造成严重后果"是犯罪构成的必备要件。

（2）在以危害结果的发生作为犯罪既遂必要要件的故意犯罪中，危害行为与危害结果之间是否有因果关系是判断既遂、未遂的标准，如故意杀人罪。

（3）在以"情节严重""情节恶劣"为成立要件的犯罪中，危害结果是情节严重或情节恶劣之一，是否存在因果关系，是认定危害行为的情节是否严重或恶劣的一个重要内容。如《刑法》第246条规定："以暴力或者其他方法公然侮辱他人或者捏造事实诽谤他人，情节严重的，处3年以下有期徒刑、拘役、管制或者剥夺政治权利。"

（4）在以"情节特别严重""情节特别恶劣"为加重法定刑的条件的犯罪中，严重危害后果往往是一个特别严重或特别恶劣的情节。如《刑法》第336条规定："未取得医生执业资格的人非法行医，情节严重的，处3年以下有期徒刑、拘役或者管制，并处或者单处罚金；严重损害就诊人身体健康的，处3年以上10年以下有期徒刑，并处罚金；造成就诊人死亡的，处10年以上有期徒刑，并处罚金"成立本条之罪以"情节严重"为要件，如造成"伤、亡结果"，则适用较重的法定刑（3年以上或10年以上）。

（5）在行为犯中，因果关系就不是犯罪构成的客观方面的内容。

2. 客观上存在的因果关系和法定犯罪构成所规定或要求的因果关系相符

在司法实践中，认定刑法上的因果关系，就是从普遍联系的客观世界中，将与法定犯罪构成的因果关系相符合的事实独立出来。正是从这个意义上说，那些虽然不属于犯罪构成但却是分析案件必然涉及的因果关系，认定某一因果关系是不是法定犯罪构成客观方面的因果关系相符，是不是刑法意义上的因果关系，有的案件不可能从一开始就确定行为的性质，进而把因果关系限定在犯

罪行为与危害结果之间。通常因果关系有以下几个特点：

（1）客观性。不管人的主观认识如何，因果关系都是客观存在的。这种客观存在的因果关系人们可以认识，但却不能改变。

（2）相对性。因果关系在实践中并不是简单的一对一的关系，而是表现为因果链条。所以认定因果关系时应当采用简化和孤立的方法，对某一现象从因果链条中抽象出来进行确定、研究。

（3）顺序性。原因必定在前，结果必定在后。必须从危害结果出现以前的危害行为中去寻找原因。

（4）复杂性。辩证唯物论认为，客观事物及其联系形式的多样性，决定了因果关系的多样性。在刑法中，危害行为在表现形式上具有多样性，对行为对象的作用和影响也是多样的，因此，危害结果的发生过程以及表现也都非常复杂。不仅会出现危害行为导致一种危害结果或者多种危害结果发生的情形，而且也会出现其他因素与危害行为导致一种危害结果或者多种危害结果发生的情形。因此，因果关系一因一果只是少数，大多数表现为一因多果、多因一果、多因多果。

（5）条件性。因果关系只有在一定条件下才能发生，危害行为是在一定的时间、地点、条件下发生的，结果是否发生、程度如何，也取决于一定的时间、地点和条件。应当区分原因与条件，原因是决定性因素，条件对结果的发生虽然也起到一定作用，但只是通过原因对结果的产生起促进作用或延缓作用，不起决定作用。

（6）内容的法定性。一般来说，刑法上的因果关系和哲学上的因果关系在内容上是一致的，都是引起与被引起的发展过程。但在多数情况下，刑法上因果关系是一个特定的发展过程，而不是一种简单的引起与被引起的关系。如敲诈勒索罪，必须是由于行为人的恐吓行为，使被害人产生畏惧心理，从而做出有瑕疵的财产处分行为，向行为人交付财物。如果行为人虽然实施了恐吓行为，但被害人并没有因此产生害怕心理，只是基于怜悯之心而提供财物时，则恐吓行为与被害人提供财物之间不具有刑法上的因果关系，只成立敲诈勒索未遂。

如何认定刑法上的因果关系，是中外刑法理论长期争论的问题，存在各种各样的学说，归纳起来主要有以下几种：

第一种：必然因果关系和偶然因果关系。通说认为，当危害行为中包含着产生危害结果的根据，并合乎规律地产生了危害结果时，危害行为与危害结果之间就是必然的因果关系。如甲拿枪对着乙的脑袋射击致乙死亡。当危害行为本身并不包含产生危害结果的根据，但在其发展过程中，偶然介入其他因素，并由介入因素合乎规律地引起危害结果时,危害行为与危害结果有偶然的因果关系。如甲夜间在胡同里拦截乙女,欲行强奸,乙挣脱逃跑,甲在后面追,跑到路口时,一辆卡车正常行驶路过,乙因只顾逃跑,躲避不及,当场被轧死。在这个案件中,甲的强奸行为不包含乙死亡的必然性,同乙的死亡结果之间只存在偶然因果关系。但是,甲不能只负强奸犯罪的刑事责任,对乙的死亡也要承担责任。当然,这并不是说要甲负杀人罪的刑事责任,而是说在处理他的强奸犯罪行为时,对其行为导致乙死亡的结果这一情况在量刑上应予适当考虑。

第二种:直接的因果关系和间接的因果关系。直接的因果关系是指危害行为没有介入中间环节而直接产生危害结果。如甲一把将正在骑自行车的乙推倒,导致乙被摔伤。间接的因果关系是指危害行为通过介入中间环节而间接引起危害结果。如甲乙因故互相推打,甲把乙推倒在地,引起乙的严重心脏病发作,经抢救无效死亡。甲推乙的行为与乙的死亡之间就是一种间接的因果关系。

第三种:简单的因果关系与复杂的因果关系。简单的因果关系,是指一个危害行为直接并合乎规律地引起一个危害结果所形成的因果关系。复杂的因果关系是指两个或两个以上的危害行为造成一个或数个危害结果所形成的因果关系。此种因果关系又分为两种:(1)前后衔接的因果关系。这是指前危害行为引起并支配后危害行为,由后危害行为直接引起危害结果所形成的因果关系。如车主强令司机违章驾驶而发生交通事故。(2)共同作用的因果关系。两个以上同种危害行为,互相结合,产生了某种危害结果,但是,其中每个行为都不可能单独产生该种结果。如被告人李某投毒杀赵某,因药力不足,赵某吃后未死,紧接着芮某(与李某无共谋)又下毒杀赵某,其药力单独也不会毒死赵某,但因李某、芮某所投毒药的协同作用,终于致使赵某死亡。

第四种:条件因果关系。条件因果关系是德、日大陆法系国家在刑法因果关系上的主要观点之一,近年来也被我国一些学者所赞同。该理论认为:只要在行为与结果之间存在"没有前者就没有后者"这种必要的条件关系,就可以认为有刑法上的因果关系。换言之,作为条件的行为必须是有导致结果发生可能性的行为,否则不能承认有条件关系。例如,甲意欲使乙遭雷击死亡,便劝乙雨天到树林中散步,因为下雨时在树林中行走容易遭雷击。乙果真雨天在树林中散步时遭雷击身亡。倘若果真如此,甲的劝说行为也不是乙死亡的条件,因为该行为不具有导致结果发生的可能性。

第五种:中断的因果关系。中断的因果关系,是指在危害行为正在引起危害结果的过程中,介入了另一原因,从而切断了原来的因果关系,行为人只对另外原因介入前的情况负责。例如,甲以杀人故意向乙的食物中投放了足以致死的毒药,但在该毒药还没有起作用时,丙开枪杀死了乙。在此,丙的开枪行为中断了甲的投毒行为与乙的死亡之间的因果关系,甲只负杀人未遂的刑事责任。

在认定因果关系时一定要注意以下几点:

第一,因果关系只是研究某种行为是否某种结果的原因,即所研究的是行为与结果之间的引起与被引起的关系,而不是对行为与结果本身的研究;由于危害行为本身具有法定性,故不能以因果关系的认定取代对危害行为本身的认定。

第二,因果关系是一种客观联系,不以人的意志为转移,行为人是否认识到了自己的行为可能发生危害结果,不影响对因果关系的认定;因果关系又是一种特定条件下的客观联系,不能离开客观条件认定因果关系,行为人是否认识到了特定条件,不能左右对因果关系的认定。

第三,一个危害结果完全可能由数个危害行为造成,因此,在认定某种行为是某种危害结果的原因时,不能轻易否认其他行为同时也是该结果发生的原因;反之,一个危害行为可能造成数个危害结果,所以,在认定某种行为造成了某一危害结果时,也不要轻易否认该行为同时造成了其他危害结果。

第四,在行为人的行为介入了第三者或被害人的行为而导致结果发生的场合,要判断某种结果是否行为人的行为所造成时,应当考察行为人的行为导致结果发生的可能性的大小、介入情况的异常性大小以及介入情况对结果发生作用的大小。

需要注意的是,具备刑法上的因果关系只是行为人对危害结果承担刑事责任的客观基础,行为人是否真正承担责任,还必须查明其主观上是否有罪过。因此,不能把具有因果关系与承担刑事责任混为一谈。

本案中,乙的身体是一个具有潜在危重疾病的特异体质。乙原患有小脑下后动脉瘤疾病,该病瘤体生长在动脉血管上,并与血管腔相通,该动脉瘤体随着年龄增长,瘤体逐渐增大,其瘤体壁不同于正常血管壁,表现为薄、弱、脆性强。由于该瘤体壁的特点,一般稍强的作用力或本人情绪激动、不慎摔倒或过度饮酒等诱因均可导致破裂出血。当甲与乙发生口角后,先是揪拽乙衣领而发生相互撕扯;在被人劝阻乙离开后,其不但没有就此罢手,反而追上,并"揪""拽""撕扯""杵""摁"乙,这明显反映出甲具有伤害的故意。甲的行为与乙的死亡存在因果关系。没有甲的"揪""拽""撕扯""摁""杵"等直接行为,乙不会倒地死亡,因此,本案中甲应被认定为故意伤害致人死亡。

 **案例讨论**

1. 甲在乙的腹部扎了一刀,急忙送乙到一家医院,该医院称血库没有血无法抢救,建议到另一家医院。到另一家医院后,该医院护士称外科大夫均不在,无法抢救,建议其到第三家医院,到了第三家医院后,乙因失血过多而死亡。该医院的医生说,如果当初第一家和第二家医院接诊,采取止血措施,不在路上耽误这三个小时,乙是不会死亡的,并建议死者家属告第一家和第二家医院,请求赔偿。

问:甲对乙的死亡有无因果关系?

2. 丁为杀害李某而打其头部,使其受致命伤,2小时后必死无疑。在李某哀求下,丁开车送其去医院。20分钟后,高某驾驶卡车超速行驶,撞向丁的汽车致李某当场死亡。

问:丁的行为和李某的死亡之间是否存在因果关系?

自 测 题

1. 关于因果关系,下列哪些选项是错误的?( )

A. 甲乘坐公交车时和司机章某发生争吵,狠狠踹了章某后背一脚。章某返身打甲时,公交车失控,冲向自行车车道,撞死了骑车人程某。甲的行为与程某的死亡之间存在因果关系

B. 乙以杀人故意瞄准李某的头部开枪,但打中了李某的胸部(未打中心脏)。由于李某是血友病患者,最后流血不止而死亡。乙的行为与李某的死亡之间没有因果关系

C. 丙与同伙经预谋后同时向王某开枪,同伙射击的子弹打中王某的心脏,致王某死亡。由于丙射击的子弹没有打中王某,故丙的行为与王某的死亡之间没有因果关系

D. 丁以杀人故意对赵某实施暴力,导致赵某遭受濒临死亡的重伤。赵某在医院接受治疗时,医生存在一定过失,未能挽救赵某的生命。丁的行为与赵某的死亡之间没有因果关系

2. 下列关于刑法上因果关系的说法哪些是正确的?( )

A. 甲欲杀害其女友,某日故意破坏其汽车的刹车装置。女友如驾车外出,15分钟后遇一陡坡,必定会坠下山崖死亡。但是,女友将汽车开出5分钟后,即遇山洪暴发,泥石流将其冲下山摔死。死亡结果的发生和甲的杀害行为之间没有因果关系

B. 乙欲杀其仇人苏某,在山崖边对其砍了7刀,被害人重伤昏迷。乙以

为苏某已经死亡,遂离去。但苏某自己醒来后,刚迈开两步即跌下山崖摔死。苏某的死亡和乙的危害行为之间存在因果关系

C. 丙追杀情敌赵某,赵某狂奔逃命。赵某的仇人赫某早就想杀赵某,偶然见赵某慌不择路,在丙尚未赶到时,即向其开枪射击,致赵某死亡。赵某的死亡和丙的追杀之间没有因果关系

D. 丁持上膛的手枪闯入其前妻钟某住所,意图杀死钟某。在两人厮打时,钟某自己不小心触发扳机遭枪击死亡。钟某的死亡和丁的杀人行为之间存在因果关系,即使丁对因果关系存在认识错误,也构成故意杀人罪既遂

3. 关于因果关系,下列哪一选项是错误的?( )

A. 甲故意伤害乙并致其重伤,乙被送到医院救治。当晚,医院发生火灾,乙被烧死。甲的伤害行为与乙的死亡之间不存在因果关系

B. 甲以杀人故意对乙实施暴力,造成乙重伤休克。甲以为乙已经死亡,为隐匿罪迹,将乙扔入湖中,导致乙溺水而亡。甲的杀人行为与乙的死亡之间存在因果关系

C. 甲因琐事与乙发生争执,向乙的胸部猛推一把,导致乙心脏病发作,救治无效而死亡。甲的行为与乙的死亡之间存在因果关系,是否承担刑事责任则应视甲主观上有无罪过而定

D. 甲与乙都对丙有仇,甲见乙向丙的食物中投放了5毫克毒物,且知道5毫克毒物不能致丙死亡,遂在乙不知情的情况下又添加了5毫克毒物,丙吃下食物后死亡。甲投放的5毫克毒物本身不足以致丙死亡,故甲的投毒行为与丙的死亡之间不存在因果关系

第六章　犯罪主体

犯罪主体是实施危害社会行为并且依法应当承担刑事责任的人，包括自然人和单位。我国刑法中具有普遍意义的犯罪主体是自然人主体，单位成为犯罪主体以刑法分则规定为限。犯罪主体又可分为一般主体和特殊主体。一般主体只要求具备刑事责任能力，达到刑事责任年龄的自然人即可；特殊主体不仅要求具备上述要件还要求具有特定的职务或身份。

一、刑事责任年龄

案　例

（一）案情简介

1. 甲，男，生于1989年2月13日，某小学五年级学生。2003年2月11日，正值学校放寒假，甲来到自己读书的小学，见本校低年级学生乙（女，10岁）独身一人在校值班室内，遂起歹心，将乙骗至防空洞内进行猥亵，乙进行反抗，并说要将此事告诉老师。甲用石头将乙砸昏后，又用随身携带的小刀在乙的喉部、胸部和腹部连刺20余刀，并割掉乙的舌头，剜出乙的双眼，致乙当场死亡。

该案发生后，引起当地群众的极大愤慨，社会舆论强烈要求严惩凶手，为死者申冤。对于本案如何处理司法机关有两种不同意见：一种意见认为，甲未满14周岁，不应当承担刑事责任，但应当予以收容教养，并由其法定监护人承担民事赔偿责任。另一种意见认为，甲还差3天满14周岁，与刚满14周岁的人相比，其刑事责任能力已无本质区别，而且甲的杀人手段极为残酷，动机恶劣，不追究刑事责任不足以平民愤。

2. 刘某在未满16岁时，将一人拘禁于山洞中，至16岁以后才将该人释放。对刘某的行为该如何处理？

3. 15岁的张某与20岁的李某共同绑架儿童丙，勒索到5万元后又共同将丙杀害。对张某的行为该如何处理？

第六章　犯罪主体

（二）问题

1. 不满 14 周岁的人实施严重危害社会的行为是否应当负刑事责任？
2. 跨刑事责任年龄的犯罪如何认定？
3. 已满 14 周岁不满 16 周岁的人实施《刑法》第 17 条第 2 款规定以外的犯罪行为该如何处理？

（三）学理分析

刑事责任年龄是指刑法规定的行为人应对自己实施的危害行为负刑事责任所必须达到的年龄。现代各国刑法对刑事责任年龄都有规定，我国刑法对刑事责任年龄阶段采取"三分法"，即完全负刑事责任年龄、相对负刑事责任年龄和完全不负刑事责任年龄。

1. 完全不负刑事责任年龄

根据《刑法》第 17 条的规定，不满 14 周岁的，完全不负刑事责任。不满 14 周岁的人处于幼年时期未具备辨认和控制自己行为的能力，无论他们实施了什么样的危害行为，都不能作为犯罪予以追究。但不等于对此年龄阶段的行为人放任不管，而是依法责令其家长或监护人实施管教，必要时由政府收容教养。

2. 相对负刑事责任年龄

按照《刑法》第 17 条第 2 款的规定：已满 14 周岁不满 16 周岁的人是相对负刑事责任年龄的阶段。此年龄阶段具备辨别大是大非和控制自己重大行为的能力。即对某些严重危害社会的行为具备一定的辨认和控制能力。刑法规定对 8 种犯罪"行为"承担刑事责任，而不是罪名，8 种犯罪"行为"是：故意杀人，故意伤害致人重伤、死亡，强奸，抢劫，贩卖毒品，放火，爆炸，投放危险物质的行为。

刑法的这一规定也是严格的、绝对的，不允许超出这一规定的范围追究行为人的刑事责任，还应当注意以下几点：

（1）上述规定中的"故意杀人"与"故意伤害致人重伤或者死亡"，包括刑法分则所规定的以故意杀人罪、故意伤害罪（达到重伤程度）论处的情形。例如，已满 14 周岁不满 16 周岁的人非法拘禁他人的，并不构成犯罪，但是如果他们在非法拘禁的过程中，使用暴力致人重伤或者死亡的，根据《刑法》第 238 条的规定，应以故意杀人、故意伤害致人重伤追究刑事责任。

（2）上述规定中的"抢劫"是否应限于抢劫财物的犯罪（即抢劫罪）？一种观点认为，《刑法》第 127 条规定的抢劫枪支、弹药、爆炸物、危险物质，在性质上比第 263 条的抢劫财物更为严重，其违法性和社会危害性更为明显，更容易为青少年所认识，应将其包含在第 17 条第 2 款的"抢劫"中。①这一观点具有一定的合理性，但也可能存在两方面的疑问：一方面，《刑法》第 17 条第 2 款并非仅考虑犯罪的严重性，还考虑犯罪的常发性，而已满 14 周岁不满 16 周岁的人一般难以实施抢劫枪支、弹药、爆炸物、危险物质的行为。另一方面，"抢劫"一词通常是指抢劫财物，而不包括抢劫枪支、弹药等。尽管如此，我们仍然认为，这里的"抢劫"宜包含抢劫枪支、弹药、爆炸物、危险物质。理由如下：首先，枪支、弹药、爆炸物、危险物质事实上也属于财物，国外刑法一般将抢劫这类物品的行为认定为抢劫罪，我国刑法考虑到抢劫这类物品的行为更为严重，所以将其从普通抢劫罪中分离出来予以特别规定，这说明规定抢劫枪支、弹药、爆炸物、危险物质罪的法条与规定普通抢劫罪的法条是特别法条与普通法条的关系。易言之，抢劫枪支、弹药、爆炸物、危险物质的行为原本属于普通抢劫罪。其次，如后所述，《刑法》第 17 条第 2 款所规定的是具体犯罪行为，故将抢劫枪支、弹药、爆炸物、危险物质的行为包含在"抢劫"之中，在用语上不存在障碍。再次，将抢劫枪支、弹药、爆炸物、危险物质的行为包含在第 17 条第 2 款中，不会超出国民的预测可能性范围。最后，将抢劫枪支、弹药等行为包含在第 17 条第 2 款中，有利于处理事实认识错误，避免定罪处罚的不公正。

（3）上述规定中的"投放危险物质"包括投放毒害性、放射性、传染病病原体等物质。已满 14 周岁不满 16 周岁的人故意实施放火、爆炸、投放危险物质的行为，符合《刑法》第 114 条的构成要件，即使没有致人重伤、死亡或者致使公私财产遭受重大损失的，也应当负刑事责任。

（4）《刑法》第 17 条第 2 款所规定的 8 种犯罪，是指具体犯罪行为而不是具体罪名。因此，如果已满 14 周岁不满 16 周岁的人所实施的某种行为包含了上述 8 种犯罪行为，则应当根据刑法规定确定其罪名并追究刑事责任。例如，已满 14 周岁不满 16 周岁的人在绑架过程中故意杀人，对其以故意杀人罪论处而不定绑架罪。

已满 14 周岁不满 16 周岁的人实施《刑法》第 17 条第 2 款规定以外的行为，如果同时触犯了《刑法》第 17 条第 2 款规定的，应当依照《刑法》第 17 条第 2 款的规定确定罪名，定罪处罚。② 如被告人甲（1995 年 8 月 13 日出生）于 2011 年 6 月 7 日，为"找点零用钱用"，将邻居王某 1 岁的儿子偷出，然后

---

① 何秉松主编：《刑法教科书》（上卷），中国法制出版社 2000 年版，第 264 页。
② 最高人民法院《关于审理未成年人刑事案件具体应用法律若干问题的解释》，2005 年 12 月 12 日由最高人民法院审判委员会第 1373 次会议通过，自 2006 年 1 月 23 日起施行。

打电话向王某勒索8万元，在要求迟迟得不到满足的情况下，杀害了王某的儿子。后因恐惧向公安机关投案自首。此案中行为人实施的绑架杀人行为似乎构成绑架罪，而该罪并不在8种法定应负刑事责任的罪种中，但甲在绑架过程中的杀人行为属于《刑法》第17条所规定的范围内，所以法庭对甲以故意杀人罪论处。

3. 完全刑事责任年龄

《刑法》第17条第1款规定，已满16周岁的犯罪，应当负刑事责任。已满16周岁的人，具备对自己的行为完全辨认和控制能力，应当对自己实施的一切犯罪行为承担刑事责任。

对于刑事责任年龄，还有几个问题需要注意：

（1）刑事责任年龄的计算。要注意以下几点：①所有年龄一律以公历的年、月、日计算；从生日的第2天起计算，一年12个月；②刑法上规定的是周岁而不是虚岁；③法定的刑事责任年龄不容突破。

（2）刑事责任年龄的确定。一般来说，刑事责任年龄依行为时的年龄来确定，行为与结果不同时的场合，也依行为时进行确定，如果行为有连续或继续状态时，从行为终了之时起计算。

（3）跨年龄犯罪的认定。年满14周岁前后都实施了《刑法》第17条第2款规定的性质特别严重的危害行为，满14周岁前实施的行为不应以犯罪论处；年满16周岁前后都实施了《刑法》第17条第2款之外的危害严重的行为时，满16周岁前的实施行为不应以犯罪论处。如行为人在16周岁前盗窃20000元，满16周岁后盗窃5000元，只能按盗窃5000元追究刑事责任。

上述案例1中，甲的杀人行为，尽管手段残酷，动机恶劣，后果严重，民愤极大，但是甲在实施杀人行为时未满14周岁，因此，按《刑法》第17条的规定，甲对杀人行为不负刑事责任。刑事责任年龄是立法上的绝对性的规定，司法实践中必须不折不扣地执行，不能有任何突破。

案例2涉及跨刑事责任年龄的问题。当刑法禁止的危害行为从一个责任年龄段延续到另一个责任年龄段时，或者行为人在几个责任年龄段都实施了刑法所禁止的危害行为时，就产生了跨刑事责任年龄段犯罪问题。案例2中刘某非法拘禁他人的行为，是一种持续的行为，这一行为从16周岁前开始实施，一直持续到16周岁以后，期间没有间断，这属于跨刑事责任年龄段实施刑法所禁止的行为。按照我国刑法规定，不满16周岁的人实施的非法拘禁行为，不负刑事责任；已满16周岁的人实施非法拘禁的行为应当负刑事责任。刘某于16周岁前非法拘禁他人，不负刑事责任；但其非法拘禁他人的行为延续到满16周岁后。由于对刑事责任年龄的计算，如果行为有连续或继续状态时，从行为终了之时起计算。因此,刘某已满16周岁以后的非法拘禁他人于山洞的行为,已经构成非法拘禁罪,应当负刑事责任。

案例3中,15岁的张某与20岁的李某实施的绑架杀人行为。根据我国刑法的规定绑架罪的犯罪主体为已满16周岁、具备刑事责任能力的人,而本案中张某不满16周岁,因此他的行为不能以绑架罪论处。但根据最高人民法院《关于审理未成年人刑事案件具体应用法律若干问题的解释》第5条的规定,"已满14周岁不满16周岁的人实施刑法第17条第2款规定以外的行为,如果同时触犯了刑法第17条第2款规定的,应当依照刑法第17条第2款的规定确定罪名,定罪处罚"。因此张某的行为构成故意杀人罪。

案例讨论

1. 被告人甲、乙、丙、丁4人,均系某市高中学生。甲、乙、丙、丁等共7名被告人,自2015年夏至2016年冬,分别合伙盗窃作案20起,总价值4900元。其中丙于2015年夏天和冬天伙同他人盗窃4起,总价值3100元,丙分得赃款1600元,作案时丙15岁;丁于2015年秋天伙同他人盗窃2起(包括在丙参与盗窃的4起中),总价值1800元,丁作案时14岁。起诉书以触犯《刑法》第264条规定的盗窃罪认定7名被告人均构成盗窃罪,对作案时15岁审判时17岁的丙判处有期徒刑2年,对作案时14岁审判时16岁的丁判决免予刑事处罚。

问:法院的判决是否正确?

2. 帅某,14周岁前盗窃2000元。14周岁生日那天帅某邀几个朋友吃饭,饭后回家途中看到一行人拿一提包,即拿刀刺伤此人抢走了包,包内有手提电话一部、现金5000元。第二天帅某出去见一吉普车即设法偷走,行驶途中因操作生疏将候车站的三人撞成两死一伤,帅某逃逸。当天下午帅某将汽车以2万元出售。

问:对帅某的行为应如何处理?

自测题

1. 刑法规定,在拐卖妇女、儿童过程中奸淫被拐卖的妇女的,仅定拐卖妇女、儿童罪。15周岁的甲在拐卖幼女的过程中,强行奸淫幼女。对此,下列哪些选项是错误的?( )

A. 刑法第17条第2款没有规定15周岁的人对拐卖妇女、儿童罪负刑事责任,所以,甲不负刑事责任

B. 拐卖妇女、儿童罪包含了强奸罪，15周岁的人应对强奸罪承担刑事责任，所以，对甲应认定为拐卖妇女、儿童罪

C. 15周岁的人犯强奸罪的应当负刑事责任，所以，对甲应认定为强奸罪

D. 拐卖妇女、儿童罪重于强奸罪，既然15周岁的人应对强奸罪承担刑事责任，就应对拐卖妇女、儿童罪承担刑事责任，所以，对甲应以拐卖妇女、儿童罪与强奸罪实行并罚

2. 下列哪些情形应当追究刑事责任？（ ）

A. 15周岁的甲在聚众斗殴中致人死亡

B. 15周岁的乙非法拘禁他人并使用暴力致人伤残

C. 15周岁的丙贩卖海洛因8000克

D. 15周岁的丁使用暴力奸淫幼女

3. 已满14周岁不满16周岁的人实施下列哪些行为应当承担刑事责任？（ ）

A. 参与运送他人偷越国（边）境，造成被运送人死亡的

B. 参与绑架他人，致使被绑架人死亡的

C. 参与强迫卖淫集团，为迫使妇女卖淫，对妇女实施了强奸行为的

D. 参与走私，并在走私过程中暴力抗拒缉私，造成缉私人员重伤的

二、精神病人的刑事责任能力

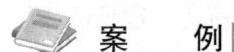

（一）案情简介

1. 杨某某系偏执性精神病人，失去辨认能力和控制能力，一直未能痊愈。一日，杀死公民1人。

2. 犯罪嫌疑人徐某，男，25岁，黑龙江省绥化市北林区人。为吉林省某旅行社一全陪导游。4月1日下午4时许，徐某带着该旅行社一行40人的"夕阳红"旅行团在丽江古城四方街游览。因与昆明某旅行社的随团陪同导游彭某发生争执，彭某弃团离去，徐某情绪激动，继而挥刀连伤20人。伤者包括15名外地游客和导游，5名当地人。事发后，当地警方当场将徐某抓获。伤者被迅速送到丽江市人民医院接受治疗，其中18人伤势稳定，2人伤势严重，生命垂危。①2007年8月15日，丽江市检察院以徐某涉嫌以危险方法危

---

① 参见2007年4月2日中国新闻网。

害公共安全罪，向丽江市中级人民法院提起公诉。9月18日，丽江中院开庭审理此案。经法院委托，2007年11月15日，中国法医学会鉴定中心就徐某在作案时的精神状态及其责任能力，作出了"被鉴定人徐某在作案时患有旅行性精神病，评定为限制（部分）刑事责任能力"的结论。

2007年12月25日，法院经审理后作出判决，以危险方法危害公共安全罪判处徐某有期徒刑15年。①

（二）问题

1. 无责任能力的精神病人危害社会的，是否应负刑事责任？
2. 间歇性精神病人在什么情况下实施刑法所禁止的行为不负刑事责任？
3. 间歇性精神病人在什么情况下实施刑法所禁止的行为应当负刑事责任？

（三）学理分析

所谓刑事责任能力，是指一个人辨认和控制自己行为的能力，亦即一个人辨认自己行为的性质、意义、后果并自觉地控制自己行为的能力。行为人只有在具有这种责任能力的情况下，有意识地实施危害社会的行为，才能成立犯罪，并对自己的行为负刑事责任。无责任能力的情况下实施的危害社会的行为不负刑事责任。我国《刑法》第18条第1款规定，精神病人在不能辨认或者不能控制自己行为的时候造成危害结果的，经法定程序鉴定确认的，不负刑事责任。

按照我国刑法规定，无责任能力的精神病人必须同时具备以下三个条件：

1. 行为人在实施危害社会的行为时患有某种真正的精神病，这是确认行为人无责任能力的医学标准

所谓精神病，是指由于大脑高级神经活动失调而产生的疾病，一般是指精神分裂症、情感性精神病、器质性或症状性精神病、妄想性精神病、反应性精神病、病理性酒精中毒、偏执性精神病、白痴与痴呆状态等。应当把精神病与非精神病性精神障碍加以区别。后者包括各类型的神经（官能）症、变态人格、性变态、轻至中度低能（或称"精神发育不全"）、情绪反应、药瘾、慢性酒癖（或称慢性酒精中毒）、一般性醉酒（或称一般急性酒精中毒）等。这些非精神病性精神障碍，过去医学上曾称为"轻性或小精神病"，因此，现在许多缺乏医学知识的人，就误认为这些也是精神病，这是不正确的。二者有着本质区别，不能混为一谈。在实践中，曾经发生过有少数人拿了医院出具的性变态、变态人格等医疗证明作为护身符，为非作歹，危害人民，而当地司法机

---

① 参见2008年1月9日生活新报。

关却错误地认为这是真正的精神病人不敢加以处理。可见明确精神病的科学含义，是非常重要的。

2. 行为人在行为时由于精神病而不能辨别或控制自己的行为，这是确认行为人无责任能力的心理学标准

所谓辨认能力，又称认识能力，是认识某种行为的社会意义的能力。在刑法上是指认识自己行为的社会危害性质、危害程度和刑事违法性的能力。辨认能力是控制能力的基础。但是，要把这种能力同生来就有的本能反应区别开来。例如婴儿饿了会吃奶，受到刺痛会啼哭；精神病人虽知道饥渴，对充饥解渴之物也可能有所选择，但不能说他们有辨认能力。所谓控制能力，又称意志能力，或者说在认识行为的社会意义的基础上，以自己的意志自由决定自己的行为方向、实施时间、地点、方式和程度的能力。一个人具备了这种能力，触犯刑法构成犯罪的，就应当负刑事责任。责任能力既是行为人构成犯罪不可缺少的条件，又是行为人实际承担刑事责任和被适用刑罚的理论依据。从医学和心理学两个角度来考察行为人有无责任能力，是基于精神病人很少在心理行为活动的所有方面都发生一致性的或等同的严重障碍，也就是说，病人并非在精神结构的任何方面都是错乱的，而其中还可能有某些方面是正常的。因此必须确定病人实施的危害社会行为是否属于精神病性症状而使其陷入不能辨认或自控的精神错乱状态，还是属于他的精神活动的正常部分。如果属于后者，就不能认定是完全无责任能力。

3. 须经法定程序鉴定确认

根据最高人民法院、最高人民检察院、公安部、司法部、卫生部1989年7月11日发布的《精神疾病司法鉴定暂行规定》，确认某人是否具有刑事责任能力，应当由两名以上具有5年以上精神科临床经验并具有司法精神病学知识的主治医师以上人员，或者具有司法精神病学知识、经验和工作能力的主检法医师以上人员，按照上述两个条件和标准依法进行鉴定。鉴定人应当依法确定被鉴定人是否患精神疾病，患何种精神疾病，实施危害行为时的精神状态，精神疾病和所实施的危害行为之间的关系，从而确定被鉴定人是否具有刑事责任能力。被鉴定人实施危害行为时，经鉴定患有精神疾病，由于严重的精神活动障碍，致使不能辨认或者不能控制自己行为的，为无刑事责任能力。

无责任能力的精神病人造成任何危害结果，均不负刑事责任，但并不表示对其行为听之任之，也就是说，无责任能力的精神病人的危害社会的行为虽不承担刑事责任，但并不排除其民事责任和行政责任。我国《刑法》第18条第1款规定，对造成危害结果的无责任能力的精神病人，应责令他的家属或者监护人严加看管和医疗，必要时应由政府强制医疗。

间歇性精神病人，是指具有间歇性发作特点的精神病，包括精神分裂症、抑郁症、躁狂症、癫痫性精神病等。间歇性精神病人，在发病期间丧失辨认或控制能力；在正常时期，则具有辨认和控制自己行为的能力。所以，间歇性精神病人的刑事责任能力应区分为两种情况：一是因发病而丧失辨认能力或控制能力的，无刑事责任能力；二是在精神正常时具有辨认和控制自己行为能力，有刑事责任能力。我国《刑法》第18条第2款规定，间歇性的精神病人在精神正常的时候犯罪，应当负刑事责任。第3款规定，尚未完全丧失辨认或者控制自己行为能力的精神病人犯罪的，应当负刑事责任，但是可以从轻或者减轻处罚。

上述案例1中，被告人杨某某有偏执性精神病，属于无责任能力的精神病人，杨某某在不能辨认或者控制自己行为的时候杀人，不负刑事责任。精神病人杨某某杀人，虽因无责任能力而不承担刑事责任，但是应当责令他的家属或者监护人严加看管和治疗，必要时也可由政府强制医疗。

案例2中，被告人徐某不是根本不具有辨认自己行为的能力，而是由于其案发前长途精心陪团旅行，案发时患有短暂的精神障碍，即旅行性精神病，使其辨认和控制自己行为的能力较正常人有所降低或减弱。其所实施的危害行为，既有犯罪的成分，也有病理性精神障碍因素。因为，被告人徐某应承担刑事责任。

案例讨论

2017年2月18日中午12时25分，犯罪嫌疑人胡某（男，22岁）因口角纠纷持面馆菜刀将面馆业主姚某砍死。胡某为精神障碍患者。2016年10月26日，宣汉县残疾人联合会曾向胡某颁发残疾人证，类别为"精神"，残疾等级为"二级"。此外，事发后胡某的鉴定结果显示，其属于"轻度精神发育迟滞"标准，伴有精神病性症状。根据精神障碍者刑事责任能力评定指南，被鉴定人为限制刑事责任能力人。

问：胡某的行为该如何处理？

自测题

1. 甲因为琐事与乙发生争执，乙转身离去，甲从地上捡起一根道木追上，朝乙头部猛击。乙倒地后，甲又朝其连击数下，致乙死亡。之后，甲又到办公室乱砸一气。甲作案后跳矿井自杀未遂。经鉴定，甲为限制刑事责任能力人。下列说法正确的有哪项？（　　）

A. 甲构成故意杀人罪　　　　　　　B. 甲构成故意伤害罪（致人死亡）

C. 对甲可以从轻或者减轻处罚　　　　D. 甲不负刑事责任

2. 甲将一女强奸。经查甲患有间歇性精神病，在实施强奸行为时精神正常，但是在强奸后因为被调查审讯刺激精神病发作，关于甲下列哪些说法正确？（　　）

A. 甲属于限制刑事责任能力人，应当负刑事责任

B. 甲属于完全刑事责任能力人，不适用刑法第18条第3款关于限制刑事责任能力人可以从轻、减轻处罚的规定

C. 甲属于间歇性精神病人在精神正常时犯罪，应当负刑事责任

D. 甲事后发病，不能理解诉讼、接受刑罚处罚，待其精神恢复正常后予以追究

三、聋哑人、盲人犯罪与刑事责任

案　　例

（一）案情简介

张某，聋哑人，2017年认识一伙聋人，从此和那一伙聋人开始在西安进行偷窃行为。2018年3月，张某和同案犯驾驶摩托车在银行门口抢劫被害人李某的包，内有港元51000元，人民币1100元，手机2部，钱包1个。物品价值人民币3580元。后被群众抓获，公安机关认为张某的行为已构成抢劫罪。

（二）问题

1. 什么是聋哑人、盲人？
2. 聋哑人、盲人犯罪应当如何处罚？

（三）学理分析

聋哑人，是指又聋又哑的人，即同时丧失听觉功能和语言功能的人，大多是先天性耳聋或后天幼年期耳聋并进而导致语言能力的不具备或丧失。盲人是指双眼都丧失视觉能力的人，也是先天性的或幼年期失明的盲人。

在我国现阶段，对于聋哑人、盲人的教育，虽较新中国成立前有了较大的发展，聋哑人学校有了相当数量的增加，教学手段和教学水平都有了相当大的提高。但是，教育手段还不够现代化，教育水平还很低。聋哑人正规教育还很不普及，特别是在一些落后地区。因此，即使能进入特殊学校接受教育的聋哑人，其智力和文化水平也不高。

聋哑人、盲人生理功能的缺陷使他们不能广泛地与外界接触，不能自如地交流感情和思想，此外，社会上以及周围一些人对聋哑人、盲人的歧视和不公正对待，使他们的生活圈子相当狭小，这往往使他们形成孤僻的性格、自卑的心理，在处理人际关系和决定自己的行为时，特别是在遇到歧视、受到侮辱时，极易感情用事，不计后果地实施危害行为。聋哑人、盲人因其知识和智力的低弱以及生理缺陷的影响，在实施犯罪行为时，辨认和控制自己行为的能力往往比一般人会有程度不同的减弱。他们刑事责任能力的不完备又使其刑事责任程度相对较轻，同时也说明行为人的主观恶性和人身危险性较小，根据刑罚与罪责相适应的原则和刑罚目的要求，对聋哑人、盲人犯罪的，"可以从轻、减轻或者免除处罚"。

聋哑人、盲人不是无刑事责任能力人。聋哑人、盲人在认识事物和控制自己行为能力上要弱得多，但他们并不是没有这种认识和控制能力。丧失听能和语能的聋哑人，或丧失视能的盲人，只要他们不同时患有精神疾病，一般说来，他们的精神状况都是正常的或基本正常的，因为他们和健全的人一样具有大脑和神经系统，他们并不因其听能和语能、视能的丧失而完全没有刑法意义上的辨认或控制自己行为的能力。也就是说，他们不是无刑事责任能力人。对于一个有刑事责任能力的人来讲，如果他故意或过失地实施了危害社会的、触犯刑律的行为，就应对自己的危害行为负刑事责任。也正因为聋哑人、盲人是具有刑事责任能力的人，我国刑法规定，聋哑人、盲人触犯刑律的行为构成犯罪的，应负刑事责任。

对聋哑人、盲人犯罪，刑法规定的是"可以"从轻、减轻或者免除处罚，而不是"应当"。因此，对于聋哑人、盲人犯罪，原则上从宽，只是对极少数知识和智力水平不低于正常人、犯罪时具备完全刑事责任能力的聋哑人、盲人（多为成年后的聋哑人、盲人），才可以考虑不予从宽处罚，特别是对于那些责任能力完备，犯罪性质恶劣，犯罪情节和后果非常严重的聋哑人、盲人犯罪分子，更不能从宽处理。对应予从宽处罚的犯罪聋哑人、盲人，在处理时要综合考虑案件的各种情节来具体决定是从轻、减轻还是免除处罚，以及从轻、减轻处罚的幅度。

本案中，被告人张某和同案犯结伙抢劫公民的财物，且数额巨大，二被告人的行为均已构成抢劫罪，应予惩处；被告人张某和同案犯结伙盗窃公民的财物，数额较大，其行为均已构成盗窃罪，应与所犯抢劫罪并罚。鉴于被告人张某和同案犯均系聋哑人，案发后，二被告人均有不同程度的悔罪表现，故依照我国《刑法》第19条之规定，对被告人张某和同伙均予以从轻处罚。

案例讨论

林某，男，聋哑学校二年级文化程度，福建省福清市某镇农民；胡某，男，聋哑学校三年级文化程度，二人均无业。2000年10月，二人相约来到西宁市，欲以偷钱为业。11月3日下午在一辆82路公交车上，二人第一次作案。11月28日，二人因实施抢劫被逮捕。①

问：分析本案的刑罚适用情况。

自测题

根据我国刑法规定，对于下列人员的犯罪行为依法可以从宽处罚的有哪项？（　　）

A. 未成年人犯罪的　　　　B. 聋人或哑人犯罪的
C. 间歇性精神病人犯罪的　　D. 盲人犯罪的

四、醉酒的人的刑事责任

案　例

（一）案情简介

1. 2001年9月11日下午，被告人何某某因家务琐事与其父赌气，先后在其家中和咸阳市广场地下宫等处酗酒。当晚12时左右，何某某又到咸阳市吴家堡桥北羊肉泡馍馆喝酒。饭馆经理发现何某某饮酒过量，怕他闹事，劝他不要再喝了，并让服务员李某、徐某护送何某某回家。李、徐二人用自行车把何某某护送到其家门口，等候何某某家人出来作个交待。此时何某某进屋拿出一把菜刀，向李某的头部猛砍一刀，徐某见状逃离，何某某持刀追赶未追上。何某某的弟弟和父亲赶到现场，见李某被砍倒在地，即将李某送往医院抢救，李某终因颅脑严重损伤经抢救无效而死亡。案发后，何某某所在的工厂和车间均以何某某平素没有劣迹，一贯表现较好为理由，要求对何某某从宽处理。

2. 林某患有病理性醉酒疾病，在发病时，常有举止失控、失忆等症状。在得知患有此病后，林某极少饮酒。林某参加同学聚会时，在朋友的劝说下，喝了400ml高度白酒。为防止酒后发生意外，林某在饮酒前嘱咐同学张某吃完饭后将其送回家中。聚会结束后，张某送林某至家中后离开。进屋后，林某妻

---

① 房绍坤、郭明瑞：《刑法总则案例教程》，北京大学出版社2004年版，第81页。

子钱某责怪林某不应该喝这么多酒，林某随之与其发生争吵。争吵过程中，林某双手勒住钱某颈部，致其机械性窒息死亡。林某酒醒后，在公安机关向林某了解事发经过时，其称对杀妻之事无任何记忆。经鉴定，林某在杀害钱某时处于病理性醉酒发病阶段。

（二）问题

1. 生理性醉酒人的刑事责任如何？
2. 病理性醉酒人犯罪如何处罚？

（三）学理分析

《刑法》第18条第4款规定，醉酒的人犯罪，应当负刑事责任。这里的醉酒指的是生理性醉酒。

从医学的角度来看，各种醉酒都属于酒精中毒性精神障碍，是指由于饮酒所致的精神障碍。人的神经系统对酒精最为敏感，因此作为一种"杀神经物"，一次大量饮用，可以导致急性神经系统的紊乱，甚至出现神经系统的不可逆损害，精神病学根据酒精造成人的精神障碍不同，把醉酒划分为急性酒精中毒和慢性酒精中毒两大类，急性酒精中毒又可分为生理性醉酒和病理性醉酒。《刑法》第18条第4款规定的醉酒是指生理性醉酒。病理性醉酒是精神病的一种，适用于有精神病的规定。

1. 生理性醉酒

生理性醉酒又称普通醉酒。是一般人在大量饮酒后都可出现的对酒精的反应，多发生于一次大量饮酒后，也可发生于一些对酒精耐受力较差的人过量饮酒后。生理性醉酒的发生及其表现与血液中酒精的浓度及个体对酒精的耐受力关系密切。根据医学和司法精神病学的观察研究，从医学角度看，生理性醉酒因程度不同分为三期：第一期为兴奋期，又称轻度醉酒，这时饮酒人的高级神经大脑皮层功能受到抑制，思维能力和行动的精确度减退，说话毫无顾忌，粗鲁无理，容易感情用事，招惹是非，辨认和控制行为的能力稍有减弱；第二期为共济失调期，语无伦次，辨认和控制自己行为的能力严重减弱；第三期为昏迷期，又称高度酒醉，此时醉酒者面色苍白，皮肤湿冷，口唇微紫，呼吸缓慢而伴有鼾声，极易引起并发症甚至危及生命。

对于醉酒状态下实施刑法所禁止的危害行为该如何处罚？在中国近代刑法史中受当时一些资本主义国家的影响，醉酒人的刑事责任问题也在刑事责任制度中明文予以规定。如1928年《中华民国刑法》第32条规定"不得因酗酒而免除刑事责任，但酗酒非出于本意者，减轻本刑。"在中国近代刑事立法中不再将饮酒醉酒行为本身作为犯罪来处理。我国刑法规定：醉酒的人犯罪，应当负刑事责任。

根据我国刑法的规定，任何人的行为要被确定为犯罪行为须符合主客观相统一的犯罪构成要件，此为追究刑事责任的前提条件。就醉酒后的危害行为而言，在客观方面，醉酒人需实施了危害行为，且该危害行为必须是刑法所禁止的行为。醉酒人仅实施了一般违法行为，当然不存在被追究刑事责任的问题。在主观方面，追究醉酒人刑事责任的基础乃在于醉酒人实施危害社会行为时存在罪过。醉酒人在进入抑止期（昏睡）前，因醉酒可能使其自身辨认或控制行为的能力有所降低，但并非是丧失了这种能力，在醉酒后这段时间内，醉酒人是具备刑事责任能力的，对醉酒人的责任能力及主观罪过，不能仅限于其行为当时的情况来进行考察，否则便不能得出正确结论。醉酒人饮酒当时的心理态度与其醉酒后的危害行为之间有因果关系。正是因为醉酒人醉酒前对其醉酒后可能或必然会实施危害社会的行为，会给社会造成一定的危害后果，其主观上存在故意或过失的心理态度，才对醉酒后实施刑法所禁止的危害行为的人追究刑事责任。对其追究刑事责任，有利于维护社会主义法制和强化社会主义道德，也符合我国刑罚的目的。

酗酒、醉酒本身虽不是犯罪行为，但在一定程度上反映了醉酒人的恶习，酗酒、醉酒不是不可避免，不是不可抗拒的，而酗酒、醉酒会使人意志消沉，社会责任感、道德感沦丧，是一种有害于社会道德风尚和社会秩序的陋习，常常成为许多犯罪的原因和基础。如因酗酒、醉酒而宽免刑罚，势必给犯罪分子借酒行凶以借口，不仅不利于社会主义精神文明建设，不利于社会主义道德风尚的维持，更会对社会主义秩序产生不良影响，破坏社会主义法制的统一。

2. 病理性醉酒

病理性醉酒又称病理性酒精中毒，是一种很少见的急性酒精中毒。其基本特征有：（1）患者一般从不饮酒或者饮酒很少，对酒精耐受力很差；（2）发病急剧，饮酒后马上进入谵妄状态。谵妄状态时有明显而深刻的意识障碍，常伴有恐怖性或暴怒性激性发作，从而发生盲目的冲动性或攻击性暴力行为。发病过程一般持续数分钟或数小时，尔后以1—2小时的昏睡状态结束；① （3）患者实施侵害行为无明显动机或动机不明。只有极少数人会发生这种情况。病理性醉酒的发生原因目前尚不完全明确，可能与个体特异体质或某种病理基础有关。

病理醉酒者有严重意识障碍，一旦发生即得到极点。患者对周围环境丧失定向力，可伴有错觉、幻觉和恐怖的被害妄想，还伴有躯体麻痹症状，患者在

---

① 陈兴良主编：《案例刑法教程》（上卷），中国政法大学出版社1994年版，第57页。

严重意识障碍下可做出与现实相反、与平时人格相异的重大危害社会的行为，对行为丧失辨认和控制能力，急剧发病后以昏睡结束，事后大部分或全部忘记。国内外司法精神病学、医学界，都一致认为属于精神病的范畴，是一种精神病症。这种状态下，醉酒人对实施的危害行为是否负刑事责任，应当作具体分析，分为以下两种情况：（1）醉酒人不知道自己会发生病理性醉酒，因偶尔少量饮酒后导致病理性醉酒，在这种状态下实施了危害行为，行为的原因非出于故意，不应追究刑事责任。（2）醉酒人知道自己会有病理性醉酒，故意饮酒而导致病理性醉酒，这种状态下实施了危害行为，并且对社会造成危害结果，行为的原因出于故意，应当追究刑事责任。

案例 2 中，林某已知自己患有病理性醉酒疾病，在饮酒前嘱咐张某将其送回家中，可见林某在大量饮酒前已经认识到自己在发生病理性醉酒时可能会实施危害社会的行为，但其轻信能够避免，使自己陷入失去辨认控制能力的状态，实施了杀害钱某的行为。因此，其行为完全符合过失致人死亡罪的构成要件，应以过失致人死亡罪对其定罪量刑。

案例 1 中，被告人何某某醉酒后失去控制，持刀杀死无辜人，是否承担相应的法律后果，关键在于认定何某某在醉酒状态下是否具有辨认和控制自己行为的能力。根据我国司法精神病学理论和鉴定实践，普通醉酒会使人的辨认和控制自己行为的能力有所减弱，但并未达到完全丧失辨认和控制自己行为能力的程度。本案被告人何某某虽饮酒过量，造成醉酒，但尚未处于丧失知觉、昏睡状态，尚能进屋拿刀后返回来用刀猛砍他人头部，并致人死亡，表明何某某仍具有一定的辨认和控制自己行为的能力。因此，被告人何某某应对其在故意杀人心理支配下所实施的杀人行为负刑事责任。

案例讨论

1. 2018 年夏天的一天中午，刘某在酒后想起近几天被赵某欺侮的事，遂找出一把尖刀，跌跌撞撞地找到赵某，话不投机，往赵某的胸部扎了几刀后回家睡觉。赵某因心脏破裂死亡。刘某在公安机关抓捕时仍昏睡不醒。事后，对犯罪情节回忆不清，经查，刘某平时只有两瓶啤酒的酒量，当时喝了五瓶多啤酒。经鉴定，刘某不属病理性醉酒。

问：刘某醉酒后实施的杀人行为能否作为量刑情节予以考虑？

2. 被告人孙某某在未取得合法驾驶资格的情况下长期无证驾驶，并有多次交通违法记录。2008 年 12 月 14 日，孙某某在中午大量饮酒后，驾车在成都市区内穿行往来。17 时许，孙某某在一路口从后面冲撞与其同向行驶的一辆轿车尾部后，继续驾车逃逸。在往龙泉驿方向行驶的过程中，孙某某严重超速并越过道路中心黄色双实线,先后撞上反向正常行驶的4辆轿车。此次事故共造成4人死亡、1人重伤,公私财产损失共5万余元。2009年7月23日成都中级人民法院作出一审判决,认定孙某某的行为构成以危险方法危害公共安全罪,依法对他判处死刑,剥夺政治权利终身①。孙某某不服一审判决提出上诉,2009年9月8日上午,四川省高级人民法院作出二审判决,改判无期徒刑,剥夺政治权利终身。

问:媒体报道称孙某某案是我国首例以危害公共安全罪对醉驾者判处死刑的案件。一审宣判之后,有人说他该死,死有余辜;有人说不该死,量刑偏重。对孙某某判处死刑是否正确?

自测题

1. 关于刑事责任能力,下列哪些说法是正确的?( )

A. 精神病人完全丧失辨认控制能力,并经法定程序鉴定确认的,不负刑事责任

B. 尚未完全丧失辨认或者控制自己行为能力的精神病人犯罪的,可以从轻或者减轻处罚

C. 醉酒的人犯罪,可以从轻处罚

D. 聋人或者哑巴犯罪的,可以从轻、减轻或者免除处罚

2. 关于刑事责任能力的规定,下列哪些说法是正确的?( )

A. 醉酒的人犯罪,应当负刑事责任,通常指生理性醉酒,不包含病理性醉酒

B. 病理性醉酒的人如果具有犯罪故意或过失的,应当追究刑事责任。仅凭病理性醉酒,不能当然排除罪责

C. 又聋又哑的人或者盲人犯罪,可以从轻、减轻或者免除处罚

D. 又聋又哑的人或者盲人犯罪,应当从轻、减轻或者免除处罚

五、犯罪主体的特殊身份

(一)案情简介

被告人王某,男,37岁,某公司仓库保管员。王某利用担任仓库保管员

---

① 参见诸暨网 2009 年 7 月 31 日。

的职务便利，将其保管的财物盗卖他人，共计价值人民币 18 万余元，被告人实际得款 13 万元。一审法院以贪污罪判处王某 3 年有期徒刑；二审法院认为，王某系公司职工，对其以贪污罪定罪量刑不当，故撤销一审判决，以职务侵占罪判处王某有期徒刑 2 年。

（二）问题

王某的行为该如何处理？

（三）学理分析

按照刑法理论中较为通行的主张，所谓犯罪主体的特殊身份，是指刑法所规定的影响行为人刑事责任的行为人人身方面特定的资格、地位或状态。如国家机关工作人员、军人、司法工作人员、辩护人、诉讼代理人、证人、依法被关押的罪犯、男女、亲属等。这些特殊身份不是自然人犯罪主体的一般要件，而只是某些犯罪的自然人主体必须具备的要件。

以主体是否必须具备特定身份为标准，自然人犯罪主体分为一般主体和特殊主体。刑法规定不要求以特殊身份作为要件的主体，称为一般主体；刑法规定以特殊身份作为要件的主体，称为特殊主体。在刑法理论上，通常还将以特殊身份作为主体构成要件或者刑罚加减根据的犯罪称为身份犯。身份犯又可分为真正身份犯和不真正身份犯。真正身份犯是指以特殊身份作为主体要件，无此特殊身份该犯罪则根本不可能成立的犯罪。例如，《刑法》第 109 条规定的叛逃罪的主体必须是国家机关工作人员，因此，如果行为人不是国家机关工作人员，其行为就不可能成立叛逃罪。不真正身份犯，是指特殊身份不影响定罪但影响量刑的犯罪，在这种情况下，如果行为人不具有特殊身份，犯罪也成立；如果行为人具有这种身份，则刑罚的科处就比不具有这种身份的人要重或轻一些。例如，《刑法》第 243 条规定的诬告陷害罪的主体不要求以特殊身份为要件，即任何年满 16 周岁、具备刑事责任能力的自然人，均可构成本罪；但是，如果主体具备国家机关工作人员身份，依照《刑法》第 243 条第 2 款的规定，则应从重处罚。换言之，国家机关工作人员身份虽然不是诬告陷害罪的主体要件，但这种特殊身份却是诬告陷害罪从重处罚的根据。

正确理解犯罪主体的特殊身份的含义，应当特别注意以下两个问题：

1. 特殊身份需是在行为人实施危害行为时就已具备

特殊身份必须是在行为人开始实施危害行为时就已经具有的特殊资格或已经形成的特殊地位或状态，行为人在实施行为后才形成的特殊地位，并不属于特殊身份。例如，我国《刑法》第 291 条规定的聚众扰乱公共场所秩序、交通秩序罪，法律规定只处罚首要分子，但并不能说该罪的主体为特殊主体，因为首要分子在此是指在聚众犯罪中起组织、策划、指挥作用的犯罪分子,这种地位或资格是在行为人实施犯罪后才形成的,并非特殊身份。事实上,任何达到刑事责任年龄、具备刑事责任能力的自然人,均可以聚集众人扰乱公共场所秩序、交通秩序而成为首要分子,该罪的主体当然是一般主体。

2. 特殊身份是针对犯罪的实行行为而言的

作为犯罪主体要件的特殊身份,仅仅是针对犯罪的实行犯而言的,至于教唆犯与帮助犯,并不受特殊身份的限制。例如强奸罪的主体必须是男性,但这只是就实行犯而言的,不具有男性身份的妇女教唆或帮助男性实施强奸妇女行为的,可以成立强奸罪的共犯。

犯罪主体的特殊身份,从不同角度可有不同的分类。主要有以下两种分类:

第一,自然身份与法定身份的分类。从形成方式上加以区分,犯罪主体的特殊身份可以有自然身份与法定身份之别。自然身份和法定身份要成为犯罪主体的特殊身份,一般需要由刑法予以明确规定。所谓自然身份,是指人因自然因素所赋予而形成的身份。例如,基于性别形成的事实可有男女之分,有的犯罪如强奸罪仅男子可以单独成为犯罪的主体;再如,基于血缘的事实可形成亲属身份,有些犯罪的主体只能由具有此种身份者构成,如遗弃罪、虐待罪。所谓法定身份,是指人基于法律所赋予而形成的身份。如军人、国家机关工作人员、司法工作人员、在押罪犯等。

第二,定罪身份与量刑身份的分类。这是根据犯罪主体的特殊身份对行为人刑事责任影响性质和方式所作的划分。所谓定罪身份,即决定刑事责任存在的身份,又称为犯罪构成要件的身份。此种身份是某些具体犯罪构成中犯罪主体要件必须具备的要素,缺此身份,犯罪主体要件就不具备,因而也就没有该具体犯罪构成,不构成该种犯罪,不存在行为人应负该罪之刑事责任的问题;有此身份,犯罪构成中的主体要件就可具备,此时如果犯罪构成的主客观要件都存在,就可认定行为人的行为构成该罪并应负刑事责任。所谓量刑身份,即影响刑事责任程度的身份,又称为影响刑罚轻重的身份。是指按照刑法的规定,此种身份的存在与否虽然不影响刑事责任的存否但影响刑事责任的大小,其在量刑上,表现为是从重、从轻、减轻甚至免除处罚的根据。

本案中,王某的行为该如何处理?关键是王某的身份问题,这个身份是影响定罪的身份,如果王某是国家工作人员,定贪污罪;如果不具有国家工作人员的身份,只能定职务侵占罪。

案例讨论

张某,男,某村村委会主任。张某在担任村委会主任期间,将县、乡拨发的土地开发费截留6万元,其中4万元用于村委会购买电器,其他部分用于个人宴请。此外,张某在村办企业报销出差费用2万元。

问:确定张某的身份,分析其行为的性质。

自测题

1. 关于犯罪主体的特殊身份的表述正确的是哪项?( )
   A. 行为人实施危害行为后具有的特定资格、地位、状态
   B. 刑法所规定的影响行为人刑事责任的行为人人身方面特定的资格、地位、状态
   C. 某些犯罪的自然人主体必须具备的要件
   D. 教唆犯、帮助犯也必须具有特定资格、地位、状态
2. 对于犯罪的特殊主体下列哪项说法是正确的?( )
   A. 除具备一般主体条件外,还必须具备特定职务或身份的人才能构成的犯罪主体
   B. 法律有特别规定,不需要具备一般主体条件即可构成的犯罪主体
   C. 必须具备特定的职务或身份的人才能构成的犯罪主体
   D. 凡是国家工作人员实施了犯罪行为而构成的犯罪主体

六、单位犯罪

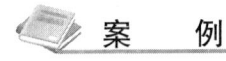 **案　　例**

(一)案情简介

2008年2月至2009年4月,周某在担任一人有限责任公司众超公司、一丰镐公司法定代表人并直接负责生产经营期间,先后与上海岷琪针织品有限公司、常州仕高针纺织品有限公司等多家单位发生玩具原材料买卖或加工合同业务,上述单位按约为周某所在公司供货或完成加工业务,周某经自己公司再生产加工、通过瑞宝公司等单位予以销售并收取货款后,采用将上述自己公司账户内的资金转入个人账户或以差旅费等名义提取现金等方式转移公司财产,却以尚未收到货款为由拒不支付各被害单位合计价值人民币(以下币种均为人民币)90万余元的原材料货款及加工费等。在被害单位多次催讨后,被告人

周某采用隐匿等手段逃避。案发后，周某支付部分货款后仍造成被害单位直接经济损失合计 89 万余元。法院审理期间，周某积极筹款 89.4 万元退赔被害单位经济损失。①

（二）问题

如何区分个人犯罪和单位犯罪？

（三）学理分析

《刑法》第 30 条规定：公司、企业、事业单位、机关、团体实施的危害社会的行为，法律规定为单位犯罪的，应当负刑事责任。根据这一规定，所谓单位犯罪，是指由公司、企业、事业单位、机关、团体实施的危害社会的行为。

1. 单位犯罪的基本特征

（1）单位犯罪的主体是公司、企业、事业单位、机关、团体。根据 1999 年 6 月最高人民法院《关于审理单位犯罪案件具体应用法律有关问题的解释》，"公司、企业、事业单位"，既包括国有、集体所有的公司、企业、事业单位，又包括依法设立的合资经营、合作经营和具有法人资格的独资、私营等公司、企业、事业单位。另外，个人为进行违法犯罪活动而设立的公司、企业、事业单位实施犯罪的，或者公司、企业、事业单位设立后，以实施犯罪为主要活动的，不以单位犯罪论处。盗用单位名义实施犯罪，违法所得由实施犯罪的个人私分的，依照刑法有关自然人犯罪的规定定罪处罚。

（2）单位犯罪是经单位决策机构决定或由单位负责人决定的，是单位整体的犯罪，而不是单位的各个成员的犯罪之和。

（3）单位犯罪是出于为单位谋取非法利益。只是为单位个别成员谋取非法利益的行为不可能成立单位犯罪，只有为单位整体谋取非法利益的行为，才可能成立单位犯罪。

2. 对单位犯罪的处罚

我国《刑法》第 31 条规定，单位犯罪的，对单位判处罚金，并对其直接负责的主管人员和其他直接责任人员判处刑罚。本法分则和其他法律另有规定的，依照规定。这一规定说明，我国刑法对单位犯罪，是既采用双罚制，也采用单罚制。以采用双罚制为主。

（1）双罚制。涉及对单位的处罚和对直接负责的主管人员和直接责任人

---

① 参见最高人民法院刑事审判第一、二、三、四、五庭主办：《刑事审判参考》2011 年第 5 辑（总第 82 辑），法律出版社 2012 年版。

员的处罚。具体如下：

①对单位的处罚。按照我国刑法的规定，对单位的处罚，只是判处罚金，不能判处其他刑罚。需要特别注意的是，对单位判处罚金，是对单位整体的处罚，而不是对单位内部全体成员的处罚。因此，判处的罚金，只能从单位的财产中收缴，而不能从单位成员中个人的财产中收缴。

②对直接负责的主管人员和直接责任人员的处罚。直接负责的主管人员，一般是指在单位犯罪中作出决定的人员，即决策人员。直接责任人员，是指具体实施单位犯罪行为的人员。刑法对这两种人员的处罚是，既可以判处罚金，也可以判处主刑和其他附加刑。绝大多数情况下，对他们判处的刑罚与自然人犯罪相同。例如，《刑法》第188条第2款规定"单位犯前款罪的……并对其直接负责的主管人员和其他直接责任人员，依照前款的规定处罚"。这里的"前款规定"，指的是本条第1款对自然人犯罪规定的法定刑。少数情况下，对他们判处的刑罚也有低于自然人犯罪的。例如，自然人犯受贿罪的，最高可以判处死刑，但单位犯受贿罪的，对其直接负责的主管人员和其他直接责任人员，最高只能判处5年有期徒刑。

（2）单罚制。是指在单位犯罪时，只处罚单位中的责任人，不处罚单位，或者只处罚单位，不处罚单位中的责任人。前者被称为代罚制，是多数大陆法系国家采用的方法，后者被称为转嫁制，是英美法系国家和"二战"前日本曾采用的方法。根据我国刑法分则的规定，我国刑法对单位犯罪采用单罚制时，只采用代罚制，不采用转嫁制。具体适用对象有以下两种情况：

①对不是为本单位谋取利益，却是以单位名义进行的单位犯罪，采用代罚制。例如，《刑法》第396条规定："国家机关、国有公司、企业、事业单位、人民团体，违反国家规定，以单位名义将国有资产集体私分给个人，数额较大的，对其直接负责的主管人员和其他直接责任人员，处3年以下有期徒刑或者拘役，并处或者单处罚金；数额巨大的，处3年以上7年以下有期徒刑，并处罚金。"

②对处罚单位会损害无辜者利益的犯罪，也采用代罚制。例如，《刑法》第161条规定："依法负有信息披露义务的公司、企业向股东和社会公众提供虚假的或者隐瞒重要事实的财务会计报告，或者对依法应当披露的其他重要信息不按照规定披露，严重损害股东或者其他人利益，或者有其他严重情节的，对其直接负责的主管人员和其他直接责任人员，处3年以下有期徒刑或者拘役，并处或者单处2万元以上20万元以下罚金"。此种犯罪已经侵害了股东和社会公众的利益，如果再对公司判处罚金，会进一步损害股东和公众利益。所以，刑法规定了单罚制。

2005年，修订后的公司法明确承认了一人公司的法人地位，其第58条第2款规定："本法所称一人有限责任公司，是指只有一个自然人股东或者一个法人股东的有限责任公司。"公司法对一人公司的承认给刑法中单位犯罪的法律适用带来如下问题：一人公司犯罪的能否构成单位犯罪？在何种情况下应当以单位犯罪论处，何种情况下应当以个人犯罪论处？单从刑法条文来看，只要公司实施了法律规定为单位犯罪的行为，即可构成单位犯罪，并未限定公司的性质、规模、权属或者股东人数。不过，1997年修订刑法之时，公司法尚未承认一人公司之存在，因此，能否将一人公司理解为单位犯罪中所说的"公司"，何种情况下一人公司的行为可以被作为单位犯罪处理，需要结合刑法规定单位犯罪的目的和一人公司的人格独立性进行法理上的判断。

刑法设置单位犯罪，根本上是因为单位具有独立的人格，具有独立于管理人或者所有人的意志。经集体决定或者负责人决定，为了单位利益而实施危害社会的行为，其本质是单位自己的行为而不仅仅是直接责任人的行为，应当由单位负责。因此，有无独立人格是单位行为能否被作为单位犯罪处理的决定因素。如果单位实质上没有独立人格，则即使具备了单位犯罪的形式特征，也不能构成单位犯罪。具体犯罪行为中的一人公司是否具有独立人格，应当根据以下几项标准来进行判断：

第一，是否具有独立的财产利益。公司的财产和出资人的财产必须能够分离，公司的财产状况必须是独立的。一人公司虽然只有一个出资人，但是一旦出资人依照法律程序办理手续成为股东，地位就发生了变化，其个人出资的财产也不再是其个人财产，而是公司财产，成为公司开展正常经营活动的重要保证，具有相对独立性。如果股东的财产和公司的财产混合，公司成为股东随意支配的对象，甚至成为股东实施违法犯罪行为的工具，那么公司就没有自己独立的人格。

第二，是否具有独立的意志。一人公司的意志是否独立是判断其是否具备单位犯罪主体适格性的实质要件。

第三，是否具有公司法所要求的法人治理结构。依照法律规定，具有独立人格的公司必须要有一定的场所、人员和组织机构，股东行使公司法所规定的职权时必须以书面形式作出并置于公司备案。一人公司只有一个股东，公司行为与股东个人行为容易发生竞合，故公司的经营行为应当以公司的名义进行，一人公司必须拥有独立的名义。只有行为是以公司名义实施，且其目的是追求公司利益或履行公司职责，才能视为单位行为。如果行为是以公司名义实施，甚至在形式上已经过集体决议，但实质上并非追求公司利益或履行公司职责，则不能视为单位行为，不能作为单位犯罪处理。如果行为是以股东个人名义进行的，原则上应当视为股东的个人行为，构成犯罪的，也不能作为单位犯罪处理。

第四，是否依照章程规定的宗旨运转。具有独立人格的一人公司应当有自己的章程和特定宗旨，公司的章程、宗旨等还要符合法律规定，因为这些是公司人格的具体体现。

第五，是否依照法定的条件和程序成立。一人公司的设立以及存续均应当具有合法性。合法性要求实体合法与程序合法，在实体或程序方面不合法的一人公司应当予以取消，不具备法律承认的独立人格，不能成为单位行为的主体。

在本案中，众超公司、一丰镐公司经合法注册成立，周某是该公司唯一股东和法定代表人。公司依照法律规定的条件和程序登记注册成立，成立之后依照章程规定的营利宗旨进行运转，公司在经营中具有相对独立的名义，具备公司法要求的治理结构，周某作为法定代表人为了公司利益实施合同诈骗行为，应当视为公司的独立意志。同时，根据法院查明的情况，周某依照法律程序办理手续实际出资，众超公司、一丰镐公司具有独立的财务状况，可以与周某的个人财产明确区分，虽然进行了合同诈骗行为，但是现有证据不足以证明周某在收取货款后用于其个人开支。因此，公司具备独立的法人人格，具有承担刑事责任的能力。周某作为公司法定代表人为了公司利益而进行合同诈骗活动，应当视为公司的行为，构成单位犯罪。因此，法院认定应依法追究周某作为"单位直接负责经营管理的人员"的刑事责任。

案例讨论

1992年4月，经被告人邀约，台湾侨资联合开发有限公司决定在某市设立一公司并委托周某某等人筹备。同年7月8日，台湾侨资公司申请在某市登记注册华泰房地产旅游开发有限公司（以下简称华泰公司），并承诺领取执照6个月后按规定投入400万美元作为注册资金。但华泰公司的营业执照颁发后，台湾侨资公司迟迟未按承诺和规定投入注册资金，致使华泰公司1993年度的企业法人年检暂缓通过。1994年6月至7月，台湾侨资公司从乌克兰进口一批钢材。被告人派人到某市海关以华泰公司工程为名办理了进口3815吨钢材的手续，交给台湾侨资公司总经理刘某某带到天津使用。此批钢材进口后，并没有投入华泰公司工程建设上使用。但台湾侨资公司董事长和总经理与周某某商量决定凭此批钢材的报关单和商检报告骗取验资。1995年3月17日周某某派人凭刘某某寄来的报关单和商检报告办理了台湾侨资公司投入89.66万美元的验资手续，骗取了某会师证字〔1995〕第395号验资报告书的确认结论。同年 8 月为解决华泰公司最后一期验资，被告人又以该公司名义向香港国际侨民投资集团有限公司借款 85 万美元进行验资，骗取了某会师证字〔1995〕第 592 号验资报告书的确认结论。尔后，被告人派人将 85 万美元的验资款汇到境外。①

问：周某某在华泰公司登记注册过程中隐瞒事实真相虚报注册资本的行为，系单位犯罪还是个人犯罪？

自测题

关于单位犯罪，下列哪些选项是错误的？（　　）

A. 单位只能成为故意犯罪的主体，不能成为过失犯罪的主体

B. 单位犯罪时，单位本身与直接负责的主管人员、直接责任人员构成共同犯罪

C. 对单位犯罪一般实行双罚制，但在实行单罚制时，只对单位处以罚金，不处罚直接负责的主管人员与直接责任人员

D. 对单位犯罪只能适用财产刑，既可能判处罚金，也可能判处没收财产

---

① 参见中华人民共和国最高人民法院刑事审判第一庭、第二庭：《刑事审判参考》2001 年第 5 辑（总第 16 辑），法律出版社 2011 年版。

第七章 犯罪的主观方面

犯罪主观方面,是指行为人对自己实施的危害社会的行为及行为所造成的危害社会的结果所持的心理态度。这种心理态度,包括犯罪的故意、过失、目的、动机等几个要素,其中,犯罪的故意和过失统称为罪过,是犯罪构成的必备要素。犯罪的目的是其选择要素。犯罪动机不是犯罪构成的要素,它不影响定罪,只是量刑时考虑的一个因素。

犯罪的主观方面是犯罪构成的必备要件之一。按照我国刑法的规定,只有故意和过失实施的危害行为,才构成犯罪。因此,认定一个人的行为构成犯罪,不仅要求他在客观上实施了危害行为,还要求他在主观上有罪过。

一、犯罪故意的概念和特征

案 例

(一)案情简介

1. 被告人马某与被害人张某是同一班组职工,平时因一些琐事产生矛盾,马某感觉受张某的欺负而怀恨在心,产生投毒报复的念头。一天,被告人马某在下班回家途中,从卖老鼠药的个体户徐某处购得氰化物(俗称三步倒)一片(重约41克)。回到家后刮下约3克的氰化物药粉装入小塑料袋中,藏在身上,同月12日13时40分许,被告人马某趁同班组职工都已到现场作业、休息室无人之际,将事先准备好的氰化物粉末全部倒入张某装有茶水的杯子里。15时30分左右,张某回休息室喝水,喝到第三口时因觉舌头发麻而吐出,片刻即出现心慌、心跳加快、四肢无力、呕吐等症状。本班组同事见状立即将张某送往医院,经及时抢救脱险。破案时从被告人马某的家中查获未用完的氰化物1片(约重38克)。

2. 被告人马某华,男,17岁,农民。2003年5月9日10时许。被告人马某华在山上干活,见本乡材水村少女段某平(1989年11月14日生,身高1.61米)在挖野菜,便问段某平是哪个村的、姓名、年龄等。段某平谎称自

第七章 犯罪的主观方面

已 17 岁。段某平问马某华的年龄及姓名,马某华说 19 岁,并谎称在县糕点厂工作。两人在闲谈时,马某华说要在本村给段某平介绍个对象,段某平同意,并且也要给马某华介绍个对象,说:"像我这个样的行不行?"马某华说:"行。"几天后两人赶集相遇,彼此情趣相投,遂建立了恋爱关系,中午两人看完电影,一起到马某华的亲戚家吃了饭,晚上两人同回马某华家住宿,并发生了两性关系,5 月 14 日,段某平得知父母寻找她,要马某华带她到外地躲藏。马某华即带段某平到其姨母家同居两夜,并多次发生性行为,后又带段某平到马的舅父家中同居。5 月 17 日马某华带段某平去东北途中被段某平的父亲段某追回,并报告了公安机关。

(二)问题

故意犯罪的概念和特征是什么?

(三)学理分析

我国《刑法》第 14 条第 1 款规定:"明知自己的行为会发生危害社会的结果,并且希望或者放任这种结果发生,因而构成犯罪的,是故意犯罪。"根据这一规定,我国刑法中的故意,是指行为人明知自己的行为会发生危害社会的结果,并且希望或放任这种危害结果发生的心理态度。这一定义揭示了"故意"有认识因素和意志因素两个方面的内容。

1. 认识因素

按照我国《刑法》第 14 条的规定,"故意"的认识因素是行为人"明知自己的行为会发生危害社会的结果"。结果是人们自觉活动所追求的目的,危害社会的结果是说明行为社会危害性的基本要素。因此,"故意"的成立,原则上常以认识结果为基本条件,但是"故意"的内容决不限于危害结果。"故意"的认识内容应当是成立故意犯罪所不可缺少的、行为人对于犯罪构成事实的认识。

一般来讲,"故意"的成立,要求行为人对以下犯罪构成事实有所认识:

(1)行为及其性质。行为是犯罪构成的核心要件,无行为即无犯罪。因此,行为人对行为及其行为性质的认识,是故意成立首先必须具备的内容。如果虽然有行为,但行为人不认为是自己所为,可能构成过失但不构成故意。行为的性质是指行为会发生危害结果的性质。如果行为人对行为的性质没有认识,那么就根本不存在故意犯罪。例如假想防卫和假想避险。假想防卫,是指实际上并不存在不法侵害,但行为人想象或推测存在不法侵害,因而对想象或推测中的侵害人实施了损害行为,给他人造成损害的情形。假想避险,是指实际上不存在损害国家、社会或他人合法权益的危险,但行为人误认为危险正在发生，因而实施避险的行为，造成不应有的危害结果的情形。无论是假想防卫还是假想避险，行为人都没有认识到其行为会发生危害社会的结果，相反，行为人却认为自己的行为是合法的、正当的。因此假想防卫和假想避险不可能构成故意犯罪。

（2）犯罪对象。是指犯罪行为所侵犯的或直接作用的具体的人或物。当刑法规定犯罪对象属于某一犯罪构成的必要要件时，如果行为人对该对象无认识，即不成立故意犯罪。例如，故意杀人罪的成立要求行为人认识到其杀害的对象必须是人；又如盗窃枪支、弹药罪，行为人必须知道其盗窃的是枪支、弹药，如果行为人以为是一般财物而盗窃，事后才知是枪支、弹药的，其只有一般盗窃罪的故意而没有盗窃枪支、弹药罪的故意，当然也就不构成盗窃枪支、弹药罪。此外，对一些特殊犯罪，如毒品犯罪、赃物犯罪、涉及淫秽物品的犯罪等，都要求行为人对对象的特殊性有所认识，没有这种认识的，不构成犯罪故意。

（3）危害结果。是指犯罪行为对犯罪客体已经造成的实际损害。危害结果并不是所有犯罪构成的必要要件，但是，当危害结果属于某一具体犯罪构成的必要要件时，即在结果犯的情况下，行为人对于危害结果的认识，是犯罪故意不可缺少的内容。如果行为人对危害结果无认识，则不能成立故意犯罪。例如，故意伤害致人死亡的，由于行为人仅对伤害结果有故意，而无致人死亡的故意，因此对造成他人的死亡这一结果主观上只能是过失。所以行为人只负故意伤害（致人死亡）罪的刑事责任，而不负故意杀人罪的刑事责任。

（4）因果关系。即危害行为与危害结果之间的引起与被引起的关系。当危害结果属于犯罪构成要件时，故意的成立不仅仅要求行为人对危害结果有认识，而且要求行为人认识到危害行为与危害结果之间的因果关系。如果行为人认识到某种危害结果，但认为与本人的行为毫无关系，那么行为人对这一危害结果就不存在故意。

（5）其他法定事实。主要是指法律规定作为某些犯罪构成要件的时间、地点、方法等。在一般情况下，行为的时间、地点和方法等并不是犯罪构成的必要要件。例如，故意杀人罪并不以犯罪时间、地点、手段为犯罪构成要件，无论何时采用何种手段杀人的都构成故意杀人罪。但对某些犯罪来说，刑法将犯罪的时间、地点和方法等规定为犯罪的特殊要件。因此，行为人对自己行为的时间、地点和方法等必须有认识。如我国《刑法》第 340 条规定的非法捕捞水产品罪，要求行为人必须明知自己捕捞水产品的行为在禁渔区、禁渔期，或者使用禁止的方法时，才具有非法捕捞水产品罪的故意。

2. 意志因素

意志对人的行动起支配作用,并且决定着结果的发生。犯罪故意的意志因素是行为人在明知自己的行为会发生危害社会的结果的基础上,仍决意实施这种行为的主观心理态度。行为人对自己行为将造成的危害结果的发生所抱的希望或者放任的心理态度,就是构成犯罪故意的意志因素。可见,犯罪故意的意志因素有希望和放任结果发生两种表现形式。

(1)希望。所谓希望危害结果的发生,是指行为人对危害结果抱着积极追求的心理态度,该危害结果的发生,正是行为人通过一系列犯罪活动所意欲达到的犯罪目的。例如,盗窃犯希望即积极追求非法占有他人财物这种危害结果的发生。

(2)放任。所谓放任危害结果的发生,是指行为人虽然不希望、不是积极追求危害结果的发生,但也不反对和不设法阻止这种结果的发生,而是对结果是否发生持一种纵容的、听之任之的态度。即行为人为了追求一定目的而实施一定行为时,明知该行为可能发生某种危害结果;行为人既不希望危害结果发生,也不希望危害结果不发生,但仍然实施该行为,也不采取措施防止危害结果的发生,而是听任危害结果的发生;结果发生与否,都不违背行为人意志。在刑法理论上,由放任这一意志因素构成的故意,被称为间接故意。放任与希望有着明显区别:希望是对结果持积极追求的心理态度,放任则是对这种结果有意地纵容其发生。

3. 认识因素与意志因素的关系

犯罪故意内部的认识因素和意志因素之间具有密切的关系,进而对犯罪故意的构成具有各自不同的重要作用。认识因素是意志因素存在的前提和基础,行为人对结果发生采取希望和放任的心理态度,是建立在对行为及其结果的危害性质明确认识的基础上的,唯有有了这种明确的认识,才谈得上对危害结果发生是持希望还是放任的心理态度,才会在持希望心理态度时确定行为的步骤和方法,并直接支配行为的实施,从而构成犯罪的故意。另外,意志因素又是认识因素的发展,如果仅有认识因素而没有意志因素,即主观上不是希望也不是放任危害结果的发生,也就不存在犯罪的故意,不会有故意犯罪的行为。总之,认识因素和意志因素是犯罪故意中的两项有机联系的因素,在认定构成犯罪的故意中缺一不可。其中,认识因素是意志因素的存在前提,也是犯罪故意成立的基础;意志因素则是认识因素基础上的发展,是犯罪故意中具有决定性作用的因素,它对于把犯罪故意客观化即把犯罪思想变为犯罪行为,具有重要的主导作用。

上述案例1中,法院在审理后认为,被告人马某因与被害人张某有矛盾,为泄私愤,在明知氰化物属剧毒的情况下,仍然置他人生命于不顾,将足以致人死亡的氰化物药粉投入张某的水杯中,其行为已构成故意杀人罪。被告人马某的犯罪行为已实施终了,之所以没有造成被害人死亡的结果,纯系因被告人意志以外的原因,即被害人中毒后被他人及时送往医院抢救,因而脱险。鉴于被告人的行为是犯罪未遂,决定从轻处罚。据此判决:被告人马某犯故意杀人罪(未遂),判处有期徒刑8年,剥夺政治权利1年。

一审法院判决宣告后,马某不服,以"定性不准,量刑过重"为由,上诉于二审法院,认为一审法院判决被告人犯故意杀人罪是错误的。理由是:被告人在主观上并无杀人的故意,在客观上其行为算是有节制的,能够充分说明其只有伤害故意而无杀人故意。另外,一审法院判处被告人有期徒刑8年显然过重,要求二审法院予以改判较轻的刑罚。

二审法院经审理认为,原判认定的事实清楚,证据确实。上诉人认为自己并无杀人的故意而只有伤害的故意,其理由不能成立。经查,上诉人与被害人之间确有矛盾,上诉人图谋报复,将剧毒药物投入被害人饮用的茶水中,在看到被害人喝下茶水出现中毒症状后,不仅不积极抢救,反而匆匆离去。其行为在客观上反映出并不只是希望达到伤害的目的,而是具有杀人的目的,故其上诉理由不能成立,应予驳回。一审判决定性准确,量刑适当,审判程序合法,应予维持。据此,裁定驳回上诉人马某的上诉,维持原判。

此案中马某故意投放毒物加害于张某并无疑义,但属于故意杀人的故意还是伤害的故意?故意杀人罪的主观内容是非法剥夺他人的生命,杀人故意的内容应当是:行为人认识到自己的行为是杀人的行为;杀害的对象是人;自己的行为可能或必然造成他人死亡;行为人希望或放任这种危害结果的发生。故意伤害罪的主观内容仅是损害他人健康,没有剥夺他人生命的意思。马某认识到自己的投毒行为是一种杀人行为,也认识到其要杀害的对象是人,并且明知自己的投毒行为可能造成张某的死亡,在这一认识的基础上,决意杀死张某。所以,即使在客观上没有发生死亡结果,也应认定为故意杀人罪。

上述案例2中,行为人的行为不构成强奸罪。就奸淫幼女而言,通常要求行为人在主观上明知或者应知对方是幼女。本案中被害人段某平发育超常,谎报年龄与被告人谈恋爱,被告人信以为真,在恋爱中发生性行为,鉴于这种情况,认定被告人对奸淫幼女有认识,似乎过于苛刻。由于本案被告人缺乏强奸罪的犯意,故不构成犯罪。

犯罪故意是构成故意犯罪必备的主观要件。我国刑法分则规范中的绝大多数犯罪都是故意犯罪。鉴于许多犯罪(如抢劫罪、抢夺罪、盗窃罪、强奸罪等)从逻辑上分析只能由故意构成,不能由过失构成,而且这也为人们的常识所了解，因而从立法简明扼要的要求来考虑，刑法分则条文对这样的故意犯罪即未标明"故意"。对某些既可由故意构成、也可由过失构成的犯罪，如杀人、伤害等，为了区分此罪与彼罪的界限，则标明"故意""过失"，加以区别，对不能由过失构成而只能由故意构成的犯罪，如《刑法》第275条规定的故意毁坏公私财物的犯罪，则标明了"故意"，以划清罪与非罪的界限。

在刑法理论上，除直接参照《刑法》第14条的规定将犯罪故意区分为直接故意和间接故意以外，还有其他一些分类方法，主要是预谋故意和突发故意之分，以及确定故意和不确定故意之别。这些分类方法是根据不同的标准，从不同角度对犯罪故意的复杂情况和不同类型故意犯罪案件的不同危害程度有所揭示，因而对司法实践都有一定的意义。

案例讨论

被告人谢某，男，30岁，个体出租汽车司机；被告人尚某，女，31岁，个体出租汽车乘务员；被告人郑某，男，29岁，个体出租汽车车主。被告人谢某驾驶个体出租的小客车由沈阳返回抚顺，乘务员尚某按车主郑某的吩咐，私自将1.1元的票价提为2元。当尚某向乘客范某（被害人，男，32岁，工人）售票时，范某见票价不对，便提出质问，尚某不满地说："爱坐就坐，不坐滚下去！"范某很生气，回骂尚某一句，二人遂发生口角。尚某先动手打了范某一巴掌，范某忍无可忍，与尚某还手厮打起来，扭打中，不慎将车窗玻璃撞碎一块。司机谢某即将车停下，手持螺丝刀直奔范某；同时，车主郑某手持空酒瓶，与郑某相识的搭车乘客陈某手持照相机三角架也先后向范某围过来。郑某先动手殴打范某并掐范某的颈部，后经其他乘客劝解放手。车启动后，郑某多次威胁范某说："等到站（抚顺火车站）再好好收拾你"，并让陈某持三角架站在车门处，以防范某下车走掉。当车行至沈阳市东陵区检查站时，范某从车窗向检查站工作人员招手呼喊救命，但未引起检查人员注意。当车行经抚顺李石寨交通检查站时，汽车按规定减速行驶，车上好心的乘客劝范某说："趁车速慢，快跳车吧，不然，没你的好！"范某听此话后即在撞坏玻璃的车窗处，先用双方抓住车窗框，然后将身体悬出窗外，准备跳车，此时，一乘客喊"跳车了"，尚某和郑某见状，分别对司机谢某喊："快点开，摔死他""快点开，甭管他"。郑某又喊了一句："快点开，别让他跑了"，谢某遂加快车速，致范某从车上摔下。乘客多人又喊，"快停车，人趴在地上起不来了！"三被告人未予理睬，驾车扬长而去。范某因头部摔伤，造成颅骨和颅底骨骨折、蛛网膜下腔出血死亡。

问：人民法院在审理过程中，对此案如何定性有三种意见：第一种意见认为，本案属于间接故意杀人；第二种意见认为，本案只能追究三名被告人的过失杀人罪责；第三种意见认为，此案属于意外事件。你的意见呢？说明理由。

自测题

1. 关于故意的认识内容，下列哪一选项是正确的？（ ）

A. 甲明知自己的财物处于国家机关管理之中，但不知此时的个人财物应以公共财产论而窃回。甲缺乏成立盗窃罪所必需的对客观事实的认识，故不成立盗窃罪

B. 乙以非法占有财物的目的窃取军人的手提包时，明知手提包内可能有枪支仍然窃取，该手提包中果然有一支手枪。乙没有非法占有枪支的目的，故不成立盗窃枪支罪

C. 成立猥亵儿童罪，要求行为人知道被害人是或者可能是不满14周岁的儿童

D. 成立贩卖毒品罪，不仅要求行为人认识到自己贩卖的是毒品，而且要求行为人认识到所贩卖的毒品种类

2. 关于故意犯罪形态的认定，下列哪些选项是正确的？（ ）

A. 甲绑架幼女乙后，向其父勒索财物。乙父佯装不管乙安危，甲只好将乙送回。甲虽未能成功勒索财物，但仍成立绑架罪既遂

B. 甲抢夺乙价值1万元项链时，乙紧抓不放，甲只抢得半条项链。甲逃走60余米后，觉得半条项链无用而扔掉。甲的行为未得逞，成立抢夺罪未遂

C. 甲欲盗汽车，向乙借得盗车钥匙。甲盗车时发现该钥匙不管用，遂用其他工具盗得汽车。甲属于盗窃罪既遂，乙属于盗窃罪未遂

D. 甲在珠宝柜台偷拿一枚钻戒后迅速逃离，慌乱中在商场内摔倒。保安扶起甲后发现其盗窃行为并将其控制。甲未能离开商场，属于盗窃罪未遂

二、直接故意的概念和特征

（一）案情简介

被告人杨某于2007年10月5日晚骑一辆无牌照自行车途经某市芷江西路、普善路路口时，受到芷江西路派出所巡逻民警依法盘查，由于杨某不配合，被带至派出所询问，以查明其所骑自行车的来源。杨某因对公安民警的盘查不满，通过电子邮件、电话等方式多次向公安机关投诉。闸北公安分局派员

对杨某进行了释明和劝导。杨某在所提要求未被公安机关接受后,又提出补偿人民币一万元。杨某因投诉要求未获满足,遂起意行凶报复。

2008年6月26日,杨某来沪后购买了单刃尖刀、防毒面具、催泪喷射器等工具,并制作了若干个汽油燃烧瓶。

同年7月1日上午9时40分许,杨某携带上述作案工具至本市天目中路578号闸北公安分局北大门前投掷燃烧瓶,并戴防毒面具,持尖刀闯入该分局底楼接待大厅,朝门内东侧办公桌前打电话的保安员顾某某头部砍击。随后,杨某闯入大厅东侧的治安支队值班室,分别朝正在办公的方某某、倪某某、张某阶、张某平等四位民警的头面、颈项、胸、腹等部位捅刺、砍击。接着,杨某沿大楼北侧消防楼梯至第9层,在消防通道电梯口处遇见正在下楼的民警徐某某后,持尖刀朝徐某某的头、颈、胸、腹等部位捅刺。后杨某继续沿大楼北侧消防楼梯上楼,在第9至第10层楼梯处遇见下楼的民警王某某,杨某即用尖刀朝王某某的右肩背、右胸等部位捅刺。杨某至11楼后,在1101室门外持尖刀朝民警李某甲的头、胸等部位捅刺。此后,杨某沿大楼北侧消防楼梯至第21层,在大楼北侧电梯口朝正在等候电梯的民警吴某某胸部捅刺。吴某某被刺后退回2113办公室。杨某闯入该室持刀继续对民警实施加害。室内的民警李某乙、林某、吴某某等人遂与之搏斗,并与闻讯赶来的荣某某、孔某某、陈某、黄某某等民警将杨某制服。其间,民警李某乙右侧面部被刺伤。

被害人方某某、张某阶、李某甲、张某平因被锐器戳刺胸部伤及肺等致失血性休克,被害人倪某某被锐器戳刺颈部伤及血管、气管等致失血性休克,被害人徐某某被锐器戳刺胸腹部伤及肺、肝脏等致失血性休克,经抢救无效而相继死亡。被害人李某乙外伤致面部遗留两处缝创,长度累计达9.9厘米,并伤及右侧腮腺;被害人王某某外伤致躯干部遗留缝创,长度累计大于15厘米,右手食指与中指皮肤裂伤伴伸指肌腱断裂,李、王两人均构成轻伤;被害人吴某某外伤致右上胸部软组织裂创长为3厘米;被害人顾某某外伤致头皮裂创长为5.1厘米,吴、顾两人均构成轻微伤。①

(二)问题

什么是直接故意犯罪?

(三)学理分析

犯罪的直接故意,是指行为人明知自己的行为必然或者可能发生危害社会的结果,并且希望这种结果发生的心理态度。

---

① 参见上海市第二中级人民法院刑事判决书(2008)沪二中刑初字第99号。

按照认识因素的不同内容，可以把犯罪的直接故意区分为以下两种表现形式：

1. 行为人明知自己的行为必然发生危害社会的结果，并且希望这种结果发生的心理态度。用公式表示即为"必然发生＋希望发生"。例如，甲想杀死乙，用枪顶在乙的脑袋上射击，他明知这种行为必然导致乙死亡而仍决意为之，追求乙死亡结果的发生，甲的心理态度即为此种直接故意。

2. 行为人明知自己的行为可能发生危害社会的结果，并且希望这种结果发生的心理态度。用公式表示即为"可能发生＋希望发生"。例如，丙想枪杀丁，但只能在晚上趁丁返家途中隔小河射击，由于光线不好，距离较远，丙的射击技术又不甚好，因而他对能否射杀丁没有把握，但他不愿放过这个机会，希望能打死丁，并在这种心理支配下实施了射杀行为。丙的心理态度即属此种直接故意。

直接故意的意志因素，是以希望危害结果的发生为其必要特征的。

综上所述，直接故意的表现形式有三种：（1）明知自己的行为必然发生某种危害结果，并且追求这种结果发生。（2）明知自己的行为可能发生某种危害结果，并且追求这种结果发生。（3）明知自己的行为必然发生某种危害结果，但不是追求其发生，而是容忍或放任其发生。

本案中，警方对杨某骑无牌无证自行车进行盘查于法有据，对其处理过程中也无殴打行为；在杨某不满处理结果而投诉的情况下，警方两次赴北京进行沟通和劝解，但未接受杨某提出的无理要求。为发泄不满，杨某经预谋和充分准备，闯入公安机关连续杀害六名与其均不存在任何利害冲突的民警，在主观上杨某知道自己的恣意持刀行凶行为会造成他人死亡的结果，在意志因素上他是积极追求这一结果、希望该危害结果发生，因此成立故意杀人罪。

案例讨论

甲意欲杀害他的仇人乙。一天，乙和丙（甲并不认识）正在20层楼高的脚手架上工作。甲砍断脚手架绳索致乙和丙双双死亡。

问：甲对丙的死亡的主观罪过是什么？

自测题

关于犯罪的直接故意，下列哪些说法是正确的？（　）

A. 甲明知在50米之外开枪只有击中乙的可能性，虽然他仔细瞄准，力争击中，但是开枪后还是未击中乙。甲主观上有杀害乙的直接故意

B. 甲为防盗，在自种的西瓜地周围拉上铁丝并通上高压电，结果一天晚上电死了一个偷瓜者。甲对电死偷瓜者的主观罪过是直接故意

C. 甲在公园里从高处俯射前方30米处一棵小树上的一只小鸟，小树的对面有许多游客来往，甲不顾游客的安全，一枪打出去，结果打死一名游客。甲对打死游客的主观罪过为直接故意

D. 甲为一点小事，不计后果，突然拔出匕首刺向乙的胸部，致乙重伤，后经抢救无效乙死亡。甲对致人重伤的结果主观上为直接故意

三、间接故意的概念和特征

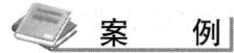
案　　例

（一）案情简介

1. 杨某酒后驾驶一辆客货车由北向南行驶，途中在超越与其同方向行驶的一辆中巴公共汽车后，又向右打方向盘，引起该车车主董某的不满，当两辆车行至十字路口遇红灯停车时，董某下车走到杨某驾驶的汽车驾驶室左侧，抓住倒车镜欲与杨某论理。杨某见状即发动汽车，董某便扒上已经起步的汽车左侧门外。此时，杨某不顾董某安危，闯红灯加大油门向前疾驶，驶出300多米时，从右侧超越同方向行驶的一辆货车，致使董某被该车车厢伸出的钢制门窗挂下车，仰面倒在马路上。杨某随后驾车逃逸，在行驶中又将迎面而来的两辆车撞坏。后董某被他人送医院抢救，因伤势过重于次日凌晨死亡。经法医鉴定，董某系头部受到强大外力的撞击致重度颅脑损伤死亡。

2. 被告人崔某到归洲镇"新颖发廊"闲玩。董某某（男，27岁，与崔某某不相识）也来到发廊。董某某问女理发师的姓名，该女回答姓崔（其真名叫袁某某），是"帮"字派。被告人崔某说：我是"昌"字派；董某某则说：我是"永"字派。被告人认为董某某是在自己面前称上辈，便与其争吵，后又打开水果刀（长约24公分）朝董某某的左颈部刺了一刀。当别人制止时，被告人还大声喊："你给老子翻，老子不杀死你"，然后逃离现场。董某某当即死亡。被告人崔某于次日晨在其父的陪同下到公安机关自首。经法医鉴定：董某某系被他人用锐器刺伤左侧颈部，致左颈总动脉破裂，急性大出血性休克导致死亡。

（二）问题

什么是间接故意？如何认定间接故意犯罪？

（三）学理分析

间接故意是直接故意的对称，是指行为人明知自己的行为可能发生危害社会的结果，并且放任这种危害结果发生的心理态度。

间接故意的内容包括认识因素和意志因素两个方面。认识因素是指行为人认识到自己的行为可能造成危害社会的结果，即行为人认识到危害结果可能发生，也可能不发生。意志因素是指行为人对可能发生的危害结果持放任的态度。所谓放任，是指行为人有意纵容危害社会的结果的发生。即行为人对危害社会的结果的发生，既不是积极追求，也不是不希望其发生，而是持一种容忍的态度，危害社会的结果即使发生了也不违背其意志。

在上述案例1中，作为司机，杨某明知加速开车会造成他人受伤或者死亡的结果而仍实施了该行为，故杨某对自己所实施的危害行为可能造成的危害结果在主观上属于间接故意。原因有二：其一，作为司机，杨某明知董某扒在其车外时仍加速行车，并从右侧超越同方向行驶的货车，会造成严重后果。从案件整个过程来看，杨某认识到有几种可能：一是董某从车上摔下来但没造成任何损害；二是董某从车上摔下后造成伤害（重伤或轻伤）；三是董某从车上摔下后造成死亡。其二，从意志因素上看，杨某对董某的死亡持一种放任态度。因为其开车加速的目的在于将董某甩掉，对于甩掉致使其死或伤的结果的发生，杨某本身并不是积极的追求而是消极的放任。因此，杨某的行为是一种间接故意。

在司法实践中，犯罪的间接故意大致有以下三种情况：

1. 行为人追求某一个犯罪目的而放任另一个危害结果的发生。例如，甲欲毒杀妻子乙，就往妻子碗内投下了剧毒药。甲同时还预见到其妻有可能喂饭给孩子吃而祸及孩子，但他因为杀妻心切，就抱着听任孩子也被毒死的心理态度。事实上妻子乙在吃饭时确实喂了孩子几口，结果母子均中毒死亡。此案中，甲明知投毒后其妻必然吃饭而中毒身亡并积极追求这种结果的发生，对其妻构成故意杀人罪的直接故意无疑；但甲对其孩子死亡结果的发生的心理态度有所不同，他预见到的是孩子中毒死亡的可能性而不是必然性，他对孩子死亡结果的发生并不是希望，而是为了达到杀妻的结果而予以有意识的放任，完全符合间接故意的特征，应构成故意杀人罪的间接故意。

2. 行为人追求一个非犯罪的目的而放任某种危害结果的发生。例如，甲在林中打猎时发现一只野兔，同时又发现猎物附近有一个孩子在摘果实，根据自己的枪法和离猎物的距离，甲明知若开枪不一定能打中猎物，而有可能打中小孩。但甲打猎心切，不愿放过这一机会，又看到周围无其他人，遂放任可能打死小孩这种危害结果的发生，仍然向猎物开枪，结果子弹打偏，打死了附近的小孩。此案中，甲明知自己的开枪打猎行为可能打中小孩使其毙命，但为追求打到猎物的目的，仍然开枪打猎，听任打死小孩这种危害结果的发生，具备了间接故意的认识因素和其特定的意志因素，因而构成犯罪的间接故意。

3. 突发性的犯罪，不计后果，放任严重结果的发生。例如，实践中，一些青少年临时起意，动辄行凶，不计后果，捅人一刀即扬长而去并致人死亡的案件就属于这种情况。这种案件里，行为人对用刀扎人必致人伤害是明知的和追求的，属于直接故意的范畴。对于其行为致人死亡的结果而言，他虽然预见到可能性，但持的却不是希望其发生的态度，而是放任其发生的态度，这样，对于其行为造成他人死亡的结果而言，其认识特征是明知可能性，其意志因素是放任结果的发生，完全符合犯罪间接故意的构成。

在一切间接故意犯罪中，行为人都认识到自己的行为可能造成危害社会的结果，并对危害结果的发生持放任的态度。但是在具体的间接故意犯罪中，行为人对危害社会结果的认识和态度是各种各样、千差万别的。根据行为人认识和放任危害社会的结果是否确定，我们可以把间接故意分为两类：一类是行为人明知自己的行为可能会造成某一种具体的危害社会的结果，而对该特定危害结果持放任的态度。如甲意欲投毒杀妻案中，明知自己的行为可能会造成其子的死亡，但是对于这一特定的危害结果持放任的态度。另一类是行为人明知自己的行为可能造成数个具体的危害结果，而对这些危害结果持放任的态度。由此我们也可以看出间接故意犯罪的共同特点，即行为人总是为了追求某一目的而放任另一危害结果的发生。因此，只有在行为人所放任的危害结果已经实际发生的情况下，为了追求某一目的而实施的某种行为才能与其所放任的危害结果结合在一起，构成间接故意犯罪，如果行为人所放任的危害结果没有发生，间接故意犯罪也就无从认定。① 所以，间接故意犯罪的成立，以实际上发生行为人认识到并放任的危害社会结果为前提。

在上述案例2中，被告人崔某与被害人素不相识，仅因发生口角就拔出水果刀捅死被害人，属于"突发性"的案件，对于这类案件，如何判断行为人的故意内容，曾经是一个困扰司法部门的问题，法院解决这类问题的惯常做法是：行为人携带凶器，动辄行凶，不计后果的，在难以确认是杀人还是伤害的直接故意的情况下，以结果论。即：造成死亡结果的，是故意杀人罪；仅造成伤害结果的，是故意伤害罪。其理由是：行为人不计后果，表明他人死亡或者伤害的结果都在行为人的认识范围之内，因此，被害人死亡的，可以认定行为人对死亡结果具有间接故意。法院认定被告人崔某犯故意杀人罪，也就是认定

---

① 陈兴良主编：《案例刑法教程》，中国政法大学出版社1994年版，第133页。

本案被告人崔某对致被害人死亡的结果持放任态度,具备故意杀人罪的间接故意。湖北省秭归县人民法院经公开审理认定:被告人崔某犯故意杀人罪,鉴于其有自首情节,从轻判处有期徒刑14年6个月,剥夺政治权利2年。湖北省宜昌地区中级人民法院重新审判认为:被告人崔某因同他人争辈分,动辄持刀将他人杀死,主观上具有间接故意,其行为已构成故意杀人罪,且情节恶劣,后果严重。案发后,尚能主动到公安机关投案自首。据此认定被告人崔某犯故意杀人罪,判处死刑,缓期二年执行,剥夺政治权利终身。法院对本案的认定,反映了处理这类案件的司法习惯。

 **案例讨论**

2007年5月25日中午,在湖州市南浔区安达码头附近,年仅17岁的周某因偷自行车被失主颜某某等人抓获。为了给小偷吃点苦头,颜某某等三人用扳手和石块殴打周某。被打破头的周某突然挣脱,逃上了停靠在码头的大货船。韩某某等三人也跳上船对周某进行围追堵截。周某看无处可逃,就跳入河中,并向河对岸游去,游到河中央的周某自觉体力不支,准备游回岸边,但刚往回游一两米便渐渐开始下沉,最终沉入河中。

问:韩某某等三人的行为该如何处理?

自 测 题

甲贩运假烟,驾车路过某检查站时被工商执法部门拦住检查。检查人员乙正登车检查时,甲突然发动汽车夺路而逃。乙抓住汽车门的把手不放,甲为摆脱乙,在疾驶时突然急刹车,导致乙头部着地身亡。甲对乙死亡的心理态度属于下列哪一选项?( )

A. 直接故意
B. 间接故意
C. 过于自信的过失
D. 疏忽大意的过失

四、过失犯罪的概念和特征

 **案 例**

(一)案情简介

1. 被告人王某某,男,22岁,农民。被告人王某某经同乡付某某介绍,

第七章 犯罪的主观方面

在某林场承包清林。同年5月6日上午10时30分左右，王某某和李某某、付某某三人在一小堆径木上休息，王某某点火吸烟。过后，王某某将烟头顺手往身下木头上一按，便同李某某和付某某起身上较远处继续清林。由于烟头未灭，引燃了周围杂草并蔓延开来，酿成特大火灾。王某某、付某某等人发现火情后，也赶到现场灭火。在灭火中，王某某发现起火处是自己吸烟的地方，便要求付某某为其隐瞒真情，并将剩下的香烟、火柴扔入火中焚毁。由于王某某吸烟引起的特大森林火灾，使西林吉、图强和阿木尔三个林业区的10个林场中7个林场的林地过火，3个林场场区被烧毁。同时，烧毁房屋8549平方米，合计损失193万元；烧毁机械设备36台（件），价值204万元；烧毁商品，价值3万余元；烧毁粮食，价值3800余吨；烧毁有林面积338211公顷，林木蓄积量23676376立方米，价值11.8381亿元；烧死4人，烧伤4人。

2. 被告人张某某系中医医师，在新疆某职业专科学校合法开设私人诊所，为患者诊断治病并配售中药。一天中午，被害人袁某某（男，23岁）因牙痛来被告人处就医。被告人袁某某诊断后便开了中药"清胃散"二副。因在此之前被告人错将有毒的草乌装入放玄参的药斗内，在配药时将草乌当作玄参配给了袁某某。袁某某将其中一副中药泡服后，即出现严重中毒症状。经医院抢救无效，于当日下午5时40分死亡。事发后，被告人主动查出袁某某中毒死亡的原因系因其配错中药，并去水磨沟区卫生局投案自首。

（二）问题

什么是过失犯罪？

（三）学理分析

犯罪过失，是指行为人应当预见自己的行为可能发生危害社会的结果，由于疏忽大意而没有预见或者已经预见而轻信能够避免的心理态度。犯罪过失可以分为疏忽大意的过失和过于自信的过失。

1. 疏忽大意的过失

疏忽大意的过失，是指行为人应当预见自己的行为可能发生危害社会的结果，由于疏忽大意而没有预见，以致发生这种结果的心理态度。它有以下两个特点：

（1）行为人对可能发生的危害结果应当预见，即有预见的义务。这种预见义务来自法律的规定、职务、业务的要求或公共生活的准则的要求。例如禁止酒后开车、不要从楼上抛置重物等。行为人预见的义务和预见的能力是有机联系在一起的，法律只对有可能预见的人提出预见的义务，法律不会要求公民去做他实际上无法做到的事情。

(2) 行为人因疏忽大意而没有预见到自己的行为可能会发生危害结果。所谓没有预见，是指行为人在行为当时没有想到自己的行为，可能会发生危害社会的结果，这种主观上对可能发生危害结果的无认识状态，是疏忽大意过失心理的基本特征和重要内容。疏忽大意，就是按照行为时行为人的认识能力和客观条件，本该预见到，但由于马虎、缺乏责任心而未能预见，以致造成危害结果的发生。

2. 过于自信的过失

过于自信的过失，是指行为人已经预见到自己的行为可能发生危害社会的结果，但轻信能够避免，以致发生这种结果的心理态度。过于自信的过失具有以下两个特点：

（1）行为人已经预见到可能发生危害社会的结果，对危害结果的预见，包括预见到危害结果发生的可能性和可能产生什么样的危害结果。

（2）行为人轻信自己能够避免危害结果的发生。所谓"轻信能够避免"，是指一方面行为人希望和相信能够避免危害结果发生；另一方面行为人没有确实可靠的客观根据而轻率地相信可以避免。例如过高地估计了自己的能力或者不当地估计了有利的条件，自以为能够避免危害结果发生，而实际上却未能避免。

疏忽大意的过失和过于自信的过失二者的区别在于：前者事先对危害结果的发生没有预见，所以又称无认识的过失；后者事先对危害结果的发生有所预见，故又称有认识的过失。

上述案例1中，林区禁止吸烟乃是森林防火的常识，一般人都应当知道并且能够知道，而行为人却未加注意，以致造成火灾，属于疏忽大意。大兴安岭地区中级人民法院认为：被告人王某某在清林作业中，违反《中华人民共和国森林法》关于"在森林防火期间，禁止在林区野外用火"的规定，以及违反了黑龙江省人民政府关于森林防火禁令，在林区野外吸烟，引起特大森林火灾，给国家财产和人民生命安全造成重大损失，其行为已构成失火罪。据此，判处被告人王某某有期徒刑7年。一审宣判后，被告人王某某不服，以不懂森林防火常识，要求从轻判处为由，向黑龙江省高级人民法院提出上诉。黑龙江省高级人民法院审理认为：原审判决认定上诉人王某某因吸烟引起森林火灾的事实清楚，证据确实、充分，适用法律正确，量刑适当，审判程序合法。王某某应当预见到在森林内吸烟可能引起火灾，但因疏忽大意导致失火，使国家财产和人民生命安全遭受重大损失，其上诉理由不能成立。经审判委员会讨论，驳回王某某的上诉，维持原判。

在认定过失犯罪时，应当注意犯罪的过失是针对所发生的严重后果而言的,即被告人王某某对造成森林火灾的后果是应当预见却由于疏忽没有预见,而不是针对引起后果的行为本身而言的。尽管被告人王某某明知禁止在林区野外吸烟却违反规定,但这种"明知故犯"本身不是犯罪行为,所以不存在犯罪的故意。虽然点火吸烟是有意的,只要对火灾结果不具有故意,就不能认定为故意犯罪(放火罪)。

此外,还应区分普通过失与业务过失。如果是在日常生活中,通常根据行为是否超越社会的行为准则确认有没有过失。如张某和赵某长期一起赌博。某日两人在工地发生争执,张某推了赵某一把,赵某倒地后后脑勺正好碰到石头上,导致颅脑损伤,经抢救无效死亡。关于张某的行为,只能认定为过失致人死亡罪。如果是由于业务上存在"违章""违规"等则认定为业务过失。如甲是某搬运场司机,在搬运场驾车作业时违反操作规程,不慎将另一职工轧死,对甲的行为应当按重大责任事故罪处理。上述案例1中,被告人王某某虽然属于林场雇用的清林作业人员,并且也是在工作时间、工作场所造成火灾,但他是在作业休息时间,由于与林业生产作业无关的吸烟行为导致火灾的,所以应当认定为普通过失,即失火罪。

案例2中的张某某属于业务过失。张某某身为医务人员,应认真履行自己的职责,按规定管理和发放药品,但被告人在配药过程中不负责任,造成他人死亡的严重后果,其行为已触犯刑律,构成过失致人死亡罪。

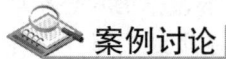

案例讨论

　　肖某的丈夫长期患病,久治不愈造成残疾,生活不能自理,肖某便由嫌弃进而产生杀夫的恶念。某日晨,肖某煮了两碗面条,在其中分量较少又没有鸡蛋的一碗内投下"1605"农药,放在灶台上,并向儿子说"锅里放有鸡蛋的面条是给你吃的,灶台上的那一碗是给你爸爸吃的,千万别弄错了。"说完后,便外出挑水去了。其子因肠胃不舒服,见锅里那碗面多,又有鸡蛋,怕吃不完,便把灶台上少的一碗吃了。当肖某返回家时,其子已中毒身亡。肖某见自己毒死了儿子,心里十分难受。

　　问:在本案中,对肖某毒死其子的主观罪过形式应当如何认定?

自测题

1. 下列哪些案件不构成过失犯罪?(　　)
A. 老师因学生不守课堂纪律,将其赶出教室,学生跳楼自杀
B. 汽车修理工恶作剧,将高压气泵塞入同事肛门充气,致其肠道、内脏

严重破损

C. 路人见义勇为追赶小偷，小偷跳河游往对岸，路人见状离去，小偷突然抽筋溺毙

D. 邻居看见6楼儿童马上要从阳台摔下，遂伸手去接，因未能接牢，儿童摔成重伤

2. 关于过失犯的论述，下列哪一选项是错误的？（ ）

A. 只有实际发生危害结果时，才成立过失犯

B. 认识到可能发生危害结果，但结果的发生违背行为人意志的，成立过失犯

C. 过失犯罪，法律有规定的才负刑事责任。这里的"法律"不限于刑事法律

D. 过失犯的刑事责任一般轻于与之对应的故意犯的刑事责任

五、疏忽大意的过失

（一）案情简介

1. 被告人曹某，女，17岁，中学生。某日中午，曹某看见小贞（9岁）与四名小女孩（均10岁左右）正在踢毽子，便上前从小贞手中拿过毽子说"给我踢踢"。小贞不肯，曹某随手将毽子丢还，并一边说"你小气"，一边右手4指并拢朝小贞的右额角用力戳了一下，接着又用手背打了一下小贞的头部。小贞当即双手抱头蹲下，哭喊"痛死啦"，继而呕吐昏迷。经抢救无效，约一小时后，小贞死亡，医院诊查结论是：因受外力冲击造成小脑挫裂伤出血致死。

2. 被告人杨某某与本村庄某、李某某、张某等五人给吕某某家砍木料。归途中，发现路边草丛中有一条毒蛇。被告人杨某某在明知是毒蛇的情况下，将其捉到手中。五人成纵队向前行走，杨某某走在最后，距他前边的庄某仅一米。当庄某弯腰拿起放在路边的衣服时，被告人手中的毒蛇咬伤其右腿。庄某的右腿当即中毒肿大，不能行走，被人抬回家。庄某经手术右腿截肢。

（二）问题

什么是疏忽大意的过失？

（三）学理分析

疏忽大意的过失，是指行为人应当预见到自己的行为可能发生危害社会的结果，因为疏忽大意而没有预见，以致发生这种结果的心理态度。

疏忽大意的过失又称无认识的过失，具有以下三个特征：

1. 行为人对于危害结果没有预见

对于危害结果没有预见是疏忽大意的过失所不可缺少的首要的、必备的条件。所谓对于危害社会的结果没有预见，是指行为人对于自己行为所导致的危害社会的结果事先没有认识，而这种危害结果必须与刑法所规定的犯罪结果相一致。如果行为人的行为虽然造成了一定的危害结果，但这一结果并不是刑法所规定的作为过失犯罪构成必要要件的危害结果，那么，尽管行为人对这一结果的发生无认识，也不成立疏忽大意的过失。①

2. 行为人应当预见自己的行为可能发生危害社会的结果

应当预见是预见义务与预见能力的统一。所谓"应当预见"，是指行为人在行为时负有预见到行为可能发生危害结果的义务。这也是疏忽大意的过失与意外事件的区别所在。这种预见的义务，来源于法律的规定，或者职务、业务的要求，或是公共生活准则的要求。预见的义务与预见的实际可能是有机地联系在一起的，法律不会要求公民去做他实际上无法做到的事情，而只是对有实际预见可能的人才赋予其预见的义务，行为人由于不可能预见而造成危害结果的，即使结果非常严重，也不能认定他对结果有过失而令其负刑事责任。

判断能否预见以什么为标准？刑法理论上见解不一。第一种是客观标准说，即主张以社会上一般人的水平来衡量；第二种是主观标准说，即在当时的具体条件下以行为人本身的能力和水平来衡量；第三种是以主观标准为根据、以客观标准作参考的观点，这是我国刑法理论中较为通行的主张。笔者赞同第三种观点。据此，一般理智正常的人能够预见到的危害结果，理智正常的行为人在正常条件下也应当能够预见到。但是，判定行为能否预见的具有决定性意义的标准，只能是行为人的实际认识能力和行为时的具体条件，也就是说，要根据行为人本身的年龄状况、智力发育、文化知识水平、业务技术水平和工作生活经验等因素决定其实际认识能力，以及行为当时的客观环境和条件，来具体分析他在当时的具体情况下，对行为发生这种危害结果能否预见。按照这个标准，一般人在普通条件下能够预见的，行为人可能因为自身认识能力较低或者行为时的特殊条件而不能预见。反之，一般人在普通条件下不能预见的，行为人也可能是因为自身认识能力较高（如有专业知识和这方面的经验等），或者行为时的特殊条件而能够预见。因此，既不应无视行为人的实际认识能力，而拿一般人的认识能力来衡量他能否预见，也不宜脱离行为当时的具体条件，而按普通情况来判断行为人能否预见，而只能按照行为人的实际认识能力和行为当时的具体客观条件，来分析和判定行为人能否预见。例如，在农村的丽丽

---

① 陈兴良：《案例刑法教程》，中国政法大学出版社1994年版，第140页。

要给孩子洗澡,又怕孩子冷,就先准备好热水,然后用个电炉子对着洗澡盆,之后准备好衣服就让5岁的孩子洗澡了。洗完之后,丽丽就起身给孩子拿衣服,没想到这时意外却发生了。孩子看到妈妈起来,自己也跟着从澡盆起来,结果脚踩在澡盆外沿上没站稳,滑了一下就摔下去了,而这时又本能的想要抓住什么,结果抓到旁边的电暖器,电暖器也跟着孩子一起掉在水里,结果就漏电了。等妈妈反应过来,孩子已经在澡盆里被电了,妈妈赶紧去把电暖器插头拔掉,用毛巾包着已经意识不清的孩子去医院,医院经过奋力抢救,但孩子还是死亡了。在这起事件中,对于危害结果的发生丽丽应当预见而没有预见,存在疏忽大意的过失。

3. 行为人由于疏忽大意而没有预见到自己行为时可能发生危害社会的结果

所谓没有预见,是指行为人在行为当时没有想到自己的行为,可能发生危害社会的结果。这种主观上对可能发生危害结果的无认识状态,是疏忽大意过失心理的基本特征和重要内容。行为人之所以实施危害行为,并且未采取避免危害结果发生的必要措施,以致发生了危害结果,是因为他根本没有预见到自己的行为可能发生这种危害结果。行为当时的疏忽大意,是其行为时没有预见的可能。正是这种疏忽大意的心理,导致行为人在应当预见也能够预见到自己行为发生危害结果的情况下,实际上并没有预见,并进而盲目地实施了危害社会的行为,而且未采取必要的预防危害结果发生的措施,终致发生了危害社会的结果。法律规定惩罚这种过失犯罪,从客观方面看,是因为行为给社会造成了实际危害后果,从主观方面看,就是要惩罚和警戒这种对社会利益严重不负责任的疏忽大意的心理态度,以促使行为人和其他人戒除疏忽大意的心理,防止疏忽大意过失犯罪的发生。

在上述案例1中,曹某对小贞死亡的结果有无过失?曹某已是17岁的中学生,从生活的一般经验、常识和是非观念上讲,对于动手打人的头部会造成一定的损害应当能够认识。因此在没有其他异常情况的条件下,事实上造成了死亡结果,应当认为曹某有过失。

在上述案例2中,尽管被告人对被害人突然停下是不可预见的,但被告人在明知是毒蛇的情况下,将毒蛇拿在手中,对毒蛇可能会造成的危害后果应该有所预见而且有预见的能力,但由于疏忽大意而没有预见,因此应认定被告人犯有过失致人重伤罪。

 案例讨论

被告人王某,男,某厂保卫科干部。某日晚8时许,王某见几个男学生爬

在他家玻璃窗外往里看,认为是在看其女儿洗澡,很生气,大声呵斥想把他们赶走,几个学生一边走一边起哄。王某便更加生气,于是回到屋里拿出一支手枪,想吓唬吓唬他们,王某出来见学生已跑开,便将枪口朝下开了一枪即转身进屋去。结果学生李某被打在水泥地上反弹起来的子弹击中头部当场死亡。

问:王某对李某的死亡结果是什么心理态度?是否构成犯罪?如构成犯罪,王某的行为构成故意犯罪还是过失犯罪?为什么?

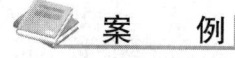
自 测 题

1. 下列关于过失犯罪的说法,哪项是错误的?( )
A. 未满16周岁的人对过失犯罪不负刑事责任
B. 过失犯罪以具备法定的危害结果为犯罪构成要件
C. 过失犯罪可以成立未遂犯
D. 单位可以构成过失犯罪

2. 甲带其子乙(5岁)在公园玩耍时,乙因与同龄儿童丙争抢滑梯,被丙从1米高的平台上推下,胳膊上蹭了一道血印。乙与丙扭打在一起,甲见状急忙赶来制止,但丙不依不饶并在甲手臂上咬了一口,甲顺手将丙从20厘米台阶上推下,丙头部着地,致使脑部受损而导致智力低下。下列对于甲的行为哪项说法是正确的?( )
A. 属于意外事件,不构成犯罪
B. 属于过于自信的过失,构成过失致人重伤罪
C. 属于疏忽大意的过失,构成过失致人重伤罪
D. 属于间接故意,构成故意伤害罪

六、过于自信的过失

案 例

(一)案情简介

1. 被告人江某在搬运站做过多年的三轮车搬运工,熟悉搬运工作。某日,江某的三轮车坏了,向同事张某借了一部旧车暂用。张某告诉江某,此车车闸失灵。江某说:"我骑了几十年,没关系。"当日,江某运货将车骑至搬运站附近一斜坡处,为减小惯性,卸下一些货物后,驾车下坡。终因车重坡陡,车闸不灵,将一行人撞成重伤。

2. 24岁的青年张某非常喜欢邻居家4岁的男孩小涛。一日,张某带小涛

到一座桥上玩，张某提着小涛的双手将其悬于桥栏，小涛边喊"害怕"边挣扎，张某手一滑，小涛掉入河中，张某急忙去救，小涛已溺水而亡。

(二) 问题

什么是过于自信的过失？过于自信的过失有哪些基本特征？

(三) 学理分析

过于自信的过失，是指行为人已经预见到自己的行为可能发生危害社会的结果，但是轻信能够避免，以致发生这种结果的主观心理态度。过于自信的过失具有以下三个特征：

1. 行为人预见到自己的行为可能发生危害社会的结果

行为人预见到自己的行为可能发生危害社会的结果，这是过于自信的过失成立的前提条件，也是过于自信的过失与疏忽大意的过失的一个主要区别。正是由于行为人对自己的行为可能发生危害社会的结果有预见，即有认识，因此过于自信的过失又称有认识的过失。

就过于自信的过失而言，行为人应当是只预见到危害社会的结果发生的可能性而不是不可避免性。如果行为人认识到自己的行为必然造成危害社会的结果，即危害社会的结果的发生具有不可避免性，那么行为人的主观方面就不可能是过于自信的过失，而有可能是直接故意。在过于自信的过失中，行为人对危害结果发生的可能性的预见应当是具体的，一方面，行为人所预见的可能发生的危害社会的结果应当与刑法所规定的作为犯罪构成要件的危害结果相一致。如案例1中行为人预见到在刹车失灵的情况下下坡可能会产生危害结果。另一方面，行为人所预见的可能发生的危害社会的结果在具体的时空条件下，具体行为可能造成具体的危害结果，而不是一种抽象的发生危害结果的危险。如在案例2中行为人张某提着4岁小孩的双手将其悬于桥栏，这样使"小孩可能会掉进河里"的危险变的具体和现实。

2. 行为人轻信能够避免危害结果的发生

所谓"轻信"，就是相信的根据不全面、不可靠，行为人过高地估计了可以避免危害结果发生的其自身的和客观的有利因素，而过低地估计了自己的行为导致危害结果发生的可能程度。正是这种"轻信"心理，支配着行为人实施了错误的行为而发生了危害结果；也正是这种"轻信"心理，使过于自信的过失得以成立并使之区别于其他罪过形式。

行为人之所以轻信能够避免危害结果发生，主要是因为他在认识上发生错误造成的。这种认识错误表现在两个方面：一是过低地估计了促使危害结果发生的危险因素的地位和作用；二是过高地估计了抑制危害结果发生的安全因素的地位和作用。有的是过高地估计了自己的主观能动性，以为凭借自己熟练的技术、敏捷的动作、强健的体魄、丰富的经验或采取措施等，即可有效地避免危害结果的发生，有的是过高地估计了客观上的有利条件，以为凭借有利的时间、地点、环境或者他人的帮助、被害人的躲避等，即可避免危害结果的发生。

尽管行为人是由于对主、客观条件的认识发生了错误才产生了轻信的态度，但是抑制危害结果发生的条件（安全因素）还是存在的，或者说，尽管轻信的根据是不全面的、不可靠的，但毕竟不是毫无根据的。因此，在认定过于自信的过失时，必须注意考察行为人实施行为时，是否存在导致行为人产生轻信心理的主客观条件。如果根本不存在这种条件，说明行为人的轻信是毫无根据的。毫无根据的轻信不是轻信，而是放任，应构成间接故意。

3. 危害结果没有避免

如果危害结果避免了，过于自信的过失也就不可能成立了。

上述案例 1 中，江某的行为构成过失致人重伤罪。江某在下坡前卸下一部分货，说明江某已经预见到，在刹车失灵的情况下下坡可能会产生危害结果。但因其自恃有多年的货运经验，又熟悉道路，轻信在卸下一部分货后，凭借自己的技术能避免危害结果的发生，从而最终导致撞伤行人。因而，江某在主观上有过失，符合《刑法》第 235 条的规定，构成过失致人重伤罪。

上述案例 2 中，24 岁的青年张某带邻居家 4 岁的男孩小涛出去玩，负有保护小孩安全的责任。张某提着 4 岁小孩的双手将其悬于桥栏边，可能会造成危害社会的后果，对此，张某是有预见的。正因为有一定的危险性，才被其作为吓唬小孩逗乐的手段，否则张某便达不到吓唬小孩逗乐的目的。张某虽然预见到自己的行为可能造成危害结果，但是轻信自己站得稳，也能把小孩抓得牢，不至于发生危害后果，但是他过高地估计了自己的能力，以至于发生了危害结果，所以行为人张某的主观罪过是过于自信的过失。

案例讨论

被告人杨某，男，27 岁，某车队司机。5 月 18 日下午 6 时，杨某驾驶载货的解放牌汽车，以每小时 30 公里的速度穿过居民区回自己的车队。此刻，杨某发现正前方左侧 100 米处停放着一辆小轿车，轿车的前面有一小孩在玩耍。但因急于回仓库卸货，在车速较快的情况下，未作制动准备，又不鸣笛。当发现小孩突然横穿马路时，杨某虽立即踩刹车，但为时已晚，快速行驶的货车将 6 岁男孩赵某撞死。

问：杨某的主观罪过是什么？

自测题

甲、乙二人住在山区,当地野猪危害庄稼的情况严重。听说邻县使用"电猫"效果很好,就去观摩取经,并买回一台"电猫"。甲、乙二人安装好"电猫",并在野猪可能出没的山上拉上裸电线,距地面40厘米。在裸电线通过的路口上均设置了警告牌,并告知通电的时间为:晚7点开电,早6点收电。村民丙盗伐林木,于早5点30分触电死亡。下列对于甲、乙二人的行为哪项选项是正确的?( )

A. 属于过于自信的过失
B. 构成过失致人死亡罪
C. 构成过失以危险方法危害公共安全罪
D. 属于疏忽大意的过失

七、疏忽大意的过失与间接故意的区别

案 例

(一)案情简介

1. 被告人朱某,男,31岁,某县公安局干部。某日晚,被告人朱某刚睡下即听到自家门外有响动,便起身持手枪出门察看,发现对门李家院内大树下有个人影晃动。朱某上前问道:"谁?干什么的?"那人转身就跑。朱某认为是有人来偷东西,便从李家院内的大树旁往前追赶,一面追,一面喊"站住"。当追到邻居丁家房屋后门附近,看人影像是往右拐,随即在相距100多米处朝人影开了一枪,王某(男,19岁)当即中弹倒地,在送往医院途中死亡(弹头从后背射进,从前胸穿出)。被告人向本单位如实交代了上述事实。

2. 被告人刘某,男,36岁,某部队参谋。某日,邓某(男,30岁)因喝醉酒闯入部队家属院,用身体撞击刘某家的房门,将其全家惊醒。刘某起床后隔门问"谁?干什么?"邓某不回答,并高喊:"开门!"刘某因不明其身份,便继续发问,邓某仍不回答,并继续高喊"开门!"刘某欲开门看看是什么人,被其妻阻止。这时邓某仍撞门不止,刘某因所在的家属院曾发生过两次窃案,故判断是一伙歹徒前来抢劫。便从卧室拿出自制的长剑,边拍打桌子边跺脚,大声呵斥门外的人离开。邓某不听,并扭动门锁把手。刘某见情况危急,即用电话通知值班员跑步过来,并打电话报告当地派出所,这时邓某仍在门外呼喊"开门"。于是,刘某转身回房间拿出一支小口径步枪,压了两发子弹,

持枪对门外喊："你赶快走开，不然我就开枪了。"邓某不听劝阻仍继续撞门，刘某便朝门外开了一枪，子弹击中邓某右腋下第七肋骨处，致使邓某失血性休克。待值班员赶来后，刘某打开房门说"你们快检查一下，看伤着没有，我刚才开了一枪。"值班员见邓某受伤休克，立即将邓某送医院抢救。但由于伤势严重，流血过多，邓某经抢救无效死亡。

（二）问题

如何区别间接故意与疏忽大意的过失？

（三）学理分析

根据我国刑法规定，间接故意是指明知自己的行为可能发生危害社会的结果，而放任这种结果发生的心理态度。间接故意有其认识特征和意志特征。首先，在认识因素上，间接故意表现为行为人认识到自己的行为可能发生危害社会的结果的心理态度。即行为人根据对自身的犯罪能力、犯罪对象、犯罪工具，或者犯罪时间、地点、环境等的情况的了解，认识到其行为导致危害结果的发生只是具有或然性、可能性，而不是必然性。其次，在意志因素上，间接故意表现为行为人放任行为危害结果发生的心理态度。所谓"放任"，是指行为人在明知自己的行为可能发生特定危害结果的情况下，为了达到自己的目的，仍然决意实施这种行为，对阻碍危害结果发生的障碍不去排除，也不设法阻止危害结果的发生，而是听之任之，自觉听任危害结果的发生。也就是说，尽管行为人对危害结果的发生并不是希望也不是积极追求，但危害结果的发生并不违背行为人的意志。

疏忽大意的过失，是指行为人应当预见自己的行为可能发生危害社会的结果，因为疏忽大意而没有预见，以致发生这种结果的心理态度。疏忽大意的过失具有两个特征：一是行为人应当预见自己的行为可能发生危害社会的结果；二是行为人由于疏忽大意而没有预见到自己的行为可能发生危害社会的结果。

由此可见，疏忽大意的过失和间接故意有以下两个方面的区别：一是疏忽大意的过失的行为人没有预见到自己的行为可能发生危害社会的结果，间接故意的行为人明知自己的行为可能造成危害社会的结果；二是疏忽大意的过失的行为人对自己的行为可能造成的危害结果持否定态度，而间接故意的行为人不是希望自己的行为造成危害社会的结果，但是对这一结果的发生也不持否定的态度，而是放任这一危害结果的发生。

上述两个案例有很多相似之处。一个是公安干部，将夜行人误认为是小偷，开枪将其杀死；一个是军队干部，误以醉汉为歹徒，鸣枪警告，误杀醉汉。

在案例1中，被告人朱某听到家门外有响声，便起身持枪察看，发现对门院外大树下有个人影晃动。在厉声询问之后，那人并不答话，转身就跑。朱某认为有小偷偷东西，所以起身追赶，并且一边追一边喊"站住"，当二人的距离越来越远时，朱某在距100米处朝王某开了一枪，王某当场死亡。后查明王某是本村青年在大树下小便，不是小偷。即便王某是小偷，朱某是否能开枪呢？如果能开枪，是否能直接朝人身体射击？根据《人民警察使用武器和警械的规定》① 第3条、第4条的规定，人民警察在执行职务中，遇有紧急情况可以开枪，但必须是非开枪不能制止犯罪或者不能自卫时，才能开枪射击，并且即使属于可以开枪射击的情况，除遇到特别紧迫的情况下，人民警察也应当先进行口头警告或鸣枪警告，犯罪分子一有畏服表示，应当立即停止射击。而朱某为了抓住嫌疑人王某，在追赶的过程中本应朝天鸣枪示警，但是朱某却直接向人影王某开枪，造成王某中弹死亡。在当时的情况下，只要不直接向王某开枪就可以避免王某死亡，但行为人并没有这样做，而是直接朝王某开枪射击，造成王某中弹身亡。尽管朱某不希望王某死亡，但他又没有采取适当的措施（朝天鸣枪或不鸣枪）避免造成王某的死亡结果发生，所以他对自己的行为可能造成的危害结果持放任的态度，主观上应认定为间接故意。

案例2中，行为人刘某则是为警告"不法侵害者"，向门外鸣枪，并未直接向被害人开枪，因而对自己的行为可能造成的危害结果在主观上并没有明确的认识，而是认为自己在进行正当防卫。但是，刘某身为现役军人，熟悉小口径步枪的性能，他应当预见到在近距离开枪，可能造成他人死亡的严重后果，由于精神过于紧张，因疏忽大意而没有预见，造成邓某的死亡，刘某在主观方面属于疏忽大意的过失。

案例讨论

被告人刘某与女青年廖某于2012年建立恋爱关系，后刘、廖二人同去广东打工。2014年3月，廖某结交新男友后向刘某提出分手，刘某不同意，多次要求与廖某恢复、保持恋爱关系未果。2014年4月2日，刘某购买了一公升汽油放在其租住的房间，然后邀廖某前来，再次要求其与新男友分手，两人重修旧好，但廖某坚决不允。刘某一气之下将汽油倾倒至廖某身上，扬言要与其同归于尽。廖某见状赶忙放松口气，以期缓和气氛。此时，刘某烟瘾发作，掏出打火机点火抽烟，不料引爆空气中的汽油挥发物，进而引燃廖某身上的汽

---

① 已因《人民警察使用警械和武器条例》的施行而失效。——编者注

油。刘某见状，忙脱下身上的衣服努力灭火，但为时已晚，廖某因大面积烧伤，于20天后不治身亡。

本案在审理过程中，合议庭对被告人刘某行为的定性存在三种意见：第一种意见认为刘某的行为构成过失（疏忽大意的过失）致人死亡罪。理由是：刘某是在点火抽烟时不小心引燃了被害人身上的汽油，并且在着火后，刘某积极采取措施扑火，刘某的行为是一种疏忽大意的过失，应认定为过失致人死亡。第二种意见认为刘某的行为构成过失（过于自信的过失）致人死亡罪。其理由是：刘某虽知道点火抽烟可能会引燃被害人身上的汽油，但由于其与被害人相隔有一定距离，所以其主观上认为不会发生这样的结果。因此，其行为是出于过于自信的过失，应认定为过失致人死亡。第三种意见认为刘某的行为构成（间接）故意杀人罪。其理由是：被告人刘某在明知其点火抽烟的行为可能引燃被害人身上的汽油的情况下，仍实施这一行为，其主观上是抱着放任这种结果发生的心理态度，应认定为间接故意杀人。

问：分析刘某的主观心态。

采石场放炮炸石砸坏了村民的屋顶，村民甲为此与采石工乙发生争执。甲说："再放炮炸坏屋子，我就坐在你们炮眼上。"乙说："你要敢坐，我就敢放！"二人较起劲儿来，乙就把一个插有雷管、导火索的炸药包扔到地上，并一刀把原有60厘米长的导火索割得只剩8厘米。并对甲说："你敢坐上去，我就敢点。"甲一屁股坐了上去。乙就上去把甲背后的导火索给点着了。点着后，他自己起身跑后也喊了一声："点着了！"但是甲直到看见别人跑开，远远朝他看着的时候，才反应过来。他回头一看冒烟了，赶快起身，但是刚起身就爆炸了。

问：乙对爆炸致甲死亡的结果是过失，还是间接故意？

八、过于自信的过失与间接故意的区别

案例

（一）案情简介

1. 被告人王某，男，40岁，某县运输队司机。被告人王某于某年12月26日晚10时许（无路灯、路面有薄霜），驾驶装有五吨水泥的解放牌汽车，在某乡某村南面约200米处与某工程队司机阎某驾驶的解放牌空车相遇。因公

路两侧堆着大量碎石,路面呈凹形,有效路面只有1.4米,双方都认为不好通过,被迫停车。阎某将车向后退让了一下。王某要求阎某再退,阎某因汽车后轮的后面3.5米处有一块大石头,认为不能再退。王某说话粗鲁,阎某赌气熄火下车,关上车门,走出数米处站着。王某着急要开车,说:"反正我的车厢快完了,要撞大家撞。"随即进入驾驶室,要冒险通过。阎某为阻止王某开车,便站到自己汽车左面的脚踏板上说:"要撞就撞我,碰车不行。"王某被火上浇油,不顾阎某的阻止和在场行人的劝告,强行开车通过,把阎某挤进两个车厢之间,阎某当即被挤死。案发后,王某到公安机关投案自首。

2. 被告人高某某,女,山西柳林县某村小学临时工。2003年7月8日下午2时10分许,该小学一名学生突然出现中毒症状,其后,又有多人相继出现中毒症状。至晚上12时,全校234名学生有78人被送到了吕梁地区医院。以后的两天内又有6名学生出现中毒反应。至此,在这次中毒事件中共有84人不同程度中毒。

中毒事件发生后,柳林县公安局及时成立"7·8"专案组。为小学做饭、送水的临时工高某某及其丈夫被列为重大嫌疑人。7月13日,高某某交待了毒鼠强如何"进入"保温桶的经过:7月8日7时许,高某某和往常一样早早来到小学,生着炉火。9时许,高某某将开水加入放在校园西侧水泥乒乓球台上的保温桶里。10时许,高某某回自己家中做饭,11时许,从家中拿了些面、菜来到学校,并把放在自家柜顶上的半包毒鼠强装在裤兜里带来(据高某某供认,她拿鼠药是为了药死学校厨房的老鼠),她将鼠药放在靠近锅台的一个小桌子上,之后她开始做饭。桌子旁边放着一个盛开水的水桶。11时50分许,老师们开始吃饭。下午1时许,高某某开始收拾厨房。她用水勺从水桶里舀了一勺水倒在煤上和煤泥。回到厨房后,高某某发现锅台上的鼠药掉进了水桶里。她伸手从水桶里捞出鼠药袋,随手把袋子塞在墙缝里,然后用煤泥将炉火焖住,把水桶内含有毒鼠强的水倒进了乒乓球台上的保温桶里。①

(二)问题

间接故意和过于自信的过失有什么区别?

(三)学理分析

过于自信的过失心理与间接故意的心理有相同之处,两者在认识因素上都预见到行为可能发生危害社会的结果,在意志因素上都不是希望危害结果的发生。但它们是性质截然不同的两种罪过形式,在认识因素和意志因素上有着重

---

① 房绍坤、郭时瑞主编:《刑法总则案例教程》,北京大学出版社2004年版,第88页。

要的区别：

1. 认识因素上的不同

二者虽然都是预见到行为发生危害结果的可能性，但它们对这种可能性是否会转化为现实性，即实际上发生危害结果的主观估计是不同的。间接故意的心理对可能性转化为现实性，并未发生错误的认识和估计，不是认为这种可能性不会转化为现实性，因而在可能性转化为现实性即发生危害结果的情况下，行为人的主观认识与客观结果之间并未产生错误，主观与客观是一致的。而过于自信的过失心理则不同，具有这种心理者虽然也预见到危害结果发生的可能性，但在主观上认为，由于他的自身能力、技术、经验和某些外部条件，实施行为时，危害结果发生的可能性不会转化为现实性，即他对可能转化为现实的客观事实发生了错误认识。在危害结果发生的情况下，其主观与客观是不一致的。

2. 意志因素上的区别

过于自信的过失与间接故意虽然都不希望危害结果发生，但行为人对危害结果的态度在根本上有所不同。间接故意的行为人虽不希望结果发生，但也并不反对不排斥危害结果的发生，因而也就不会凭借什么条件和采取什么措施去防止危害结果的发生，而是听之任之，有意放任危害结果的发生；而过于自信的过失的行为人不仅不希望危害结果发生，而且希望避免危害结果的发生，即排斥、反对危害结果的发生。

如何判断行为人对危害结果的发生是持放任的态度还是否定的态度？这需要根据行为人的外部行为进行判断。间接故意表现为行为人没有采取必要的措施避免危害结果的发生，过于自信的过失则表现为行为人采取了一定的措施或根据一定的情况或理由，轻信危害结果不会发生。详言之，如果行为人没有采取任何措施避免危害结果的发生，或者虽然采取了一定的防范措施但行为人明知这些防范措施不足以避免危害结果的发生，就属于间接故意。在上述案例2中，高某某拿鼠药是为了药死学校厨房的老鼠，说明其对鼠药的性质是有明确认识的。她也知道鼠药如果被人服用后会造成中毒的后果。但当她不慎将鼠药掉进水桶并赶紧捞出之后，并没有采取进一步的措施来减少水中的药性或者倒掉，也就是说，她没有可以支持自信不会造成学生中毒的理由，尽管她不希望危害结果发生，但对学生因自己的行为可能中毒的后果是听之任之。如前面在"过于自信的过失"一节中的案例2，行为人张某带着邻居家的小孩出去玩，那么他就负有保护孩子安全的责任。但张某将孩子双手悬于桥栏处，可能会造成危害结果。对此，张某是有所预见的。正因为具有一定的危险性，才被行为人作为吓唬孩子逗乐的手段，否则便达不到吓唬孩子逗乐的目的。张某虽然预见到自己的行为可能造成危害结果，但轻信自己站得稳、抓得牢，不致于发生危害结果，由此可见，张某的主观罪过只能是过于自信的过失。因此，在预见到自己的行为可能发生危害结果的情况下，行为人仍然相信能够避免危害结果发生，并因而实施该种行为，他必然是凭借了一定的自认为能够避免危害结果发生的因素，如行为人自身能力方面的技术、经验、知识、体力等因素，他人的行为预防措施，以及客观条件或自然力方面的有利因素等，结合以上两点尤其是认真考察行为人对危害结果的不同态度，就能够把过于自信的过失与间接故意这两种罪过形式正确区分开来。

实践中有一种情况，表面上看似乎是行为人轻信能够避免危害结果的发生，但这种所谓"轻信"没有实际根据，行为人所指望的避免结果发生的那种情况根本不存在，或者虽然存在，但对防止结果的发生毫无意义或意义极小，可以说，他对危害结果的不发生完全是抱着侥幸、碰运气的心理态度。在这种情况下，如果行为发生危害结果，就不是过于自信的过失，而是间接故意。例如，司机甲夜晚行车中因疏忽大意将乙撞成重伤，甲为了不让后面的来车很快发现肇事而得以争取时间顺利逃脱，即将伤口流血不止并处于昏迷中的乙拖入路边小树林中，乙因伤口出血过多死亡。甲在案发后交代说，他虽然当时已预见到这样做乙可能会因出血过多死亡，但他想乙也可能醒来呼救而获救，或者恰巧有人从林中小路行走时发现乙而将其救护，因而不一定死亡。即使查明甲的上述心理情况属实，也不能认定他对乙的死亡是过失。因为在此案中，甲对乙的死亡，虽然似乎也是凭借某种条件来加以防止，但这种防止没有任何实际根据，他完全是抱着侥幸、碰运气的心理，实际上是有意听任乙死亡的发生，因而这种心理不是过于自信的过失，而是间接故意。在上述案例1中，被告人王某明知在道路有效路面宽度为1.4米的情况下，强行通过必然与阎某的车相撞；如果站在车踏板上的阎某不及时跳离，就可能会被挤死，但王某仍然继续其行为。对王某这种纯凭侥幸、不顾他人死活的情况下而实施危害行为的，其主观心理应是间接故意。

案例讨论

被告人张某某驾驶东风半挂货车途经海滨浴场北门附近时，因驾驶的汽车不符合浴场卫生管理规定，浴场清洁工刘某某便上前示意张某某停车，因此发生口角，后被他人劝开。被告人离开后出言不逊，刘某某令其停车，被告人未停车反而加大油门朝刘某某撞去，刘某某躲开后大声呼喊停车，此时正在清扫路面的清洁工崔某涛闻声上前拦车，被告人仍驾车向其撞去，崔某涛见状扔掉扫帚，躲闪到花池内。当车行到浴场北门西侧200米处时，清洁工崔某杰举起铁锨上前拦车，被告人仍开车向其撞去。崔某杰见该车向其驶来扔掉铁锨欲躲闪时，被汽车左侧前轮碾压腹部、胸部，造成心脏、肝脏破裂，休克出血死亡。

问：被告人张某某的行为该如何处理？

自测题

卡车司机甲在行车途中被一吉普车超过，甲顿生不快，便加速超过该车。不一会儿，该车又超过了甲，甲又加速超过该车。当该车再一次试图超车行至甲车左侧时，甲对坐在副座的乙说"我要吓他一下，看他还敢超我。"随即将方向盘向左边一打，吉普车为躲避碰撞而翻下路基，司机重伤，另一人死亡。甲驾车逃离。对于甲的主观罪过下列哪项说法正确？（ ）

A. 直接故意　　　　　　　　B. 间接故意
C. 过于自信的过失　　　　　D. 疏忽大意的过失

九、意外事件的概念和特征

案例

（一）案情简介

1. 2004年10月24日晚9时许，被害人徐某（系在读中技学生、案发当天的值日生）在学校内的学生宿舍打扫卫生时，将没有按规定摆放的一绿脸盆扔掉。打扫结束后，徐某回宿舍内问："绿脸盆是谁的，被我扔到垃圾池那边了。"这时，犯罪嫌疑人吴某（1988年4月27日生，与被害人徐某是同学）听后讲："是我的。"后吴某就下床外去寻找脸盆，找一圈未找到返回宿舍讲："哪个弱智，把我脸盆扔掉了。"徐某说："你妈的，有种再骂一句。"吴某又骂了一句："哪个二五卵子把我脸盆扔掉了。"后二人就扭打在一起，扭打中吴某用手叉住徐某的颈部将其脸顶在上下床的栏杆上约5秒钟，后吴某被其他同学劝住松手，徐某即瘫倒在地。吴某见状惊恐万分，于是积极协同老师和同学将徐某送往医院抢救，但终因抢救无效徐某于10月28日死亡。法医鉴定：死者徐某颈部受外力作用致迷走神经兴奋引起心脏抑制，导致心跳、呼吸停止，虽经临床心肺复苏术后，但因心跳、呼吸停止时间过长，大脑长时间缺氧，发生不可逆性脑死亡，最终死于多脏器功能衰竭。

2. 涂某（女，57岁，不识字）的女儿许某生小孩，涂某到女儿家探望。一天上午，涂某见女婿姚某从床底下取出一瓶药酒来喝，涂某问姚某这种药酒治什么病，姚某说治腰痛，姚某喝后将药酒瓶放回原处。过了两天，涂某的亲戚唐某、吴某也来看望许某，涂某与女儿热情招待。快吃中午饭时，唐某说："我的风湿病又犯了，腰痛。"涂某听后说："我的女婿泡有药酒，治腰杆痛很有效，我倒点给你们喝。"唐某说："可以。"涂某即到姚某的房间，从床底摸出一个瓶子（此瓶同药酒瓶颜色一样，但大小有差异），以为是药酒（实为敌敌畏）倒入药碗内，约有一两，端给唐某，唐某接过后与吴某各喝一半，不久唐某、吴某即感恶心、呕吐、头痛、四肢无力，涂某和许某急忙喊在山上干活的姚某返回，姚某一看瓶子，说此瓶装的是敌敌畏。立即到村医疗所请医生抢救，但为时已晚，唐、吴二人经抢救无效死亡。

（二）问题：

什么是意外事件？

（三）学理分析

我国《刑法》第16条规定："行为在客观上虽然造成了损害结果，但是不是出于故意或者过失，而是由于不能抗拒或者不能预见的原因所引起的，不是犯罪。"这一规定体现了我国刑法的主观（罪过）责任原则，禁止客观归罪。

根据我国刑法的规定，意外事件具有以下三个方面的特征：

1. 行为人的行为在客观上造成了损害结果。这一特征包括两层含义：一是损害结果与我国刑法所规定的犯罪结果相一致。如果行为人的行为在客观上并未造成这种危害结果，即可确定行为人的行为不构成犯罪。二是行为人的行为与损害结果之间存在因果关系。如果损害结果并非行为人的行为所引起，也就根本不必考察其是否是意外事件，即可确定其行为不构成犯罪。

2. 行为人对自己的行为所造成的损害结果，主观上既无故意也无过失。意外事件的本质特征就是"无罪过，也就无犯罪"。

3. 损害结果的发生是由于不能抗拒或不能预见的原因所引起的，这是意外事件的原因。所谓"不能抗拒"，是指行为人已经认识到自己的行为可能会发生危害社会的结果，但因受主客观条件的限制，在当时的情况下，行为人不可能排除或防止危害结果的发生。不可抗拒的具体来源有多种多样，如动物的击袭、山崩、海啸等强力。在不能抗拒为他人的强制时，应当注意这种强制足以使人完全丧失意志自由的程度，否则不能成立不能抗拒的意外事件。所谓"不能预见"，是指行为人没有认识到自己的行为会发生危害社会的结果，对危害结果的发生在意志因素上持反对态度。

上述案例1是一起过失致人死亡案件。犯罪嫌疑人吴某因琐事与被害人徐某发生争执，后用手将被害人徐某脸部顶在床栏杆上，导致被害人徐某迷走神经兴奋引起心脏抑制，从而导致心跳、呼吸停止，经抢救无效死亡，是过失犯罪中疏忽大意的过失。综观全案，犯罪嫌疑人吴某是刚满16周岁的在校学生，从事前事后犯罪嫌疑人的客观行为看，其主观上并没有导致被害人达到一定结果的目的。这点可从以下两方面得以证实：一是事前犯罪嫌疑人与被害人之间是同学关系，以前并无任何仇恨和矛盾；二是事后犯罪嫌疑人积极协同老师和同学将被害人送往医院抢救。其行为只是一时的冲动，由于疏忽大意的过失而没有预见，以致发生了死亡的结果，因此根据《刑法》第15条关于过失犯罪的规定和第233条关于过失致人死亡罪的规定，认定吴某的行为属过失致人死亡。

上述案例2，从表面上看，唐、吴二人的死亡结果与涂某误倒"药酒"给他们喝这一行为之间具有因果关系，涂某具有负刑事责任的客观基础。但从主观上看，涂某并不知道药酒瓶和敌敌畏瓶放在一起，她拿"药酒"给唐、吴二人喝是为了给他们治病，主观上不存在毒害唐、吴二人的故意，也不存在过失，即对唐、吴二人死亡结果的发生没有预见，按照实际情况也不可能预见，故其在主观上没有罪过，事件的发生完全是因为意外事件所致。

案例讨论

被告人严某、袁某、唐某，均为某村村民。某市郊区某乡某村的大面积水塘养的鱼经常被人偷钓。某日，该村的村长、村民发现了数个偷钓者，随即由该村干部对偷钓者进行了罚款处理，并没收了渔具和非法偷钓的鱼。当天下午，乡干部严某到村里检查工作，村长王某、村干部袁某、唐某等向严某汇报上午发生的事情。等汇报完后，严某说："搞得烦死了，罚点钱哪行，不如抓几个调皮的揍一顿算了。"随后严某等人从办公室出来。严某顺手拿了一把铁把榔头，袁某拿了一根钢筋。严某带人从东向西向鱼塘堤走去（王某未去），当严某等人走到市牛奶场围墙边的鱼塘堤坝时发现偷钓者李某向东走来，严某说："你把偷钓的鱼倒出来放你走。"李某不从即跑。严某即上去拉住了李某，并抓住李某的鱼篓，李某挣脱后转身向西跑去。严某随后甩出铁把榔头，砸在李某的左肩胛部，没有追赶李某。然后又去堵截别的偷钓者。李某向西跑了50米左右，正遇袁某和唐某两人从西向东走来，袁某、唐某见李某跑来，便排成一字形，拦住李某的去路。唐某伸手抓李某，李某躲过，闪让到袁某面前，袁某即用携带的钢筋（直径约1厘米，长约1米）向李某的腹部打了一下，未中。李某往后退，退到堤埂边沿，滑到堤坡下。袁某、唐某来抓李某，李某往后退到水边，闪身跳入水中。李某下水后侧身向对岸踩水（李某的水性很好），左手举着鱼篓子，右手划水。袁某见李某下水，便拾起一个小石子向水中砸去，并说："你上来，你不上来就砸死你。"李某不听，继续向对岸游去。在距岸边十几米处李某往下沉。这时候袁某、唐某见状，便脱衣下水打救，第一次下没有捞到。上岸后，见李某第二次下沉，唐某一人又第二次下水捞救，仍没捞到。接着村民们用船向出事点奔去，用竹篙捅也没有捅到。李某第三次浮起下沉，路过现场的某县民警中队的张某跳下水将李某捞上来。唐某等人遂即将李某送往医院，李某经抢救无效死亡。经诊断为游水窒息死亡。此外在左肩押处有一个长1.5厘米的表皮伤，从李某下水到被捞起约5分钟。

本案在审判中有四种意见：第一种意见认为被告人的行为构成故意伤害致人死亡罪；第二种意见认为本案应性定为间接故意杀人罪；第三种意见认为本案应定性为过失杀人罪；第四种意见认为本案是意外事件。

问：行为人的行为该如何认定？

自测题

下列说法哪些是正确的？（　　）

A. 一段穿村而过的公路上铺了一层晾晒的稻草，一个精神病人躺在稻草下睡觉，司机甲驾驶车辆经过时，未发现睡觉的精神病人，结果轧死了精神病人。甲的行为属于意外事件

B. 甲赶着一辆空马车路过一所小学门口时，恰是课间休息时间，一个学生从校园里向门外踢出一个皮球，飞出的皮球正巧打在驾辕的马头上，马受惊狂奔，轧死了路上的一名小学生。对甲来说，这属于不可抗力

C. 甲为追杀一头野猪奔波了一天，傍晚时，发现这头野猪向山梁下跑去，他追到山梁下，见前面有一个黑色并轻微活动的物体，以为就是那头野猪，于是开了一枪，结果打死了正弯腰拔草的乙。甲属于对象认识错误，构成过失致人死亡罪

D. 甲见乙一人躺在医院的病床上，以为正是复仇时机，便向乙的胸部连捅数刀后逃跑。其实乙因病已死亡半小时，甲捅的是乙的尸体。甲属于客体认识错误，构成杀人未遂

十、意外事件与疏忽大意的过失的区别

 案　例

（一）案情简介

1. 32岁的李某系郑州市人。3月19日晚，妻子有事外出，李某在家照顾女儿。女儿不停啼哭，刚刚从单位下岗的李某感到心里很烦，从床上拿了一条

第七章 犯罪的主观方面

被子蒙在女儿身上，女儿继续啼哭，李某就又取了一床被子给女儿蒙上，致使女儿因缺氧窒息死亡。李某于次日到公安机关投案。

2. 一天上午，犯罪嫌疑人王某在某地附近公路上，因违章驾驶三轮摩托车被交警查获。为逃避处罚，王某即弃车徒步逃跑。在逃跑过程中王某窜入一菜市场内，将被害人张某（老年妇女）撞倒后致其仰面倒地头部受伤。张某经抢救无效死亡，经法医鉴定张某的直接死亡原因为颅脑损伤。

（二）问题

如何区别意外事件与疏忽大意的过失？

（三）学理分析

我国《刑法》第16条所规定的意外事件，是指行为人的行为在客观上虽然造成了损害结果，但不是出于故意或者过失，而是由于不能抗拒或者不能预见的原因所引起的情形。显然，造成意外事件的原因有两种：不能预见和不可抗力。疏忽大意的过失是指行为人应当预见到自己的行为可能发生危害社会的结果，因为疏忽大意而没有预见，以致发生这种结果的心理态度。从二者的概念中可以看出，不能抗拒的意外事件与疏忽大意的过失容易区分，但是不能预见的意外事件与疏忽大意的过失则容易混淆。

"不能预见的原因"所引起的意外事件与疏忽大意的过失有很大的相似之处，二者都是行为人对损害结果的发生没有预见，都发生了损害结果。但是，二者更有着原则的区别。意外事件是行为人对损害结果的发生不可能预见因而没有预见；疏忽大意的过失则是行为人对危害结果的发生能够预见，只是由于自己的疏忽大意而未能预见。可见，区别二者的关键在于行为人是否应当预见，即是否有预见的义务和能力。

1. 预见义务

预见义务包括法律、法规、各种规章制度以及日常生活中长期形成的习惯所要求的，并且不侵犯国家、社会和他人权利的一切注意义务。违反了这种义务，造成危害结果的，就构成过失犯罪。预见的义务与预见的实际可能是有机地联系在一起的，法律不会要求公民去做他实际无法做到的事情，而只是对有实际预见可能的人才赋予他预见的义务，行为人由于不可能预见而造成危害结果的，即使结果非常严重，也不能认定他对结果有过失而令其负刑事责任。

2. 预见能力

预见能力是指行为人预见并避免其行为可能产生的危害社会结果的主观上的能力，是认定过失犯罪不可或缺的主观要件。对于预见能力的判定，刑法理论上见解不一。第一种是客观标准说，即主张以社会上一般人的水平来衡量；

第二种是主观标准说,即在当时的具体条件下以行为人本身的能力和水平来衡量;第三种是以主观标准为根据、以客观标准作参考的观点,这是我国刑法理论中较为通行的主张。对于行为人的遇见能力,可以根据以下几个方面进行判断:

(1) 根据案情发生的客观条件进行判断。一个人的认识能力受到客观条件的制约,如果客观条件具有为人们提供认识事物的可能性,人们可以对事件的发生进行预见,而没有预见,就是疏忽大意的过失;反之,则属于意外事件。

(2) 根据一般的预见能力进行判断。对于案件的发生,如果普通人均能认识并预见到结果的发生,而行为人没有预见到,就可以推定是疏忽大意的过失;反之,则可以推定为意外事件。

(3) 从行为人的主体条件上进行分析,判断其是否具有预见的能力,这是认定行为人是否具有预见能力的核心。因为即使从客观条件上判断,一般人应当对某一事件的发生具有预见能力,但根据行为人的个别原因,存在与一般人的特殊差异,而正好是这些特殊情况造成行为人不能预见,例如,行为人具有生理上的缺陷或者知识技术方面的差别,致使行为人在当时当地条件下无法具备对损害结果发生的预见能力,也不能认定行为人具有预见能力。如高铭暄教授主编的《刑法学》自学考试教科书中有一典型案例:某黄姓农村妇女,因儿子阿牛被子上生了跳蚤,用"敌百虫"药液浸泡了儿子的被头,然后,她为了洗净被头上的药液,用清水洗涮了好几遍,又用碱水将被头浸泡了两个钟头,然后再用清水洗涮后缝上了被头,阿牛盖被睡一夜后死亡。"敌百虫"并非速效烈性农用毒药,所用剂量未超过标准,又未直接入口,并且被头是经过清水冲洗过的。法医鉴定揭开了阿牛死亡的秘密,原来"敌百虫"遇到碱水会起化学反应,强化毒性,变成烈性剧毒农药"敌敌畏",这种剧毒农药一般用清水是洗不掉的。在本案中,如此专业的化学知识,对于一个普通的农村妇女来说,按照她的智力水平是无法预见的,也就是说她对自己行为造成儿子死亡的后果不是明知的。因此,这显然是一起意外事件。但是,同样的行为如果是由一个精通化学知识的科技人员所实施的,很可能就构成了故意杀人罪。

社会上的普通人,由于年龄、生理状况、文化水平、生活阅历等的不同,使得每个人所具有的认识能力也各不相同,如果撇开各个人所特有的认识能力而以所谓一般人的认识能力判断行为人能否预见,就会违背辩证唯物主义具体问题具体分析的原则。但业务行为具有职务和业务上的特殊要求,与普通过失中的行为人并不同,应采用同职业的普通人的标准。因为,业务人员因从事特定的业务,应遵守该业务所规定的成文的规范,包括法律、法规、规章制度和具体操作规程等。同时业务行为本身所包含的危险性，对从事该类特殊业务的人员一般都会有一定的资格准入制度，以确保从业人员具有与危险业务相匹配的能力来预见危害结果和避免危害结果。对于业务行为的注意能力的判断采用同职业的普通人的标准正是法律本身所要求的，对那些业务水平低下，其能力根本不适宜从事该种高危险业务的人，令其承担业务过失也并不是法律的客观归罪。法律对于业务水平的提高是保护的，甚至是鼓励的，对业务上过失采用个人标准不利于保护业务人员提高业务水平的积极性，反而会产生打击先进、保护落后的后果。

司法实践中，对非业务人员实施业务行为而造成了危害后果，也认为构成业务过失犯罪。以业务过失犯罪处罚此类行为，也警示了不具备从事危险业务能力的人不要贸然去从事易致人伤亡的危险业务。如无证驾驶而造成严重后果的如交通肇事罪等。对这些非业务人员也应采用同职业的普通人的标准。

在上述案例1中，32岁的行为人李某应该预见到将两床棉被压在孩子身上会造成什么样的后果，但由于孩子哭个不停又加上刚刚下岗心烦意乱，以至于没有预见，所以应当承担疏忽大意的过失。

在上述案例2中，衡量王某的行为是过失犯罪还是意外事件，关键要看王某当时在主观上能否预见到危害结果发生的可能性。从本案的案情来看，王某为了逃避自己违章驾驶可能遭到的处罚，在路上奔跑逃窜。从常理、习惯或公共生活准则的要求来看，王某在认识能力上是否可能预见到自己的行为会造成撞倒行人而致人死亡的结果呢？首先，一般人在路上奔跑时通常都会注意避免与路上行人相撞，这是公共生活准则的要求，也是出于保护自己的需要，因为与人相撞往往会使双方都受到伤害。但如果我们都要求他们在路上奔跑之前或在奔跑中预见到自己的行为可能会撞倒路上行人并致其死亡的可能性。这实际上就增加了人们在日常生活中的义务，就不符合法律保障公民自由的要求。其次，从常规的思维来判断，在马路上奔跑把人撞倒之后致使受害人死亡的可能性极其微小。在这种情况下，我们要求王某具有对"发生被害人被撞倒并死亡"的危害结果的预见能力，明显与"法律不会要求公民去做他实际无法做到的事情，而只是对有实际预见可能的人才赋予他预见的义务"的原则不符，对王某来说也是一种苛求。我们不能在理论上和实践中任意扩大或延伸行为人在事件中的预见能力，这样将会扩大刑法的打击范围，也不符合我国刑法规定的主客观相统一原则。综上所述，本案应属于意外事件，犯罪嫌疑人王某不具有预见到危害结果发生的能力，其行为不构成疏忽大意的过失犯罪，但王某应当就其行为承担相应的民事赔偿责任。

 **案例讨论**

1. 被害人甲与被告人乙母亲丙同居生活已有4年。一天，被害人甲从乡下喝了一些酒，回到其与丙同居的住房。晚上9时许，二人因琐事发生争吵，并互相扭打起来。丙挣脱甲后跑到对面邻居马某家打电话给乙叫其将被害人甲的单位领导请来，但乙未找到人即回来将丙叫回家，二人回到家后，丙与甲又发生争吵，甲拿起一把螺丝刀对着丙，被乙夺下并劝开甲，甲又顺手从茶几上拿起一把剪刀欲刺向丙，乙见状从其身后抓住其双手，丙要乙将甲推到门外醒酒，乙遂从甲身后用双手抓住其双手，用肘部拦腰抱起甲向门外走去，在乙抱着甲跨门槛时（该门系防盗门，因防盗门的门槛较地面高出，门槛外是上楼梯的台阶，对门邻居马某门外是下楼梯的台阶），甲挣扎使乙和甲的脚绊在一起，乙本能地松开抓住甲的双手并失去重心摔倒，用手撑住了地面，甲向前踉跄几步后往对门邻居的楼梯口处摔下去，倒在楼梯之间的休息台，丙下楼查看，其邻居马某帮忙，发现甲头部受伤，当即将甲抬回家，并报警及打急救电话，甲经抢救后无效死亡。经法医鉴定甲系头部外伤致严重颅脑损伤死亡。

本案在处理过程中存在两种意见：一种意见认为应属过失致人死亡。因为案发当时乙将甲抱出门外到下楼梯口时下意识地松开双手，致甲摔下楼梯死亡。乙理应认识到其行为可能造成甲从楼梯口摔下死亡的后果，且当时甲喝了酒不太清醒，乙系成年人，其理应意识到其行为的危险性及所造成的后果，但因疏忽大意未意识到，其行为构成过失致人死亡罪。另一种意见认为本案系意外事件。因为乙主观上不存在因疏忽大意而未预见的认识因素，客观上也不存在具有应当预见因疏忽大意而未预见的条件和能力，在甲与丙矛盾激化时的唯一念头是迅速将二人劝开，而将甲抱出门外以保护其母不受甲持剪刀伤害，不具有预见损害后果发生的认识因素，而甲在被乙抱住时不断挣扎使乙尚未迈出大门时先行被绊倒在地，并松开双手与甲的身体脱离接触，不存在向甲施加任何外力，甲踉跄倒地是其挣扎所致，乙在自身被绊倒的情况下不可能在极短的时间内控制和阻止损害后果的发生。且当时在大门外，与邻居马某家大门之间有四平方米，在此较为开阔的空间内发生甲从楼梯口摔下的后果，乙是不能预见的。

问：乙的行为应当如何认定？

2. 丁以前住在平房里，有随手从窗户扔东西的坏毛病。现在旧城改造，丁被安排了新的住处，搬到十层高楼上。某天丁一边哼着小曲一边打扫卫生，发现一块旧砖头，他随手从窗户扔了下去，结果刚一出手，就想起来现在住的不是原来的平房，而是十层楼，但是为时已晚，砖头已经出手了，随着下面的一声惨叫，楼下一个晒太阳的老人被砸死了。这种情况下，丁对老人的死亡主观上是什么心态?

问:分析行为人的心理态度。

自测题

张某和赵某长期一起赌博。某日两人在工地发生争执,张某推了赵某一把,赵某倒地后后脑勺正好碰到石头上,导致颅脑损伤,经抢救无效死亡。关于张某的行为,下列哪一选项是正确的?(   )

A. 构成故意杀人罪　　　　　B. 构成过失致人死亡罪
C. 构成故意伤害罪　　　　　D. 属于意外事件

十一、意外事件与过于自信的过失的区别

案例

(一)案情简介

1. 为防偷窃,甲在果园周围拉上电网。考虑到安全问题,同时安了个小漏电保护器,并亲自试验,用手碰一下电网,被电一下之后立即就断电了。甲以为这样既可以防盗又不会有危险,就继续在电网上通电。可是几天以后,还是有一个人被电死了。之后发现漏电器是一个伪劣产品。

2. 司机王某驾车通过一段铺有稻草的公路(当地农民有将稻草铺在公路上晾晒的习惯)轧死了躺在稻草下面睡觉的瘦小精神病人。

(二)问题

如何区别过于自信的过失与意外事件?

(三)学理分析

意外事件与过于自信的过失的区别可以划分为两种情况:一种是不能预见的意外事件与过于自信的过失的区别;另一种是不能抗拒的意外事件与过于自信的过失的区别。司法实践中,前一种情况比较容易区分弄清,后一种情况容易混淆。

不能预见的意外事件与过于自信过失的区别表现在:在不能预见的意外事件中,行为人对危害结果的发生没有预见,过于自信的过失的行为人则预见到自己的行为可能造成危害社会的结果。

不能抗拒的意外事件与过于自信的过失有相似之处,即行为人对危害结果发生的可能性都有预见。但是二者之间有着本质的区别:在不能抗拒的意外事

件中，行为人对危害结果的发生是行为人不能抗拒的，而过于自信的过失的行为人，在当时的情况和条件下完全可以避免和阻止危害结果的发生，但是由于行为人轻信能够避免而造成危害结果的发生。

在上述案例1中，甲在果园周围拉上电网，考虑到安全问题，同时安了个小漏电保护器，说明行为人已经预见到自己的行为可能会造成某种危害结果的发生，但行为人相信危害结果不会发生。其依据有：一是安装了漏电保护器；二是亲自试验过。但行为人过高地估计了抑制危害结果发生的安全因素的地位和作用，过高估计了自己的主观能动性。尽管行为人是因对主、客观条件的认识发生了错误才产生了轻信的态度，但是抑制危害结果发生的条件（安全因素）还是存在的，或者说，尽管轻信的根据是不全面、不可靠的，但毕竟不是毫无根据的。因此甲的主观心态只能是过于自信的过失。在案例2中，公路的稻草下面躺着一个人，这属于违反常规的事情，司机根本无法预见。因此，该事件就属于意外事件，司机王某不构成犯罪，不承担刑事责任。

案例讨论

甲住在十层楼上。有天夜晚，在打扫卫生的时候发现一块砖头没什么用了，甲又比较懒散，不想开门扔到楼梯口的垃圾箱里，他想楼房的一侧临着大街，是不能随便扔东西的。而楼房的另一侧以前是一片垃圾场，最近一段时间改造成一块草坪并种了几棵树，但前几天这个地方吊死一个人，阴森森的，白天都很少有人到这里来，夜晚这里肯定更没人，所以从这个地方扔砖头下去肯定没事。于是，就走到这一侧的窗户扬手将砖头扔了下去。没想到这时有一对恋人在草坪旁散步，砖头正好把小伙子砸死了。在这种情况下，甲对小伙子的死亡是什么心理状态？

自 测 题

下列哪些案件不构成过失犯罪？（ ）

A. 老师因学生不守课堂纪律，将其赶出教室，学生跳楼自杀

B. 汽车修理工恶作剧，将高压气泵塞入同事肛门充气，致其肠道、内脏严重破损

C. 路人见义勇为追赶小偷，小偷跳河游往对岸，路人见状离去，小偷突然抽筋溺毙

D. 邻居看见6楼儿童马上要从阳台摔下，遂伸手去接，因未能接牢，儿童摔成重伤

第七章 犯罪的主观方面

十二、刑法上的认识错误

 案 例

（一）案情简介

1. 某日晚8时许，李某、李某华、黄某某等10人到某工厂寻衅滋事、调戏女工。当该厂厂长和工人前来制止时，李某从同伙手中接过杀猪刀朝人群乱砍，致一工人面部受轻伤。李某在逃跑途中，听到后面有人跑来，误以为是工厂的工人追他，即转身朝来人的腹部刺了一刀。其实被刺者是他的同伙黄某某。

2. 被告人吴某某酒后到其叔叔家索要欠款，与其叔叔发生口角，于是到自己父亲家里拿了一根木棒（长140厘米、直径50厘米）。回来后见其叔叔正与其父在路上说话（二人相距约1米），便手持木棒向其叔叔打去，其叔叔避开，木棒打在其父头上，致其父死亡。

（二）问题

什么是行为人的认识错误？

（三）学理分析

认识错误，是指行为人对自己行为的法律性质和事实情况发生了误解。认识错误可分为两种：

1. 法律上的认识错误

法律上的认识错误，是指行为人对自己的行为是否为刑法所禁止（违反刑法）发生了误解。当然不知晓法律不能成为辩解的理由，因此，对法律的误解原则上不妨碍犯罪的成立。

（1）假想无罪。是指行为在法律上被规定为犯罪，而行为人却误认为该行为不构成犯罪。如甲男明知乙女只有13周岁，但其误以为法律并不禁止征得幼女同意后的性关系行为，于是在征得乙女的同意后与乙女发生了性关系，则甲男的行为构成强奸罪。处理该种情况，原则上不能因为行为人对自己行为的法律性质的误解而不追究其刑事责任，以防止犯罪分子借口不知晓法律而实施犯罪并逃避罪责。

（2）假想有罪。是指行为人的行为并不构成犯罪，但行为人误认为此种行为构成犯罪。如进行正当防卫，没有超过必要限度，将不法侵害人杀死，防卫人认为自己的行为构成犯罪。这种情况下，判断和认定行为性质的依据是法

律,而不是行为人对法律的错误认识,并不因为行为人的错误认识而使行为本来的非犯罪性质发生变化,因而也不构成犯罪。

(3) 对罪名、处罚轻重的误解。是指行为人认识到自己的行为已经构成犯罪,但对其行为触犯了刑法的何种罪名、应当被处以什么样的刑罚存在不正确的理解。例如,行为人偷割正在使用的电话线,依照法律构成破坏公用电信设施罪,行为人却误认为构成盗窃罪;又如,行为人盗窃数额巨大的公私财物,本应依《刑法》第264条在有期徒刑3年以上10年以下处罚,行为人却误以为应在有期徒刑3年以下处罚。在这种情况下,行为人对法律的错误认识,并不影响其犯罪的性质和危害程度,应当按照实际构成的犯罪及其危害程度定罪量刑。

2. 事实上的认识错误

事实上的认识错误,是指行为人对与自己行为有关的事实情况有不正确的理解,包括对象错误、手段错误、行为性质错误、因果关系进程的错误等。对此,可按以下原则处理:(1) 如果行为人本无犯罪意图,因"认识错误"而致危害结果的,不成立故意犯罪;判断其有无过失,如果有过失,可成立过失犯罪。(2) 如果行为人有某种犯罪故意,在犯罪过程中因"认识错误"而未得逞的,该"认识错误"不妨碍该故意犯罪的成立。例如,把某种无毒物质误作砒霜投毒杀人的(手段错误),把男人误认作女人而实施强奸的(对象错误),均不妨碍成立故意杀人罪(未遂)或强奸罪(未遂)。但是在意图杀害甲,却因辨认或打击错误而误杀死乙的场合,或者在意图强奸甲女而误强奸了乙女的场合,虽然甲与乙或甲女与乙女是不同的人,但其法律性质是相同的,即都是杀人罪对象中的"人",或强奸罪对象中的"妇女",不论对谁,只要发生了既遂的结果,都应认定为杀人罪或强奸罪的既遂。

上述案例1是典型的对象认识错误的情况。李某在逃跑途中,发觉身后有人,以为是对方的人追上来了,所以转身就刺。他预期加害的对象是对方的某一个人,并且对自己的加害行为是故意的。但是由于对加害对象发生误认,即把自己的同伙黄某某误认为对方的人,才发生了实际侵害了非预期侵害对象的结果。对李某而言,他本有加害来人的故意和行为,其故意犯罪的性质是不容否认的,只是行为造成的死亡结果发生在非预期加害人的身上。本案的要点是,他对这个"错误"的结果是否也承担故意罪责?如果他明知自己持刀转身就刺他人的行为会造成死亡结果,并且希望或者放任这种结果发生,则无疑对该结果具有故意。至于这个"他人"是谁,不妨碍因其故意行为造成的死亡结果而需承担故意罪责。

上述案例2是典型的对象打击错误的案件。对象打击错误,又称目标打击错误或者行为差误,是指行为人对对象的辨认无误,只是由于行为发生差误,以致打击或者实际侵害了非预谋打击、侵害的对象。打击错误与对象认识错误不同。二者虽然都表现为侵害了行为人非预期侵害的对象,但是发生错误的原因不同。对象认识错误则是行为人对预期侵害的对象发生辨认错误,如把李四误认作张三;打击错误是行为人的行为发生差误,在对象的辨认上并无错误。因此,打击错误实际上不是认识错误问题。

对象打击错误虽然与对象认识错误不同,然而将法院对本案审判的结论与对对象认识错误的处理结论相比较,可发现二者是一致的,即只需以一个故意的既遂定罪判刑;其理由也是一致的,即行为人有一个杀人的故意,一个杀人的行为,也造成了一个人的死亡结果,完全具备了故意杀人罪既遂的要件,所以只需认定为一个故意杀人罪。

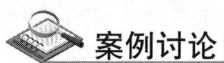

甲下夜班回家,正好在路边碰见自己的一个朋友乙被三个流氓围着殴打,甲正准备冲上去帮助其朋友,结果还没等甲冲上去,旁边小胡同里突然窜出一条黑影,抓住乙的肩膀就往后拖,甲看此情形,立即对此人拳打脚踢,致其轻伤。但实际上该黑影是一路过的便衣警察,他没有穿制服也没有来得及出示证件和打招呼,情急之中想把被害人拉到一边,结果被甲误作流氓分子的同伙,对其实施防卫,造成伤害。

问:对甲的行为应当如何处理?

自测题

有关认识错误,下列哪些说法是错误的?( )

A. 中学教务长甲听说有学生谈恋爱影响学习,就在传达室拆查地址不详的学生来信,数量很大。他全然不知这是破坏通信自由的行为,因而不构成犯罪

B. 甲在一僻静处看见了仇人乙,便开枪将乙击毙。走近一看,发现死者是丙。因认错了人,所以甲的行为构成过失致人死亡罪

C. 甲见情敌乙和另一个人并肩而行,便开枪杀乙。但因枪法不准,未击中乙,却击中了丙,致丙重伤。甲构成故意伤害罪

D. 甲为了杀乙自制了一个炸弹,朝乙扔去,炸弹未炸。经鉴定,该炸弹不合原理,不可能爆炸。因而甲不构成犯罪

十三、对象的错误

 案　例

（一）案情简介

被告人李某趁其妻子上夜班之机，乔装打扮后外出作案。当李某来到一昏暗僻静之处，见前面有一妇女，便将其击倒后实施奸淫。奸毕又强抢该妇女的挎包一只，内有钱财若干，然后逃离现场。被害妇女连夜到公安机关报案。当被害妇女报案回到家中，发现自己的挎包已在家中桌上，知道是自己丈夫所为，遂与丈夫发生争吵。李某知道所奸之人为自己妻子，所抢之物为自己家中财物，以为无事，第二天便偕同妻子前往公安机关说明情况并主动讲清前晚所做之事。公安机关依此逮捕了李某。

（二）问题

如何认定和处理行为人对行为对象的认识错误？

（三）学理分析

所谓对象错误，是指行为人预想加害的对象与实际加害的对象不一致。行为对象的错误可以划分为以下三类：

1. 同一构成要件的对象错误，即行为人意图侵害的对象与实际侵害的对象在性质上属于同一犯罪构成要件。如误把甲当作乙加以侵害，而甲与乙所体现的社会关系是相同的。这种误把体现相同社会关系的甲当作乙加以侵害的情形，不改变行为人的罪过形式（间接故意、直接故意等）。例如：甲欲杀乙，却因打击错误而将丙打死，并不影响甲构成故意杀人罪既遂。

2. 不属于同一构成要件的对象错误，即行为人意图侵害的对象与实际行为侵害的对象在性质上不属于同一犯罪构成要件。如误把动物当成人而加以杀害，意图的行为事实是故意杀人，而实际行为是毁坏财物或者不符合犯罪构成。因行为人有杀人的故意，并且着手实施了杀人行为，由于对对象的认识错误未得逞，应当以故意杀人罪未遂处罚（对象不能犯未遂）。误把人当成动物而加以侵害，行为人无杀人或伤害的犯罪故意，不成立故意犯罪；有过失的，并且造成严重后果的，可成立过失犯罪；若无过失，则属于意外事件。如行为人在列车上盗窃一现役军人的手提包，下车后发现包里有警官证、手枪、子弹和几百元现金。对行为人应如何认定？就盗窃枪支弹药罪而言，行为人主观上必须明知是枪支弹药而盗窃的才能构成该罪。行为人不知道包里是枪支而盗

窃，行为人主观意识就是盗取财物，主观意识与客观事实不一致。再分析行为人的主观犯意，枪支实际也属于财物，故此案件应定盗窃罪，而不能定盗窃枪支弹药罪。

3. 具体的犯罪对象并不存在，行为人误认为其存在而实施犯罪行为，因而致使犯罪未得逞。如行为人到某仓库实施盗窃，结果仓库是空的，应认定为盗窃犯罪未遂。

本案中，行为人李某在昏暗僻静处对一妇女实施抢劫、强奸，其主观上有罪过，客观上实施了侵害行为，构成犯罪既遂。尽管事后得知被害妇女是其妻子，但其妻子和其他被害妇女属于同一构成要件的对象，都是"妇女"，在这种情况下不影响行为人的主观罪过，也不影响犯罪既遂的成立。

案例讨论

张三想杀害李四，蓄谋已久，并准备了一把手枪。这天晚上张三跑到李四的家门口，从门缝里观看，看见屋里有一个人影闪了一下，从体形上看和李四一模一样，于是张三开枪射击，其实这个人是李四的弟弟，和李四是双胞胎。于是李四的弟弟被张三杀死了。

问：该案如何处理？是故意杀人既遂还是故意杀人未遂？

自测题

1. 甲为杀害仇人林某在偏僻处埋伏，见一黑影过来，以为是林某，便开枪射击。黑影倒地后，甲发现死者竟然是自己的父亲。事后查明，甲的子弹并未击中父亲，其父亲患有严重心脏病，因听到枪声后过度惊吓死亡。关于甲的行为，下列哪一选项是正确的？（　　）

A. 甲构成故意杀人罪既遂

B. 甲构成故意杀人罪未遂

C. 甲构成过失致人死亡罪

D. 甲对林某构成故意杀人罪未遂，对自己的父亲构成过失致人死亡，应择一重罪处罚

2. 甲与乙因情生仇。一日黄昏，甲持锄头路过乙家院子，见甲妻正在院内与一男子说话，以为是乙举锄就打，对方重伤倒地后遂发现是乙的哥哥。甲心想，打伤乙的哥哥也算解恨。关于甲的行为，下列哪些选项是错误的？（　　）

A. 甲的行为属于对象错误，成立过失致人重伤罪

B. 甲的行为属于方法错误，成立故意伤害罪

C. 根据法定符合说，甲对乙成立故意伤害（未遂）罪，对乙的哥哥成立过失致人重伤罪

D. 甲的行为不存在任何认识错误，理所当然成立故意伤害罪

十四、行为错误

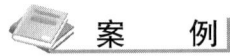

（一）案情简介

被告人甲女，31岁，系被害人涂某的妻子。被害人涂某怀疑自己的妻子与他人有不正当关系，遂决定考验一下。一日，涂某谎称去外地出差，其妻信以为真。当日晚，涂某潜回自家住宅，悄悄进入卧室，见只有妻子一人在床上安睡，于是宽衣解带准备上床睡觉。其妻被惊醒，以为是不法歹徒，遂操起床边的垒球棒，朝涂某头部猛击一棒，将涂某当场打死。

（二）问题

什么是行为错误？

（三）学理分析

行为错误，是指行为人对自己行为的性质或者方式的认识与实际情况不符。行为人对行为的认识错误，是犯罪构成中事实认识错误的一种。行为错误又可以划分为行为性质错误和行为方式错误两种。

1. 行为性质错误，是指行为人对自己行为的实际性质发生错误认识。在本案中，被告人甲对自己行为的性质存在错误认识，因为实际上并不存在不法侵害，而被告人误认为存在不法侵害，所以甲的行为不是正当防卫而是假想防卫。在这种情况下，行为人并没有认识到自己的行为会造成危害社会的结果，因而不存在犯罪故意。如果存在过失，对行为人以过失犯罪处理，如果不存在过失，只能以意外事件来处理。具体到本案，甲的认识错误是不可避免的，她对于危害结果的发生主观上没有过失，因而危害结果的发生属于意外事件。属于这类的认识错误，在司法实践中还有假想避险、防卫或避险的时间错误、防卫或避险的对象错误等。

2. 行为方式错误，有时也被称为方法错误、行为手段错误，是指行为人在实施行为时，对自己所采取的方法的认识与实际情况不符。如误把假药当毒药来毒杀他人、误将食盐作为炸药而实施爆炸等。从行为人的主观心理状态

第七章 犯罪的主观方面

看,行为方式错误并不影响行为人主观上犯罪故意的成立,从客观上看行为人的行为方式不可能导致危害结果的发生,因此应按犯罪未遂处罚。

案例讨论

甲因婚变想杀害其妻乙,错将白糖当成毒药(砒霜),结果其妻喝下后安然无恙,没有出现任何结果。

问:甲有没有犯罪故意?如何处理?

自测题

甲举枪射击乙,但因没有瞄准而击中丙,致丙死亡。关于本案,下列哪些选项是正确的?(　　)

A. 甲的行为属于打击错误
B. 甲的行为属于同一犯罪构成内的事实认识错误
C. 甲构成故意杀人(既遂)罪
D. 甲构成故意杀人(未遂)罪与过失致人死亡罪

十五、因果关系的错误

案　例

(一)案情简介

被告人白某因被害人孙某(女,31岁)多次辱骂其妻,欲杀害孙某以泄私愤。一天,白某以租车为名,上了被害人孙某的微型面包车。当车行至京郊某地时,白某趁孙某用手机与他人通电话的机会,使用事先准备好的橡胶棍猛击孙某的头部,致孙某当场昏了过去。白某误认为孙某已死亡,便将车开到一僻静处,将孙某掩埋。数月后,孙某的尸体被建筑工人发现,于是案发。经法医鉴定,被害人孙某系窒息死亡,其头部外伤属于轻伤(偏重)。①

本案在审理中有两种意见:一种意见认为,被告人白某意图用橡胶棍将孙某打死,但实际上孙某被击打后并没有当场死亡,只是昏了过去,而白某却误认为孙某已经死亡,并进而实施掩埋行为,致使孙某窒息死亡,应当把整个过程划分为两个部分,前一部分构成故意杀人罪未遂,后一部分属于过失致人死

---

① 参见陈兴良:《刑法案例教程》,中国法制出版社2007年版,第57页。

亡，依照想象竞合的原则，从一重处断。另一种意见认为，两部分的行为是紧密联系在一起的，后一行为是前一行为的继续，由于行为人所追求的危害结果已经发生，故应认定为故意杀人罪既遂。

（二）问题

什么是因果关系错误？这种认识对犯罪故意、犯罪既未遂有什么影响？

（三）学理分析

所谓因果关系错误，或称因果关系发展过程中的错误，是指实现了行为人所希望的危害结果，但是导致危害结果实现的因果关系的发展过程与行为人的主观认识不一致。对此应按照主客观相统一的刑事责任原则的要求，分析和解决这种错误认识是否影响行为人的刑事责任。因果关系的认识错误主要包括以下四种情况：

1. 行为人误认为自己的行为已经达到了预期的犯罪结果，事实上并没有发生这种结果。例如，甲欲杀乙，便持棒将乙击昏，以为已致乙死亡而离去，后乙遇救未死。这种情况不影响甲构成故意杀人罪，但属于犯罪未遂。

2. 行为人所追求的结果事实上是由其他原因造成的，行为人却误认为是自己的行为造成的。例如，甲蓄意杀人，某晚趁乙外出途中，潜在路边树林中开枪击中乙，乙当时倒地昏迷过去，甲看到乙不再动弹，以为已将乙杀死而潜逃。过了一段时间，乙苏醒过来，慢慢地往家里方向爬，爬到公路一拐弯处，一辆卡车高速驶来，司机因疏忽大意，发现爬行的乙时已来不及刹车躲避，汽车从乙身上轧过，致乙死亡。这里司机当然构成了交通肇事罪，甲虽然相信自己的枪杀行为已致乙死亡，却不能认定他构成故意杀人罪既遂，因为乙死亡结果的发生并不是其枪击行为直接造成的，因而甲应当负故意杀人罪未遂的刑事责任。

3. 行为人的行为没有按照他预想的方向发展及其预想的目的停止，而是发生了行为人所预见所追求的目标以外的结果。例如，甲想伤害乙，持刀向乙大腿扎了一刀，随即逃走，不料扎中乙的动脉血管，又因当时无人到场抢救，乙因流血过多而死亡。这种情况下，虽然甲的行为发生了致乙死亡的结果，但甲并无杀害乙的故意，因而不能认定甲构成故意杀人罪，甲只应负故意伤害致人死亡的刑事责任。

4. 行为人实施了甲、乙两个行为，伤害结果是由乙行为造成的，行为人却误认为是由甲行为造成的。例如，行为人意图扼杀被害人，将被害人扼昏后，误以为被害人已死亡，为逃避罪责，遂将被害人抛"尸"河中，或者用绳子套住被害人颈部吊起，制造被害人上吊自杀的假象。殊不知，后实施的抛

"尸"河中的行为或吊起被害人的行为,却淹死或勒死了被害人。这种情况下,犯罪人主观上存在杀害被害人的故意,客观上也实施了杀害行为,被害人死亡结果的发生也确实是由他的行为直接造成的,因而其错误认识并不应影响其应承担的刑事责任,其应负故意杀人罪既遂的刑事责任。

从本案来看,行为人白某主观上存在杀害被害人孙某的犯罪故意,这种故意要求其认识到使用橡胶棍击打会造成他人死亡结果的发生,并且这种结果是其所追求的。从客观方面看,行为人白某先用橡胶棍猛击孙某的头部,后进行掩埋,最终导致被害人窒息死亡。虽然被害人死亡的原因与被告人所预期的不同,但却是被告人的行为所造成的,也是被告人所积极追求的,符合行为人的意愿。因此,应当按照主客观相一致的原则,对行为人以故意杀人罪既遂论处。

笔者同意第二种意见。第一种意见的不妥之处在于忽略了行为的整体性。被告人白某主观上有杀人的故意,客观上实施了杀人的行为,其结果也导致了被害人的死亡。只是行为人白某以为是自己的第一个行为导致了被害人死亡的结果发生,进而实施了掩埋行为。实际上是掩埋行为导致了孙某的死亡。但无论是第一个行为还是第二个行为都不阻却行为人的犯罪故意,所以应以犯罪既遂论处。

甲夜晚在郊外开车赶路,看到他的仇人乙骑着自行车同向行驶,当时就起意杀害乙,甲遂开车猛然撞向乙,乙被撞倒在地,不省人事。甲以为乙当场死亡,于是就将其拖到马路边的一条河里抛尸。后来经过司法鉴定,某乙肺里有泥沙,表明乙是溺死的。

问:这个因果关系的错误认识是否影响最终的定性处罚?

自测题

刘某基于杀害潘某的意思将潘某勒昏,误以为其已死亡,后为毁灭证据而将潘某扔下悬崖。事后查明,潘某不是被勒死而是从悬崖坠落致死。关于本案,下列哪些选项是正确的?(   )

A. 刘某在本案中存在因果关系的认识错误
B. 刘某在本案中存在打击错误
C. 刘某构成故意杀人罪未遂与过失致人死亡罪
D. 刘某构成故意杀人罪既遂

十六、犯罪目的和犯罪动机

 案　例

（一）案情简介

1. 被告人岳某某，男，26岁，待业。被告人岳某某携带录像带47盒，乘中巴到达某市某工业区。在四海公园附近，因岳某某在公共电话间打电话时慌慌张张，被公安联防队员发现并对其进行查问。当被告人说携带的是走私录像带时，联防队员便将岳某某带到公安派出所审查。被告人岳某某供称有9盒标明是淫秽录像带，其余是武打片，并供称这些录像带是买来自己观看的。后来，岳某某又说是为了找工作用来送人的，否认具有贩卖营利目的。经鉴定，这47盒全部是淫秽录像带。

2. 被告人肖某，女，41岁，会计。因工作关系，被告人肖某对副科长汪某（女）有意见。为发泄不满，伺机报复。肖某见汪某几次同县领导李某（男）研究工作，便在群众中散布和亲笔给有关领导机关及汪某本人写匿名信，造谣说汪某与李某乱搞两性关系，曾两次怀孕打胎，是有名的大破鞋等。汪某受辱后，男友因此与其中断了恋爱关系，平日正常工作也无法开展，汪某痛不欲生，在写了一封遗书之后，吞服了大量安眠药自尽。经亲友发现送医院抢救脱离危险。

（二）问题

什么是犯罪目的？什么是犯罪动机？二者有什么区别和联系？

（三）学理分析

1. 犯罪目的

犯罪目的，是指犯罪人希望通过实施某种犯罪行为实现某种犯罪结果的心理态度。根据我国刑法理论之通说，犯罪目的只存在于直接故意犯罪中，间接故意和过失犯罪不存在犯罪目的。

我国刑法分则有些条文规定的犯罪在主观方面除了要求具有故意外，还要求具有特定的目的，即目的犯。目的犯包括两种：一种是指直接故意中的意志因素，即行为人对自己的行为直接造成危害结果的希望（第一种意义的目的）：如直接故意杀人，行为人明知自己的行为会造成他人死亡的结果，并且希望他人死亡。希望他人死亡，就是行为人的犯罪目的。另一种是指在故意犯罪中，行为人通过实现行为的直接危害结果后，所进一步追求的某种非法利益

或结果（第二种意义的目的）。如刑法分则所规定的非法占有目的、牟利目的、营利目的等。后一种意义的目的是比前一种目的更为复杂、深远的心理态度，其内容也不一定是观念上的危害结果。在故意之外所讨论的犯罪目的，显然是指后一种意义的目的。

就传播淫秽物品罪而言，构成本罪主观方面必须是故意，而且必须是以牟利为目的，即属于对犯罪目的有特定要求的目的犯。上述案例1中，并不能证实被告人有"牟利的目的"，所以不能认定岳某某构成贩卖淫秽物品罪。

2. 犯罪动机

犯罪动机，是指促使犯罪人实施犯罪行为的内心起因。犯罪动机回答的是犯罪人基于何种心理原因实施犯罪行为，故犯罪动机的作用是发动犯罪行为，测明实施犯罪行为对行为人的心理愿望具有什么意义。产生犯罪动机需要具备两个条件：一是行为人内在的需要和愿望；二是外界的诱因与刺激。

3. 犯罪目的和犯罪动机的联系和区别

从心理学上讲，目的是有层次的，目的的目的又称为动机。上述案例2中，被告人肖某泄愤报复的动机实际上又是她企图通过损害汪某的人格和名誉，而进一步达到的目的。那么，为什么说被告人肖某泄愤报复的愿望是犯罪动机而不是犯罪目的呢？根据我国刑法的规定，诽谤罪是指捏造并散布虚构的事实，足以损害他人的人格和名誉，情节严重的行为，这种犯罪只能是直接故意犯罪，而不可能存在间接故意和过失的情形。虽然我国刑法分则没有规定诽谤罪的犯罪目的，但是根据我国刑法总则第14条关于直接故意的内容，诽谤罪是有犯罪目的的，其目的就是意图损害他人的人格和名誉，这一目的是诽谤罪不可缺少的要件，是行为人故意的内容，是诽谤罪的一般犯罪目的。除了这一目的之外，诽谤罪的构成要件中没有其他特殊犯罪目的。因此，被告人肖某希望满足其泄愤报复的愿望，是犯罪动机，而不是犯罪目的。那么二者之间又有哪些区别和联系？

犯罪目的和犯罪动机既具有密切联系又有区别。二者的密切联系表现在以下几个方面：（1）二者都是犯罪人实施犯罪行为过程中存在的主观心理活动，它们的形成和作用都反映了行为人的主观恶性程度及行为的社会危害性程度。（2）犯罪目的以犯罪动机为前提、为基础，犯罪目的源于犯罪动机，犯罪动机促使犯罪目的的形成。（3）二者有时表现为直接的联系，即它们所反映的需要是一致的，如出于贪利动机实施以非法占有为目的的侵犯财产罪等。

犯罪目的和犯罪动机二者也有区别，这主要表现为：（1）从内容、性质和作用上看，犯罪动机是指表现他人为什么要犯罪的内心起因，比较抽象，起的是推动犯罪实施的作用；犯罪目的则是实施犯罪行为所追求的客观犯罪结果在主观上的反映,起的是为犯罪定向、确定目标和侵害程度的引导、指挥作用,它比较具体,已经指向具体犯罪对象和客体。

(2)一种犯罪的犯罪目的相同,而且除复杂客体犯罪以外,一般是一罪一个犯罪目的;同种犯罪的动机则往往因人、因具体情况而异,一罪可有不同的犯罪动机。例如,盗窃罪的目的都是希望非法占有公私财物,但从犯罪动机上看,有的犯罪人是出于想追求腐化的生活,有的是迫于一时的生活困难,有的则是为了偿还赌债,有的甚至是出于报复的心理。

(3)一种犯罪动机可以导致几个或者不同的犯罪目的,例如,出于报复的动机,可以导致行为人去追求伤害他人健康、剥夺他人生命或者毁坏他人财产等不同的犯罪目的;一种犯罪目的也可以同时为多种犯罪动机所推动。例如,故意杀人而追求剥夺他人生命的目的,可以是基于仇恨与图财两种犯罪动机的混合作用。

(4)犯罪动机与犯罪目的在一些情况下所反映的需要并不一致。例如实施从根本上危害国家安全的分裂国家犯罪行为,犯罪动机主要反映为行为人物质的、经济的需要,而犯罪目的即分裂国家则主要反映了行为人精神的、政治的需要。

(5)二者在定罪量刑中的作用有所不同。一般来说,犯罪目的的作用偏重于影响定罪,犯罪动机的作用偏重于影响量刑。

案例讨论

被告人厉某,女,32岁,农民。2002年11月,被告人厉某之弟厉某友在江苏省东海县做工。当地村民顾某因年老无嗣,托厉某友帮忙找个男孩抚养。厉某友函告其母陈某,陈某让其女厉某代为物色。厉某以替温州的姐姐找个养子为名,转托女友胡某帮忙在医院找个产妇不要的男婴。胡某说她姐姐家的孩子多,生活困难,可送养一个。于是,两人去胡某的姐姐家商议。胡某的姐夫蔡某听说要将自己的孩子给温州人当养子,欣然同意,让厉某把他的5岁男孩蔡甲领去。厉某即写信告知厉某友。同年11月14日,顾某夫妇来永嘉看了孩子,表示满意,便把孩子带走了,并交给厉某6000元作领养费。厉某得钱后,分别给蔡某1000元、胡某100元、陈某3900元,自己得1000元。顾某晚年得子,非常宠爱,对蔡甲精心抚养。2003年2月,蔡某得悉孩子不是在温州给人作养子,便追问厉某,厉某才说明孩子在江苏。蔡某要求把孩子领回。厉某与厉某友先后两次到江苏顾家,要求领回蔡甲,愿付给8000元,但均因顾家不同意而未成。蔡某向公安机关告发,永嘉县公安局派人去江苏把蔡甲领回。厉某及其母陈某所得的现金已全部退出。

第七章 犯罪的主观方面

问：厉某的行为该如何处理？是否构成犯罪？

自 测 题

1. 下列对于犯罪目的所指的行为人的心理态度，哪项说法是正确的？（　）

   A. 意图通过实施某种犯罪行为达到某种结果
   B. 实施犯罪行为所希望达到的某种危害结果
   C. 实现其内心起因
   D. 是行为追求的最终结果

2. 犯罪目的是指行为人希望通过实施犯罪行为达到某种危害社会结果的心理态度，也就是危害结果在犯罪人主观上的表现。下列哪项符合上述定义？（　）

   A. 一日甲与邻居王某发生争吵，于是对邻居怀恨在心，心想一定要找机会报复一下王某
   B. 乙十分喜欢同事小丁的新款高档手机，想据为己有，于是趁没人注意就将其装入自己的口袋
   C. 丙为了在期末考试中取得高分，携带作弊用的小纸条进入考场
   D. 丁觉得抢劫是一件很刺激的事，于是某天夜晚在一僻静处实施了多次抢劫行为

第八章 排除犯罪性事由

排除犯罪的事由，有的称排除犯罪性行为，有的称排除社会危害性行为，是指行为虽然在客观上造成了一定损害结果，表面上符合某些犯罪的客观要件，但因其主观上根本没有罪过，实际上不具有犯罪的社会危害性，并不符合犯罪的构成，依法不成立犯罪的事由。

排除犯罪性的行为不负刑事责任，是我国刑法总则的重要制度之一。

排除犯罪的事由是多种多样的，如以刑法上有无明文规定为标准，可以分为法定的排除犯罪的事由与非法定（超法定）的排除犯罪的事由。我国刑法上对排除犯罪的事由，只规定了正当防卫和紧急避险两种，而客观上还有如执行命令行为、正当业务行为、经被害人承诺的行为、自救行为、自损行为、义务冲突行为等。

一、正当防卫的概念和特征

案　　例

（一）案情简介

2018年8月27日21时30分许，刘甲醉酒驾驶皖AP9G57宝马轿车（经检测，血液酒精含量87mg/100ml），载刘某某、刘某、唐某某沿昆山市震川路西行至顺帆路路口时，向右强行闯入非机动车道，与正常骑自行车的于某某险些碰擦，双方遂发生争执。刘某某先下车与于某某发生争执，经同行人员劝解返回车辆时，刘甲突然下车，上前推搡、踢打于某某。虽经劝架，刘甲仍持续追打，后返回宝马轿车取出一把砍刀（经鉴定，该刀为尖角双面开刃，全长59厘米，其中刀身长43厘米、宽5厘米，系管制刀具），连续用刀击打于某某颈部、腰部、腿部。击打中砍刀甩脱，于某某抢到砍刀，并在争夺中捅刺刘甲腹部、臀部，砍击右胸、左肩、左肘，刺砍过程持续7秒。刘甲受伤后跑向宝马轿车，于某某继续追砍2刀均未砍中，其中1刀砍中汽车（经勘查，汽车左后窗下沿有7厘米长刀痕）。刘甲跑向宝马轿车东北侧，于某某返回宝马轿车,将车内刘甲手机取出放入自己口袋。民警到达现场后,于某某将手机和砍刀主动交给处警民警(于某某称,拿走刘甲手机是为了防止对方打电话召集人员报复)。

刘甲逃离后,倒在距宝马轿车东北侧30余米处的绿化带内,后经送医抢救无效于当日死亡。经法医鉴定并结合视频监控认定,在7秒时间内,刘甲连续被刺砍5刀,其中,第1刀为左腹部刺戳伤,致腹部大静脉、肠管、肠系膜破裂;其余4刀依次造成左臀部、右胸部并右上臂、左肩部、左肘部共5处开放性创口及3处骨折,死因为失血性休克。

于某某经人身检查,见左颈部条形挫伤1处,左胸季肋部条形挫伤1处。

(二) 问题

什么是正当防卫?如何认定正当防卫?

(三) 学理分析

我国《刑法》第20条规定"为了使国家、公共利益、本人或者他人的人身、财产和其他权利免受正在进行的不法侵害,而采取的制止不法侵害的行为,对不法侵害人造成损害的,属于正当防卫,不负刑事责任"。根据这一规定,我国刑法中的正当防卫是对正在进行的不法侵害的行为人采取一定的人身和财产的损害方法以防止公共利益、本人或者他人的人身和其他权利遭受侵害的行为。由此可见,正当防卫是采取对不法侵害者造成损害的方式,制止不法侵害行为,保护合法的权益的,如果实行不当,就会给不法侵害者造成不应有的损害,从而危害社会。因此,为了保证正当防卫的正确实施,法律规定了正当防卫的条件。只有合法的防卫行为,才属于正当行为,不负刑事责任。

现代世界各国刑法都设置了正当防卫制度,但关于正当防卫合法条件的规定又各不一致。我国刑法理论通说认为,正当防卫的条件是主观意图与客观行为的统一。具体而言,可以从防卫起因、防卫时间、防卫对象、防卫意图、防卫限度等五个方面对正当防卫合法条件予以界定。

1. 正当防卫的起因条件

正当防卫的起因条件是不法侵害的发生和存在。只能针对不法侵害实施,这是正当防卫的本质所在。如果不存在不法侵害,正当防卫就无从谈起。认定正当防卫的起因条件应注以下两个方面:

(1) 必须有不法侵害存在。即排除了对任何合法行为进行正当防卫的可能性。不法侵害必须是危害社会的行为,对于没有社会危害性的合法行为,即使从当事人的立场看具有某种侵害性,也不允许当事人实行正当防卫。例如,公民依法扭送犯罪嫌疑人,不能借口防卫而对该公民施行暴力伤害或威胁;又如，执法人员依法拘捕犯罪嫌疑人或依法搜查、扣押有关住宅物品，被拘捕者、被搜查者、物品所有者或第三者不得借口其人身或财产受到"侵害"而进行防卫；正当防卫、紧急避险都是合法行为，正当防卫中遭到反击的不法侵害者或紧急避险中受到损害的一方，也不能借口保护自身权益而对正当防卫者、紧急避险者再进行防卫。

（2）不法侵害的存在具有现实性。即不法侵害须客观真实地存在，而不是行为人所臆想或推测的。如果行为人反击了主观臆测的"正在进行的不法侵害"的人，其行为就是假想防卫。假想防卫具有三个基本特征：其一，行为人主观上存在防卫意图，以为自己是对不法侵害人实行的正当防卫，这是假想防卫的前提条件。其二，假想防卫客观上损害了未实施不法侵害或未正在实施不法侵害的人的人身权利和其他权利，具有社会危害性，这是假想防卫的本质特征。其三，行为人防卫认识产生了错误，使正当防卫意图造成了危害社会的结果，这是假想防卫的表现形式。假想防卫是由于行为人对事实认识的错误而发生的，因此在实践中应依事实认识错误的处理原则来解决，即如果行为人应当预见到对方可能不是不法侵害，那么他在主观上有过失，应对其假想防卫所造成的损害负过失犯罪的责任；如果行为人在当时情况下不应预见到对方不是不法侵害，那么他在主观上无罪过，其假想防卫造成的损害属于意外事件，不负刑事责任。

2. 正当防卫的时间条件

正当防卫的时间条件，是指可以实施正当防卫的时间。通说认为不法侵害正处于已经开始并且尚未结束的进行阶段。法律对正当防卫的时间做出这种限制，与规定正当防卫的立法目的有关。规定正当防卫是为了制止不法侵害，防止合法利益受到损害。当侵害行为尚未开始，尚未危及合法利益时，没有必要实施正当防卫；当侵害行为已经结束，危害结果已经发生时，正当防卫实施也已毫无意义。对侵害的事先预防和事后处罚，法律规定了其他措施。对正当防卫的时间条件，后面还要做专题论述，这里不再赘述。

3. 正当防卫的对象条件

正当防卫的对象是解决防卫人应当对什么人实施反击的问题。由于不法侵害是通过人的身体外部动作进行的，制止不法侵害就是要制止不法侵害人的行为能力。正当防卫的对象只能是不法侵害人。

我国刑法规定，不满14周岁的人不负刑事责任，已满14周岁不满16周岁的人除实施少数几种特定犯罪外不负刑事责任；因患精神病不具备认识和控制能力的人不负刑事责任。对于实施侵害行为的未达到刑事责任年龄的未成年人或无责任能力人，能否进行正当防卫？刑法学界的意见不尽一致。否定论者认为，不法侵害人除其行为在客观上危害社会、违反法律外，还必须具备责任能力和主观罪过。换言之，精神病人和未成年人的侵害行为不属于不法侵害，对其一般不能进行正当防卫。肯定论者认为，不法侵害中的违法不包括行为人主观方面及其责任能力的内容，只要行为人的行为对法律所保护的权益有现实的危害性，就属于不法侵害，防卫人就有权对其进行正当防卫。即精神病人和未成年人的不法侵害与有责任能力人的不法侵害并无本质区别，对之都可以进行正当防卫。笔者认为，其一，从原则上讲，对无责任能力人的侵害行为是可以实行正当防卫的。因为，无责任能力人的侵害行为，客观上也是危害社会的行为，广义上讲也属于不法侵害，因此不能完全将其排除在正当防卫的对象之外。其二，对于无责任能力人的侵害行为实行正当防卫，需要有一定的限制。从刑法精神上来讲，无责任能力人的侵害行为明显不能等同于有责任能力人的故意侵害；从社会道义上来讲，应当尽一切努力避免对精神病人、未成年人造成不应有的身体或精神的损害。因此，在遇到无责任能力人的侵害时，如果明知侵害者是无责任能力人并有条件用逃跑等其他方法避免侵害时，则不得实行正当防卫；如果不知道侵害者是无责任能力人，或者不能用逃跑等其他方法避免侵害时，才可以实行正当防卫。

对动物的侵袭是否可以实施反击，反击动物侵袭的行为属于什么性质？对此问题学界也存在争议。笔者认为，对动物的侵袭要做具体分析，不能一概而论。受到他人豢养的或野生的动物侵袭，自然可以进行打击，动物谈不上不法侵害，因而受害人的打击也谈不上正当防卫。但是，如果有人利用动物来达到侵害他人的目的，如驱使狂犬撕咬他人，则防卫人打击动物的行为属于正当防卫。

4. 正当防卫的主观条件

根据我国刑法的有关规定，正当防卫是"为了使国家、公共利益、本人或者他人的人身、财产和其他权利免受正在进行的不法侵害"，因而正当防卫的主观条件必须具有正当防卫意图。

（1）正当防卫意图的内容

正当防卫意图，是指防卫人对正在进行的不法侵害有明确认识，并希望以防卫手段制止不法侵害，保护合法权益的心理状态。它包括防卫认识和防卫目的两方面的内容。

①防卫认识。即防卫人对正在进行的不法侵害的认识，包括对不法侵害的诸多事实因素的认识，其基本内容应当包括：一是明确认识侵害合法权益的不法行为的存在；二是明确认识不法侵害正在进行；三是明确认识不法侵害者；四是明确认识不法侵害的紧迫性，且能够以防卫手段加以制止。此外，还应大

体认识到防卫行为所需要的手段、强度及可能造成的必要损害后果。

②防卫目的。即防卫人以防卫手段制止不法侵害,以保护合法权益的心理愿望。凡正当的防卫意图都必须以保护合法权益、制止不法侵害为目的。防卫目的是确定防卫意图的关键。正当防卫意图包括两个层次:第一层次是制止不法侵害;第二层次是通过制止不法侵害保护合法权益。

(2) 不具备正当防卫意图的几种情况

正当防卫意图作为正当防卫的主观要件,对于正当防卫的成立具有十分重要的意义。某些行为,从形式上看似乎符合正当防卫的客观条件,但由于其主观上不具备正当的防卫意图,因而不能认定为正当防卫。这类行为有如下几种:

①防卫挑拨。又称挑拨防卫,是指行为人出于侵害目的,以故意挑衅、引诱等方法促使对方进行不法侵害,尔后借口防卫加害对方的行为。从形式上看,这种"防卫"行为可能完全符合正当防卫的客观条件,但因不法侵害由挑拨者故意诱发,挑拨者主观上不仅不具备正当的防卫意图,反而是出于侵害意图,因此其所谓的防卫实质上是有预谋的不法侵害行为。严重的侵害结果、故意的罪过形式、预谋的非法意图、挑拨的语言行动是挑拨防卫的基本特征。对于防卫挑拨要依法惩处,构成犯罪的要追究其刑事责任。

②相互的非法侵害行为。是指双方都出于侵害对方的非法意图而发生的相互侵害行为,如相互殴斗行为。在相互的非法侵害行为中,双方都有侵害对方的非法意图,都在积极地追求非法损害对方利益的结果,因而根本上不存在正当防卫的前提条件。尽管侵害行为在时间上可能有先后顺序,侵害结果在程度上可能有轻重之分,但双方行为都不存在构成正当防卫的前提,双方都应当就自己的非法侵害行为承担法律责任。需要指出的是,如果非法侵害的一方已经放弃侵害,例如宣布不再斗殴或认输、求饶、逃跑,而非法侵害的另一方仍穷追不舍,继续加害,则已经放弃侵害的一方就具备了进行正当防卫的前提条件,他可以为制止对方的进一步加害而采取必要的反击措施,这种情形下的反击可以成立正当防卫。

③为保护非法利益而实施的防卫。这类行为明显缺乏防卫意图的正当性,不能成立正当防卫。例如,在抢劫赌场、盗窃赃款时,以防卫手段保护其赌资、走私货物和赃款,因为他们所保护的利益不属于公民的合法权益,故而不具备正当防卫的主观条件。认定为保护非法利益而实施的防卫行为时,对侵害者和防卫者要分别追究其法律责任,构成犯罪的分别定罪量刑。

④偶然防卫。是指行为人故意实施某种犯罪时,该犯罪行为客观上制止了他人在进行的另一不法侵害的情形。如甲正欲用枪射杀乙,而甲的仇敌丙在完

全不知情的情形下开枪将甲射死，客观上丙制止了甲射杀乙的犯罪行为；再如甲男正在家里用木棒殴打保姆乙女，丙男出于伤害甲男意图破门而入，在不知甲男的行为是故意伤害乙女的情况下将甲男打成重伤，从而客观上制止了甲男伤害他人的犯罪行为。在上述两个例子中，后一个行为人的行为针对的也是正在进行的不法侵害，并且是针对不法侵害人本人进行的，客观上也制止了正在进行的不法侵害，但是其行为由于是出于犯罪的故意而实施的，尽管客观上具有防卫效果，但由于主观上欠缺正当防卫所需要的防卫意识，因而不能认定为正当防卫，而应当认定为故意犯罪。

5. 防卫限度

正当防卫的限度条件，是指正当防卫不能明显超过必要限度且对不法侵害人造成重大损害。是否明显超过必要限度并造成重大损害，是区别防卫的合法与非法、正当与过当的标志。

如何理解正当防卫的必要限度？我国刑法并未规定具体的标准，正当防卫的必要限度是刑法理论应予解决的任务。在我国刑法学界主要存在三种观点：（1）必需说。该观点认为防卫强度是制止不法侵害所必需的，即使防卫在强度、后果等方面超过对方可能造成的损害，也不能认为是超过了必要限度。（2）基本相适应说。该观点认为正当防卫是否超过必要限度，应将防卫行为与不法侵害行为在方式、强度和后果等方面加以比较，看是否相适应。（3）相当说。该观点认为必要限度原则上应以制止不法侵害所必需为标准，同时要求防卫行为与不法侵害行为在手段、强度等方面，不存在过于悬殊的差异。

比较而言，"基本相适应说"提出了必要限度的具体特征，既承认相适应不是绝对等同，而是可以超过，又强调不能超过太多，反差太大，因而既有利于保障公民正当防卫权的行使，又有利于防止防卫者滥用权利，但它仅从防卫和侵害两方面的性质、强度等客观特征上加以权衡，没有考察防卫者的主观目的，仅仅要求以牙还牙的"同态防卫"。"必需说"则是从防卫目的的正当性出发，抓住了理解"必要限度"的关键。但这种观点过分强调了必需，而完全忽视防卫与侵害在客观上的相当性，没有对防卫者设定必要的约束。"相当说"，实际上是"客观必需说"和"基本相适应说"的折中，既抓住了理解必要限度的本质、关键特征，有利于鼓励公民实行正当防卫，又提出了对防卫人的必要约束，有利于保障正当防卫的正确行使。因而笔者认为"相当说"是合理可行的。根据"相当说"的观点，防卫行为只要为制止不法侵害所必需，防卫行为的性质、手段、强度及造成的损害又不是明显超过不法侵害的性质、手段、强度或造成的损害，即实际造成的损害并不算重大的，均属于正当防卫的范围，而不能认为是防卫过当。

需要指出的是，鉴于严重危及人身安全的暴力犯罪的严重社会危害性及其对被害人的潜在性严重危害后果，我国《刑法》第20条第3款规定："对正在进行行凶、杀人、抢劫、强奸、绑架以及其他严重危及人身安全的暴力犯罪，采取防卫行为，造成不法侵害人伤亡的，不属于防卫过当，不负刑事责任。"对此规定，有学者称之为无限度防卫，有学者称之为特殊防卫，还有学者称之为无过当防卫。笔者认为，称之为特殊防卫较妥。这一规定是针对以往司法实践中将那些为制止正在进行行凶、杀人、抢劫、强奸、绑架以及其他严重危及人身安全的暴力犯罪而造成不法侵害人伤亡按防卫过当处理的情况做出的。据此规定，对正在进行的严重危及人身安全的暴力犯罪实行正当防卫，不存在过当情形。当然，这种防卫权的行使，实际上仍然有着严格的法律限制，表现为：其一，必须是犯罪行为。其二，对象特定，只限于法定的杀人、抢劫、强奸、绑架以及其他严重危及人身安全的暴力犯罪。所谓"暴力犯罪"，是指使用武力进行的犯罪。所谓"其他严重危及人身安全的暴力犯罪"，是指在危害程度上与杀人、抢劫、绑架相当的一些犯罪，比如武装暴乱罪等。其三，时间特定。上述法定的严重危及人身安全的暴力犯罪必须是正在进行中。其四，防卫强度没有限制，即特殊防卫不论造成犯罪人重伤或死亡的结果，都不存在防卫过当的问题。

上述案例中，刘甲先是徒手攻击，继而持刀连续击打，其行为已经严重危及于某某的人身安全，其不法侵害应认定为"行凶"。从时间上看，刘甲醉酒滋事，先是下车对于某某拳打脚踢，后又返回车内取出砍刀，对于某某连续数次击打，不法侵害不断升级。刘甲砍刀甩落在地后，又上前抢刀，于某某的人身安全一直处在刘甲的暴力威胁之中。于某某夺刀后，7秒内捅刺、砍中刘甲的5刀，与追赶时甩击、砍击的2刀（未击中），尽管时间上有间隔、空间上有距离，但这是一个连续行为，符合正当防卫的意图。

案例讨论

1.2009年5月10日晚8时许，湖北省巴东县野三关镇政府招商办主任邓某大与单位黄某某及另一位邓姓工作人员在酒后前往该镇雄风宾馆梦幻城消费时，前去水疗房找正在洗衣服的修脚女邓某某，提出要她提供"特殊服务"。在遭到拒绝后，邓某大从口袋中拿出一摞钱在邓某某面前摆弄，并用钱敲击邓某某的头部，声称自己有钱，让邓某某听从他们，为他们提供"特殊服务"。深感受到污辱的邓某某意欲离开，结果遭到邓某大的拦截，并两次将邓某某压于身下的沙发上。邓某某在情急之下，顺手拿起修脚刀将邓某大刺伤，并将上前来的黄某某手臂也划伤。后来由于邓某大喉部动脉受伤出血过多抢救无效死亡。

问：邓某某的行为是否是正当防卫？

2. 被告人于欢的母亲苏某在山东省冠县工业园区经营山东源大工贸有限公司（以下简称源大公司），于欢系该公司员工。2014 年 7 月 28 日，苏某及其丈夫于某向吴某、赵某借款 100 万元，双方口头约定月息 10%。至 2015 年 10 月 20 日，苏某共计还款 154 万元。其间，吴某、赵某因苏某还款不及时，曾指使被害人郭某等人采取在源大公司车棚内驻扎、在办公楼前支锅做饭等方式催债。2015 年 11 月 1 日，苏某、于某再次向吴某、赵某借款 35 万元。其中 10 万元，双方口头约定月息 10%；另外 25 万元，通过签订房屋买卖合同，用于某名下的一套住房作为抵押，双方约定如逾期还款，则将该住房过户给赵某。2015 年 11 月 2 日至 2016 年 1 月 6 日，苏某共计向赵某还款 29.8 万元。吴某、赵某认为该 29.8 万元属于偿还第一笔 100 万元借款的利息，而苏某夫妇认为是用于偿还第二笔借款。吴某、赵某多次催促苏某夫妇继续还款或办理住房过户手续，但苏某夫妇未再还款，也未办理住房过户。

2016 年 4 月 1 日，赵某与被害人杜某、郭某等人将于某上述住房的门锁更换并强行入住，苏某报警。赵某出示房屋买卖合同，民警调解后离去。同月 13 日上午，吴某、赵某与杜某、郭某、杜某某等将上述住房内的物品搬出，苏某报警。民警处警时，吴某称系房屋买卖纠纷，民警告知双方协商或通过诉讼解决。民警离开后，吴某责骂苏某，并将苏某头部按入座便器接近水面位置。当日下午，赵某等人将上述住房内物品搬至源大公司门口。其间，苏某、于某多次拨打市长热线求助。当晚，于某通过他人调解，与吴某达成口头协议，约定次日将住房过户给赵某，此后再付 30 万元，借款本金及利息即全部结清。

4 月 14 日，于某、苏某未去办理住房过户手续。当日 16 时许，赵某纠集郭某、郭某某、苗某、张某到源大公司讨债。为找到于某、苏某，郭某报警称源大公司私刻财务章。民警到达源大公司后，苏某与赵某等人因还款纠纷发生争吵。民警告知双方协商解决或到法院起诉后离开。李某接赵某电话后，伙同么某、张某和被害人严某、程某到达源大公司。赵某等人先后在办公楼前呼喊、在财务室内、餐厅外盯守，在办公楼门厅外烧烤、饮酒，催促苏某还款。其间，赵某、苗某离开。20 时许，杜某、杜某某赶到源大公司，与李某等人一起饮酒。20 时 48 分，苏某按郭某要求到办公楼一楼接待室，于欢及公司员工张某、马某陪同。21 时 53 分，杜某某等人进入接待室讨债，将苏某、于欢的手机收走放在办公桌上。杜某某用污秽言语辱骂苏某、于欢及其家人，将烟头弹到苏某胸前衣服上，将裤子褪至大腿处裸露下体，朝坐在沙发上的苏某等人左右转动身体。在马某、李某劝阻下，杜某某穿好裤子，又脱下于欢的鞋让苏某闻，被苏某打掉。杜某某还用手拍打于欢面颊，其他讨债人员实施了揪抓于欢头发或按压于欢肩部不准其起身等行为。22时07分，公司员工刘某打电话报警。22时17分，民警朱某带领辅警宋某、郭某到达源大公司接待室了解情况，苏某和于欢指认杜某某殴打于欢，杜某某等人否认并称系讨债。22时22分，朱某警告双方不能打架，然后带领辅警到院内寻找报警人，并给值班民警徐某打电话通报警情。于欢、苏某想随民警离开接待室，杜某某等人阻拦，并强迫于欢坐下，于欢拒绝。杜某某等人卡于欢颈部，将于欢推拉至接待室东南角。于欢持刃长15.3厘米的单刃尖刀警告杜某某等人不要靠近。杜某某出言挑衅并逼近于欢，于欢遂捅刺杜某某腹部一刀，又捅刺围逼在其身边的程某胸部、严某腹部、郭某某背部各一刀。22时26分，辅警闻声返回接待室。经辅警连续责令，于欢交出尖刀。杜某某等四人受伤后，被杜某等人驾车送至冠县人民医院救治。次日2时18分，杜某某经抢救无效，因腹部损伤造成肝固有动脉裂伤及肝右叶创伤导致失血性休克死亡。严某、郭某某的损伤均构成重伤二级，程某的损伤构成轻伤二级。①

问：本案在法律适用方面的争议焦点主要有两个方面：一是于欢的捅刺行为的性质，即是否具有防卫性，是属于特殊防卫还是防卫过当；二是对于欢的行为应如何定罪处罚？

自测题

1. 某日，黄某牵着狗在山坡上闲逛。恰遇平日与自己不和的刘某，黄某即唆使其带的狗扑咬刘某。刘某警告黄某，黄某继续唆使狗扑咬刘某。刘某边抵挡边冲到黄某面前，拿石块将黄某头部砸伤，黄某见头上流血，慌忙逃走。从刑法理论上看刘某的行为属于哪种情况？（　　）

　　A. 紧急避险　　　B. 正当防卫　　　C. 防卫过当　　　D. 对象错误

2. 《刑法》第20条第3款规定："对正在进行行凶、杀人、抢劫、强奸、绑架以及其他严重危及人身安全的暴力犯罪，采取防卫行为，造成不法侵害人伤亡的，不属于防卫过当，不负刑事责任。"关于刑法对特殊正当防卫的规定，下列哪些理解是错误的？（　　）

　　A. 对于正在进行杀人等严重危及人身安全的暴力犯罪采取防卫行为，没有造成不法侵害人伤亡的，不能称为正当防卫

　　B. "其他严重危及人身安全的暴力犯罪"的表述，不仅说明其前面列举的抢劫、强奸、绑架必须达到严重危及人身安全的程度，而且说明只要列举之

---

① 资料来源于中国法院网。

外的暴力犯罪达到严重危及人身安全的程度,也应适用特殊正当防卫的规定

C. 由于特殊正当防卫针对的是严重危及人身安全的暴力犯罪,而这种犯罪一旦着手实行便会造成严重后果,所以应当允许防卫时间适当提前,即严重危及人身安全的暴力犯罪处于预备阶段时,也应允许进行特殊正当防卫

D. 由于针对严重危及人身安全的暴力犯罪进行防卫时可以杀死不法侵害人,所以在严重危及人身安全的暴力犯罪结束后,当场杀死不法侵害人的,也属于特殊正当防卫

二、正当防卫开始时间和终止时间的认定

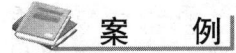
案　　例

（一）案情简介

1. 刘某某和胡某某原为恋爱关系,经过一段时间交往,胡某某发现刘某某性情粗暴,不堪忍受,遂中断交往。刘某某仍去强求,并企图强奸胡某某。胡某某不从,刘某某施以暴力手段。当时,适逢胡某某之妹胡某花回家,见状就用木棒将刘某某打昏,胡某某得以脱险。但胡某某不放心,惟恐刘某某苏醒后进行报复,于是又击一棒,致刘某某死亡。

2. 被告人何某某（女,33岁）于某年7月16日回娘家,在小荒山上与身高力强的搬运工人王某相遇。王某为其弟结婚买了一些礼物,并借得一把杀猪刀,准备回家帮弟弟杀猪。王某见何某某后即起淫心,先用言语挑逗,要求发生两性关系,被何某某责骂拒绝。于是,王某拿出屠刀威胁,强令何某某脱衣服。何某某不敢硬抗,便一边应付,一边向前走。走到山脚,何某某见前面有一堵矮墙,下面是一个很大的粪池,便说到墙那边去吧。到了粪池边,王某要何某某先脱衣服,然后自己脱裤子。当王某一只脚着地,一只脚脱裤子时,何某某乘机将王某推入粪池,粪水淹没王某的头顶。王某不会游泳,大喊救命,几次用手抓住粪池边沿,想挣扎着上来,均被何某某掰开手推下。何某某一面不让王某爬上来,一面大喊"抓坏人"。由于时值中午,路上没有行人,直到王某无力爬上时,何某某才穿上衣服,拼命地跑到前村告诉村民,并带领村民返回粪池捉人。当赶到现场时,王某已淹死在粪池里。

（二）问题

正当防卫必须是针对正在进行的不法侵害行为,如何理解"正在进行"？如何确定正当防卫的开始时间和终止时间？

（三）学理分析

不法侵害正在进行是正当防卫的时间条件。正确认定不法侵害的着手和终止，对于判断正当防卫是否适时具有重大意义。

1. 正当防卫的开始时间

什么是不法侵害已经开始？所谓正在进行的不法侵害，可以理解为侵害人已经着手直接实行刑法分则规定的侵害行为。例如，杀人犯持刀向受害人砍去，强奸犯对妇女施以暴力或暴力威胁，抢劫中侵犯人身的行为和劫取财物的行为等。但是，如何正确地认定不法侵害已经着手而进入实行阶段，是十分复杂的问题。下面，我们具体分析不法侵害的着手问题，为确定正当防卫的开始时间提供客观依据。

（1）在不法侵害是手段行为和结果行为统一的情况下，手段行为之着手就是不法侵害之着手，可以实行正当防卫。例如，我国《刑法》第263条规定"以暴力、胁迫或者其他方法抢劫公私财物的，处3年以上10年以下有期徒刑"。抢劫罪是双重行为，刑法通说的观点认为，只要行为人开始从行为（暴力、胁迫行为）就认为犯罪已经着手，手段行为之着手，就是其不法侵害之着手。因此，在有双重行为的犯罪中，只要行为人开始了从行为，就可以对其实行正当防卫，而不必等待不法侵害人开始实行其结果行为。只有这样，才能切实保障公民的人身权利和其他合法权益免受侵害。

（2）在不法侵害已经逼近，例如杀人犯举刀正要下手行凶之际，应该认为不法侵害已经开始，可以对其实行正当防卫。因为在这种情况下，被害人已经直接面临不法侵害的威胁，为防卫自身并及时有效地制止正在进行的不法侵害，防卫人应当具有正当防卫的权利。

（3）在不法侵害十分急迫，防卫人的人身权利受到严重威胁的情况下，可以实行正当防卫。这里的"严重威胁"，应该是迫在眉睫，若不实行正当防卫，防卫人自身必将受到严重侵害。

（4）在不法侵害实行过程中，只要不法侵害仍在继续，就可以对其实行正当防卫。一般来说，不法侵害有一个持续过程，防卫人也有一个反应过程。当不法侵害着手以后处于持续过程之中，防卫人为保护自己的人身权利可以对不法侵害人实行正当防卫。

（5）在不法侵害实行过程中，因故停止，但仍然存在着对防卫人的人身威胁，可以实行正当防卫。在某些犯罪中，不法侵害人实行犯罪后，可能因故停止，但这种停止并非是出于诚心悔悟而自动中止犯罪，而是为歇一歇，或者因自己体力占上风而缓一缓等。在这种情况下，防卫人奋起反击，应当认为是正当防卫行为。

2. 正当防卫的终止时间

如何确定不法侵害的终止？刑法理论界存在争论。从司法实践来看，不法侵害的结束一般有下列四种情况：

（1）侵害者自动中止不法侵害行为。在这种情况下，危险已经不复存在，没有实施正当防卫的必要。例如，甲持刀欲杀乙，面对乙的苦苦哀求，甲放下了刀。这时如果乙知道甲已放弃了杀人，就不能再对甲实行正当防卫。

（2）不法侵害者已经被制服。是指犯罪已经形成未遂状态，不法侵害人已经被置于防卫人的控制之下，不可能再进行不法侵害。

（3）已经丧失侵害能力。是指犯罪已经形成未遂状态，防卫人通过正当防卫，已经使不法侵害人丧失侵害能力，不可能再进行不法侵害。

（4）侵害行为已经实施完毕、危害结果已经发生，而犯罪分子又没有实行进一步侵害的明显意图。此时危险已经不复存在，没有实行正当防卫的必要。例如，甲杀乙，把乙杀死后正要逃跑，这时丙遇见甲，丙就不能再对甲实行正当防卫，只存在扭送人犯的问题。当然，在个别情况下，不法行为已经完毕，但危险依然存在，并且通过正当防卫可以排除其危险，此时也允许实行正当防卫。

3. 防卫不适时

凡是违反正当防卫时间条件的所谓防卫行为，在刑法理论上称为防卫不适时。防卫不适时与正当防卫存在本质的区别，应分别不同的情况依法论处。根据防卫不适时发生的时间，可以将其分为以下两种形式：

（1）事先防卫。即在不法侵害尚处于预备阶段或犯意表示阶段，对于合法权益的威胁并未达到现实状态时，就对其采取某种损害权益的行为。在事先防卫的情况下，不法侵害人是否实施某种侵害还处于或然状态，因而事先防卫实际上是一种"先下手为强"的非法侵害。如果事先防卫的社会危害性达到犯罪程度，则应当追究刑事责任。

（2）事后防卫。即在不法侵害已经结束的情况下，对侵害人的某种权益进行打击的行为。在事后防卫的情况下，不法侵害已经结束，侵害行为或其导致的危险状态已经不能通过防卫来制止或排除，已经不存在正当防卫的时机条件。

事后防卫实际上大多是报复性的侵害，但也不排除防卫人出于认识错误的可能性。例如，不法侵害人在杀人过程中突发恻隐之心中止犯罪，但受害人误以为对方暂时停顿了犯罪，趁其不备予以反击，致其重伤。对于报复性的事后防卫，构成犯罪的应以故意犯罪论处；对于认识错误的事后防卫，则应按处理认识错误的原则，根据防卫人主观上是否有过失，分别按照过失犯罪或意外事件处理。

上述案例1中，被告人胡某某将刘某某击昏是正当防卫，但胡某某在明知刘某某昏迷，不法侵害已经结束的情况下，因害怕刘某某以后报复，一棍将其打死，显然是事后加害，其行为不得以正当防卫论。从其动机来看，应当是一种恐惧心理，而非防卫心理。主观上有杀人的故意，其行为构成故意杀人罪。

上述案例2中，王某虽然落入粪池后，其强奸犯罪行为因被害人的反抗而未能得逞，但是其危险并没有排除。王某还有可能从粪池中爬上来继续加害何某某而且时值中午，附近无人，双方力量悬殊。因而，何某某一再阻止王某爬上粪池的行为并非在危险已经排除、合法权益已经得到可靠保护以后要置人于死地，而是为了保护自己的人身权利而实行的正当防卫。

案例讨论

1. 福建省泉州市泉港区居民林某到曾某家聊天，与曾某夫妇发生争吵，林某将曾家的茶几及茶具、椅子等物掀倒在地，并到曾家厨房拿来一把菜刀，对曾妻做砍杀威胁状。曾某见状回自己房中取出一瓶多年以前为烧树木而准备的硫酸从侧后向林某泼去，致林某头面、颈胸被烧伤并毁容，经鉴定为重伤。2003年底，负案在逃的曾某被公安机关以涉嫌故意伤害罪提请检察机关批准逮捕。

问：曾某的行为应当如何认定？

2. 女青年夏某在找工作时被人贩子骗卖到内蒙古某地给农民王某作妻子。夏某在遭受王某的强奸并且怀孕之后，仍然没有放弃逃离王家的努力。最后，夏某利用晚间王某熟睡之际，用斧头砍死王某和试图阻拦其逃走的王某的母亲之后，终于逃了出来。

问：如何认定夏某的行为？是否属于正当防卫？

自测题

关于正当防卫，下列哪些说法是正确的？（　　）

A. 甲男和女友饭后在路边散步，遇到3个流氓的调戏、侮辱、殴打，甲掏出水果刀应对，正与3个流氓对峙间，一着便衣的警察想上前阻止，警察未说话，从后边走过去拍甲的肩膀。甲以为是流氓从后边袭击，回身一刀扎过去，致警察受伤。甲扎伤警察属于假想防卫，意外事件

B. 甲遭到乙持刀抢劫，甲一下子把乙打倒在地，乙晕了过去，这时甲特别气愤，拿起掉在地上的刀子，一刀下去把晕倒在地的乙扎死。甲的行为属于故意杀人

C. 丙持刀进入丁家行凶抢劫，丁抄起一把斧子反抗，一斧子砍在丙的头上，将丙砍倒在地，不等丙起身，丁立即扑上去，对着丙的头部连砍数斧，直到丙不动了，才住手。鉴定发现，丙的头上被砍了十几斧。丁的行为属于正当防卫

D. 甲和乙激烈争吵并散去后，甲看见乙扛着锄头朝他家走来，以为乙要来行凶，便绕到乙的背后，投一块石头将乙击成重伤。甲的行为属于假想防卫，构成过失重伤罪

三、正当防卫必要限度的认定标准

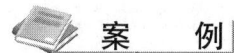案　　例

（一）案情简介

被告人李某与王某（女）通奸。此后王某时常弃家不归，致使夫妻感情恶化。王某的丈夫刘某认为是被告人暗中挑唆，对其怀恨在心，并发生过殴斗。李某为避免纠纷，消除矛盾，于2010年农历二月迁往他村居住，而王某仍追随李某到他村与之非法同居，因而更加剧了刘某对李某的仇视，刘某曾还声言要伺机伤（杀）害李某。2010年8月28日上午，李某准备去看戏，其母告之刘某欲行伤害。为防不测，李某随身揣了一把宰羊刀。下午2时许，刘某在剧场发现了李某，便伙同其儿子用石块和木棒对李某进行殴打，致使李某头破血流。李某当即反抗，抽出随身携带的宰羊刀对刘某的肋部捅了一刀，刘某的两根肋软骨被刺断，并致结肠脱出30厘米，后经医院抢救脱险。

（二）问题

如何认定正当防卫的必要限度？

（三）学理分析

关于本案的处理，存在不同意见。少数人认为李某的行为不具有防卫的性质。因为表面上李某好像是为防卫而带宰羊刀，但其内心的本意并不是为了防卫，而是为了一旦受到刘某的侵害，便对刘某施以更严厉的报复和伤害。结果当刘家父子出于义愤对他进行轻微伤害时，李某就拿出宰羊刀向刘某的要害部位猛刺一刀，致刘某重伤。可见，李某的行为不是防卫，而是故意伤害。但大多数人认为，李某的行为具有防卫的性质。那么其正当防卫行为是否超过了必要限度？在这个问题上，又存在两种观点：第一种观点认为李某的防卫行为超过了必要限度，属于防卫过当。理由是：防卫行为必须是以有效地制止不法侵害行为的继续为限度，如果超过这种限度，就是防卫过当。李某使用的是较之

刘家父子的侵害工具威胁性更大的宰羊刀,而刘家父子使用的是石块和木棒。就工具性能而言,刀比石块、木棒的威胁大,并且李某将刀捅在刘某的要害部位上,造成重伤。将其防卫行为与侵害行为在强度上相比较,显然有过当之处。第二种观点认为李某的防卫行为没有超过必要限度,属于正当防卫。理由是:从侵害人和防卫人双方使用的工具来看,刘家父子使用的是石块、木棒,李某使用的是刀子。从表面上看,刀子的威力比较大,但是我们不能停留在表面现象上,而要分析李某之所以用刀的具体情况。从案情可知,刘家父子以石块、木棒袭击李某的头部,使李某处境危险。在这危急的一瞬间,他很难准确地判断刘家父子侵害行为的性质和危险程度,更难于审慎地选择防卫的手段,于是便用刀子捅去。这种情况下,双方都有可能使人致命,侵害和防卫手段基本上是相适应的,因此没有超过必要限度。

正当防卫必要限度的具体认定是一个极为复杂的问题,应当根据各个案件的具体情况作细致分析。但通过对正当防卫案件的详尽考察,可以找出一些规律,供具体认定时参考。下面试从防卫工具、防卫后果、防卫环境、防卫心理等方面来分析正当防卫必要限度的问题。

1. 防卫工具

正当防卫通常要使用一定的防卫工具,防卫工具使用是否得当,在确定正当防卫是否超过必要限度中,往往具有重要的意义。在某些案件中,之所以对正当防卫还是防卫过当发生意见分歧,一个重要的原因就是对防卫工具的认识不一致。从司法实践来看,防卫工具使用的情况十分复杂。下面我们根据防卫工具的来源和性质,对防卫工具在确定正当防卫的必要限度中的意义作如下分析:

(1)就地取材的防卫工具。防卫人在受到不法侵害人突然袭击的情况下,在防卫现场随手操起可以抗御不法侵害的工具。由于受时间和地点的限制,在这种情况下,防卫人一般没有选择适当的防卫工具的余地,往往是操起什么就是什么。对于这种案件,我们不能强求防卫人选择与不法侵害人相当的防卫工具,不能认为防卫人使用了致命的防卫工具就是防卫过当。当然,即便是就地取材的防卫工具,对不法侵害人造成了重大损害,也应该认为其防卫行为超过了必要限度。

(2)取之于不法侵害人的防卫工具,正所谓"以其人之道,还治其人之身"。当然,在这个问题上应当注意,如果侵害人使用某种工具,只是比画、吓唬,并未真正加害于防卫人,而防卫人夺过工具将侵害人置于死地,这当然是防卫过当。

(3)自备的防卫工具。在这种案件中,防卫人往往已经风闻不法侵害人将加害于自己，于是随身携带防卫工具以期有备无患，结果在正当防卫中正好使用上了防卫工具。在这种情况下，由于防卫人的防卫工具是事先准备的，而不法侵害人对此并不知情，因此在案件中往往造成较重的人身伤亡。所以，对防卫工具在确定正当防卫的必要限度中的意义容易发生错误认识。如上述本案例中，被告人李某的行为是否超过了正当防卫的必要限度，关键在于如何正确认识李某使用事先预备的防卫工具——宰羊刀。解决了这个问题，必要限度的问题也就迎刃而解。首先，李某携带宰羊刀是否合情？李某携带的宰羊刀不是非法携带的犯罪工具，而是在得知刘某将加害于自己之后，为防身而携带的，因而无可非议。其次，李某动用宰羊刀是否合理？从案情来看，李某到剧场，尽管身揣刀子，但当他与刘某相遇后，并没有主动找刘某挑衅闹事。只是当刘家父子用石块和木棒殴打自己致头破受伤的情况下，才抽出宰羊刀进行反击。因此，李某动用宰羊刀也是合理的。最后，李某使用宰羊刀的防卫强度是否合法？也就是说，其强度是否为制止不法侵害所必需？李某在面对刘家父子二人的暴力攻击下，向刘某肋部捅了一刀，保护了本人的人身不受侵害。李某使用宰羊刀的防卫强度也是合法的，没有超过必要限度。综上所述，李某虽然使用了事先准备的防卫工具，但这是合情合理合法的，其行为应视为正当防卫。

（4）防卫工具是非法携带的刀具，甚至非法制造的枪支。应当明确的是，私自携带刀具、枪支和携带私自制造的枪支，都是违法犯罪行为。那么，如果防卫人在防卫中使用了非法携带的刀具和枪支，又该如何看待？防卫人私自携带刀具和枪支，固然属于违法犯罪行为，其法律责任另当别论。如果非法携带刀具、枪支的人遇到正在进行的不法侵害，还是允许其使用刀具、枪支的；其正当防卫权并不因为其非法携带刀具、枪支而被剥夺，也不能由此把其防卫行为一概视为过当。

2. 防卫后果

正当防卫必然造成不法侵害人的人身伤亡，这就是防卫后果。无疑，防卫后果在确定必要限度中具有十分重要的意义。但在司法实践中，存在唯后果论的倾向，即凡是发生了死亡后果的，一律认定为防卫过当，而不管这一防卫后果是否为制止正在进行的不法侵害所必需。这种倾向是应当纠正的。在确定正当防卫的必要限度时，对于防卫后果应当有一个正确的认识。正当防卫的后果和防卫过当的后果，从性质上说，有着质的区别。但从形式上看，两者是共存的。区分的关键是看这一防卫后果是应有的还是不应有的；是为制止不法侵害所必需的，还是非必需的。因此，对于防卫后果，要看其本质，而不能满足于表面现象，不能简单地以是否发生了死亡结果作为区分正当防卫与防卫过当的标准。

3. 防卫环境

防卫环境是指实行正当防卫的时间、地点等客观境况。因为正当防卫总是在一定的时空中发生的，所以在确定正当防卫的必要限度时，就不能脱离一定的时空环境。

（1）防卫时间。防卫时间是防卫环境之一，它对于确定正当防卫的必要限度具有重要意义。因为不法侵害的发生是不以防卫人的意志为转移的，而不法侵害是发生在光天化日之下还是发生在夜深人静之际，对于防卫人精神上的威胁显然不同。发生在夜间的侵害，更容易激起防卫人的心理恐怖和惊慌，而这些不安的情绪无疑会影响到防卫人的意志，以至于在采取防卫行为时，不易控制其防卫强度，往往对不法侵害人造成较为严重的损害。同时，由于防卫发生在黑暗之中，打击部位以及打击后果也很难掌握，而为了防卫自己的人身权利，防卫人往往竭尽全力地进行反击。因此，在确定正当防卫的必要限度时，应当考虑到防卫时间的影响。

（2）防卫地点。防卫地点也是防卫环境之一，它在确定正当防卫的必要限度中的意义也是显而易见的。防卫地点在一般情况下，取决于不法侵害的发生地点，而犯罪分子往往精心选择那些地处偏僻、人烟稀少的环境，以便使犯罪目的容易得逞。对这种情况下的不法侵害实行正当防卫，其防卫环境显然要恶劣一些。如果不法侵害是发生在通街闹市，由于过往行人较多，防卫人得到救援的机会大一些，其防卫环境也较占优势。尤其是对那些入室进行不法侵害的人实行正当防卫，更应注意防卫地点这一特殊因素。

4. 防卫心理

防卫心理是指防卫人的主观心理状态，即防卫人对于防卫行为可能产生的防卫后果的心理态度，亦即其是希望并积极追求防卫后果的发生，还是根本没有预见到会发生如此严重的防卫后果，或者是不仅没有预见，而且根据实际情况也不能预见。区分上述各种主观心理状态，对于确定正当防卫的必要限度具有重要意义。如果防卫人对于防卫后果是追求其发生，而根据当时的实际情况，这种防卫后果不是为制止不法侵害所必需的，那就应以防卫过当论处。

因此，上述案例中李某使用防卫工具适当，防卫也没有超过必要限度，属于正当防卫，不负刑事责任。

案例讨论

1. 2003年9月9日23时30分，在海淀区北安河阳台山饭庄打工的吴某忙碌一天后和另外两个女孩回宿舍休息。次日凌晨3时许，3名男子突然破门闯入。从睡梦中惊醒的3个女孩发现进来的人是在此饭庄打过工的孙某、

第八章 排除犯罪性事由

李某和张某。原来，孙某等3人怀疑与吴某同住一屋的女孩小尹曾向经理告状，孙某以前想跟小尹交朋友被拒也怀恨在心，当晚就想把小尹带出去"教训"一顿。当他们3人敲门要小尹出来被拒绝后，就破门而入。一进门，孙某就殴打并强拉小尹出去。在对面床上的吴某就下床劝阻。不料，孙某回头又开始打吴某。吴某说："我的睡衣也被撕开了。我当时为了保护自己，就顺手拿起床头柜上的水果刀。我只想吓唬他，他还是冲过来了，结果划在他的左臂上。这时，边上的李某挥着铁锁打过来。我一抬手，他自己就撞在了水果刀上。"看着刀子扎进人的身体，吴某吓傻了。"我当时脑子一片空白，刀子攥在手中松不开。"吴某这才意识到自己杀了人。吴某先给经理打了电话，又向"110"报了警。凌晨4时30分，吴某被警方带走。2003年10月15日，吴某被以涉嫌故意伤害罪批准逮捕。检察机关认为吴某的行为构成故意伤害罪并起诉到法院。死者的家属也提出18万余元的刑事附带民事赔偿请求。

问：吴某的行为是不是正当防卫？

2. 2017年12月10日20时许，已喝过酒的被害人李某（喝了七八两"牛二"白酒）和唐某兄弟等5人来到炫色音乐酒吧。一名服务员看到进来3名客人，就引导他们到6号桌入座，在经过被告人王某（此时，王某已喝了八九瓶250毫升的啤酒）和其朋友苗某所坐的2号桌时，走在中间的李某（穿橘红色羽绒服）推了一下2号桌闲置的凳子，随后一行人往前走。在李某第7步走到3号桌前时，突然停了下来，并拿起跟前3号桌上的陶制烟灰缸，冲着2号桌的人喊："你在那瞪啥哩！"坐在2号桌的两个人没有说话。李某右手拎着烟灰缸走到后方的2号桌跟前，其同行人员将其拉开，这时李某把烟灰缸隔着桌子扔到了王某的身上。王某供述说，他被砸后站了起来，并从桌子上抓了个啤酒瓶拿在手上给自己壮胆。"他（李某）就往我跟前走，并问我拿瓶子想干啥，我问他为什么砸？那个人说，'把你打了，咋地'"。这时，一起喝酒的苗某往下拉王某，服务员也在右侧拉李某的胳膊，并说"劝那3个人坐下，不要打架"。但李某等一行3人把沙发和1号桌推倒了，径直走到被砸男子王某的桌前。此时，王某和苗某，李某和唐某兄弟俩等5人均相互对站着，不过双方当事人的朋友随后散开。

监控视频显示：20时36分11秒时，李某先后两次递给王某两个酒瓶，自己也拿起一个酒瓶，二人继续纠缠。20时36分18秒时，李某用左手掐捏向王某的脖子后，王某随即用啤酒瓶击打李某的头、肩部，瓶身断开，双方厮打在一起，20时37分11秒，李某在倒地后一直抓着王某的上衣，王某手持破碎的啤酒瓶与李某撕扯在一起。9秒后，李某站了起来，左手捂肚子走向酒吧大门口，捂着左侧腹部，服务员证实李某一边弓着腰往外走一边说："我不行了，我不行了，快叫120！" 20时37分36秒，李某蹲在门口处。一分钟后，李某倒在地上。整个厮打过程大约持续了5分钟。李某在当晚被送往医院后，经抢救无效死亡。泾阳县公安司法鉴定中心尸体检验，李某头部、胸部多处受伤，系刺扎胸部伤及心脏，致失血性休克死亡。

公诉意见书认为，在本案中，虽然王某制止不法侵害所进行的反击是必需的，但其反击防卫行为使用的工具、手段、强度及造成的损害明显与李某不法侵害行为使用的工具、手段、强度及可能造成的损害不相适应，反击过度明显超出常理常情，其反击手段强度与李某的不法侵害行为的手段强度缺乏相当性，造成不应出现、没必要出现的李某死亡的重大损害，防卫明显过当，应承担刑事责任。

辩护律师认为，该起案件系因李某无故挑衅、无休纠缠、耍蛮斗狠等行凶行为引发，王某是在其自身健康和生命安全受到威胁的情况下，出于极端恐惧、愤怒而产生的激烈反击行为，完全符合正当防卫的构成要件，依法不应负任何法律责任。

2018年6月28日，咸阳市中级人民法院一审认为本案中被害人李某有过错、被告人王某系自首，且向李某家属赔偿了36万元，没有采纳检察院的防卫过当及辩护人的正当防卫意见，以犯故意伤害罪，判处王某有期徒刑9年。一审判决后，王某及其父母不服，提请上诉。陕西省高级人民法院二审受理并于12月11日开庭。

问：王某的行为该如何认定？

自测题

1. 宋某持三角刮刀抢劫王某财物，王某夺下宋某的三角刮刀，并将宋某推倒在水泥地上，宋某头部着地，当即昏迷。王某随后持三角刮刀将宋某杀死。关于王某行为的性质，下列哪一选项是正确的？（ ）

   A. 根据刑法第20条第3款规定，王某将抢劫犯杀死，属于正当防卫
   B. 王某的行为属于防卫过当
   C. 王某前面的行为是正当防卫，后面的行为是防卫过当
   D. 王某前面的行为是正当防卫，后面的行为是故意杀人

2. 甲对正在实施一般伤害的乙进行正当防卫，致乙重伤（仍在防卫限度之内）。乙已无侵害能力，求甲将其送往医院，但甲不理会而离去。乙因流血过多死亡。关于本案，下列哪一选项是正确的？（ ）

   A. 甲的不救助行为独立构成不作为的故意杀人罪

B. 甲的不救助行为独立构成不作为的过失致人死亡罪
C. 甲的行为属于防卫过当
D. 甲的行为仅成立正当防卫

四、紧急避险的概念和特征

（一）案情简介

李某系某单位司机，某日晚，其驾驶单位货车在送货的路上，途经一村镇时，三个小学生突然从一胡同跑到街道上，由于事出突然，李某来不及反应，眼看就要撞倒，李某本能急向右打方向盘，结果车撞到旁边一货摊，又将一小超市的临街墙撞倒，尽管李某采取了急刹车的措施，仍造成货摊和超市部分物品损坏，货车也受损严重，损失共计21000余元，李某本人也受轻伤。

（二）问题

什么是紧急避险？

（三）学理分析

根据《刑法》第21条的规定，紧急避险是指为了使国家、公共利益、本人或者他人的人身、财产和其他权利免受正在发生的危害，不得已而采取的损害另一较小合法权益的行为。

紧急避险与正当防卫一样，是我国刑法明文规定的正当行为之一。现代世界各国刑法中，普遍对紧急避险做出了明确规定。但对于紧急避险的本质和重点，不同的刑法理论有着不同的解释。自然法学派认为，紧急避险是自然法赋予的权利，人为法不能剥夺，只能放任。因此，对紧急避险行为不处罚。功利学派认为，紧急避险是冲突法益不能两全时的客观上不得已的措施，不存在谴责行为人的根据，不应处罚。自由意志论者认为，面对突如其来的危险，行为人往往丧失了意志自由，其行为与无责任能力人行为性质相同。笔者认为，上述论断并没有揭示紧急避险的本质特征。紧急避险的本质在于，当两个合法权益相冲突，又只能保全其中之一的紧急状态下，法律允许为了保全较大的权益而牺牲较小的权益。虽然造成了较小的权益的损害，但从整体上说，它是有益于社会统治秩序的行为，不仅不应承担刑事责任，而且应当受到鼓励和支持。但由于紧急避险是以损害某种合法权益的方法来保护另一种合法权益，为避免滥用紧急避险，法律规定了紧急避险的合法条件。只有符合一定的条件，紧急避险才有益于社会。

1. 紧急避险的起因条件

只有合法权益遭受损害危险时,才可以实施紧急避险。所谓危险,是指某种有可能立即对合法权益造成危害的紧迫事实状态。危险的主要来源有四种:

(1) 自然的力量。即由自然灾害造成的危险,如火灾、地震、山崩、海啸、水祸、风暴、塌方、泥石流等。凡是可以危及合法权益的自然灾害,都是可能引起紧急避险的危险。

(2) 动物的侵袭。动物的侵袭也可能对人身、财产安全构成威胁,如恶狗咬人、野兽冲撞、毒蛇袭击等。如果打死的是一般的无主的动物,不构成紧急避险;只有打死、打伤属于特定人(国家、集体、个人)的动物时,才可能构成紧急避险。

(3) 非法侵害行为。有责任能力的违法犯罪行为、无责任能力的危害社会行为都会使某种合法权益处于危险状态,在不得已的情况下,都可以采取紧急避险。

(4) 人的生理、病理因素。即因生理、病理需要不能满足而威胁人的生命的危险,如饥渴难忍的旅行者在物主不在的情况下私取路边房屋中的饮食;又如为了抢救重伤员,强行拦阻过往汽车将其送往医院。前者不是偷窃,后者不是抢劫,都属紧急避险。

2. 紧急避险的时间条件

紧急避险的时间条件,是指损害危险正在发生或迫在眉睫,对合法权益形成了紧迫的、直接的危险。危险正在发生,是指已经发生的危险将立即损害,或正在造成损害而尚未结束。紧急避险只能在危险已经出现而又尚未结束这一时间条件下进行,否则就不是紧急避险。危险的出现是这样一种状态,即由于某种事实的发生,合法权益直接面临迫在眉睫的危险。如果危险还处于潜在状态,其是否出现还有或然性,公民可以采取某些防范措施,则法律不允许其实施紧急避险。危险尚未结束,是指危险出现后即将或者正在造成危害,此时若不实行紧急避险,合法权益必将遭受损害或遭受进一步的损害。危险一旦结束,紧急避险也就失去了其时间条件,此时损害已经造成,实行紧急避险已不能保全合法权益,不实行紧急避险也不会使合法权益再遭损害或遭受进一步的损害。

行为人在危险尚未出现或者已经结束的情况下实施所谓避险,刑法理论上称为避险不适时。避险不适时不是紧急避险,行为人因而对合法权益造成损害,达到犯罪程度的,应当负相应的刑事责任。

3. 紧急避险的对象条件

紧急避险针对的对象是第三者的合法权益。紧急避险的本质特征，是为保全一个较大的合法权益，而将其面临的危险转嫁给另一个较小的合法权益。因而，紧急避险行为所指向的对象，不是危险的来源，而是第三者的合法权益。如果行为人的行为是对危险的直接对抗，那么该行为就不是紧急避险。例如，行为人通过损害不法侵害者的人身权利或财产权利，来排除遭受不法侵害的危险，其行为就不是紧急避险而是正当防卫。

4. 紧急避险的主观条件

紧急避险的主观条件即行为人必须有正当的避险意图，它决定着紧急避险的无罪过性，因而对紧急避险的成立有着重要意义。正当避险意图，是指避险人对正在发生的危险有明确的认识，并希望以避险手段保护较大合法权益的心理状态。避险意图包含避险认识和避险目的两部分内容。

（1）避险认识。主要是对正在发生的危险的认识，具体应当包括以下三点：一是认识到正在发生的危险的存在；二是认识到这种危险只能以紧急避险的方法来排除；三是认识到损害另一较小的合法权益可以达到避险目的。另外，避险人对自己避险行为的手段、强度、可能造成的后果等亦应有大体性认识。

（2）避险目的。即行为人实施避险行为所希望达到的结果。根据刑法规定，行为人只能出于避免国家、公共利益、本人或他人的人身、财产或其他权利遭受正在发生的危险这一正当目的，才能进行紧急避险，不能为了保护某种非法利益而实施所谓的紧急避险。

5. 避险限度

紧急避险不能超过必要的限度，造成不必要的损害，这是紧急避险的限度条件。什么是紧急避险的必要限度？刑法对此没有明确规定。但是，刑法理论界和司法实务界对紧急避险的必要限度的认识是一致的，即紧急避险造成的损害必须小于所避免的损害。换言之，为了保护一个合法权益而损害的另一合法权益，既不能等于、更不能大于所保护的权益。例如，不能为了保护一个人的健康权利，而去损害第三者的健康甚至生命权利；也不能为了保护某人的财产利益，而去损害他人的或者国家的、公共的同等价值或者更大价值的财产利益。如何衡量两个合法权益的大小？一般而言，权衡合法权益大小的基本标准是：人身权利大于财产权利；人身权利中生命权为最高权利；财产权利的大小可以用财产的价值大小来衡量。但这并非绝对性的准则，如为保护个人生命损害数以亿计的国家和人民的财产，或者使数以百计的人身受重伤，便很难认为确定是否还在避险的必要限度之内。在处理具体案件时，应具体情况具体分析，做出切合实际的判断。

6. 避险限制

紧急避险只能在不得已的情况下才能实施，这是紧急避险的客观限制条件。紧急避险从总体上来说是有益于社会的行为，因为它保全了较大的合法权益。但从局部上来说也存在令人遗憾的消极方面，那就是它不可避免地要给无辜的第三者造成合法权益的损害。因此，刑法对紧急避险规定了特别的严格限制条件——只能在迫不得已的情况下实施。也就是说，只有在行为人找不到任何其他方法排除危险的情况下，才允许选择损害第三者合法权益的方法。如果当时尚有其他方法可以避险，例如有条件逃跑、报警或者直接对抗危险、进行正当防卫等，行为人却不采取，而给无辜的第三者造成了不必要的损害，则其行为不能成立紧急避险，构成犯罪的还要追究其刑事责任。

刑法规定紧急避险需具备"迫不得已"这一限制条件，是基于紧急避险的立法精神旨在牺牲较小的合法利益而保全更大的合法利益，在合法利益可以两全的情况下损害较小合法利益，对社会不但无益反而有害。当然，在考察行为人是否迫不得已时，一定要实事求是地分析危险发生时的客观情况（包括环境、时间、危险的紧急程度等），结合行为人的自身生理和心理状况（包括年龄、经验、体格、主观认识条件等），予以合理认定。

7. 避险禁止

根据刑法的规定，紧急避险中关于避免本人危险的规定，不适用于职务上、业务上负有特定责任的人。这是紧急避险的禁止条件。所谓在职务上、业务上负有特定的责任，是指某些人依法承担的职务或所从事的业务活动本身，就要求他们与一定的危险进行斗争。例如军人就必须服从命令参加战斗，面对战死沙场的危险；消防队员就必须奋勇扑火，面对烧伤的危险；民航客机发生故障，机组人员必须始终与乘客一起，面对死亡的危险；医生、护士在治疗疾病时，必须面对病菌感染的危险，等等。法律不允许职务上、业务上负有特定责任的人对个人面临的危险实行紧急避险，是基于如下理由：其一，负有特定责任的人的工作具有排险性质，涉及国家和人民重大利益。如果允许他们避险，这与排险工作背道而驰。其二，负有特定责任的人一般经过专门培训，具有与职责有关的专门知识和技能。只要他们运用专门技能，一般可以在不损害自己的条件下排除损害危险。如果不去排险，则会给社会带来重大损失。这不符合紧急避险的条件。需要指出的是，法律的这一禁止性规定并不意味着负有特定职责的人员一概不能避险。在排险过程中，负有特定职责的人为避免本人危险也可以采取一定的避险措施。

上述七个条件，是紧急避险成立的必备要件，缺一不可。本案中，李某驾驶的汽车直接威胁到几个孩子的人身安全，为了避免发生事故，李某将汽车偏

第八章 排除犯罪性事由

离了街道,是为了避免公共利益和本人人身安全采取的避险措施。且马上就要撞到孩子,李某是在情况紧急、迫不得已的情况下,才急打方向盘撞倒货摊和超市,就当时的情况而言,除此之外别无他法。李某虽然撞倒货摊和超市的墙,同时车也受损,但与三个孩子的人身权相比,显然是牺牲了较小的利益而保护了较大的利益。故李某的行为是紧急避险,不负刑事责任。

 **案例讨论**

北京晚报"北京新闻/社会"栏目曾经刊登了《跑不动的"饿"贼被擒了》一文。23岁的范某某于2002年春节后随着进京的民工潮从老家张家口来到北京,一开始他在三元桥附近的一家小饭馆找了个打杂的活儿,因为没有一技之长只干了短短一星期就被辞退。很快,70元的工资就花没了,又找不到工作,饿了2天的他终于决定在晚上抢劫。3月18日晚10时,当地坛医院的王某某只身途经此处时,他尾随其到一偏僻处将王某某的皮包抢走了。王某某大声呼救引来了十多名行人,大家一起围追堵截,跑出不到100米的范某某因为"饿得实在是跑不动了",一头栽倒在路边,被赶来的群众和东城"110"巡警抓获。

问:范某某的行为能否成立紧急避险?

自测题

关于紧急避险,下列哪些说法是错误的?(　　)

A. 一艘货船正在海上航行,突然收到天气预报,4小时后将起大风。船长为了在起风前赶到目的地,下令将船上的货物抛入水中十几吨。船长的行为属于紧急避险

B. 一匹受惊的军马向一小学操场奔去,操场上数百名学生正在集会。为防惊马伤及学生,连长举枪准备击毙惊马。正在这时,惊马改变了方向,朝操场外跑去。连长为防意外还是击毙了惊马。连长的行为属于紧急避险

C. 甲男因有急事在村边的路上快速奔跑,走在前边的乙女以为甲男是坏人想侵害自己,于是在甲男的前边也快速奔跑。眼看甲男离乙女越来越近,乙女慌忙中来到村边的一户人家,因门推不开,就推窗户,纵身跳入。正巧窗下有一张床。床上睡着一婴儿,乙女一脚踏在婴儿的胸部,致婴儿死亡。乙女的行为属于假想避险,构成过失致人死亡罪

D. 甲与乙有仇,吆喝自己的狗咬乙,乙一气之下将甲的狗打死。乙的行为属于紧急避险

五、紧急避险是否适用于职务上、业务上负有特定责任的人

(一)案情简介

某市一辆满载乘客的公交汽车在市区营运途中经过一临河的立交桥时,因汽车刹车失灵,驾驶员陈某跳车逃生,失控的汽车冲破栏杆后坠入河中,造成十余人死亡、数十人受伤、公交汽车毁损的特大交通事故。

(二)问题

我国刑法关于紧急避险的规定是否适用于职务上、业务上负有特定责任的人?

(三)学理分析

我国《刑法》第21条第1款规定:"为了使国家、公共利益、本人或者他人的人身、财产和其他权利免受正在发生的危险,不得已采取的紧急避险行为,造成损害的,不负刑事责任。"由此可见。构成紧急避险须具备一定条件。另外,该条第3款规定:"第一款中关于避免本人危险的规定,不适用于职务上、业务上负有特定责任的人。"这是紧急避险的禁止条件。所谓在职务上、业务上负有特定责任的人,是指所担任的职务或所从事的业务负有一定的与危险作斗争责任的人员。他们的职务或业务责任要求他们牺牲个人的利益,以保护国家和人民的利益。故当他们本人遇到上述危险时,不能以保全个人的人身和其他权利为由,而逃避履行自己应尽的义务。如船长、海员有同海损事故作斗争的责任。

就本案而言,首先,陈某的行为不成立紧急避险,其行为具有刑事违法性。理由如下:其一,紧急避险是在发生紧急危险时,在别无他法的情况下不得已而采取的牺牲一个较小的利益以保护另一个更大的利益的一种权宜措施,而本案中的陈某却是为保护个人较小利益而牺牲了整车乘客的利益,故不能成立紧急避险。其二,《刑法》第21条第3款规定,在职务上、业务上负有特定责任的人,不得因为避免本人的合法权益免受危险的损害而实行紧急避险。法律之所以做此规定,究其原因就在于在发生危险之际,这些人负有同正在发生的危险作斗争的特定义务,他们应积极地履行自己的职责,采取各种有效的措施,防止危险给合法权益造成损害或者造成更大的损害。本案中的公交汽车

驾驶员陈某即属于这类在职务上、业务上负有特定义务的人,故不能因避免本人危险而实行紧急避险,其违法避险的行为在客观上造成了重大人员伤亡和公私财产重大损失,具有刑事违法性。其次,陈某作为一名公交汽车驾驶员,对其在立交桥上跳车的行为将使汽车失去控制并可能发生乘客重大伤亡的严重后果应当是明知的,但在此情况下,其却仍然只顾避免本人危险而跳车,主观上放任了严重危害结果的发生,故应当认定为间接故意犯罪,而非过失犯罪。最后,陈某跳车逃生的行为造成了十余人死亡、数十人受伤和公私财产重大损失的严重后果,侵害的客体不仅仅是某个或者某几个人的生命健康,而是不特定多数人的人身安全和重大公私财产安全,即公共安全,其行为符合以危险方法危害公共安全罪的主客观构成要件,构成以危险方法危害公共安全罪。值得注意的是,对于危害公共安全罪中的"不特定"的理解不能绝对化,不能因强调这一特点而一概排斥这类犯罪行为在客观上可能指向一定的目标,在实践中,即使某种危害社会的行为是针对某一个、某几个特定的人或者某项特定的财产而实施的,但只要这种行为危害了公共安全,造成了不特定多数人的伤亡或公私财产的重大损失,就应定危害公共安全犯罪。

综观,陈某的行为具有刑事违法性,客观上造成了不特定多数人的伤亡和公私财产重大损失的严重后果,危害了公共安全,构成以危险方法危害公共安全罪。

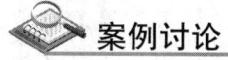
案例讨论

1. 李某是某市消防大队的消防员。一日,某村朱某家中发生火灾。消防队接到火情报警后即前往火灾现场救助。朱某请求李某将其子救出,李某以火势太猛、无法救人为由拒绝。待大火扑灭后,朱某的儿子已被严重烧伤,后送医院抢救无效,于次日上午死亡。朱某家毁人亡,认为是李某不履行自己职责造成的,想控告李某。但又有人说李某的行为是紧急避险,没有过错。

问:李某的行为是不是紧急避险?

2. 在某超市收银台,营业员丽丽和娜娜正在紧张地进行结算工作,突然一个头戴黑面罩的歹徒冲了进来,拿着手枪,威胁她们立即交出现金,否则就开枪打死她们。丽丽急中生智,忙把装有11万元的保险盒藏在衣服内,并用身体压住,将散落在外面的2万元现金放于桌上,连声说生意孬,只有这点钱。歹徒信以为真,抢过2万元跑出超市。事后,丽丽、娜娜二人没有向经理反映,各自拿1万元补齐被抢款额。一周后,经理知道此事,对两人进行批评和指责,认为其行为是严重的岗位失职,拟按岗位管理规定给予丽丽罚款、开除处理,给予娜娜开除处理。超市内部对此处理形成两种意见:一种意见认为两人的行为属于紧急避险，是合法的，不应给予处理；另一种意见认为两人是职务上、业务上负有特定责任的人，不适用紧急避险，应当给予处理。

问：对此事你的意见如何？

下列关于紧急避险的表述中哪些是正确的？（　　）

A. 紧急避险的前提条件是出现了不法侵害以外的危险
B. 紧急避险必须在迫不得已的情况下才能实施
C. 紧急避险所造成的损害可以小于或者等于所保护的利益
D. 紧急避险与正当防卫的主体范围一致

六、自招危险特别是故意的犯罪行为招致的危险可否紧急避险

案　例

（一）案情简介

被告人王某与本村的刘某因承包村办企业发生矛盾，2012年4月1日晚王某在刘某屋后用汽油点燃一堆禾草企图烧毁刘某的房屋（该房还连着其他房屋），不料当时刮起强劲的北风，将着火物刮向有10米之距的王某自己的住宅及其价值数百万元的粮食加工厂和他人住宅。在众人用水扑救无效的情况下，王某为保全自己的财产，遂从附近建筑工地开来一辆他人的工程车，王某开车接连推倒自己的4间房屋才阻止火势，保住了自己住宅的大部分及其加工厂，但将该工程车砸毁，损失50余万元。

（二）问题

对自招危险特别是故意的犯罪行为招致的危险可否适用紧急避险？

（三）学理分析

本案主要涉及对自招危险特别是故意的犯罪行为招致的危险可否适用紧急避险，及在此情形下实行的避险行为所造成的后果与故意犯罪本身有无因果关系等相关理论问题。本案中，王某在此情形下可以紧急避险，但其行为又构成放火罪，且其紧急避险所造成后果应由其放火行为负责，应适用《刑法》第115条的相关规定追究责任。

王某的行为符合紧急避险的条件，有争议的是由于该危险是王某故意放火

引起，因此难以确定其行为是否符合紧急避险的起因条件。紧急避险是在特定情况下，当两个合法权益发生冲突又只能保全其中之一的紧急情况下，法律默许为了保全较大的权益而牺牲较小权益的行为。在此情形下，法律考虑的是是否存在两个合法权益冲突，需要保全较大的权益从而在总体上有利于或至少无害于社会，而不问危险的来源，即使是自招危险也不例外。也就是说，在自招危险的情形下，只要具备其他特征，也能为法律所接受，成为排除社会危害性行为，因为实施故意犯罪的人其合法权益也应受到保护，若不让其紧急避险，要求其忍受，并不符合紧急避险的立法旨趣，也是在当时情形下强人所难，在为了保护国家、社会利益或他人权利时更是如此。当然，如果行为人是出于某种非法目的，故意地实施某种行为而引起危险发生，并以此为借口实行避险行为以实现其非法目的，则不能实施紧急避险。这里不是因为是自招危险不能避险，而是行为人不具备避险意识，其主观上不是为了保护合法权益免受正在发生的危险的损害，而是故意损害他人合法权益。其次，否认自招危险情形下可实施紧急避险不利于行为人改过与及时中止犯罪行为或减少损害后果。如某人唆使他人狼狗咬人，但当狼狗向他人进攻时，某人心生悔意，此时允许其紧急避险打死狼狗可有效防止危害后果发生，构成犯罪中止。又如本案中王某实施紧急避险主观上是保全自己的财产，但客观上也避免了邻居的财产损失。再次，《刑法》第21条的规定并没有限定危险的来源范围，未规定所避免的危险不能是行为人故意或过失引起的。根据刑法的罪刑法定原则和谦抑原则，既然是法无明文规定，则应作出对被告人有利的解释，认为该危险的来源范围当然包括自招危险。最后，承认自招危险可紧急避险并不是否认行为人对其犯罪行为不负刑事责任，只是认为两者是不同法律关系，不可混为一谈。

值得注意的是，既然允许行为人对自招危险实施紧急避险，那么行为人先前的自招危险行为与紧急避险造成的后果有无因果关系，应否负刑事责任？笔者认为，行为人自招危险的行为与紧急避险造成的后果有因果关系，是否负刑事责任还要看行为人的主观上是否有故意或过失，要看刑法的具体规定。本案中，王某应因其放火行为对工程车被毁后果负责，应适用《刑法》第115条的规定予以追究，而不是将两者割裂，将先前的放火行为适用《刑法》第114条的规定追究，后面工程车被毁仅因紧急避险承担民事责任。因为工程车的毁坏虽不是火直接烧毁，但这种后果是以王某的紧急避险行为作为中介环节，由他实施的放火行为的原因间接引起，是其放火行为与紧急避险行为共同导致了工程车被毁坏的后果，在此实施的放火行为包含了工程车被毁的后果，因此两者存在因果关系，又因王某的放火行为在主观上存有故意，该行为又是刑法明文规定的犯罪行为，且造成了财物重大损失的后果，故而应适用《刑法》第

115条的规定予以追究。

案例讨论

某日，西安市碑林区苗某某驾驶232路中巴车在运营时，位于其右侧稍前、同向行驶的余某驾驶的527路中巴车因前方突然出现障碍而向左打方向。苗某某便也向左打方向，越过道路中心黄线驶入逆行车道，因车速过高，刹车不及，与对面正常行驶的一辆出租车相撞，致司机李某当场死亡。后经交警部门认定，苗某某当时车速约为67.6公里（已违反《道路交通管理条例》对该类车辆50公里的限速），并违规越过黄线，在事故中负主要责任，驾驶527路车的余某因未注意观察路况负次要责任，死者李某无责任。公诉机关以苗某某涉嫌交通肇事罪对其依法提起公诉。辩护人认为：苗某某为避免两辆客运中巴车相撞、造成重大人员伤亡和财产损失，才不得已向左打方向，后虽与出租车相撞，造成了一定的损害后果，却保护了两车乘客的人身安全，因此苗某某的行为应为紧急避险，不构成犯罪。

问：苗某某的行为能否成立紧急避险？

自测题

甲路过乙家院落，见门上高悬"内有藏獒"警示标牌，甲偏不信，隔着篱笆挑逗院内藏獒，藏獒发怒，一跃而出，对甲穷追不舍，情急之下，甲拆除乙家精致篱笆击退藏獒。甲的行为能否成立紧急避险？

七、牺牲他人生命保全本人生命的紧急避险

案　　例

（一）案情简介

被告人：李某，女，21岁，某县委干部。某日，李某骑自行车下乡工作，途中遇一男青年企图抢车。她环顾四周旷无人烟，又天近黄昏，要反抗只会遭横祸。于是便主动向对方表示：如果想要车，只管推走，不要伤害她。那青年当即粗暴地表示允诺，并准备推车。这时，李某又要求说："自行车你拿去好了，车上那只打气筒是我借的，把气筒留给我吧，我好还给人家。"那人也表示同意，李某便动手卸气筒。抢劫者弯下身子检查车子，看看是否好用，以便迅速离开现场。这时，李某突然趁其不备，用才卸下的打气筒朝弯腰低头的抢

第八章 排除犯罪性事由

劫者的后脑猛击一下，将抢劫者击倒在地，李某遂赶忙骑车去报案。当李某来到最近的一屯子时，整个屯子一片漆黑，只有一户人家从门缝露出一线灯光，李某便投奔光亮而去。这家家中有母女二人，母亲50多岁，女儿19岁。李某向主人说明遭遇后，母女深表同情。老太太说，天色已晚，公安派出所还在较远的大屯子，路途不安全，邀李某当晚留宿在她家，明早再去报案。李某思量再三，只好暂留一宿，并对殷勤的主人表示感谢。老太太又恐客人害怕，让女儿陪宿。这家是独门独户，院落很小，本来老太太与女儿住北房，儿子住西房，大门在南面。儿子外出，老太太让女儿陪客人住西房。抢劫者张某，22岁，当天下午从水库工地回家，路遇李某，遂生歹念，抢车未遂，反被击昏，天黑后逐渐苏醒过来，情绪沮丧，悻悻而归。李某借宿的正是他家，主人是他母亲和妹妹。他一进门便发现自己抢过的车在院内，急忙向母亲问明来历，张某听母亲说后十分惊慌，急忙问明李某睡觉的位置和方向。老太太说，李某睡在外侧，女儿睡内侧，头朝北。张某摘下窗上铡草用的铡刀，悄悄拨开房门，走进房间，在黑暗中摸准睡在炕外侧的人头，照脖颈部猛砍一刀，又悄声回到北房，才对母亲说，抢自行车的人是他，李某已经认识他，为了逃避揭发，已将李某杀死。老太太原本同情李某的遭遇，并不知抢车的竟是自己的儿子，如今却同情起自己的儿子来，忙从柜子里拿出半新的被絮，同儿子一起悄悄走进西房，将尸体包起，抬到田间扔进深枯井湮灭罪迹，以为这样就可以逃避惩罚，甚至可以瞒过女儿。

实际上，李某在张某的妹妹陪同睡下后，由于傍晚发生的被抢和击倒抢劫者的事件，心情难以平静，久久不能入睡，加之院小房近，夜寂人静，张某母子的谈话、摘铡刀、拨门的声音都听得一清二楚。她极度恐慌，急中生智，在不得已的情况下，悄悄移动张某的妹妹，将她推到土炕外侧，自己睡到她的位置上。张某的妹妹劳累一天，又年轻贪睡，上炕后头挨枕头就进入梦乡，对所发生的事情一无所知。因此，张某杀死的实际是自己的妹妹。李某趁张某及其母抬尸外出之机，骑车回县公安局报案。①

（二）问题

牺牲他人生命保全本人生命，是属于紧急避险而不承担刑事责任，还是属于犯罪行为？

（三）学理分析

刑法以罪刑法定为基本原则，但是对紧急避险的限度条件，刑法没有明确

---

① 陈兴良：《刑法教学案例》，中国政法大学出版社2003年版，第351页。

规定，而只有"超过必要限度"这一抽象规定，通常情况下两个权益不难比较，例如，生命权高于健康权，健康权高于人身自由权，人身权高于财产权。但是，当保护权益和侵犯权益均是生命权时，即为保全自己生命而牺牲他人生命的行为应如何定性？

关于本人生命面临危险的情况下，能否牺牲他人的生命保全本人生命的问题，在中外都有判例。在中国唐代对于在天灾面前，为保全本人生命而牺牲他人的生命是允许的。在西方，德国著名哲学家康德曾经谈到这个问题并指出："事实上没有任何刑法会对下述的这样一个人处以死刑：当一条船沉没了，他正在为了他的生命推倒另一个人，使后者从木板上掉入水中，而他自己在木板上免于死亡。因为法律惩罚的威吓不可能比此时此刻害怕丧失生命的危险具有更大的力量。这样一条刑法，在此时完全失去了它所意图达到的效力。因为一个尚未确定的威胁——例如法庭判决死刑——不能超过对那种灾祸的恐惧（例如在上述情况下，肯定会淹死）。但是，这样一种为了自我保存而发生的暴力侵犯行为，不能视为完全不该受到谴责，它只是免于惩罚而已。"① 在英美判例法中，有关这个问题是著名的英格兰1884年"女王诉达德利和斯蒂芬斯案"。达德利和斯蒂芬斯是一只失事船上的海员，二人乘坐小艇在海上漂浮了20多天，滴水未沾，更没有吃任何食物，奄奄一息、生命垂危。在达德利的教唆之下，斯蒂芬斯杀死了一名服务员，然后二人分食了该服务员的尸体和血液。4天后，二人获救。当他们回到英格兰时，他们被审判并以谋杀定罪，但后来又被改判为6个月拘禁。审判法官科里奇和王座法院认为：紧急避险不能成为谋杀罪的辩护理由；同时，不存在任何一般法律原则使得一个人有权为了保全自身而去剥夺一个无辜者的生命，因为本案陪审团仅仅认定，如果被告人不那样做，饿死只是"可能的"而非"必然的"。因此，有学者推断说，从陪审团的意见来看，似乎在饿死是"必然的"情形下，就可以允许实施紧急避险行为。② 又如，美国霍姆斯紧急避险案：1842年的一场风暴中，霍姆斯在一艘拥挤不堪的救生船上，为了使船能够安全航行而下令将某些乘客强行扔下海去，最终救生船安全获救。后来霍姆斯被判有罪，但是，法官在判决书中同

---

① [德] 康德：《法的刑而上学原理——权利的科学》，商务印书馆1991年版，第47页。
② [英] 鲁珀特·克罗斯、菲利普·A.琼斯：《英国刑法导论》，中国人民大学出版社1991年版，第400页。

时指出：如果霍姆斯采取抽签方式决定哪些人下海，则霍姆斯的行为是合理的。① 显然，该判决所要说明的是：霍姆斯有罪并不是因为他不应该进行紧急避险，而是方法不当才获罪，这就是"程序正义说"的基本立场。在二者择一的紧急情况下，只要采用了公正、合理的程序来决定谁生谁死，杀人行为就有条件成为紧急避险。英国的培根勋爵认为，如果两名遇难者抢住了一块只够承受一人的木板，其中一个人将另一个人推开，那么他将免除任何刑事责任，因为他的行为是为保全其生命所必需的。但王座法院断然宣称，不存在任何一般法律原则使一个人有权为了保全自身而去剥夺一个无辜者的生命，由此可见，在西方法律界，对于这个问题一直存在争论。

对于能否牺牲他人的生命以保全自己的生命，我国刑法学界持否定的态度。如周振想教授指出："生命权是人身权利中最为重要的权利，不允许牺牲他人的生命来保护自己的生命，也不允许牺牲他人的生命来保护自己的健康。"② 著名刑法学家陈兴良教授对此案却给出了不同的观点：女干部在这个案件中的行为是属于紧急避险的行为，原因是，女干部所采取的牺牲歹徒之妹换取自身性命的做法是迫于无奈，周围的环境也无法给她提供一个更好的避险方法，除了牺牲第三者的利益以外，实无他法。之所以对此案定性为紧急避险，是女干部确实是在无可选择的条件下不得已而为之的，主观上并没有恶意，因而不能简单地依靠法律条文的规定将其定性为故意杀人罪。我们可以从以下几个方面来做一探讨：

第一，紧急避险的必要限度问题。根据"紧急时无法律"这句古老的刑法格言，其基本含义就是：在紧急状态下，可以实施法律在通常情况下所不能禁止的某种行为，以避免紧急状态所带来的危险。根据这一理论我们可以得出适用该古老的刑法格言要具备以下条件：

（1）紧急情况。也就是说刑法的禁止性规范是以一般人的思维在一般情况下所设立的，但现象总有特殊和一般之分，在特殊情况下人们为了生存和发展便难以遵守针对一般情况下所设立的法律规范，所以在紧急情况下，人们的特殊行为就可以使其合法化来保护国家、集体和个人的合法利益。

（2）不得已。即要求行为人实施该行为必须是在没有其他办法可以实施的情况下为了保护最大合法利益的唯一方法。

---

① ［美］迈克尔·D. 贝勒斯：《法律的原则——一个规范的分析》，中国大百科全书出版社1996年版，第388～389页；同时参见刘为波：《紧急避险限度条件的追问》，载陈兴良主编：《刑事法判解》（第1卷），法律出版社1999年版，第341～377页。

② 周振想：《中国新刑法释论与罪案》，中国方正出版社1997年版，第195页。

（3）所保护的合法利益大于损害的合法利益，不能是等于或小于。否则所采取的避险行为就没有意义，如何去衡量合法的法益大小，根据前述的法益权衡原则，可以通过进行比较而得出。

第二，阻却违法事由说。日本的木村龟二指出："关于生命、身体的紧急避险被解释为责任阻却说，是因为从一般人的观点来看，当不能期待产生采取合法行为的决心时，应理解为由于缺少期待可能性而阻却责任。"[①]再者由于生命与生命、身体与身体并非完全不能比较。生命虽然在质上不能作比较（人的生命没有高低贵贱之分，都具有同样的价值），但可以在量上进行比较（换言之，就是一个人的生命与数人的生命应该是有区别的），在牺牲一人能保全数人生命的情况下应该是允许的。故我们在不能期待产生采取合法行为时，根据法律所保护的目的——追求最大的利益，我们可以用量的紧急避险来解释这个难题。

第三，期待可能性理论。在刑法理论上，期待可能性是指在具体的行为条件和行为环境中，行为人是否具有不采取违法犯罪行为，而选择合法的行为方式之现实可能性。如果有，就是具有期待可能性；否则即缺乏期待可能性。刑法对缺乏期待可能性的行为，即使是违法行为，也不能按犯罪处理。这一方面固然是出于对人性关怀的考虑，另一方面也是因为无期待可能性的行为不能体现行为人的主观恶性，没有人身危险性，不具有犯罪的本质特征。本案中女干部的行为即属于此种情形。虽然女干部在面临重大危害时也可以让自己睡在原位，但如果这样的话，她自己就会被杀；她也可以选择跟歹徒妹妹换个睡位，但这有可能导致其死亡。在这种两难的状况下，女干部的意志是自由的，也是不自由的。说其意志是自由的，是因为她可以选择牺牲自己以保全社会和他人的利益；说其意志是不自由的，是因为趋利避害是人的天性，一般人不可能以牺牲自己来保全社会和他人，她只是一种被传统道德所推崇的高尚行为，而法律是不应将行为的底线建立在人们的崇高行为之上的。刑法所禁止的只能是社会上最不能令人容忍的行为，而不能过分期待人们做出高尚的行为。因此，在这种情况下，女干部选择跟歹徒的妹妹换个睡位，是在迫不得已情况下实行的违法行为，缺乏期待的可能性，刑法不能认为其是犯罪。

根据我国《刑法》第21条的规定，紧急避险是指为了使国家、公共利益、本人或者他人的人身、财产和其他权利免受正在发生的危险，不得已而采取的损害另一较小合法利益的行为。由于紧急避险行为从行为人的主观意图上看并没有危害社会的故意；从行为的客观方面看，虽然损害了无辜的第三者的

---

① ［日］木村龟二主编：《刑法学词典》，上海翻译出版公司1993年版。

合法利益，但却保护了更大的利益，从总体上看对整个社会是有益的，因此不构成犯罪。

法院对此案的判决是：女干部犯有故意杀人罪，是属于避险过当的故意杀人罪，但减免了对女干部的刑罚。做此判决的根据是：生命权是最高的权利，不容许为了保护一个人的健康而牺牲另一个人的生命，更不容许牺牲别人的生命来保全自己的生命。在本案中，女干部在得知歹徒想杀人灭口时，在别无选择的情况下，以牺牲歹徒妹妹的方式保全自己的生命。本案的关键是，女干部的行为是否符合紧急避险的限度条件，即所造成的合法权益的损害是否小于其所要避免的损害。就本案而言，女干部所要保护的是自己的生命，但她的行为却牺牲了歹徒妹妹的生命，两者之间并不存在谁大谁小的问题，这是因为生命在人的权利体系里是至高无上的，对于一个公正、平等的社会而言，人是生而平等的，个人的生命是等价的，每一个社会成员都应受到社会的同等尊重与保护，没有哪一个社会成员应当被作为换取其他成员生命的代价。因此，为了保全本人的生命权而侵害他人的生命权，并不构成紧急避险。

综上所述，人的生命不能作为紧急避险的对象要件，但是在紧急的情况下，实施某种行为，保留最大利益的做法毕竟是我们刑法追求的目标，也是法律所追求的。根据"紧急时无法律的格言"，我们可以说法律是在一般的情况以一般人的思想来制定和颁布的，不能适用紧急的状况，也就是由于没有其他方法可以避免所产生的危险，即不能期待行为人采取其他的方法避免危险（不具有期待可能性），所以应排除行为人的责任。因此女干部的行为虽然不是紧急避险，但也不构成犯罪。

案例讨论

2002年5月3日下午5时40分前后，张某与大学同学王某到某市丽水公园游玩。由于已近下班时间，该公园丽水湖的管理人员均已提前离岗，两人遂私自解开一游船上湖游玩。该船年久失修，至湖心时溢水下沉，两人同时落水。王某抓住了船上唯一的救生圈，张某向其游去，也抓住救生圈。由于救生圈太小，无法承受两人的重量，两人不断下沉，此时，张某将王某一把拽开，独自趴在救生圈上向岸边游去，得以生还。王某因失去救生圈，最终溺水死亡。

对于张某的行为如何定性，是否构成犯罪，存在多种不同意见。

第一种意见认为，张某的行为构成故意杀人罪。理由有二：其一，从犯罪构成上看。张某存在杀人或者伤人的主观故意，因为张某向救生圈游去的行为，表明他明知在这种情况下没有救生圈会死亡或者生存的机会很小，却在救生圈不能承受两人重量的时候使用暴力将王某拽开,这充分说明张某为了自己逃生,故意使王某处于一种危险状态,剥夺了王某生存或与自己同时生存的机会,其对王某的危险境界以及可能造成死亡的后果持有放纵的主观故意。王某的死亡与张某将其强行从救生圈上拽开具有因果关系,事实上王某抓住了救生圈,已经处于一种比较安全的状态,这种生命安全的状态因为张某的行为而丧失,张某的行为直接造成了王某的死亡。因此,张某的行为符合故意杀人罪的犯罪构成。其二,从形式合理性上分析。人的生命权是平等的,无论在什么情况下都不允许非法剥夺他人生命,即使在两个生命权发生冲突的时候,法律和道德均不允许一个生命主体非法剥夺另一个生命主体的存在。本案中,张某将自己即将死亡的境界强行换给了王某,而将王某可能生存的机会强行剥夺,具备了非法剥夺他人生命的故意,形式上具备了故意杀人罪的要件。如果不定张某的罪,必将助长在某些特殊的情况下,非法剥夺他人生命事情的发生。

第二种意见认为,张某的行为构成过失致人死亡罪。理由是:张某虽然抢走了王某的救生圈,但主观上并不希望或者放纵王某死亡,没有故意杀人的动机。其主观心理是相信王某能够避免死亡,这种心理状态是一种自信能够避免的过失心理。

第三种意见认为,张某的行为不构成犯罪,应当属刑法中的紧急避险。理由是:张某在自己不会游泳,生命处于死亡边缘的情况下,采取牺牲他人一部分合法利益而保护自己生命安全的行为,符合刑法中紧急避险的规定。在这种情况下,我们不能苛刻地要求张某仔细考虑王某的生命处于什么样的状态,是否和自己一样处于死亡的边缘。

问:你对此案的看法如何?

自测题

关于紧急避险,下列哪些说法是正确的?( )

A. 关于避免本人危险的规定,也适用于职务上、业务上负有特定责任的人

B. 为了避免本人的生命危险而牺牲他人生命的,不成立紧急避险,应负刑事责任

C. 为了避免本人的生命危险而牺牲他人生命的,可以成立紧急避险过当,减轻刑事责任

D. 因为避险制度的目的是平衡、协调合法利益之间的冲突,所以避险制度的必要限度严于防卫制度

第八章 排除犯罪性事由

八、安乐死的定性

（一）案情简介

被告人王某某之母夏某某长期患病，1984年10月曾经被医院诊断为"肝硬变腹水"。1987年初，夏某某病情加重，腹胀伴严重腹水，多次昏迷。同年6月23日，王某某与其姐妹商定，将其母送汉中市传染病医院住院治疗。被告人蒲某某为主管医生。蒲某某对夏某某的病情诊断结论是：（1）肝硬变腹水（肝功失代偿期、低蛋白血症）；（2）肝性脑病（肝肾综合征）；（3）渗出性溃疡并褥疮2～3度。医院当日即开出病危通知书。蒲某某按一般常规治疗，进行抽腹水回输后，夏某某的病情稍有缓解。6月27日，夏某某病情加重，表现痛苦烦躁，喊叫想死，当晚惊叫不安，经值班医生注射了10毫克安定后方能入睡，28日晨昏迷不醒。8时许，该院院长雷某某查病房时，王某某问雷某某其母是否有救。雷某某回答说："病人送得太迟了，已经不行了。"王某某即说："既然我妈没救，能否采取啥措施让她早点咽气，免受痛苦。"雷某某未允许，王某某坚持己见，雷某某仍回绝。9时左右，王某某又找主管医生蒲某某，要求给其母施用某种药物，让其母无痛苦死亡，遭到蒲某某的拒绝。在王某某再三要求并表示愿意签字承担责任后，蒲某某给夏某某开了100毫克复方冬眠灵，并在处方上注明是家属要求，王某某在处方上签了名。当该院医护人员拒绝执行此处方时，蒲某某又指派陕西省卫校实习学生蔡某、戚某等人给夏某某注射，遭到蔡某、戚某等人的回绝。蒲某某生气地说："你们不打（指不去给夏某某注射），回卫校去！"蔡某、戚某等人无奈便给夏某某注射了75毫克复方冬眠灵。下班时，蒲某某又对值班医生李某某说："如果夏某某12点不行（指夏某某还没有死亡），你就再给打一针复方冬眠灵"。当日下午1时至3时，王某某见其母未死，便两次去找李某某，李某某又给夏某某开了100毫克复方冬眠灵，由值班护士赵某某注射。夏某某于6月29日凌晨5时死亡。经陕西省高级人民法院法医鉴定：夏某某的主要死因为肝性脑病。夏某某两次接受复方冬眠灵的总量为175毫克，用量在正常范围，并且患者在第二次用药后14小时死亡，临终表现又无血压骤降或呼吸中枢抑制。所以，冬眠灵仅加深了患者的昏迷程度，促进了死亡，并非其死亡的直接原因。

（二）问题

安乐死应如何定性？

（三）学理分析

关于安乐死的理解，不同的方法和角度有不同的定义，目前的情况可以说是众说纷纭。一般认为，安乐死（euthanasia）最早源于希腊文，是希腊文"美好"和"死亡"两个字所组成的，原意是"让苦于不治之症的病人，安详无痛苦地死去"。① 它有广义与狭义之分。广义的安乐死，是指对于一些出生时即有先天严重缺陷的婴儿、濒临死亡而又极端痛苦的病人、严重精神病患者和植物人，实施使其在无痛苦感受中死去的行为。狭义的安乐死是指当事人自愿的，因为重大不能治愈的疾病带来的肉体、精神痛苦，病人自主表示愿意放弃治疗或采取某种医学措施来加速死亡进程，死亡过程必须是无痛的、保持人的尊严的。

安乐死并不是新问题，在史前时代就有加速死亡的措施。在古希腊，古罗马普遍允许病人及残废人"自由辞世"。中世纪基督教绝对禁止结束病人的生命。17世纪以前，euthanasia 是指"从容"死亡的任何方法，科罗纳罗（L. Cornaro）在历史上第一个主张被动安乐死，或"任其死亡"。摩尔（T. More）在《乌托邦》中提出有组织的安乐死。此外，还提出了"节约安乐死"的概念。休谟说，如果人类可以设法延长生命，那么同理，人类也可以缩短生命。尼采提倡在适当的时候自杀。19世纪中叶，蒙克（W. Munk）把安乐死看作一种减轻死者不幸的特殊医护措施，但反对加速死亡。20世纪30年代，欧美各国都有人提倡安乐死，30年代英国建立了"自愿安乐死立法协会"或"无痛苦致死协会"。1936年，英上院曾提出了一个方案：要求人们签署一份申请书，要求申请人必须超过21岁，患有伴随严重疼痛的不可治疗的致命疾病。签署时需要有两个证明人在场，递交卫生部任命的"安乐死审查人"审查。1937年，美国内布拉斯加州立法机关讨论了一个安乐死法案。波特尔（CPotter）牧师建立了美国安乐死协会。1938—1942年，由于纳粹的兴起，希特勒以安乐死的名义杀死了慢性病、精神病病人及异己种族达数百万人，致使安乐死销声匿迹。从第二次世界大战以后，主要是60年代以来，又重新提出安乐死的问题，安乐死立法运动也重新兴起。1967年，美国成立了"安乐死教育基金会"。1969年，英国国会辩论安乐死法案，声明"医生给一个做出宣布的合格病人实行安乐死"是合法的。合格的病人是"有两位医生用文字证明他因患有绝症而痛苦"的人。病人的宣布要求写明："在我指明或规定的时间和条件下实行安乐死，或者如果我已不能发出指令，由医生代表我

---

① 徐宗良等：《生命伦理学理论与实践探索》，上海人民出版社2002年版，第252页。

来处置"。类似的法案曾在美国爱达荷州（1969）和俄勒冈州（1973年）的立法机关提出，但未获通过。1970年，医生萨基利向佛罗里达州议会提出一项立法建议："任何人遵守与法律对执行遗嘱所要求的同样程序，可执行一个文件，文件指示他有尊严地死去的权利，并且他的生命不应延长到超过有意义的存在"，"如无行为能力，则由配偶或直系亲属决定，如无亲属则由三个医生的意见决定"。这个法案没有通过，但它第一次注意了无行为能力者的监护人或代表作出决定的权威。1976年9月30日，加利福尼亚州州长签署了第一个《自然死亡法》（加利福尼亚州健康安全法），规定"任何成年人可执行一个指令，旨在临终条件下中止维持生命的措施"。指令是愿望的陈述："我的生命不再人工延长。"条件是"我有不可医治的病，有两个医生证明我处于临终状态，使用维持生命的措施只是为了人工延长我的死亡时间，而我的医生确定我的死亡即将到来，不管是否利用维持生命的措施"。这是第一次使"生前遗嘱"这类书面文件具有法律的权威。至1985年，美国已有35个州及哥伦比亚特区在立法会议上通过了关于死亡生前遗嘱的法令，承认在法律上病人有权对自己未来的治疗做出书面指示。1974年，澳大利亚、南非等国成立了自愿安乐死组织，1976年，在丹麦、瑞典、瑞士、比利时以及意大利、法国、西班牙等国，涌现出大量自愿安乐死团体。1976年，日本东京举行了"安乐死国际会议"，在其宣言中强调指出：应当尊重人"生的意义"和"庄严的死"。日本是世界上第一个有条件承认安乐死的国家。在丹麦，1992年10月也颁布并实施了一项有关安乐死的新法。2003年11月10日荷兰一院（即上院）以46票赞成、28票反对的结果通过了"安乐死"法案，这使得荷兰成为世界上第一个把安乐死合法化的国家。不过，该法律对于实施安乐死的范围进行了严格的限制。

我国刑法学界关于安乐死的讨论始于本案。1987年第8期《民主与法制》以《安乐死与杀人罪》为题报道了本案，引起了社会上广泛关注，关于是否让安乐死合法化的讨论在司法界、医学界就一直没有中断过。赞成派认为：（1）对"植物人"、新生儿先天畸形或晚期绝症等实施安乐死，是人道的，也解除了社会和家庭的负担；（2）作为具有自由意志的公民有权利选择自己的人生走向。在当前医学技术条件下，有些病症没有治愈希望并且给病人带来极度痛苦，在病痛折磨下他们往往感觉生不如死，这时生命的延续对他们来说是一种负担，他们应该有选择结束自己生命的权利。反对派认为：（1）医学是在积累大量临床经验的基础上发展起来的，今天不能医治的病，明天却是可医治的；（2）如果制定安乐死的法律，会有更多的自杀和他杀；（3）安乐死是消极的生命态度，是悲观失望的生命观。

当前我国刑法学界大多数学者都主张在严格条件限制下实行安乐死。笔者也同意这种观点。安乐死的限制条件应当包括：（1）适用对象。安乐死只能是针对那些身患绝症、临近死亡的人施行。换言之，就是所患疾病按照当时的医疗条件根本不可能治愈，并且病患者又必须是极度痛苦的，且到了不可忍受的程度。（2）适用前提。安乐死须基于病患者的意志自由而表达的愿望和请求。（3）适用条件。须出于解除病患者的不堪痛苦的善良动机，而非出于其他动机。（4）适用方法。应由医生采取缓和的医疗措施来实施，达到使患者"无痛苦、安乐"致死的基本要求。（5）适用程序。实施安乐死要有一定的程序。例如要有一定的医院的主管医生、主治医师等经过会诊诊断，院长签署意见等以防滥用。

关于本案的定性，陕西省汉中市人民法院经过公开审理认为，被告人王某某在其母夏某某病危濒死的情况下，再三要求主管医生蒲某某为其母注射药物，让其母无痛苦地死去，虽属故意剥夺其母生命权利的行为，但情节显著轻微，危害不大，不构成犯罪。被告人蒲某某在王某某的再三请求下，亲自开处方并指使他人给垂危病人夏某某注射促进死亡的药物，其行为亦属故意剥夺公民的生命权利，但其用药量属正常范围，不是造成夏某某死亡的直接原因，情节显著轻微，危害不大，不构成犯罪。依照刑法和刑事诉讼法相关规定，于1991年4月6日判决，宣告被告人蒲某某、王某某无罪。

案例讨论

李某，28岁，从1岁起就得了一种医学界称之为"超级癌症"的"进行性肌营养不良症"，直到6岁才确诊，现在的她全身的肌肉萎缩，一半以上的骨骼变形，丧失全部吃、喝、拉、撒、睡的自理能力。2007年她想通过全国两会代表帮她提交《安乐死申请》议案。她把这个愿望发到了央视《新闻调查》某位主持人的博客里，引起了全国网民的关注。她说："我爱生命，但我不愿活。"

问：你是否支持李某关于安乐死的议案？

自测题

有关安乐死的说法，下列哪一项是错误的？（　）
A. 可分为主动和被动安乐死　　B. 减轻病痛对绝症者的折磨
C. 减轻患者家属的负担　　D. 节约医疗费用　　E. 受到我国法律的保护

第九章 故意犯罪过程中的停止形态

故意犯罪过程中的停止形态,是指故意犯罪在其发生、发展和完成的过程与阶段中,因主客观原因而停止下来的各种状态。包括两种类型:一是犯罪完成形态,即犯罪既遂形态;二是犯罪未完成形态,具体包括犯罪预备、犯罪未遂和犯罪中止三种形态。

犯罪的预备、未遂、中止和既遂,是故意犯罪过程中不再发展而固定下来的相对静止的不同结局,它们之间是一种彼此独立存在的关系而不可能相互转化,犯罪预备形态不可能再前进为未遂形态,未完成形态不可能再转化为完成形态,完成形态更不可能再转化为未完成形态。

故意犯罪的停止形态,是现代各国刑法中的一项重要制度。我国刑法中也明确规定有犯罪的预备、未遂和中止形态。研究故意犯罪的停止形态问题,有助于正确定罪量刑,亦有助于深入地认识和科学地把握故意犯罪的复杂层次和危害程度。

一、犯罪既遂

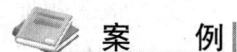
案 例

(一)案情简介

赵某,男,29岁,某日晚11时许,赵某从一朋友处喝酒后回家。行至一小路岔口处,看到他前面有一妇女独自行走,遂从后面冲上去,抓住该妇女的皮包就往回跑。刚跑出不到10米,只听后面喊到:"赵某,你怎么抢我的东西?"赵某回头一看,见被抢者是其同学的妹妹,便赶紧走上前去说:"阿妹,我看你一个人走路,不放心,逗你玩玩。走吧,我送你回家。"遂将该妇女护送到家。当时,该妇女包内有现金3000元。

(二)问题

赵某的行为属于何种犯罪停止形态?

（三）学理分析

犯罪既遂的概念和标准问题，是我国刑法学界长期争论的问题。大体可以分为三种主张：一是既遂的结果说，这种观点认为，犯罪既遂是指故意实施犯罪行为并且造成法律规定的犯罪结果的情况。依此主张，犯罪既遂和未遂的区别，就在于是否发生了犯罪结果，实行故意犯罪发生了犯罪结果的是既遂，否则就是未遂。二是既遂的目的说，这种观点认为，犯罪既遂是行为人故意实行犯罪行为并达到犯罪目的的情况。依此主张，犯罪既遂与犯罪未遂的区别，就在于行为人是否达到了犯罪目的，达到了犯罪目的的是犯罪既遂，否则是未遂。三是既遂的构成要件说，这种观点认为，犯罪既遂是指着手实行的犯罪行为具备了具体犯罪构成全部要件的情况。依此观点，犯罪既遂和未遂的区别标准，就是犯罪实行行为是否具备了犯罪构成的全部要件，具备了全部要件的是既遂，否则就是未遂。至于犯罪构成要件是否全部具备的具体标志，在各类犯罪中则可以有不同表现，这是中外刑法通说的观点。

按照我国刑法理论，既遂标准是犯罪构成要件说，是指行为人所故意实施的行为已经具备了某种犯罪构成的全部要件。确认犯罪既遂与否，应以行为人所实施的行为是否具备了刑法分则所规定的某一犯罪的基本犯罪构成的全部构成要件为标准，而不能以犯罪目的的达到或者以犯罪结果发生作为犯罪既遂的标准。"犯罪构成要件全部齐备说"以法定的犯罪构成要件在事实上是否齐备，作为区分既遂和未遂的标准，避免了在区分标准上的随意性和多元性，是客观的、全面的、科学的。

1. 犯罪既遂的特征

（1）行为人主观方面必须是直接故意。不能将过失犯罪、间接故意犯罪的成立也称为犯罪既遂，我们将犯罪既遂视为与犯罪未完成形态相对应的概念而使用。过失犯罪、间接故意犯罪不存在犯罪未完成形态，也就不应使用犯罪既遂这一概念，只可使用犯罪成立的概念。如甲开着汽车看见同事乙步行从对面过来，想与乙开个玩笑吓他一跳，就将车擦着乙的身边开过，结果将乙挂倒，后轮又从乙的身上轧过，致乙死亡。甲的行为只能是交通肇事罪，而不能是交通肇事罪既遂。

（2）行为人必须已经着手实行犯罪，这是犯罪既遂成立的时间条件。如果行为人尚未着手实行犯罪，而只是实施了为实施犯罪准备工具、创造条件的行为，只是犯罪预备，而不能成立犯罪既遂。

（3）行为人的行为齐备了某种犯罪的基本构成的全部要件，这是构成犯罪既遂的实质要件。这里说的构成要件的齐备，是指刑法分则规定的某一犯罪基本犯罪构成要件的齐备。

2. 犯罪既遂形态的类型：

（1）结果犯。是指不仅要实施具体犯罪构成客观要件的行为，而且必须发生法定的犯罪结果才构成既遂的犯罪。在结果犯中，行为人着手实施该具体犯罪构成要件客观方面的行为后，只有导致了该罪构成要件客观方面的法定结果才能构成犯罪既遂，如果由于其意志以外的原因未发生该犯罪结果的，不构成犯罪既遂。以故意杀人罪为例，行为人对被害人着手实施杀害行为后，只有导致被害人死亡的，才能构成犯罪既遂，如果由于其意志以外的原因未造成被害人死亡的，只能成立犯罪未遂。

（2）行为犯。是指以法定的犯罪行为的完成作为犯罪既遂标准的犯罪，即不要求造成物质性的和有形的犯罪结果，而是以行为的完成为标志，但这些行为并非一着手即告完成，而是有一个实行的过程，要达到一定程度。在行为犯中，行为人着手实施该具体犯罪构成要件客观方面的行为后，只有达到一定的程度才能构成犯罪既遂，如果由于其意志以外的原因而未达到这种程度的，不构成犯罪既遂。如偷越国（边）境罪以行为人达到越过边境线的程度为犯罪既遂的标志。

（3）危险犯。是指以行为人实施的危害行为造成法定的某种危害结果的危险状态为既遂标志的犯罪。在危险犯中，行为人着手实施该具体犯罪构成要件客观方面的行为后，只有导致了该罪构成要件客观方面的法定危险状态才能构成犯罪既遂，如果由于其意志以外的原因未导致该法定的危险状态的，不构成犯罪既遂。如破坏交通工具罪就以造成足以使火车、汽车、电车、船只、航空器发生倾覆危险为既遂的标志，如果行为人着手破坏交通工具行为之后，由于其意志以外的原因而未造成足以造成交通工具倾覆毁坏危险的，只能构成犯罪未遂。

（4）举动犯。也称为即时犯，是指按照法律规定，行为人一着手犯罪实行行为即告完成和完全符合构成要件，从而构成犯罪既遂的犯罪。举动犯不存在犯罪未遂问题，但存在既遂形态与预备形态及预备阶段的中止形态之别。我国刑法中的举动犯一般都是原本属于非实行行为而被刑法分则实行行为化的犯罪行为，具体包括两类：一类是原本为预备性质的犯罪构成，如参加恐怖活动组织罪之参加行为。另一类是教唆性质的犯罪构成，如煽动分裂国家罪之煽动行为。

本案中，赵某的行为属于抢夺罪的既遂形态。根据我国刑法理论，抢夺罪的既遂以行为人将财物抢夺到手作为犯罪是否完成的标志。在本案中，赵某趁被害人不备，从身后冲上去将包抢到手，且准备逃跑，此时他已完成了抢夺犯罪行为，逃跑已不是抢夺罪的构成条件。至于在准备逃跑时被被害人认出而最终没有能够取得财物,属于犯罪既遂之后的事情,与犯罪的既遂与否不再有关系。因此在抢夺他人财物之后被人认出又主动返还所抢财物的,不影响犯罪既遂的成立,但在量刑时可作为酌定情节予以考虑。

2006年10月2日13时许,被告人张某在一辆公交专线车上见到一学生戴某(男,1993年3月18日生,被害人)。到汽车站下车后,张某主动与戴某搭讪。在了解到戴某的家庭情况后,张某遂产生将戴某带到南京以向戴某家人要钱的想法。随后,张某以戴某父亲与人抢劫分赃不均、现有人要将戴父带到南京并以戴某做保障为借口,将戴某哄骗至南京并暂住在南京市一家酒店。当晚23时许,被告人张某打电话到戴家,要求戴家第二天给付8万元人民币并不许报警,否则戴某将有危险。次日上午,被告人张某又多次打电话到戴某家威胁。其间,被害人戴某乘被告人外出之机经与家人电话联系并得知自己被骗后即离开酒店到当地公安机关求助,后警方在南京将被告人张某抓获。

问:张某的行为是犯罪既遂还是未遂?

关于犯罪的形态,下列哪种说法是正确的?( )

A. 未完成形态只存在于直接故意犯罪中
B. 是否造成犯罪结果、实现犯罪目的,不是判断既遂的终极标准
C. 所有的过失犯罪都以实际造成法定的危害结果为构成条件
D. 在间接故意的场合,通常放任的犯罪结果实际发生才追究刑事责任

二、犯罪预备的概念和特征

(一)案情简介

1. 王某意图抢劫,尾随一妇女身后。当该妇女到家开门准备关门时,王某以为其家中无人,强行挤进房内,该妇女被吓得惊叫一声。她的丈夫闻声起床,拉开电灯,见王某站在门口,便问:"你是干什么的?"王某答不上来,该妇女的丈夫上前打了王某几个耳光。在邻居的帮助下,王某被扭送到公安机关。王某供认他的目的是抢钱。

2. 何某，男，26岁；李某，男，18岁。2010年4月底，何某与李某多次密谋共同实施抢劫，并为此准备了凶器。2010年5月上旬，何某、李某携带凶器多次于夜间在偏僻小路旁守候，欲抢劫行人财物，但均未遇见行人。同年6月，何某和李某在公安机关例行检查中，因没有身份证和暂住证而受到盘问。经公安人员教育，两人将上述情况如实供述。

（二）问题

什么是犯罪预备？应当如何区分犯意表示与犯罪预备？

（三）学理分析

根据我国刑法的规定，犯罪预备形态，是指行为人为实施犯罪而创造条件的行为，由于行为人意志以外的原因而未能着手实行犯罪行为的犯罪停止形态。

1. 犯罪预备形态的特征

（1）行为人在客观上已经开始实施犯罪的预备行为

犯罪预备是故意犯罪过程中的一种犯罪形态，而故意犯罪过程的起点就是预备行为。所以行为人开始实施犯罪的预备行为，表明故意犯罪过程已经开始，从而也表明了犯罪与非犯罪的界限。

所谓犯罪的预备行为，就是为犯罪的实行和完成创造便利条件的行为。为犯罪的实行和完成创造便利条件是预备行为的本质特征，它使犯罪预备在客观方面区别于犯罪未遂。从犯罪分子的主观方面看，预备行为一方面受着整个犯罪目的的支配，犯罪目的决定预备行为的性质和方向，而另一方面，犯罪分子实施预备行为的直接目的就是为犯罪创造便利条件，使犯罪能顺利地着手实施并完成。具体而言，一些犯罪以进行预备为必要，没有预备行为，就无法着手实行犯罪。比如，投毒杀人，不事先准备毒药就无法实行投毒行为。在此情况下，预备行为的目的就是顺利地着手实施犯罪。有的犯罪通过预备行为可以使之易于完成，即这些犯罪是否经过预备，其完成的难易程度不同。以盗窃罪为例，犯罪分子经过周密的调查，就要比不经过调查直接实施易于完成。在这种情况下，预备行为的目的就是便于犯罪的完成。除此，有的犯罪通过预备行为可以使犯罪分子便于逃脱，这虽不直接为犯罪的着手实施与完成提供条件，但却在精神上为犯罪分子提供帮助，所以在这种情况下，预备行为的目的还是为了便于着手实施并完成犯罪。

作为便利犯罪着手实施和完成的行为，预备行为在现实中是多种多样的，根据刑法的规定，主要有以下两种：

①为实施犯罪准备犯罪工具的行为。这是预备行为最常见的一种形式，故也是法律特别加以规定的一种形式。所谓犯罪工具，是指犯罪分子进行犯罪活

动所用的一切器械物品。如杀人用的刀、枪，投毒用的毒药等。任何物品，当它被犯罪分子用来方便犯罪实施的时候，都是犯罪工具。所谓准备工具，是指制造、加工、寻求犯罪工具。犯罪工具的范围相当广泛，可能是一般用具，也可能是特定物品，还可能是违禁品。犯罪工具的来源，有的是自己制造，有的是购买，还有的是向他人借用，甚至是偷来的等，但是不论采取什么手段和准备何种物品，只要是为了犯罪而预先置办的，均不影响犯罪预备的成立。司法实践常见的犯罪工具包括以下几种：一是用以杀伤被害人或者排除被害人反抗的器械物品，如枪弹、刀棒、毒药、麻醉剂、捆绑他人用的绳索等；二是用以破坏、分离犯罪对象物品或者破坏、排除犯罪障碍物的器械物品，如钳剪、刀斧、锯挫、爆炸物等；三是专用于达到或逃离犯罪现场或进行犯罪活动的交通工具，如汽车、摩托车等；四是用以排除障碍、接近犯罪对象的物品，如翻墙用的梯子、攀越房屋或爬窗用的绳索等；五是用以掩护犯罪实施或者湮灭罪证的物品，如犯罪分子作案时戴的面罩、作案后灭迹用的化学药品等。犯罪工具本身可以反映出犯罪预备行为不同的危害程度，例如同是准备杀人，准备枪支、手榴弹就比准备小刀的危险性要大；再如准备专为犯罪使用的复杂的犯罪工具，其危害性也大于把日常用品准备为犯罪工具的行为。

②其他为实施犯罪创造便利条件的行为。所谓制造犯罪条件，是指除准备犯罪工具以外，为实行犯罪所进行的其他准备活动。司法实践和刑法理论把这类犯罪预备行为概括为以下几种：一是为实施犯罪事先调查犯罪的场所、时机和被害人的行踪；二是准备实施犯罪的手段，例如为实施以技术手段杀人而事先进行练习，为实施扒窃而事先练习扒窃技术；三是排除实施犯罪的障碍；四是追踪被害人、守候被害人的到来或者进行其他接近被害人、接近犯罪对象物品的行为；五是前往犯罪场所守候或者诱骗被害人赶赴犯罪预定地点；六是勾引、集结共同犯罪人，进行犯罪预谋；七是拟订实施犯罪和犯罪后逃避侦查追踪的计划，等等。

（2）犯罪分子尚未着手犯罪的实行行为

所谓犯罪的实行行为，是指刑法分则中规定的构成某一具体犯罪所需的要件行为。尚未着手犯罪的实行行为，就是尚未开始实施犯罪的实行行为。犯罪的实行行为在法律规定上有两种情况。第一类是单一行为，即法律规定犯罪构成要件的行为只能由一个行为构成，它又分为单独一个行为和选择一个行为两种形式。其中，单独一行为是指只能由单纯一个行为构成，如杀人罪，法律规定的实行行为只是一个杀人的行为。而选择一行为是刑法规定某一犯罪可以由几个行为中的一种构成，只要具备其中的一个行为，即构成该种犯罪，如生产、销售伪劣产品罪。第二类是主从行为，即刑法规定构成某一犯罪必须具备两个或两个以上的行为,而这些行为之间具有的手段和目的的关系,比如强奸罪是以暴力、胁迫或其他方法奸淫妇女的行为,该行为中的"暴力、胁迫或其他方法"就是手段行为,是为奸淫妇女的目的行为服务的。只有手段行为与目的行为同时具备才构成强奸罪。对于单一行为而言,未着手实行行为是指尚未实施这一行为的最初动作。如持枪杀人中,犯罪分子拔枪进行瞄准直到扣动扳手等一系列动作是杀人行为,当其未拔出枪时,就是尚未着手实行行为。对于主从行为而言,未着手实行行为就是尚未实施手段行为。如暴力强奸中,犯罪分子正以言语调戏妇女尚未使用暴力时,即是未着手实行行为。

犯罪分子是否着手实行行为是区分犯罪预备与犯罪未遂的显著特征。这一特征把犯罪预备严格限定在从开始实施犯罪预备行为到着手犯罪实行行为以前这一犯罪阶段之中。

(3) 犯罪分子未能着手犯罪的实行行为,是由于意志以外的原因造成的

犯罪预备是一种静止的犯罪形态,而不是继续向前递进的动态犯罪行为。只有为犯罪准备工具、制造条件的行为,在预备阶段停止下来,才能构成犯罪预备。如果行为人在实施犯罪预备行为以后,已顺利地进入着手实行阶段,那就不会出现犯罪预备。同时,犯罪预备行为的停止,还必须是由于行为人意志以外的原因所致,即由于违背行为人意志的各种主客观因素而被迫停止下来,如果是由于行为人自动放弃犯罪,则不构成犯罪预备,而属于犯罪中止。

所谓犯罪分子意志以外的原因,是指在犯罪过程中阻碍犯罪意志和犯罪活动,而且犯罪分子认为足以阻止其犯罪进一步发展的主客观因素。犯罪分子实施犯罪预备行为是为了便于着手实施和完成犯罪,所以犯罪预备行为的进一步发展就是着手实行行为。但是在着手实行行为以前出现某种不利因素,使得犯罪分子认为不能着手实行行为而被迫放弃其进一步的犯罪。

阻碍犯罪分子着手实施犯罪的不利因素主要有:第一,行为人外的客观因素,比如欲盗窃的财物被严密保护,犯罪分子还未动手就被抓获等;第二,行为人本身的客观因素,如突患疾病以至于未能着手;第三,行为人的认识错误,如误以为要盗窃的财物有人看守,或误认为财物已被转移而放弃了犯罪等。以上不利因素是否足以阻止犯罪分子着手实施犯罪,要以犯罪分子的主观感受为基准加以衡量。如果不利因素很轻微,客观上并不能阻止犯罪分子着手实施犯罪,但犯罪分子误以为足以阻止,那么他因此而停止犯罪应认为是由于他意志以外的原因所导致的,仍应成立犯罪预备。如果是足以阻止犯罪分子着手实施的不利因素,但犯罪分子误认为不存在不利因素或认识到有不利因素但误认为并不足以阻止其实施犯罪,在这种情况下,出于害怕受到制裁或真诚悔悟等原因而停止继续犯罪,就不能认为是犯罪预备,而应是犯罪中止。

犯罪预备虽然还没有着手实行犯罪，但行为人主观上具有犯罪故意，客观上已为实现犯罪意图实施了一定的准备行动，如果不是意志以外的原因被迫停止，继续发展下去就会造成危害后果，因此犯罪预备是具有社会危害性的，应当受到刑罚处罚的犯罪行为。

2. 犯罪预备与犯意表示的区别

犯意表示是指以口头、文字或其他方式对犯罪意图的单纯表露。犯意表示不是我国刑法中的犯罪形态。因而只有犯意表示的，不负刑事责任。但是在中国封建社会，由于诛心思想的影响，历朝刑法中都有处罚犯意表示的规定。明清两代大兴文字狱，封建帝王为镇压臣下和文人，从奏章、书札和著作诗文中，摘录只字片语，牵强附会，罗织罪名。汉武帝时设立"腹诽"罪，更是欲加之罪，何患无辞。在外国封建刑法中，也有处罚思想犯罪的实例。

我国刑法严格坚持主观与客观相统一的原则，坚决反对思想犯罪。犯罪预备不同于犯意表示。二者的区别在于：犯罪预备行为具有社会危害性，已具备特定的犯罪构成；而犯意表示，还不是行为，无论是从行为人的主观意图还是客观表现上看，都不是在为犯罪实施创造条件，不具有社会危害性，对犯意表示不能处罚。

需要注意的是，以下两种类似于犯意表示的行为不能认定为犯意表示而应以犯罪论处：一是某些具体犯罪的构成中所包含的口头或书面语言形式的实行行为。如侮辱罪、诽谤罪、煽动分裂国家罪以及教唆犯罪中所包含的言语行为，作为强奸罪、抢劫罪等犯罪的手段行为的威胁性语言。这些特定的语言在特定的犯罪构成中属于犯罪的实行行为，具备这些语言不但构成犯罪，而且不是犯罪预备，而是已经实行犯罪的其他犯罪形态。二是单个人犯罪中制定犯罪计划的书面语言，以及共同犯罪中勾结共同犯罪人、交流犯罪思想、商议犯罪计划的口头语言或者书面语言。这些语言都已经超出犯意表示的范畴，而是在为实施犯罪创造条件的犯罪预备行为，足以构成犯罪的，应当以犯罪论处。

上述案例1中，王某的行为属于抢劫罪的预备犯。犯罪预备和犯罪未遂都是行为人因为自己意志以外的原因而被迫停止犯罪。两种犯罪未完成形态区别的根本标志，是看行为人的行为处于何种犯罪阶段：若处于着手实行具体犯罪行为之前的，一律构成犯罪预备；若处于已经着手实施具体犯罪行为之后的，一律构成犯罪未遂。本案中，王某尾随被害人并趁被害人不注意强行挤进房内，尚未开始实施具体的抢劫行为，仍属于为抢劫犯罪制造方便条件的阶段，因此，应以抢劫罪的预备犯判处，不构成犯罪未遂。

上述案例2中，对何某、李某应当按照抢劫罪（预备）的共同犯罪定罪处罚，且有自首情节。一是何某和李某进行了犯罪的密谋，准备了犯罪时用的凶器，并且多次在小路边守候。二是何某和李某的行为在着手实行犯罪前停止下来。抢劫罪是双重行为，所以犯罪着手行为应当是开始实施暴力、胁迫或者其他方法的行为。而何某和李某只实施了准备工具、密谋和守候的行为，这些行为尚不是抢劫罪的着手行为。三是何某和李某的预备行为停止的原因是其意志以外的原因。他们是在公安人员例行检查的时候，被盘问出来的。符合犯罪预备的构成要件。

案例讨论

甲欲行强奸，深夜伏于一乡村路旁。终于有一女子出现，正要窜出上前，突然后面来了一辆汽车，被车灯照耀，十分明显，甲惊恐而没有动手，结果该女走后再等良久，却未能再遇其他女性出现，无奈扫兴而归。

问：甲的行为是犯罪预备还是犯罪未遂？

自测题

1. 下列哪种情形属于犯罪预备？（　）

A. 甲、乙二人准备抢一个路边店，买了刀子，深夜喊老板开门。老板开门后二人就挤了进去，一看里面有四人在搓麻将，就未敢动手。众人见他们拿着刀，就把他们抓住，扭送到派出所

B. 甲与乙积怨多年，一天又发生争吵，争吵过后甲对妻子说"早晚我非宰了他不可"

C. 甲在饭馆吃饭时对乙说："最近手头太紧，我想去抢点钱，你能不能跟我一起去"

D. 甲在路上碰见乙，对乙说"三天内你得送我10万元钱，不然，小心你儿子的命！"

2. 甲认为乡公安人员乙办事不公，致其"坐班房"丢脸，因而怀恨在心。某日酒后，妻子责骂甲是"班房坯"。甲被激怒，转身操起一把长约1.2米的钢叉，声称要把乙和乙的女儿刺死。他携钢叉去乡里寻找乙未果，便沿路来到供销社门市部顺手拿走一瓶乐果农药，夹在腋下，来到乙女儿的工作单位，声称："交出乙的女儿，与其他人无关！"该单位的职工说乙的女儿不在。他不信，到车间里寻找也未找到，被工厂保安控制住。下列对于甲的行为哪项说法是正确的？（　）

A. 故意杀人罪（未遂）　　　B. 故意杀人罪（预备）

C. 故意杀人罪（中止）　　　D. 不构成犯罪

三、犯罪中止的概念和特征

(一) 案情简介

1. 张某,男,26岁,工人。某日晚8时许,张某乘邻居陈某一人在家,闯进陈家,锁上房门,提出要和陈某发生性关系。陈某不同意,张某随即按住陈某的双手,骑在陈某的身上。陈某在反抗中抓破张某的脖子,张某把陈某的裤子扯到臀部以下,欲行强奸。陈某急中生智说:"俺小姑子一会儿要来",并看了一下手表。张某闻听,恐被陈某告发,就罢手起身,向陈某赔礼后走掉。

2. 王某,男,39岁,某村村民。因有了第三者,王某即觉得其妻刘某已成累赘,便想毒死刘某。一日,王某乘刘某去厨房之时,将事先准备好的砒霜倒入刘某吃饭的碗中,刘某吃过含有砒霜的饭食后,腹痛难忍,全身抽搐,痛苦万分。王某见状后心中不忍,赶忙将妻子送进医院抢救。经医院抢救,其妻转危为安。

3. 李某,男,35岁,从事医疗器材生意,为报复生意场上的竞争对手,某天李某雇用杀手秦某谋杀自己的竞争对手崔某,并当即预付1万元酬金,约定事成之后再付4万元。当日,李某通过录像带向秦某指认了崔某,初步策划了行动方案。两个月后,李某电话通知秦某不要再谋杀崔某。但此后秦某仍将崔某杀害,并告知李某事已办完,要求支付酬金。李某虽不愿意,还是将4万元电汇给秦某。

(二) 问题

如何认定张某、王某、李某的行为?什么是犯罪中止?

(三) 学理分析

根据我国《刑法》第24条第1款规定:"在犯罪过程中,自动放弃犯罪或者自动有效地防止犯罪结果发生的,是犯罪中止。"

根据刑法的这一规定和我国的刑法理论,犯罪中止是指在犯罪过程中,行为人自动放弃犯罪或者自动有效地防止犯罪结果发生,而未完成犯罪的一种犯罪停止形态。我国刑法上的犯罪中止可以分为自动放弃犯罪的犯罪中止和自动有效地防止犯罪结果发生的犯罪中止两种类型。

1. 自动放弃犯罪的犯罪中止

自动放弃犯罪的犯罪中止,是指行为人在犯罪过程中自动放弃犯罪而成立

的犯罪停止形态。成立自动放弃犯罪的犯罪中止,要求同时具备以下三个特征:

(1)时空性。成立犯罪中止的时空条件是在犯罪过程中放弃犯罪,也即必须是在犯罪处于运动中而尚未形成任何其他犯罪停止形态的情况下放弃犯罪,这是犯罪中止成立的客观前提条件。所谓犯罪的过程中,是指始于开始实施犯罪准备工具、制造条件的犯罪预备行为之时,直至犯罪达到既遂之前,具体来讲,包括犯罪预备阶段和犯罪实行阶段。还应注意的一点是,犯罪尚未出现其他犯罪停止形态,根据我国刑法理论,犯罪停止形态之间具有不可并存性和不可逆转性,如出现了犯罪既遂形态,就不可能同时存在犯罪中止等犯罪未完成形态,也不可能逆转为犯罪中止等犯罪未完成形态。

(2)自动性。即行为人必须自动放弃犯罪。自动性是犯罪中止的本质特征。犯罪中止的自动性是指行为人出于自己的意志而放弃了自认为当时本可以继续实施和完成的犯罪。自动性有两层含义:第一,行为人自认为当时可以继续实施和完成犯罪,这是成立自动性的先决条件。这是一个主观标准,应以行为人当时主观上的认识为准,即使在他人看来不可能继续进行和完成犯罪,或者犯罪虽然在客观上实际不可能继续进行和完成,但行为人并不了解这种客观情况,不影响行为人放弃犯罪之"自动性"的成立。反之,虽然犯罪客观上尚可继续实施与完成,但行为人却误认为不可能进行,这种情况下行为人是基于认识错误而被迫停止犯罪,不成立停止犯罪的自动性,应属于犯罪未遂。第二,行为人出于本人意志而停止犯罪,这是认定自动性的关键条件。至于引起行为人自动放弃犯罪着手实行或者完成的动机和情况,则可以是多种多样的,既有真诚悔悟,也有对被害人的怜悯和同情、接受他人的劝告教育、害怕将来罪行暴露受到法律制裁以及在受到其他不足以阻止犯罪的轻微不利因素影响下经过思想斗争而自动放弃犯罪的着手和完成等。这些不同的动机只反映了行为人的悔悟程度而体现其主观恶性程度的差异,对于放弃犯罪之自动性的认定没有影响,只是在量刑时可以予以考虑的情节之一。

(3)彻底性。是指行为人彻底放弃了犯罪。具体是指行为人在主观上彻底取消了原来的犯罪意图,客观上彻底放弃了自认为本可继续实施的犯罪行为,而且从主客观的统一上行为人也不打算以后再继续实施该项犯罪。彻底性表明了行为人放弃犯罪的真诚性及其决心,说明行为人自动放弃犯罪是坚决的、完全的,而不是暂时的中断。如果行为人只是暂时地停止犯罪,而等待时机、条件成熟时再继续实施犯罪的,由于不具备放弃犯罪之彻底性,不能认定为犯罪中止。同时需要指出的是,彻底放弃犯罪也是相对而言的,并不是绝对的,是指行为人必须彻底放弃正在进行的某个具体的犯罪,而非行为人在以后任何时候都不再犯同种罪,更不能理解为行为人在以后的任何时候都不再犯任何罪。

2. 自动有效地防止犯罪结果发生的犯罪中止

自动有效地防止犯罪结果发生的犯罪中止,是指行为人已经着手实行犯罪的实行行为但尚未造成犯罪既遂所要求的犯罪结果时,自动有效地防止犯罪结果的发生而出现的犯罪中止形态。自动有效防止犯罪结果发生的犯罪中止,除了具备上述时空性、自动性、彻底性三个特征外,还要求具备"有效性"这一特征。在"有效性"特征的认定中,应当注意以下几点,只有同时具备以下条件的,才能认定为具备"有效性"特征:

(1)看行为人客观上是否采取了积极措施。即行为人要想被认定为犯罪中止,负有积极地履行阻止犯罪结果发生的义务。如果行为人在停止实施犯罪行为之后,采取消极地不作为方式,对犯罪结果的出现无为地等待观望,即使最后没有发生犯罪结果,也不能认定为犯罪中止。

(2)看事实上是否发生了犯罪结果。如果已经造成了犯罪结果,即使行为人曾经做过不懈的努力,也不能认定为犯罪中止。只有行为人实际地防止犯罪结果的发生,犯罪中止才能成立。如甲出于杀人的目的将乙刺倒在地,见乙痛苦不堪的样子,甲就将其送往医院抢救,但乙由于失血过多,经抢救无效而死亡。该案中,甲的行为应认定为既遂而不是中止。

(3)看行为人所采取的防止措施和犯罪结果未发生之间是否具有因果关系。如果行为人所采取的防止犯罪结果发生的措施和犯罪结果未发生之间不具有因果关系,即使事实上犯罪结果未发生,也不能将行为人认定为犯罪中止。但需要指出的是,如果行为人出于真心真意地尽力采取防止犯罪结果发生的措施,但是其一人的力量难以达到目的,而有他人的协助,结果避免了犯罪结果的发生,也不应否定其采取的防止犯罪结果发生的措施和犯罪结果未发生之间因果关系的存在。

上述案例1中,张某在实施强奸犯罪的过程中,之所以停止犯罪的继续实施,并非出现了意志以外的原因而不得不放弃犯罪,而是因为怕被告发,主动停止了犯罪,属于犯罪的中止形态。

上述案例2中王某的行为属于实行终了的犯罪中止。行为人王某的投毒杀人行为已经实施完毕,但是,在其妻死亡的结果发生之前,见其妻服毒后痛苦万分,心中不忍,积极主动地将妻子送往医院抢救,使其妻转危为安,有效地防止了其妻死亡结果的发生,符合我国刑法中行为实行终了的犯罪中止的特征。

上述案例3中,被告人李某虽通知了秦某不要再实施谋杀,但并没有最终有效阻止犯罪结果的发生，没有彻底切断先前行为与秦某的犯罪行为及后果的联系，不构成犯罪中止，而构成故意杀人既遂。理由如下：其一，李某雇用秦某杀害他人，两人属共同犯罪。李某是否构成犯罪中止，实际上是如何判断共同犯罪中部分共同犯罪人的犯罪中止问题。这并没有统一的标准，而要根据共同犯罪人在共同犯罪中所起的作用和地位，结合犯罪所处的阶段等具体情况区别对待。实行犯、组织犯、教唆犯、帮助犯的犯罪中止的条件就不尽相同。雇主和杀手的关系不是一般的教唆犯与被教唆犯，而更类似于组织犯与实行犯。李某作为组织犯，雇用秦某杀害他人，引起了秦某的犯罪故意，对犯罪结果发生具有原因力的作用，他的雇用甚至策划行为与杀手的行为已成为一个行为共同体。若李某要成立犯罪中止，不仅要求他本人彻底放弃犯罪，而且必须通过自己的行为（如劝说他人放弃犯罪、阻止犯罪结果发生等）客观上停止可以进行下去的犯罪行为，完全切断本人与共同犯罪整体的主客观联系，有效消除本人先前行为对共同犯罪的原因力作用。如果未能阻止其他共同犯罪人的，或未能避免犯罪结果发生的，就不能成立犯罪中止。其二，我国《刑法》第24条第1款中的"自动放弃犯罪"，是指在行为人的犯罪行为未实行终了的情况下彻底放弃了原来的犯罪；"自动有效地防止犯罪结果的发生"，是指在行为人的犯罪行为已经实施终了但犯罪结果尚未发生的情况下采取积极的作为形式来防止犯罪结果的发生，并且实际避免了犯罪结果的发生。本案中，李某雇用杀手，谈妥条件，并且指认了被害人，甚至一起策划了谋杀过程，已完成了共同犯罪行为中自己部分的犯罪行为，此时他要成立犯罪中止，必须采取积极有效的措施防止犯罪结果的发生，例如报警或通知被害人防备等。但李某只是打了个电话要求秦某停止杀人行为，这个电话并没有起到阻止秦某的作用，也就是最后没有阻止犯罪结果的发生。李某的行为没有满足犯罪中止的适时性、自动性、有效性三个条件，不构成犯罪中止。

案例讨论

　　1983年被告人张某与被害人李某结婚，婚后育有一子一女，感情尚好。1990年被告人张某由于外出打工与一发廊女勾搭成奸，后与其妻感情逐渐冷淡，至长期不归。1991年11月30日被告提出离婚，被法院判决不准予离婚。1992年8月张某再次提出离婚，李某以割腕相威胁，鉴于此张某撤诉，但从此再未回家。1995年1月5日张某突然回到家中对妻儿甚是热情，次日凌晨5时30分其妻到村旁深水井边打水，被告人趁机尾随，趁其妻低头向井里提水的一刹那，张某拿起木棍对其妻背部猛击，由于用力过猛，其妻一头冲向井另一边的一堆石块上，当即头部血流如注，被告人当时吓懵了，后将妻子送往医院，其妻经抢救及时未死亡。

问：张某的行为属于哪种犯罪形态？

自测题

关于犯罪中止，下列哪一表述是正确的？（　　）

A. 甲教唆乙杀丙，乙答应。两天后，甲后悔，劝说乙放弃杀丙。乙不听，仍然杀死丙。甲属于犯罪中止

B. 甲为杀丙而与乙商量并向乙借了手枪一把。两天后，乙后悔，找甲要回了手枪，甲后用匕首杀死丙。乙属于杀人中止

C. 甲教唆乙杀丙并交给乙一包毒药，乙答应。事后乙放弃了杀丙的行为，将毒药丢进下水道里。甲和乙都属于犯罪中止

D. 甲为了杀丙而与乙商量并向乙借来手枪一把。两天后甲放弃了杀丙的计划，并主动将手枪还给乙。甲和乙都属于杀人中止

四、放弃重复侵害行为的定性

案例

（一）案情简介

被告人李某因所承包林地的承包期问题与本村村长刘某发生争执，被刘某打伤。为泄私愤被告人李某欲杀刘某，2017年12月11日晚李某手持自制多连发猎枪，敲开刘某的院门，李某对着开门的刘某的头部就是一枪，由于刘某及时躲开，第一枪未击中。刘某逃回屋内，李某紧随其后，进屋后对着刘某又是一枪，由于灯光昏暗，这一枪只是打中了刘某的小腿，刘某惨叫倒地，血流如注，床上刘某的老母哭号道："杀人啦，放过我儿！"李某见状未再开枪，即离开刘家。后李某被捕归案，刘某经治疗后痊愈。

（二）问题

在重复侵害的情况下，行为人有条件继续侵害而放弃重复侵害，应如何定性？

（三）学理分析

所谓自动放弃可能重复的侵害行为，是行为人实施了足以造成既遂危害结果的第一次侵害行为，由于其意志以外的原因而未发生既遂的危害结果，在当时有继续重复实施侵害行为的实际可能时，行为人自动放弃了实施重复侵害行

为，因而使既遂的危害结果没有发生的情况。对自动放弃可能重复的侵害行为的性质，过去传统的观点认为是犯罪未遂，近年来我国刑法学界展开争议，逐渐倾向于主张是犯罪中止。

笔者认为，自动放弃可能重复的侵害行为是犯罪中止，而不是犯罪未遂，具体理由如下：

第一，行为人对可能重复的侵害行为的放弃，是发生在犯罪实行未了的过程中，而不是在犯罪行为已被迫停止的未遂形态。犯罪行为是否实行终了，不应是指犯罪活动中的某个具体行为或动作是否实行完毕，而应是指某种罪的犯罪构成完备要求的整个犯罪活动；行为是否实行终了的标准，不但要看行为人客观上是否实施了足以造成犯罪结果的犯罪行为，还要看犯罪人是否自认为完成犯罪所必要的行为都实行完了。在放弃可能重复的侵害行为的案件里，如行为人枪杀被害人，第一枪未击中而仍可能继续射杀，行为人主观上也明确认识到了这种情况。这种主客观情况的结合完全可以证明其犯罪行为和整个犯罪活动都尚未终了，存在中止犯罪所需要的时空条件。

第二，行为人对可能重复的侵害行为的放弃是自动的，而不是被迫的。仍以用枪杀人案件为例，行为人意志以外的原因仅仅导致第一枪未能射中而不是阻止了整个犯罪活动的继续进行，行为人在整个犯罪行为尚未实施终了，客观上可以继续犯罪而且其主观上对继续犯罪有控制力亦有认识的情况下，出于其本意放弃了本来可以继续实施的犯罪，从而表现出放弃犯罪的自动性。

第三，由于行为人对可能重复的侵害行为自动而彻底的放弃，使犯罪结果没有发生，犯罪未达既遂形态。

总之，自动放弃重复侵害行为，一方面具备了犯罪中止的全部条件，另一方面不符合犯罪未遂的条件，因而它不是实行终了的犯罪未遂，而是未实行终了情况下的犯罪中止。同时，将自动放弃重复侵害行为定性为犯罪中止，也是切实贯彻罪责刑相适应原则及惩办与宽大相结合的刑事政策的需要。

本案中，行为人李某因所承包林地的承包期问题与本村村长刘某发生争执，被刘某打伤。为泄私愤，欲杀刘某。当李某手持自制多连发猎枪敲开刘某的院门时，李某对着开门的刘某的头部就是一枪，由于刘某及时躲开，第一枪未击中。第二枪仅击中小腿。在当时整个犯罪行为没有终了，行为人在客观上完全可以继续侵害而致刘某死亡，但他出于本意放弃了本来可以继续实施的犯罪行为，不再继续实施杀人行为，应当认定为犯罪中止。

 **案例讨论**

李某与王某系夫妻，两人经常因李某的外遇行为争吵，且王某不肯与李某

离婚。一日李某为达到与王某离婚的目的，预谋害王某，便拿出自造的手枪向王某射击，由于王某躲闪及时，第一枪未射中。这个时候李某完全有条件向王某继续开枪，但是他念自己和王某已是多年夫妻，便自动放弃了枪杀王某的行为。

问：李某的这种放弃重复侵害行为是否属于犯罪中止？

自测题

下列关于犯罪形态的表述，哪些表述是正确的？（　　）

A. 甲为了杀乙，携带枪支跟踪乙到一树林，甲躲在一棵树后向乙开了一枪，未击中。甲本可以再开第二枪，但甲突然想到乙有老母和未成年子女，于是未再开第二枪。甲的行为属于杀人未遂

B. 丙对仇人王某猛砍 20 刀后离开现场。2 小时后，丙为寻找、销毁工具回到现场，见王某仍然没有死，但极其痛苦，即将其送到医院治疗。丙的行为属于犯罪中止

C. 丁为杀妻而对其妻投毒，后见其妻痛苦不堪，就将其妻送医院治疗，但其妻经抢救无效死亡。丁的行为属于杀人既遂

D. 甲教唆乙杀丙，乙答应。后甲后悔，劝乙放弃杀丙，乙不听。甲无奈向公安机关报告，乙在杀丙之前被逮捕。甲是杀人中止，乙是杀人预备

五、犯罪未遂

案例

（一）案情简介

沈某，男，24 岁。沈某因赌博欠债，难以偿还，便图谋盗窃本厂财务股（处）保险柜里的现金。某日晚 9 时许，沈某撬开了财务室的房门，但因无法打开小保险柜，于是，沈某将小保险柜搬离财务室，隐藏在厂内仓库旁，想等待时机再撬开小保险柜，窃取现金。第二天，财务室会计李某发现办公室门被撬、小保险柜失踪，当即报案。公安人员在厂内仓库旁找到保险柜，柜门尚未打开，柜内人民币也原封未动。

（二）问题

沈某的行为是盗窃既遂还是未遂？

（三）学理分析

根据我国《刑法》第 23 条第 1 款规定："已经着手实行犯罪，但由于意

第九章 故意犯罪过程中的停止形态

志以外的原因而未得逞的,是犯罪未遂。"

根据刑法的规定及有关刑法理论,犯罪未遂是指行为人已经着手实行具体犯罪构成的实行行为,由于其意志以外的原因而未能完成犯罪的一种犯罪停止形态。犯罪未遂形态具有三个特征:

1. 行为人已经着手实行犯罪

是指行为人开始实施刑法分则具体犯罪构成要件客观方面的犯罪行为。行为人是否已经着手实行犯罪,是区分犯罪预备与犯罪未遂的关键特征。认定着手实行犯罪与否的有效办法,是将犯罪预备行为与实行行为加以区别。前者的本质与作用是为分则犯罪构成行为的实行与完成创造条件,为其创造现实可能性;后者的本质与作用是直接完成犯罪,变预备阶段实现、完成犯罪的现实可能性为现实性。根据二者的区别与联系,结合具体犯罪及案件情况,就可以正确认定着手实行犯罪与否。需要指出的是,在具有双重实行行为的犯罪中,手段行为与目的行为共同构成该罪的实行行为,对这类犯罪而言,应以行为人开始实行手段行为为着手。如抢劫罪中,行为人开始实施暴力、胁迫等手段行为即应视为实行行为的着手,而不是犯罪预备行为。

2. 犯罪未完成而停止下来

这是区分犯罪未遂与犯罪既遂的主要标志。在存在既遂与未遂之分的三类直接故意犯罪中,"犯罪未完成"有不同的具体含义和表现形式:一是结果犯,以法定的犯罪结果没有发生作为犯罪未完成的标志,如故意杀人罪以未造成被害人死亡之结果为犯罪未完成的标志。二是行为犯,以法定的犯罪行为未能完成作为犯罪未完成的标志,如脱逃罪以在押人员(犯罪嫌疑人、被告人、罪犯)未达到逃脱监禁羁押的程度为犯罪未完成的标志。三是危险犯,以法定的危险状态尚未具备作为犯罪未完成的标志,如破坏交通工具罪以破坏行为未能造成可导致交通工具倾覆的危险为犯罪未完成的标志。

认定犯罪完成与否应注意以下几点:第一,所谓犯罪未完成是指具体犯罪构成所包含的作为犯罪完成标志的客观要件尚不完备,而不是说没能发生任何具体的危害结果。比如,甲意图杀害乙,在刺了乙一刀后,被周围群众制服扭送公安机关,乙虽然没有死亡,但是受重伤。第二,具体犯罪构成要件的完备,在时间上没有任何长短要求,只要一完备构成要件就意味着犯罪既遂的构成。例如,在押罪犯已经逃离出监狱大门但立即被抓回应认定为既遂。第三,犯罪既遂是犯罪完成的标志,犯罪既遂后绝不可能再出现犯罪未完成的停止形态,即犯罪停止形态具有不可逆转性。如行为人破坏交通设施已经造成足以使交通工具倾覆的危险状态,但行为人在交通工具尚未实际倾覆之前采取措施消除这一危险状态的,也应认定为犯罪既遂,但对其后消除危险状态的行为在量刑时应予以从宽。

3. 犯罪停止在未完成形态是由于犯罪分子意志以外的原因所致

这是区别犯罪未遂与犯罪实行阶段中止的关键所在。所谓犯罪分子意志以外的原因，包括以下两个方面的具体含义：（1）应当是阻碍犯罪分子完成犯罪的原因。这是意志以外的原因"质"的规定性。在实践中，这种原因大致包括以下三种类型：一是犯罪分子本人以外的原因，包括被害人、第三人、自然力、物质障碍、环境时机等方面对完成犯罪具有阻碍作用的因素；二是行为人自身对完成犯罪具有阻碍作用的因素，如其能力、力量、身体状况、常识技巧等的缺乏或不佳状况；三是行为人主观上的认识错误，如对犯罪工具的性能、犯罪对象情况等存在错误的认识。（2）应当是足以阻碍犯罪分子完成犯罪的原因。这是意志以外原因"量"的规定性。如果不足以阻碍犯罪分子完成犯罪，而行为人自动放弃的，不能认定为意志以外的原因而视为犯罪未遂，应认定为犯罪中止。当然，行为人对这些因素是否足以阻碍其完成犯罪存在错误认识的，应当另当别论。总之，犯罪意志以外的原因应当是以上"质"的规定性和"量"的规定性的统一。

本案中，沈某的行为属于盗窃未遂。根据我国刑法理论和司法实践经验，盗窃罪的既遂是以财物的所有人、监管人失去控制和行为人实际控制为标准的。如果仅仅是行为人控制了物品，但财物的所有人、监管人尚未失去控制的，盗窃行为仍未达到既遂状态。对于保险柜这样的笨重物品，需要搬出厂区，工厂才失去控制，犯罪人才能最终取得控制。本案中沈某因无法打开保险柜、而将之移至厂内仓库旁，沈某并未取得财物的控制，工厂也尚未丧失对财物的控制。在此状态下被查获的，对沈某仍应以盗窃未遂处理。

 案例讨论

姜某，男，25岁，系市郊农民，农闲时便到市里务工，其在市内打工期间，蒙生了抢劫之念，曾两次尾随单身妇女伺机抢劫作案，均因时机不成熟而未敢下手。9月的一天19时许，姜某又欲实施抢劫，在该市区较为偏僻的街道寻找作案目标，遇到回家途中的被害人周某进入一胡同内，姜某便尾随其进入胡同从背后捂住周某的嘴，并持尖刀威胁周某交出钱物，因周某大声呼救并当场叫出被告人的名字（被害人与被告人在打工时认识），被害人周某的家人及邻居听到呼救声跑出来，姜某见有人跑过来，便放开周某逃离现场，后姜某被公安机关抓获。

问：姜某的行为是抢劫未遂还是中止？

第九章　故意犯罪过程中的停止形态

自测题

下列哪些选项是错误的？（　）

A. 甲、乙二人合谋抢劫出租车，准备凶器和绳索后拦住一辆出租车，谎称去郊区某地。出租车行驶到检查站，检查人员见甲、乙二人神色慌张便进一步检查，在检查时甲、乙意图逃离出租车被抓获。甲、乙二人的行为构成抢劫（未遂）罪

B. 甲深夜潜入某银行储蓄所行窃，正在撬保险柜时，听到窗外有响动，以为有人来了，因害怕被抓就悄悄逃离。甲的行为构成盗窃（未遂）罪

C. 甲意图杀害乙，经过跟踪，掌握了乙每天上下班的路线。某日，甲准备了凶器，来到乙必经的路口等候。在乙经过的时间快要到时，甲因口渴到旁边的小卖部买饮料。待甲返回时，乙因提前下班已经过了路口。甲等了一阵儿不见乙经过，就准备回家，在回家路上因凶器暴露被抓获。甲的行为构成故意杀人（未遂）罪

D. 甲意图陷害乙，遂捏造了乙受贿10万元并与他人通奸的所谓犯罪事实，写了一封匿名信给检察院反贪局。检察机关经初查发现根本不存在受贿事实，对乙未追究刑事责任。甲欲使乙受到刑事追究的意图未能得逞。甲的行为构成诬告陷害（未遂）罪

六、犯罪着手的认定

案　例

（一）案情简介

被告人黄某，男，24岁，某机电厂工人。一天下午3时许，黄某因换工作服与本厂工人刘某发生口角，并互相厮打，被在场工人拉开后，黄某便产生杀害刘某之念。随即回家，将准备炸鱼用的三枚手榴弹带在身上。在返回机电厂的途中，将某村拖拉机截住，逼着司机送其到厂。拖拉机行至机电厂附近时，司机张某弃车跑掉。黄某跑到机电厂碰见本厂保卫干部李某、孙某，黄某扬言要刘某下跪赔礼道歉就算拉倒，否则就将他炸死。说完，黄某跑向刘某的车间，到车间寻找刘某未见，便在车间门口等刘某，并将两枚手榴弹盖打开，将引爆环分别套在两只手的手指上。由于工厂保卫部门立即组织力量，在对被告开展政治攻势和宣传政策的情况下，黄某于下午6时20分交出手榴弹，被捕归案。

(二) 问题

司法实践中如何认定犯罪的着手？

(三) 学理分析

犯罪实行行为的着手是颇具争议的刑法理论问题，司法实践中对复杂案件的"着手"认定倍感棘手。实行行为的着手涉及预备犯与未遂犯、预备阶段的中止与实行阶段的中止的界定问题。因此，准确界定实行行为着手的内涵、特征，科学地概括出一般犯罪实行行为着手的标准尤显重要。

如何认定"着手"？学界有主观说、客观说、折中说等诸说之争。由于犯罪行为的复杂性，迄今为止，对于如何认定犯罪的着手尚未形成一种通说。审判实践中对于着手的认定，应根据主客观相统一的原则，具体案件具体分析。主观上，行为人实行具体犯罪的意志已经直接支配客观实行行为并通过后者开始充分表现出来，而不同于在此之前预备犯的意志。客观上，行为人已开始直接实行具体犯罪构成客观方面的行为，这种行为已不再属于为犯罪的实行创造便利条件的预备犯罪的性质，而是实行犯罪的性质，这种行为已使刑法所保护的具体权益初步受到危害或面临实际存在的威胁。着手实行犯罪是客观的犯罪实行行为与主观的实行犯罪意图相结合的产物和标志。这两个主客观基本特征的结合，从犯罪构成的整体上反映了着手实行犯罪的社会危害性及其程度，也给认定着手实行犯罪提供了一般标准。

"着手"不是犯罪预备阶段的预备行为的终了行为，而是犯罪实行阶段的开始或起点，实行行为是指刑法分则规定的犯罪构成客观方面的行为，因此，"犯罪实行行为的着手"就是开始直接实施刑法分则规定的具体犯罪构成客观方面的行为。由于我国刑法对犯罪的实行行为规定不同，因此，对单一的实行行为来说，行为人实施中最初的动作就是实行行为的着手；对手段行为与目的行为结合而成的双重的实行行为，行为人开始实施第一行为即手段行为就是犯罪的着手。

本案中，被告人黄某携带杀人凶器前去杀人，但因未见到被害人而被制止，其杀人行为是否已经着手？我们认为并未着手。因为杀人行为是以非法剥夺他人生命为内容的，所以杀人行为总是针对一定被害人的，也只有针对一定的被害人才谈得上实行杀人行为。而在本案中，被害人不在场，黄某的杀人行为也就无从实行。因此，其杀人行为显然没有着手。再从预备行为与实行行为的区分上来看，实行行为是预备行为的继续与发展。在杀人案件中，准备杀人工具属于杀人预备，寻找被害人同样属于杀人预备。只有找到了被害人，才能动手杀人。因此，黄某的行为属于未着手。

第九章 故意犯罪过程中的停止形态

案例讨论

李某，男，17 岁；刘某，男，16 岁。2002 年 10 月 15 日傍晚，李某和刘某在涪陵城玩耍。他们两顿没吃饭了。饥饿难忍的李某叫刘某去讨钱来吃饭。刘某不得已装成乞丐去向过路人讨钱。结果一分钱没讨到，二人愁眉苦脸。此时，百般无奈的李某产生了抢劫出租车司机的念头。他悄悄对刘某说："我们饿着也不是办法，只有冒险找钱！""咋个冒险？"刘某迫不及待地问。李某说："今晚我们乘出租车到南沱，然后在车上抢司机。"刘某心里一怔，但想到没有钱的滋味也就答应了。于是，二人研究了抢劫方案。

李某又叫刘某找两根木棒，到时打不赢就用木棒敲司机的头。不一会儿，刘某在某建筑工地上找来了两根大木棒。二人商量只要一根木棒就行了。于是扔了一根。当晚 9 点左右，李某二人来到党校门前招出租车。李某说："司机个头儿大的不坐，最好选个头儿小的司机。"连续招了三辆车，都因司机个头儿大没敢坐，招到第四辆车的司机个头儿小，讲好乘车费 40 元。然后按分工二人坐上了车。车开到新车站时，司机问："你们带身份证没有？桥头要检查。"李某回答："没有！"司机说："马上到武装检查站了，怎么办？"李某说："你把车开到乌江大桥那边等我们，我们下车走路过去，然后上车再走。"司机没同意，径直将车开到乌江大桥武装检查站。李某二人被武装警察拦住，依法询问"你们是干什么的？去哪里？干什么事……"李某二人的答话牛头不对马嘴，矛盾百出，神色慌张，警方当即从李某、刘某身上搜出刀子两把。李某二人被带到了刑警大队，如实交代了预谋准备抢劫的经过。

问：对李某、刘某二人应如何定罪处罚？

自 测 题

下列哪些行为，可以认定为犯罪未遂中的"已着手实行犯罪"？（　　）
A. 盗窃犯将手伸进乘客的口袋
B. 将毒药放入饮用水中并端给欲害之人
C. 提刀在电影院里寻找仇人
D. 守候在被害人必经之处意图杀害

七、犯罪未得逞的认定

案　例

（一）案情简介

被告人贾某，男，30岁，原系某公司职工。2017年10月，被告人写信给当地一专业大户，"借3万元钱给我买汽车，3日后下午3时30分你一人到公园假山处找我，如果不来或带其他人来，小心你的女儿。"3日后被告人按自己定的时间来到某公园，远远看到假山旁有一人提包在等人，在他试图接近该人时，发现公园内游人较多，且假山附近常有人出现，于是，被告人在公园内转了2至3个小时，终未能接近该人，最终放弃，走到公园门口处被公安机关抓获。

（二）问题

犯罪未得逞应如何认定？

（三）学理分析

本案在审理过程中存在三种意见。第一种意见认为，被告人的行为不构成犯罪，因为被告人既没有实施勒索钱财的行为，也没有实施加害被害人女儿的行为，没产生严重社会危害性，属于情节显著轻微，不构成犯罪。第二种意见认为，被告人的行为属于自动放弃犯罪行为实施，因为他可以接近或接触被害人，却基于自己的意志，经2至3个小时的考虑，终于放弃，有效地防止了犯罪结果的发生，符合我国刑法关于中止犯罪的规定，故被告人的行为属于犯罪中止。第三种意见认为，被告人因作案现场的不利情况放弃了犯罪行为，是基于客观上的不利因素不得已而被迫放弃的，根据我国刑法的规定被告人的行为属于犯罪未遂。笔者认为，对上述案件的正确定性，关键看贾某的敲诈勒索是否得逞，如果已经得逞，就是既遂，如果没有得逞，就是未遂。

犯罪未遂是一种在司法实践中最为常见的犯罪未完成形态，准确界定犯罪未遂形态中"犯罪未得逞"的具体认定标准，具有重要的实践指导意义。

根据我国的刑事立法和刑法理论，"犯罪未得逞"是犯罪未遂与犯罪既遂相区别的显著标志。但是，对于"犯罪未得逞"的含义或标准，我国刑法学界存在不同看法，主要有以下三种观点：

第一种是"犯罪结果未发生说"。有人认为，犯罪未遂只存在于发生物质性危害结果的犯罪中，"犯罪未得逞"是指犯罪行为没有产生法律规定的犯罪

第九章　故意犯罪过程中的停止形态

结果，犯罪结果是否发生是犯罪未遂与犯罪既遂相区别的标志。犯罪结果未发生的为犯罪未遂，犯罪结果发生的为犯罪既遂。也有人认为，犯罪结果是所有犯罪构成的必要要件，有物质性结果和非物质性结果之分，"犯罪未得逞"是指犯罪人所追求的、受法律制约的危害结果没有发生。第二种是"犯罪目的未达到说"。有人认为，"犯罪未得逞"是指犯罪人主观上的犯罪目的没有达到，即犯罪人希望发生的结果没有发生。也有人对此表述进行了一定的限制，认为"犯罪未得逞"是指行为人希望发生物质性犯罪结果的目的没有实现。第三种是"犯罪构成要件未齐备说"。有人认为，犯罪既遂是指齐备了犯罪构成的全部要件，因此犯罪构成要件是否全部具备是区分犯罪既遂与犯罪未遂的标志。"犯罪未得逞"就是指犯罪行为没有齐备具体犯罪构成的全部要件。

以上三种观点中，"犯罪目的说"是主观说，"犯罪结果"说是客观说，"犯罪构成说"是主客观相统一说。"犯罪结果未发生说"的主要缺陷，在于它不能适用于结果犯之外的行为犯等犯罪形态，即虽然有不少犯罪是以法律规定的犯罪结果的发生与否区分犯罪完成与否的，但犯罪结果的是否发生，还不能作为一切犯罪既遂与未遂的区分标志，如生产、销售有毒有害食品罪是行为犯，不能以出现危害他人身体健康的结果为既未遂的标志。"犯罪目的未达到说"的主要缺陷在于，它有以犯罪行为人的主观认识替代犯罪构成要件作为区分犯罪既遂与未遂的标准之嫌，有一些犯罪也不能以犯罪人的目的是否实现作为得逞的标准。例如《刑法》第243条规定的诬告陷害罪，犯罪人的目的是使他人受到刑事追究，显然不能以这一目的是否达到作为诬告陷害的未遂标准。"犯罪构成要件未齐备说"比较科学，它是我国刑法中区分各种犯罪形态之犯罪既遂与未遂标准的科学概括，能够全面地贯彻到以法定的危害结果的发生、法定的行为的完成、法定的危险状态的出现等为犯罪未遂与既遂区分标志的犯罪中。

根据"犯罪构成说"，我们可以把犯罪未得逞概括为以下三种情况：（1）刑法分则明确规定以一定的物质性的犯罪结果作为其犯罪构成的客观要件的结果犯，应以法定的犯罪结果是否发生，作为犯罪是否得逞的标志，例如，故意杀人罪，刑法分则规定以死亡发生作为其完成的标志。行为人实施了杀人行为但没有造成死亡结果的，就是杀人未遂。（2）刑法分则规定以完成一定的行为作为其犯罪构成要件的客观要件的行为犯，以法定的犯罪行为是否完成，作为犯罪是否得逞的标志。例如，生产、销售有毒有害食品罪，只要在食品中添加有害物质，无论该食品是否卖出去、他人是否食用、有无造成严重的危害结果，行为人都构成犯罪既遂。（3）刑法分则规定以造成某种危害结果的危险状态作为其犯罪构成的客观要件的危险犯，以是否造成了某种危险状态，作为犯罪是否得逞的标志。例如，我国刑法规定的破坏交通工具罪，只要破坏行为足以使交通工具发生倾覆、毁坏的危险，尚未造成严重后果的，就是犯罪既遂。因此，在认定这种犯罪是否得逞时，要注意查明其犯罪行为是否足以造成某种危害结果的危险状态。

在上述敲诈勒索案中，判断行为人贾某的行为是否得逞，首先要看敲诈勒索罪是结果犯还是行为犯或者是危险犯。根据刑法的规定，敲诈勒索罪是结果犯，只有敲诈勒索的财物价值达到"数额较大"或虽未达到"数额较大"但属于多次敲诈的，才构成敲诈勒索罪的既遂。2013年4月，最高人民法院、最高人民检察院《关于办理敲诈勒索刑事案件适用法律若干问题的解释》第1条规定：敲诈勒索公私财物价值2000元至5000元以上的，为"数额较大"；其第2条规定：敲诈勒索公私财物，具有下列情形之一的，"数额较大"的标准可以按照本解释第1条规定标准的50%确定：（1）曾因敲诈勒索受过刑事处罚的；（2）1年内曾因敲诈勒索受过行政处罚的；（3）对未成年人、残疾人、老年人或者丧失劳动能力人敲诈勒索的；（4）以将要实施放火、爆炸等危害公共安全犯罪或者故意杀人、绑架等严重侵犯公民人身权利犯罪相威胁敲诈勒索的；（5）以黑恶势力名义敲诈勒索的；（6）利用或者冒充国家机关工作人员、军人、新闻工作者等特殊身份敲诈勒索的；（7）造成其他严重后果的。其第3条规定：2年内敲诈勒索3次以上的，应当认定为《刑法》第274条规定的"多次敲诈勒索"。因此，本案中贾某的行为是犯罪未得逞。

案例讨论

被告人杨某，女，28岁，某木材加工厂女工；被告人张某，男，30岁，某个体户老板；被告人钱某，男，26岁，某医院司药。杨某与张某长期通奸，为达到结合为夫妻之目的，预谋杀害杨某的丈夫王某。他们共同商定由张某设法搞来毒药，由杨某伺机下毒。张某找到在医院工作的钱某要砒霜。钱某问张某干什么，张某讲出真情，钱某拒绝。张某便以揭发钱某的隐私相要挟，钱某无奈，给张某一包硫酸铜（一种会引起呕吐而不会致命的药物），张某将药交给了杨某。某日，杨某在王某的饮食中下了药，王某吃后翻胃呕吐，十分痛苦，杨某观察了一段，见王某仍在痛苦之中，便后悔，遂急忙送王某到医院抢救，王某很快恢复了健康。

问：对于本案中的杨某、王某和钱某的行为应如何处理？

第九章 故意犯罪过程中的停止形态

自测题

对于犯罪未得逞，下列哪些说法是正确的？（ ）

A. 未发生任何结果
B. 未实现犯罪目的
C. 犯罪行为未实行终了
D. 未具备某一具体犯罪的构成条件

八、不能犯未遂的认定与处理

案 例

（一）案情简介

被告人张某，男，25 岁，于某日凌晨 3 点，从自家携带一把改制的螺丝刀窜入某市聋哑学校，意图强奸女学生。张某把学校教学楼后第 2 排学生宿舍的第四间房门撬开，见里面没人，又将第 6 间房门撬开。开门后，见床上睡着 1 人（男，12 岁），误认为是女生，便用双手掐住被害人的脖子，企图掐昏后实施强奸，被害人反抗挣扎滚到地上，张某仍不松手，直至将被害人掐昏停止挣扎后，张某将被害人抱到床上，脱掉其长、短裤，正欲行奸时，发现其为男性，便将被子盖在被害人的身上离去。被害人窒息死亡。

（二）问题

不能犯未遂应如何认定与处理？

（三）学理分析

在刑法理论上，以实际上能否构成犯罪既遂为标准，可分为能犯未遂和不能犯未遂。所谓能犯未遂，是指行为人已经着手实行刑法分则规定的特定犯罪构成要件的行为，并且这一行为实际上有可能完成犯罪，但由于行为人意志以外的原因而使犯罪未能达到既遂状态的犯罪未遂形态。例如，甲用枪向乙射击，意欲打死乙，但由于其枪法不准，未能击中乙，乙见状得以逃脱。所谓不能犯未遂，是指行为人已经着手实行刑法分则规定的特定犯罪构成客观要件的行为，但由于对行为事实的认识错误而在客观上使其不可能完成犯罪，因而不能达到既遂状态的犯罪未遂形态。其中，又可以分为两种情况：一是工具不能犯未遂，即犯罪分子使用了按客观性质不能产生犯罪分子所追求的犯罪结果的工具，以致犯罪未得逞。例如，把白糖当作砒霜毒人，在任何情况下都绝不可能发生死亡结果。二是对象不能犯未遂，即犯罪分子行为所指向的对象当时并不存在，或因具有某种属性而不能达到犯罪既遂。例如，误以兽为人而开枪射击，不可能达到杀人既遂。

从外国立法例来看，有相当一些国家的刑法未明文规定不能犯未遂问题，但也有些国家的刑法在犯罪未遂中明文规定了不能犯未遂问题。这些规定大体上可以分为三种情况：第一种情况是规定不能犯都是犯罪未遂，都要按犯罪未遂处罚。例如《罗马尼亚刑法》第20条第2款规定："由于力所不及、所用手段不力或犯罪实施终了而犯罪分子所追求的标的不在其所预料的地点，以致犯罪不能得逞的都是未遂。"第二种情况是规定不能犯未遂不予处罚。例如1968年《意大利刑法》第49条第2款规定："因行为不致发生所期之危险结果或因缺乏犯罪之对象，而无发生侵害或危险之可能者，不罚。"第三种情况是规定不能犯未遂得减免处罚。例如1971年修正的《瑞士刑法》第23条规定："行为人实行重罪或轻罪所采之手段或客体不能完成重罪或轻罪者，法官得自由裁量减轻其刑。"

我国刑法对不能犯未遂没有加以规定，但在刑法理论上一般都承认不能犯未遂，那么，不能犯未遂负刑事责任的根据何在？或者说，既然不能犯因犯罪工具或者犯罪对象的性质而不能发生既遂的危害结果，为什么还要追究不能犯未遂的刑事责任呢？我国刑法理论认为，罪过和犯罪行为的统一，构成行为人负刑事责任的完整根据，不能犯未遂具备刑事责任这种完整的主客观根据。在工具不能犯的未遂中，行为人主观上具备明显的犯罪故意并外化为行动；从客观上看，虽然由于行为人所误选的犯罪工具的性质而使得行为缺乏完成犯罪和达到既遂的性质，但是这种行为是与行为人的犯罪意识和意志密切联系在一起并受其支配的，因而从主客观统一上看，这种行为具备严重危害社会的犯罪性质和犯罪构成要件。在对象不能犯的未遂中，行为人主观的犯罪故意和客观的犯罪行为的共同具备和紧密结合更是显而易见的。不能犯未遂与能犯未遂一样，都是同时具备了主观罪过和客观犯罪行为这两个犯罪构成中最基本的因素，二者的完全具备和统一，决定了不能犯未遂也具有相当程度的社会危害性。这种主客观要件的统一及其所决定的行为的社会危害性，就是不能犯未遂构成犯罪及追究行为人刑事责任的科学根据。但与能犯未遂相比，在大多数场合，不能犯未遂非但不会产生犯罪结果，也不会造成任何实际危害。在一般情况下，能犯未遂往往比不能犯未遂具有更大的社会危害性。因此，未遂的这种分类对量刑具有一定的意义，对能犯未遂一般应较不能犯未遂从重处罚。

在本案的审理中，对于张某的行为应当如何定性，存在两种不同意见。一种意见认为，张某的行为构成故意伤害（致人死亡）罪。理由是：从张某的行为所侵犯的客体看,显然他是想强奸,但对男性不存在强奸的问题。所以,其侵犯的客体不是妇女的人身权利。从张某的主观方面看,他是要把人掐昏,这属故意伤害。张某实施了这种行为,导致了死亡的结果,因此是故意伤害致死。另一种意见,除同意上述对男性不存在强奸问题的意见外,认为张某的行为是间接故意杀人。因为张某应当预见到掐脖子不但可以致人昏迷,而且可能致人死亡,但张某放任可能死亡的结果发生。这两种观点对本案的定性都是错误的,其错误就在于没有认识到张某的行为具有强奸的性质,对象不能犯并不能否认张某行为的强奸性质,只不过未遂而已。而且伤害致死的后果也是由于强奸的暴力行为所造成的。对张某的行为以强奸罪定性是恰如其分的。所以,在司法实践中,不能犯未遂(包括对象不能犯未遂与工具不能犯未遂)是具有现实意义的。

甲决意杀害乙及其家人,就在回家的路上买了7个馒头,在自己家中将7个馒头和上一些老鼠药,然后将7个馒头送给乙,乙和家人一起食用了该馒头,但并没有出现任何健康问题。原因是馒头上的老鼠药失效且剂量过少,导致行为不可能得逞。

问:甲的行为该如何处理?

自测题

关于犯罪未遂,下列哪些说法是正确的?( )

A. 甲为了杀乙而向乙的水杯中投毒,但因误把碱面当毒物,因而未将乙毒死。甲的这种行为属于手段不能犯未遂

B. 甲捏了一个面人,上写着乙的名字,放在灶台上,每次做饭时都用开水将面人浇一次,希望用这种方法致乙死亡。甲的行为属于手段不能犯

C. 甲为杀乙追踪乙至天黑,见乙在一个地方蹲下,便悄悄走过去对着一个黑影开了一枪,后发现被打的是一头猪。甲的行为属于对象不能犯未遂

D. 甲想杀乙。一天,甲见乙在家睡觉,便照乙身上连开两枪。后经鉴定,甲开枪时,乙已因心脏病死亡。甲的行为属于客体不能犯未遂

九、犯罪分子意志以外的原因的认定

（一）案情简介

胡某在村外一偏僻处看见同村妇女李某路过，顿生歹念。于是胡某用毛巾将自己的脸蒙住，从李某身后抄去。将李某按倒在地欲施暴。遭李某奋力反抗，在反抗过程中，将胡某蒙在脸上的毛巾扯下，并抬起上身。胡某忙用手捂住自己的脸，意欲逃避。但被李某认出，并拖住胡某大骂。胡某见事已败露，便跪在地上，请求李某宽恕。后李某到当地公安机关报案，胡某被抓获归案①。

（二）问题

对胡某的行为应如何认定？

（三）学理分析

本案在审理中对胡某的行为认定存在两种分歧意见。一种意见认为胡某的行为属未遂。因为胡某不是在犯罪过程中自动放弃犯罪，而是由于李某的强烈反抗以及被李某认出的意志以外的原因而被迫停止犯罪。另一种意见认为胡某的行为属犯罪中止。因为李某的反抗程度以及被李某认出的胡某意志以外原因并非我国刑法规定的因罪犯意志以外的原因。胡某意志以外的原因在本案中只提供了胡某停止犯罪的可能性，而非必然性。决定胡某放弃犯罪的不是李某的强烈反抗等原因，而是胡某在上述原因的推动下产生的放弃犯罪的主观意志。以上两种意见分歧的焦点在于，胡某是因本意自动中止犯罪还是意志以外的原因而放弃犯罪。这就涉及对意志以外原因的理解，这也是区分犯罪未遂与犯罪中止的关键。

刑法理论上，以犯罪人在停止犯罪活动时存在两种截然对立的主观心理状态而区分为未遂犯与中止犯。未遂犯是面对自己无法克服的阻力，被迫停止犯罪，或者使得犯罪未能完成，而中止犯则是出于内心的意志选择而自动放弃犯罪，使犯罪没有完成。

在我国刑法学界，对于意志以外原因的理解不尽相同。有的认为仅指客观情况的意外变化，如被害人的发现、犯罪工具的不利影响、自然力的阻碍等；

---

① 资料来源于中国法院网。

第九章　故意犯罪过程中的停止形态

有的认为还包括有碍犯罪既遂的主观因素，如被害人的反抗、第三者的抓捕等。还有的人认为也包括犯罪分子本人方面的原因，如认识错误、犯罪技能低劣等。以上几种观点都有一定道理，但均不够全面。

所谓意志以外的原因，是指违背犯罪人完成犯罪的意志，并能够阻止犯罪行为达到既遂状态的各种主客观因素。犯罪分子意志以外的原因，应该具备质和量两个方面的特征，从质上来说，只有那些违背犯罪分子本意的原因才能成立。在这一点上，就把犯罪分子意志以外的原因与犯罪分子意志以内的原因加以区别；据此，就可以原则上把出行为人本人不完成犯罪的意志而自动放弃犯罪或自动有效地防止犯罪结果发生的情形予以排除，因为在这种情形下，犯罪未得逞不是由于犯罪分子意志以外的原因，而是由于行为人本人的意志所决定的。从量上来说，必须达到足以阻碍犯罪分子继续实行犯罪的程度。因此，犯罪分子意志以外的原因应该对行为人的犯罪意志具有障碍、遏制功能，并起到阻止行为人将犯罪意志付诸实施的作用。因此，有些犯罪分子遇到一些轻微的阻碍因素，例如在抢劫中遇到熟人、在强奸中由于被害人请求等，犯罪分子就中止了犯罪，应该认为是犯罪中止，而不能认为是犯罪未遂。

在司法实践中，所谓犯罪分子意志以外的原因，概括起来大体上有以下几种：

1. 行为人以外的客观原因

行为人以外的客观原因具体包括：（1）遭到被害人强有力的反抗。例如抢劫犯在实施抢劫时，被对方制服而丧失继续侵害能力。（2）遭到第三者的制止或政法机关的拘捕。例如杀人犯在举刀砍杀时，被在场的其他人夺下凶器。（3）被害人有效的逃避。如犯罪分子在实施杀人行为时已砍伤被害人仍持刀追赶，被害人躲入室内报警，而使其未能将犯罪实施完成。（4）受到自然力的破坏。如纵火犯点燃房屋刚离去，适逢天降暴雨将火浇灭。（5）时间地点使犯罪难以继续进行。如盗窃犯进入某仓库，但仓库里空空如也。（6）遇到了难以克服的物质障碍。如犯罪人无法撬开保险柜等。

2. 行为人自身的客观原因

行为人自身的客观原因，是指因行为人能力、力量、身体状况、技能、经验等，对完成犯罪发生不利的影响，致使行为人不能完成犯罪。如因行为人智能低下、犯罪技术拙劣、在企图骗取保险金时编造的谎言漏洞百出、被工作人员识破而抓获等，致使未能完成犯罪的；盗窃时撬保险柜，不知保险柜的结构，无法将柜打开的；在持枪杀人时，临场紧张，无法射中，未能将杀人行为进行到底的；或者在实施犯罪时身体突然不适、患病、体力不济，致使犯罪活动无法继续进行的；等等。在这些情况下，行为人犯罪的意志并没有放弃，但由于事实上不具备或者已经丧失了犯罪能力,而不得不停止犯罪行为。

3. 行为人主观上的认识错误

主观上的认识错误,是指导致犯罪未能完成,是因主观上对外界客观事实的不正确理解造成的。通常理论上称为"事实上认识错误"。具体来说,主要包括以下几种情形:(1)对侵害对象的认识错误。是指当行为人着手实行犯罪时,犯罪行为所指向的具体的人或物,并不在行为的现场,而行为人却以为要侵害的对象存在。例如,故意杀人时,误以为室内有人而开枪,而当时室内并无人,或者误把尸体当活人、误把牲畜当作人来实施杀人行为,这些情况都不可能发生致人死亡的结果。(2)对使用的工具的认识错误。这是指犯罪人误把不能完成犯罪的工具当作犯罪工具来使用。如误把食盐当毒药、误用没有子弹的空枪杀人等,不能造成他人死亡的结果。这种意志以外的原因,是行为人对工具选择的错误。(3)对因果关系的认识错误。是指特定的犯罪结果并未发生,而行为人却误认为已经发生,停止犯罪活动的情况。如误将他人的昏迷视为死亡;又如将被害人推下悬崖,认为其必死而离去,但被害人却因挂在树上而未摔死等。(4)对犯罪时周围客观环境的认识错误。是指在行为人着手实行犯罪时,周围的客观环境本来并不足以阻止犯罪的完成,但行为人却由于错误认识而停止继续犯罪。如行窃时,看到窗户外有影子晃动,误认为被发现而逃走,实际上是风吹的树影。也就是说,这种客观方面的障碍是否实际存在,不影响未遂的成立,所以即使客观上并不存在障碍,而行为人误认为存在障碍而放弃犯罪的,这种事实认识错误导致的未得逞,并不影响犯罪未遂的成立。

简言之,在上述种种情况下,并非行为人"能为而不为",而是"想为而不敢为之"或者"无能力为之",即是出于意志以外的原因。

在本案中,胡某在偏僻处看见他认识的同村妇女李某,顿生强奸歹念。在实施暴力强奸过程中,因被害人李某的奋力反抗,使胡某不能顺利实施其犯罪目的。李某的反抗完全出乎胡某的预料,阻止了胡某的犯罪意图,从客观上李某的反抗达到了一定程度,即将蒙在胡某脸上的毛巾扯下,并抬起上身,使胡某不能实施强奸行为,他的目的也不能得逞。胡某见犯罪不能得逞,就捂着脸欲逃跑,可见,胡某放弃犯罪并不是通常我们所说的因发现强奸的对象是熟人而自动放弃强奸行为,而是胡某明知是熟人却继续实施犯罪行为,没有主动放弃犯罪的丝毫念头,在实施不了强奸行为时,才产生恐惧心理欲逃走。所以说,胡某的行为是犯罪未遂而非犯罪中止。

第九章 故意犯罪过程中的停止形态

案例讨论

林某因孙某曾经向有关部门举报其非法行医一事而产生不满心理。2017年9月4日晚，林某酒后携带火柴和汽油来到孙某居住地，欲对孙某居住的房屋实施放火。当林某站在该房屋东侧的简易仓房上，准备向房屋的顶部攀爬时，因踩破仓房的瓦片而从简易仓房的顶部跌落下来，林某遂离开现场。

问：林某的行为应如何处理？

自测题

下列哪种情形属于"意志以外"的原因未得逞？（　　）

A. 甲正在入户抢劫乙时，忽闻警车鸣笛而来，以为被害人曾打电话报警，招来了警车，连东西都没来得及拿就慌忙离去。其实，警车只是路过而已

B. 甲正在入户抢劫乙，忽闻警车鸣笛呼啸而过。警车远去后甲的心情仍然不能平静，感到害怕。向被害人赔礼道歉后离去

C. 甲把乙打昏后丢入很深的河水之中离去，以为乙必死无疑。适逢过路的人将乙救起

D. 甲正在撬一保险柜时，忽然同伙打来电话，告知该保险柜中没有值钱的东西。甲便放弃撬该保险柜而离去。其实，保险柜中有50万元现金

第十章　共同犯罪

共同犯罪是指二人以上共同故意犯罪。共同犯罪分为一般共犯和特殊共犯即犯罪集团两种。一般共犯是指二人以上共同故意犯罪。特殊共犯是指三人以上为共同实施犯罪而组成的较为固定的犯罪组织。组织、领导犯罪集团进行犯罪活动的，或者在共同犯罪中起主要作用的，是主犯。对组织、领导犯罪集团的首要分子，按照集团所犯的全部罪行处罚。在此之外的主犯，应当按照其所参加的或者组织、指挥的全部犯罪处罚。共同犯罪人除主犯、从犯、胁从犯之外，还有教唆他人犯罪的教唆犯。对于教唆犯，应当按照他在共同犯罪中所起的作用处罚。教唆不满18周岁的人犯罪的，应当从重处罚。如果被教唆的人没有犯被教唆的罪，对于教唆犯，可以从轻或者减轻处罚。二人以上共同过失犯罪，不以共同犯罪论处，应当负刑事责任的，按照他们所犯的罪分别处罚。

一、共同故意的认定

案　例

（一）案情简介

被告人甲，男，22岁；被告人乙，男，56岁，甲之父。2003年2月24日晚8时许，被害人邰某和其朋友孙某、施某等人在去歌厅的路上，孙某说路边的王某（乙的个体旅社的服务员）骂他们，遂跑过去打起来，邰某等人也跟了过去。被告人乙得知王某在本市新汽车站带客时被人殴打，即赶到事发地，拽住无故殴打王某的孙某，孙某被邰某解脱之后逃走。乙又拽住邰某要去派出所讲理，双方发生纠缠。甲听说王某被人殴打，其父去劝架又被打，便顺手拿了匕首放在口袋子里，赶到现场。甲被邰某等人围住，甲掏出匕首刺了邰某右腰背部、右前胸各一刀。邰某挣脱乙后，又被甲刺了一刀。经法医鉴定：邰某的胸部刺切伤致血胸失血性休克，须手术治疗，构成重伤。

（二）问题

二被告人的行为是否成立共同故意？

(三) 学理分析

我国《刑法》第 25 条第 1 款规定："共同犯罪是指二人以上共同故意犯罪。"共同犯罪的共同故意不是单独犯罪故意的简单相加，而是互相有机联系在一起，具有通谋的性质，也就是具有共同犯罪的意思联络。行为人通过意思联络，知道自己是和他人相互配合共同实施犯罪，认识到他们的共同犯罪行为会发生什么样的危害结果，并且希望或者放任这一危害结果的发生。共同的犯罪故意，包括两方面内容：一是各个共犯均有相同的犯罪故意；二是各个共犯之间有意思联络。

各个共犯均有相同的犯罪故意，是指各个共犯都对同一罪或数罪持有故意。这种故意同样包括认识因素和意志因素。就其认识因素来说，主要内容包括：一是各个共犯人都预见到自己的行为和他们的共同行为的性质和危害社会的结果；二是各个共犯人都预见到自己的行为和他们的共同行为与共同犯罪结果之间有因果关系。就其意志因素来说，主要内容包括：一是各个共犯都是经过自己的自由选择，决意和他人共同实施犯罪的；二是各个共犯对自己的行为和他们的共同行为会造成的危害结果，都是抱着追求或放任发生的心理态度。也就是说行为人不但明知自己的行为会危害社会，也都知道是在和别人一道实施这一行为；所有行为人的主观意向具有一致性，都是朝着同一个特定的犯罪事实或结果展开。尽管共同故意的一致性联系在实际上往往存在程度上或表现形式上的差异，但并不影响共同故意的存在。就故意的类型而言，既可以是共同直接故意，也可以是共同间接故意，还可以是一方是直接故意，另一方是间接故意，只要是同一罪或数罪的故意，都可成立共同犯罪。

各个共犯之间有意思的联络，是指各个共犯的行为人主观上的犯罪故意相互沟通，彼此联络，都认识到自己不是在孤立地实施犯罪，而是在和他人一起共同实施犯罪。正是由于这种意思的联络，才使各个共犯的犯罪故意有了内在的一致性，才使各个共犯的行为形成一个有机、统一的整体。如果没有通谋，即便是客观上二人的共同行为造成某种危害结果，对其也不能以共犯来论。如甲、乙二人系某厂锅炉工。一天，甲的朋友多次打电话催其赴约，但离交班时间还有 15 分钟。甲心想，乙一直以来都是提前 15 分钟左右来接班，今天也快来了。于是，在乙到来之前，甲就离开了岗位。恰巧乙今天也有要事。乙心想，平时都是我去后甲才离开，今天迟去 15 分钟左右，甲不会有什么意见的。于是，乙过了正常交接班时间 15 分钟后才赶到岗位。结果，由于无人看管，致使锅炉发生爆炸，损失惨重。本案中甲、乙二人的过失行为确实具有联系，也正是二者行为的结合导致了危害结果的发生，但从主观方面看，二人的主观罪过都是过失，过失的主观特征决定了二人的行为无法产生通谋。因为在过失犯罪中，行为人在认识上并没有想到自己的行为会发生危害社会的结果，意志上并不希望也不放任危害结果的发生，而是对犯罪结果的发生没有预见或自信能够避免，这在认识上和意志上失去了通谋犯罪的基础。因为在过失犯罪中，行为人并没有积极、主动危害社会的意识，而要形成通谋，犯罪人对自己和他人的犯意都要有充分的认识，危害社会的意识也必然要外显化、主动化，这在过失犯罪的心理状态中是不存在的，所以只要一方是过失犯罪，犯罪人之间就不可能形成通谋，也就不可能构成基于共谋的犯罪。

本案在审理过程中争辩的焦点是，乙拽住受害人的目的是不是让甲用刀子戳，也就是说甲与乙是否存在共同故意。假如乙认识到自己拽住被害人的行为会致使被害人被刺死或被刺伤，则乙的行为无疑应与甲的行为共同构成故意伤害。综合全案我们可以得知，乙拽住被害人邰某的动机是到派出所讲理，而没有任何伤害受害人或等待其他人帮助伤害受害人的意图，也就是说，乙并未认识到自己的行为是在实施犯罪，而事实上其行为也根本不是犯罪。另外，在当时的情况下，行为人也不可能预见到甲会用匕首伤害被害人，由于现场有上百人围观，场面混乱，乙也根本不可能认识到甲持匕首的事实。这表明乙没有意识自己的行为是在配合他人实施犯罪，而且在当时的情况下也不可能认识到自己的行为会发生任何危害社会的结果，乙对被害人邰某的重伤所持的心理态度既不希望也不是放任，所以乙和甲不能成立共同犯罪。

案例讨论

被告人梁某，男，27岁，某县针织厂电工；被告人张某，男，23岁，某县针织厂合同工。2008年4月8日晚9时许，张某与该厂职工刘某、王某在宿舍聊天，谈到本厂哪一位姑娘最漂亮时，张某提出新来厂的徒工女青年孔某长得最好。这时，梁某也走了进来。张某即对梁某说："听说你这两天老拉着小牡丹（孔某）看电影，艳福不浅呀！"刘某也插话说："听说小牡丹还帮你洗过衣服，是不是真的？"梁某说："洗两件衣服算什么呀，凭咱哥们的本事，想玩她（指发生两性关系）还不是很容易的事。"张某马上接着说："你别吹牛了，看看电影、洗洗衣服还差不多，玩她恐怕就不那么容易吧？"梁某说："你要不信，敢不敢和我打赌？"张某说："打赌可以，但要限定时间，10天以内你若能玩了她，我出500元请客。如果10天内未玩成，你就掏500元请客。"隔了几天后的周末晚上7时许，梁某从孔某的宿舍路过，孔某对梁某说自己宿舍的灯泡坏了，请梁某给找一个。梁某以找灯泡为由，将孔某骗到电工房内，然后又说要先弄点饭吃，让孔某坐着等一会。这时，孔某的姐姐回到宿舍见妹妹不在屋，就出来寻找，遇到张某即问有无看到孔某。张某回到宿舍，见梁某不在屋,即叫上刘某、王某来到电工房外。电工房亮着灯,张某即走了进去,见梁某和孔某在内,便以找点东西为幌子,对孔某笑了笑就走了。出屋后,张某即拉着刘某和王某躲在电工房外,偷听梁某和孔某的行动。孔某见梁某迟迟不给灯泡,便要起身离开,梁某立即上前将孔某拽回屋,反手把门一关,抱着孔某要求发生关系。孔某反抗说:"想不到你这么坏,你这不是害我吗?你就不怕坐监房吗?"梁某说:"现在就顾不了那么多了,我喜欢你就要得到你,该坐牢就坐牢吧。"边说边采取强制手段,不顾孔某的极力反抗和苦苦哀求,将孔某强行奸污。上述情况,张某与刘某、王某在屋外都听见了,并悄悄溜回了宿舍。隔了一会,梁某回到宿舍即对张某说:"我赢了,快拿钱来。"张某说:"你做的事我们都知道了,你还敢要钱?她姐姐正在到处找她,万一出了事,你就得倒大霉了。赶快休息吧,如果告发了,我们帮你证明今天晚上一直未离开宿舍。"次日,孔某向公安局告发,后梁某如实供认了罪行。

问:本案在审理过程中,对于梁某应以强奸罪论处无任何异议。那么张某参与打赌的行为又该如何认定?能否成立共犯?

自 测 题

1. 下列哪些行为不构成共同犯罪?( )

A. 年满30周岁的甲一天到一家仓库盗窃,为保证安全,他拉上刚满15周岁的乙在路口望风。事后甲将盗得的赃物分给乙一部分

B. 一天夜里,甲到一家仓库盗窃,正行窃时,发现仓库的另一边有动静,他停下观察,发现乙也在仓库盗窃。甲未惊动乙,拿起盗得的赃物,悄悄离开了仓库

C. 甲、乙、丙都是公安人员,甲与丙有隙。一天甲见丙从外边向屋内走来,趁乙不注意,将乙的手枪内压上子弹,然后鼓动乙与丙开玩笑。乙用枪与丙开玩笑,一枪打死了丙

D. 甲鼓动乙去丙家盗窃,乙到丙家后,见只有丙女一人在家,未实施盗窃而是强奸了丙女

2. 下列哪些情形成立共同犯罪?( )

A. 甲与乙共谋杀丙,但届时乙因为生病而没有前往犯罪地点,由甲一人杀死了丙

B. 甲在境外购买了毒品,乙在境外购买了大量淫秽物品,然后,二人共谋共雇一条走私船回到内地,后被海关查获

C. 甲发现某商店着火后,便立即对乙说"现在是趁火打劫的好时机,我们一起去吧!"乙便和甲一起到失火地点,窃取了商品后各自回自己家中

D. 医生甲故意将药量加大10倍,护士乙发现后请医生改正,医生说:"那个家伙(指患者)太坏了,他死了由我负责。"乙没有吱声,便按甲开的处方给患者用药,导致患者死亡

二、一方实行过限的共同犯罪如何定罪

(一) 案情简介

1. 2011年11月17日,江某邀好友胡某、孙某到其家中喝酒,席间,江某谈起邻村的高某办企业,钱比较多。三人商量向高某搞点钱花花,确定用绑架高某的方法向其家属勒索现金3万元,并作了具体的分工和准备。同月23日晚,江某将高某骗至某宾馆313房间,不久,胡某、孙某冲进房间扬言找高某要求还钱,并故意将江某放走。胡某、孙某即劫持高某至预先设定的地点,言谈中获悉高某比预先想象的还要富有,即商定将赎金提高至10万元,叫高某打电话到家中,告知务必将10万元在12小时内送到指定地点。高某家属报警,胡某、孙某在取款地被潜伏的公安人员抓获。根据二人的交代,公安机关在家中抓获了江某。

2. 甲、乙、丙三人预谋去丁家盗窃,晚上趁丁熟睡之机,三人进入丁家,按事先分工,由丙在门口望风,甲、乙入室翻钱,甲、乙二人从柜橱里翻出5万元人民币准备逃走时,丁被吵醒,甲在没征得乙、丙同意的情况下,当着乙的面用丁家床上的一把剪刀将丁头部扎伤,后甲、乙出屋叫上丙一起逃走。路上甲将扎伤丁的事实告知丙。

在审理此案的过程中,丙的行为构成事先预谋的盗窃罪,甲的行为属于实行过限,应定抢劫罪,这都没有争议。而对乙的行为是否属于实行过限,有两种截然不同的观点,一种观点认为乙的行为构成盗窃罪,因为甲、乙、丙共谋盗窃,乙按事先分工实施了盗窃行为,而在共同盗窃过程中,甲当场使用暴力用刀扎伤丁构成抢劫罪,但甲的行为超过了三人共同故意且是甲单独实施的,与乙无关,只能由甲个人负责,因此乙只对盗窃罪承担责任。第二种观点认为乙的行为构成抢劫罪,因为甲对丁实施暴力、用刀扎伤丁时乙就在现场,甲扎伤丁虽是临时起意,但乙对此并非全然不知,而是明知甲会把丁扎伤,却采取了希望或放任的态度,表明甲扎伤丁的行为并不违背乙的意志,甲、乙二人主观上有共同认识上的共同意志,因此,尽管乙没有亲自实施扎伤丁的行为,也应对此行为承担责任。

第十章　共同犯罪

（二）问题

1. 在共同犯罪中如何认定实行过限行为？
2. 在共同犯罪中对实行过限者应当如何处理？

（三）学理分析

　　类似的案例在司法实践中经常碰到，这就涉及共同犯罪实行过限的问题。所谓实行过限，又称共犯过限，是指实行犯实施了超出共同犯罪故意的行为。由于共同犯罪是由多个行为人共同进行的，而人又是高度主观能动性和丰富思维的动物，客观事物和环境的变化和发展随时可能调整着人的主观思想和客观行为，使之不断接受外部刺激，作出自己的反应。共同犯罪由二人以上构成，这一主体特征决定了并不是每个人都能在事先共谋的或者临时协议的范围内实施犯罪行为，而实行过限就是在这种条件下产生的。在实行过限的情况下，实行过限的行为人当然应对其犯罪行为承担刑事责任。那么，对没有实行过限行为的其他共同犯罪人，应如何处理呢？

　　对于实行过限，我国早在《唐律》中就有规定。如《唐律·盗贼》规定："其共盗，临时有杀伤者，以强盗论。同行人不知杀情者，止依窃盗法。"即只有参与共同犯罪而非谋议强盗者，对他人之临时起意杀人伤人，知情者，应负同一责任；如不知情仅负盗窃之罪责。虽然《唐律》此条款不是总则性规定，不具有普遍性，仅对个罪有规制意义，但其所体现出来的立法技术却无疑是先进的。在世界各国各地区的法律中，对实行过限也规定有一般性的处理原则。例如，《俄罗斯刑法》第 36 条规定："实行犯实施不属于其他共同犯罪人故意之内的犯罪，是实行犯的过度行为，对实行犯的过度行为，其他共同犯罪人不负刑事责任。"《泰国刑法》第 87 条规定："依犯罪之性质，犯罪人仅于其就犯罪结果之发生明知或有预见始负加重刑罚之责任者，其唆使人、宣传人、颁布人或从犯依加重刑罚之犯罪负责，亦以其就犯罪结果之发生明知或有预见为限。"在英国的刑法中，也有处理实行过限的一般原则。这个原则在 1966 年"皇家诉安徒森和莫里斯"一案的批注中得以充分地阐述："当两个人合谋从事一项犯罪时，彼此要对促成这项犯罪的行为负责，包括要对由此产生的意外结果负责。但是，如果其中一人超出了彼此同意的范围，另一人不能对这种未以同意的行为负责，要由每一个案件的陪审官具体断定。"[①]

　　我国刑法对于共同犯罪中的实行过限没有明文规定，但是依据我国刑法理论，行为人只有在对危害结果主观上有罪过的情况下才负刑事责任。而过限行

[①] 欧阳涛等：《英美刑法刑诉法概论》，中国社会科学出版社 1984 年版，第 78 页。

为超出了共同犯罪故意的范围,所以过限行为的实行犯与其他原共犯间不构成共同犯罪。实行过限与共同犯罪的本质差异,决定了过限行为的刑事责任只能由该实行犯承担,而其他共犯只承担共谋之罪的刑事责任,这种范围的不同体现了实行过限的特殊性。

1. 实行过限行为及其特征

(1) 客观方面,过限行为必须是独立于共同行为之外的行为。即过限行为与共同犯罪行为必须是两个分别受到刑法评价、在法律上具有独立意义的行为。而内含于共同犯罪行为之中或者仅仅表现为共同犯罪行为的具体行为方式的,不得视为过限行为。

(2) 主观方面,过限行为必须是共同犯罪故意之外的行为。即使某一实行犯临时起意实施了超出谋议范围的行为,其他共同犯罪人可以预先或者知悉、了解而未加阻止的,因其主观上系一种认可的态度,故也需承担责任。如案例2就是这种情况。甲扎伤丁虽是临时起意,但乙对此并非全然不知,而是明知甲会把丁扎伤,却采取了希望或放任的态度,表明甲扎伤丁的行为并不违背乙的意志,甲、乙主观上有认识上的共同意志,因此,尽管乙没有亲自实施扎伤丁的行为,也应对此行为承担责任。

(3) 共同犯罪行为所造成的过失后果,不存在实行过限。因为该过失后果是从属于共同犯罪行为的,在我国的刑法理论和实践中,只有量刑上的意义,而无定罪上的意义。

2. 实行犯超出共同谋议范围的其他行为,应视具体情况具体分析

实行犯是共同犯罪具体行为实施者,他们有着共同的犯罪意图,并且通过各自的行为将犯罪意图付诸实现。实行犯在主观故意上的特点之一就是对自己及其他共犯的行为及其社会危害性认识的联系性,这是确定实行犯刑事责任的主观要件。在共同犯罪中出现实行犯实施了超出共同的谋议范围的其他行为时,要注意以下几种情况:

(1) 如果其他实行犯自始至终不知道,说明其在主观上对这种行为没有罪过,则该行为属于共犯过限,其刑事责任由该实行犯独自承担,其他共犯只对共同谋议之罪承担刑事责任。例如,甲、乙共同入室盗窃,甲入里屋,乙在外屋,甲在盗窃后见床上一女子熟睡,就乘机实施了强奸,在外屋盗窃的乙对甲的强奸行为全然不知,故乙对甲的强奸行为不负刑事责任。

(2) 如果其他实行犯当时在场,其在客观上表现为作为——即积极参与或予以协助,或不作为——即不予制止、袖手旁观,从而对实行犯产生精神支持或鼓励,对被害人形成心理压力或恐惧,说明其在主观上对这种行为处于积极追求或放任的状态,这种行为属于临时起意的共同犯罪,不属于共犯过限,

凡参与实施的实行犯都应承担刑事责任，例如前面所举的盗窃案例中，假设若乙知道甲的强奸行为后，并未制止甚至帮助甲望风，或参与和不明显表示反对，采取了一种容忍态度，那么乙实施了帮助行为，或在精神上支持了甲的行为，同时对被害人形成心理上的恐惧，显然甲的行为就不属于共犯过限行为。虽然甲、乙谋取的是盗窃行为，但在盗窃过程中临时起意共犯强奸行为，该强奸罪虽是超出原先的共同谋议范围，但是在这种情况下甲、乙二人达成了某种默契，均应对临时起意的强奸行为承担刑事责任。

（3）如果其他共犯对实行过限的行为明显表示反对，就属于共犯过限，反对者对此不承担责任。例如，甲、乙入室抢劫丙的家，甲对乙说，不要伤害丙，乙同意，在抢劫过程中，乙趁甲不注意致丙重伤。这种情况下，乙的行为就属于共犯过限，甲对丙的重伤在主观上没有罪过，故甲无须对该过限行为承担刑事责任。

（4）如果其他实行犯当时不在场，但事后对这种行为予以认可，如大加称赞、参与分赃等，说明这种行为并不违背他们的主观意志，不属于共犯过限，应与该实行犯一起承担责任。

（5）在共同犯罪中，某一实行犯在实施某一犯罪时，又独自实施了该种犯罪的加重情节。例如，甲、乙、丙三人于某日上午绑架了丁，并向其家人索要10万元钱，要求必须在当天下午6点之前送到指定地点。当天下午5点左右，甲、乙二人去取钱，丙独自负责看守丁。由于丙惧怕丁日后报案，在没有和甲、乙商量的情况下，将丁杀死。该案中三人的行为虽然都以绑架罪论处，但只有丙一人对"杀害被绑架人的"这一加重情节承担刑事责任。

3. 特殊形式犯罪的例外情行

按照共同犯罪理论，超出共同犯罪故意的犯罪，不构成共同犯罪，但以下几种形式的犯罪中存在例外情况。

（1）组织犯。组织犯是在犯罪集团或其他共同犯罪中起组织、策划、指挥作用的犯罪分子，他们是共同犯罪故意的肇事者、行为的策划者，是共同犯罪的核心，对整个共同犯罪活动起着支配、制约作用。因此，即使没有参与具体犯罪的实行，仍应对事前预谋的犯罪行为承担刑事责任。但是如果犯罪集团中的个别成员实施了不是犯罪集团预谋的犯罪行为，超出了这个集团犯罪活动计划的范围，就应当由该成员单独负责，组织犯对此不负刑事责任。例如，某盗窃集团的组织犯甲指使其手下乙、丙、丁某进行盗窃。在一次盗窃活动中，乙、丙、丁三人又轮奸了一名妇女。甲对该轮奸行为不负刑事责任，因为它超出了集团的预谋，属于实行过限。

（2）犯罪集团中的首要分子。犯罪集团的犯罪活动一般具有较明确的内容指向，而这些都是集团犯罪的首要分子（组织犯）决定的，因此，只要实行犯实施的行为是首要分子制定、组织的犯罪计划的组成部分，是为实现整个犯罪计划所必须的，不论行为的性质、危害的范围及程度，都不违背首要分子的主观意志，首要分子都应承担刑事责任，一般不宜从中划定共犯过限；只有在首要分子对所组织的犯罪行为有很明确的要求，特别是命令禁止性要求的情况下，如果实行犯的行为明显违背这种要求时才构成共犯过限，其刑事责任由实行犯独自承担，首要分子对此不承担刑事责任。

（3）部分教唆犯。教唆犯的犯罪意图是由被教唆的人最终实现的，被教唆的人在实现教唆犯的犯罪意图过程中，会出现"不及"与"过"的情况。所谓"不及"，就是被教唆的人只体现了教唆犯的部分犯意。例如，甲教唆乙杀害丙，乙没有杀害丙，只是伤害了丙。这种情况下，乙应负故意伤害罪的刑事责任，甲应负教唆故意杀人（未遂）罪的刑事责任。所谓"过"，就是被教唆的人实行了超出教唆犯的教唆范围的犯罪行为，这就是被教唆的人的实行过限。例如，甲教唆乙伤害丙，乙杀害了丙。在这种情况下，甲只负教唆伤害罪的刑事责任，乙应负故意杀人罪的刑事责任。

确定被教唆人的实行过限时，必须对教唆犯的教唆内容进行认真考察，具体情况具体分析。

其一，在教唆犯只是概括地以某种犯罪为教唆内容，对犯罪的具体目标、程度等没有明确的意思表示时，只在被教唆人实施了该犯罪行为，不论其范围大小、程度轻重，都不违背教唆犯的主观意志，则不属于共犯过限，其刑事责任由教唆犯与被教唆人共同承担。例如，甲让乙不惜一切代价搞到一笔钱，则无论乙是通过盗窃还是抢劫搞到这笔钱，都不违背甲的本意。甲对其中任何一种犯罪都应承担教唆犯的刑事责任。因此，乙实施其中任何一种犯罪行为都不能认为是实行过限。因此，在教唆犯的教唆内容不太明确或毫不明确时，即概然性教唆情况下，只要由于教唆犯的教唆使被教唆人产生了犯意并予以实施，则不违背教唆犯主观意志，都应视为教唆犯教唆的结果，不属于共犯过限，应教唆犯与被教唆人共同承担刑事责任。

其二，在教唆犯以某种犯罪为教唆内容，且对犯罪的具体目标、程度等都有比较明确的意思表示时，如果被教唆人的行为超出教唆范围，即与教唆犯的意思表示不一致，则属于共犯过限，教唆犯对这种行为没有主观故意，其刑事责任由被教唆人独自承担，教唆犯只对属于其教唆范围内的行为承担刑事责任。

（4）帮助犯。帮助犯是指故意帮助他人实施犯罪的共同犯罪人，其最大的特征是自己不直接实行符合构成要件的行为，而是在他人产生犯罪决意之后，为他人实施犯罪创造便利条件，帮助他人完成犯罪。对帮助犯实行过限的认定，首先仍应考察实行犯的行为是否超出了共同故意的范围，若超出，则应认定为实行过限。当然，对是否超出共同故意，仍应考察实行犯的实行行为与基本行为是否具有具体构成要件上的异质性。下面分两种情况予以说明：一种是被帮助的人在实施过限行为时没有利用帮助犯所提供的帮助。例如，甲为乙去丙家盗窃提供了有关情况，乙在盗窃过程中将丙打伤。这种情况下，乙打伤丙与甲的帮助无关，甲对于乙打伤丙的过限行为当然不负刑事责任。另一种是被帮助的人在实施过限行为时利用了帮助犯所提供的帮助。例如，甲为乙杀丙提供了一把凶器。乙在杀丙时被丁发现，乙用这把凶器将丙、丁都杀害了。又如，甲为乙伤害丙提供了一把凶器，乙却利用这把凶器将丙杀害了。在上述两种情况下，乙都实行了超出甲的帮助故意范围的犯罪行为，属于实行过限。由于在实行这种过限行为时，被帮助的人利用了帮助犯所提供的帮助。因此，帮助犯对这种行为是否承担刑事责任可能发生疑问。实际上，无论被帮助的人是否利用了帮助犯的帮助，只要超出了其帮助故意的范围，都属于实行过限，帮助犯对于被帮助的人的过限行为不负刑事责任。

在上述案例1中，三人约定向高某家属勒索3万元。当胡某、孙某劫持高某至预先设定的地点，言谈中获悉高某比预先想象的还要富有，即商定将赎金提高至10万元，而当时江某并不在现场，也不知情，所以江某不应对10万元负刑事责任。在案例2中，因为甲对丁实施暴力，用刀扎伤丁时乙就在现场，甲扎伤丁虽是临时起意，但乙对此并非全然不知，而是明知甲会把丁扎伤，却采取了希望或放任的态度，表明甲扎伤丁的行为并不违背乙的意志，甲、乙二人主观上有共同认识上的共同意志，因此，尽管乙没有亲自实施扎伤丁的行为，也应对此行为承担责任。

案例讨论

李某与杨某系夫妻，2013年春节期间，他们的房子与邻居黄某房子因为排水问题发生纠纷，杨某与黄某继而发生口角，站在一旁的杨某的丈夫李某即对邻居黄某进行殴打。黄某受伤倒地后李某、杨某二人即离开现场。经鉴定，黄某受伤为轻伤。

问：夫妻双方一方吵架，另一方动手殴打他人，是夫妻共同犯罪还是丈夫单独犯罪？

自测题

甲、乙、丙三人向不相识的丁索要 20 元钱买烟抽，遭到丁的拒绝。甲、乙、丙三人即对丁进行殴打，致丁轻微伤。在三人将要离去时，甲仍觉得不解气，又回身持刀朝丁腿部扎了两刀，致丁某失血过多死亡。以下哪些说法是错误的？（ ）

A. 甲、乙、丙三人构成抢劫罪和故意伤害罪
B. 甲、乙、丙三人构成寻衅滋事罪
C. 甲、乙、丙三人构成故意伤害罪
D. 甲构成故意伤害罪，乙、丙构成寻衅滋事罪

三、内外勾结（非身份者与身份者）共同犯罪的定性

案例

（一）案情简介

2002 年 10 月间，被告人吉某某在未经授权的情况下，从汇丰银行的电脑记录中违规获取了客户李某的资料。之后，吉某某伪造了李某的身份证，于同年 12 月至 2003 年 1 月间指使被告人陈某某在中国建设银行上海市打浦路支行开立李某同名账户，并由陈某某模仿李某的签名，两人共同伪造了转账通知等文书，指令汇丰银行将李某账户内的美元 105078.08 元（折合人民币 869725.72 元）分十余次转至上述以李某名义开立的账户内。嗣后，两人分别从本市多家银行将上述款项取出，并予挥霍。

（二）问题

内外勾结的共同犯罪该如何定性？

（三）学理分析

内外勾结的共同犯罪，主要指内外勾结的贪污或者盗窃案件，对此类案件如何定性，是一个较为复杂的问题。我国《刑法》第 382 条第 3 款规定"与前两款所列人员勾结，伙同贪污的，以共犯论处。"2000 年 6 月 27 日，最高人民法院《关于审理贪污、职务侵占案件如何认定共同犯罪几个问题的解释》第 3 条规定"公司、企业或者其他单位中，不具有国家工作人员身份的人与国家工作人员勾结，分别利用各自的职务便利，共同将本单位财物非法占为己

有的,按照主犯的犯罪性质定罪。"2003年,最高人民法院印发《全国法院审理经济犯罪案件工作座谈会纪要》规定,"对于在公司、企业或者其他单位中,非国家工作人员与国家工作人员勾结,分别利用各自的职务便利,共同将本单位财物非法占有的,应当尽量区分主从犯,按照主犯的犯罪性质定罪。司法实践中,如果根据案件的实际情况,各共同犯罪人在共同犯罪中的地位、作用相当,难以区分主从犯的,可以贪污罪定罪处罚。"由于上述司法解释在理论上存在缺陷,在司法实践中可行性不高,导致刑法理论界对此争议较大。主要有以下几种观点:(1)主犯决定说。该说认为首先应当由主犯犯罪的性质来决定,如果主犯是有身份的,则应按身份犯来定罪;如果主犯是无身份者,则以无身份者所定之罪定罪。这种观点以2000年最高人民法院的司法解释为后盾。(2)分别定罪说。实际上对于"无身份者能否成为纯正身份犯的共同实行犯"的问题持否定态度的就会当然地得出区别对待说,即法律对同一犯罪行为,根据犯罪主体身份的有无,分别规定为两种犯罪。(3)实行犯决定说。该说认为实行犯在共同犯罪中起着决定性作用,其余各个共同犯罪人的犯罪意图,都是通过实行犯所实施的犯罪行为来实现的。实行犯所实施的行为,不仅决定了共同犯罪的社会危害性程度,而且也在一定程度上决定了其余各共同犯罪人的刑事责任。所以,共同犯罪人的刑事责任一般都是以实行犯为中心展开的,其他共同犯罪人的刑事责任都比照实行犯来决定。(4)特殊身份说。该说认为应以有身份者的实行行为来定罪,即依有身份者的实行犯的实行行为来定罪,即依有身份者所实施的犯罪构成要件的行为来定罪,即使无身份者是主犯,也不影响上述定罪的原则。还有学者所持的理由是依有身份者的行为性质定罪,既贯彻了主、客观相统一的原则,又遵循了共同犯罪的一般规律,更重要的是体现了特别法优于普通法。

　　以上几种学说各有其优点但也都存在缺陷。具体如下:(1)主犯决定说的缺陷。理论界已经越来越认识到"主犯决定说"的不足之处,归纳起来主要的理由有:①确认主犯的意义主要在于量刑,而不是定罪。②以主犯犯罪的基本特征决定共同犯罪的基本特征,在只有一个主犯的情况下尚且可行,但如果具有主犯有二人以上,其中既有有身份者,也有无身份者,此时应如何定罪,就发生困难。③如果国家工作人员与普通公民共同窃取前者经管的公共财物,该普通公民为主犯,国家工作人员为从犯,这时依主犯的性质将案件定性为盗窃罪,则歪曲了二人共同利用有身份者的职务便利窃取公共财物的犯罪事实,既有悖于共同犯罪关于共同犯罪故意和共同犯罪行为的基本原理,也抹杀了法定的特殊主体对定罪应有的作用。④如果依主犯行为性质定罪势必造成定罪量刑上执法的不协调和不统一。从定罪上看,如同为公务人员和非公务人员共同利用前者的职务便利窃取公共财物的案件，有的定为盗窃罪，有的定为贪污罪，显然是同种案件异样罪名，而且这种定性也很难从犯罪构成理论上得到说明；从量刑上看，由于现行立法上和实践中对贪污罪与盗窃罪的处罚轻重不同，同样案件认定为不同罪名，在处罚轻重上就会相去甚远，而且这种处罚的差异很难说是建立在案件不同危害程度基础上的。（2）"分别定罪说"的缺陷。具体表现为：①忽视了案件属于共同犯罪的客观事实，有悖于共同犯罪的基本原理。②会出现量刑上的严重失衡。尽管修订后的刑法对贪污罪和盗窃罪的法定刑幅度作了较大修改，但根据有关司法解释，盗窃罪的起刑点仍然要高于贪污罪。按照分别定罪说，则对不具有国家工作人员身份的普通公民的处罚要重于具有国家工作人员身份的人的处罚，不仅如此，在有些情况下，甚至可能会出现前者定罪而后者不定罪的情况。（3）"实行犯决定说"的缺陷。具体表现为：①并非所有的实行犯都是主犯。②在某些共同犯罪中，真正的主犯如组织者、指挥者并不亲自实行犯罪。（4）"特殊身份说"的缺陷在于，当共同犯罪人都有身份，实施同样的实行行为则难以认定。如国家工作人员甲与某公司职员，利用各自的职务便利，共同将本单位的财物非法占为己有的，根据"特殊身份说"则无法认定。

综上所述，对于内外勾结（非身份者与身份者）共同实行犯罪行为应当依据何种原则认定，以上学说都存在缺陷，有学者提出了较为合理的"犯罪客体说"。即对此类共犯行为的定性，不可能超出各共同犯罪人所触犯的相关罪名的范围。但到底定哪个罪名，应看整个共同犯罪行为主要侵犯了哪一个客体。其主要理由在于：共同犯罪是一个复杂的有机整体，其内部包含着诸多影响其社会危害性的因素，而个别共犯的特殊身份在共同犯罪行为中仅仅是因素之一，而不是犯罪行为的实质。我国刑法理论认为，社会危害性及其程度集中地体现在作为犯罪构成要件之一的犯罪客体上。一种共同犯罪行为往往侵犯两个以上的客体，有特殊身份者由于利用职务便利参与了犯罪，故整个共同犯罪必然侵犯真正身份犯所固有的犯罪客体，但这未必就是整个共同犯罪行为所侵犯的主要客体。这种内外勾结的共同犯罪，其犯罪性质有时取决于"内"，有时则取决于"外"。因此我们可以说，共同犯罪的性质是由共同犯罪行为所侵犯的客体的内容所决定的。

根据"犯罪客体说"，对共同犯罪的定性可分为以下几种情况：

（1）无身份者与有身份者共同实行犯罪，没有利用有身份者的身份便利的，犯罪行为并没有对身份犯的客体造成侵害，应当直接根据犯罪实行行为的性质认定犯罪，以共同犯罪人在实施中所起的作用进行量刑。这时，如果刑法分则对有身份者和无身份者分别规定有罪名时，则就出现了分别定罪的情形。

如甲为普通公民,乙为现役军人,甲对乙的身份并不知晓,双方共同实施了盗窃军用物资的行为,对甲以《刑法》第 264 条盗窃罪认定,对乙以《刑法》第 438 条盗窃军用物资罪认定。对在共同犯罪中出现两个罪名的认定,是否违背刑法基本理论,肖中华博士对此有论述:成立共同犯罪必须以符合同一个犯罪构成为前提。但是,这并不等于说在任何共同犯罪案件中,对具有共同犯罪行为的共犯人最终定罪将在罪名上完全一致。换言之,各行为人成立共犯是一回事,对各行为人最后是否按各人成立共犯的那个罪名作同样的定罪是另一回事。如二人以上实施不同犯罪构成的犯罪,但不同犯罪之间存在重合,使各行为人的犯罪行为仅就重合部分具有"共同性"的情形。另外,有时在法律上各共同犯罪人虽然都构成几个犯罪的共同犯罪,但在作为一罪处断时,对各个行为人处断的犯罪并不相同,此时有共同犯罪也不排除罪名的不一致。

(2) 无身份者与有身份者共同实行犯罪,利用了有身份者的身份便利的,根据犯罪行为主要侵害的主要客体认定犯罪。例如,无身份者与国家工作人员共同实行骗取单位资金的行为,除了侵犯了单位对资金的财产所有权,更主要的是侵犯了公职人员的职务廉洁性,应当以贪污罪认定。再如,无身份者与国家公职人员内外勾结,共同实施金融诈骗行为,主要侵犯的是金融秩序,因此原则上应按金融诈骗罪论处,但以不违反刑法的规定为界限。全国人大常委会《关于惩治骗购外汇、逃汇和非法买卖外汇犯罪的决定》肯定了这一原则,规定"明知用于骗购外汇而提供人民币资金的"以骗购外汇罪的共犯论处,而没有规定以挪用公款罪或挪用资金罪的共犯论处。

(3) 有身份者具有的是不同的身份,分别利用各自的身份便利,共同实行犯罪的,根据犯罪所侵犯的主要客体进行认定。如国家工作人员和公司、企业或其他单位的非国家工作人员共同实行犯罪的,如果主要侵犯的是国家公有财产,应当认定为贪污罪的共犯;如果主要侵犯的是非国家公有财产,应当认定为职务侵占罪的共犯;如果既侵犯了国家公有财产,又侵犯了非国家公有财产,应当认定为贪污罪,因为这种情况下,从整个共同犯罪的性质来看,其间既包含着贪污罪的性质,也包含着职务侵占罪的性质,但这种情况下,国家工作人员的行为同时侵犯了职务的廉洁性,应当是共同犯罪行为主要侵犯的客体,同时对非国家工作人员处以较国家工作人员较轻的刑罚,这样做既不违背整个共同犯罪的性质,同时也起到了严惩国家工作人员渎职犯罪的立法意旨。

本案系一起银行工作人员与外部人员相互勾结,共同骗取银行资金的案件。对此,应以诈骗罪论处。

 **案例讨论**

赵某系某县经济信息化局副局长,负责淘汰落后产能项目申报,投资商钱某在该县开办了炼铁厂。2012年钱某得知淘汰落后产能政策后向经信局申报项目,经赵某审查,发现炼铁厂早已停产多年,生产线也早已拆除,不符合淘汰落后产能申报条件,钱某便如实相告申报资料系伪造,并多次宴请赵某,承诺事后会予以感谢,于是赵某非但未阻止钱某,反而指导钱某改写、补充申报资料,并签字将该厂作为本县淘汰落后产能项目推荐。之后钱某顺利获得100余万元的奖励资金,为感谢赵某,钱某送给赵某3万元,其余资金全部转移至个人账户。

问:对于赵某与钱某的行为定性,在检察院内部之间、检察院与法院之间都产生了较大的争议。第一种观点认为,赵某构成滥用职权罪、受贿罪,钱某构成滥用职权罪(共犯)。第二种观点认为,赵某和钱某构成贪污罪(共犯)。第三种观点认为,赵某构成滥用职权罪、受贿罪,钱某构成诈骗罪。你的意见如何?

 **自测题**

甲为非国家工作人员,是某国有公司控股的股份有限公司主管财务的副总经理;乙为国家工作人员,是该公司财务部主管。甲与乙勾结,分别利用各自的职务便利,共同侵吞了本单位财物100万元。对甲、乙的行为应当如何定性?( )

A. 甲定职务侵占罪,乙定贪污罪,两人不是共同犯罪
B. 甲定职务侵占罪,乙定贪污罪,但两人是共同犯罪
C. 甲定职务侵占罪,乙是共犯,也定职务侵占罪
D. 乙定贪污罪,甲是共犯,也定贪污罪

四、间接实行犯的定性与处理

案 例

(一)案情简介

被告人朱某,男,28岁。某日,同村农民冯某挖菜,占了朱某家的地,朱某便找冯某理论。冯某不但不认错,反而倚仗自己身强力壮,打了朱某。朱某非常气愤,咽不下这口气,便伺机报复。同年10月25日,朱某见冯某家的

10岁小男孩在地里干活，便产生了伤害男孩报复冯某的念头，但又怕自己打伤小男孩而犯法，便找来自己12岁的小儿子替父报仇。小儿子受到父亲的怂恿，拿起一把铁锹冲过去，对准冯家男孩的小腿就是一锹，顿时将大动脉血管砍断，流血不止。附近的群众见状，急忙将该男孩送乡卫生院抢救，其终因流血过多，抢救无效死亡。

(二) 问题

间接实行犯应当如何定性与处罚？

(三) 学理分析

间接实行犯是一个较为复杂的问题，对于案件的定性有着重大影响。例如在对上述案件的审理过程中，就存在两种不同意见。第一种意见认为，被告人朱某构成故意伤害致人死亡罪的教唆犯。其理由是：在客观方面，朱某为了报复冯某，故意教唆其儿子伤害冯家男孩，其主观上是直接故意。在行为的后果上，由于朱某的教唆行为，朱某的儿子才去实施伤害冯家男孩的行为。根据我国《刑法》第29条的规定，教唆不满18周岁的人犯罪的，应当从重处罚。因此，根据事实和法律规定，被告朱某构成故意伤害致人死亡的教唆犯，并应从重处罚。第二种意见认为，朱某的行为不构成教唆犯。朱某的儿子才12岁，未达到刑事责任年龄，其行为不构成犯罪，当然朱某的行为也就不构成教唆犯罪。对朱某应直接以故意伤害致人死亡罪定罪判刑。同意第二种意见，但从刑法理论上来说，朱某的行为是间接实行犯。下面对间接实行犯问题进行探讨。

正犯即实行犯，间接实行犯是相对于直接实行犯（直接正犯）而言的。具体而言，间接实行犯是指利用不具有犯罪主体资格的人或不发生共同犯罪关系的第三人实行犯罪。在刑法理论上，一般认为间接实行犯具有以下几种情形：

1. 利用不满14周岁的人为工具实施犯罪

我国《刑法》第17条规定："已满16周岁的人犯罪，应当负刑事责任。已满14周岁不满16周岁的人，犯故意杀人、故意伤害致人重伤或者死亡、强奸、抢劫、贩卖毒品、放火、爆炸、投放危险物质罪的，应当负刑事责任。"根据刑法规定，对于利用不满14周岁的人作为犯罪工具实施的任何刑事犯罪，利用人都应当以间接实行犯论处。利用已满14周岁不满16周岁的人作为犯罪工具实施除《刑法》第17条第2款规定的几种犯罪以外的犯罪行为，利用人应当以间接实行犯论处。

2. 利用无责任能力者实施的犯罪

我国《刑法》第18条第1款规定："精神病人在不能辨认或不能控制自己行为的时候造成危害结果的，经法定程序鉴定确认的，不负刑事责任。"由于精神病人的大脑受到各种致病因素的影响，机能发生紊乱，导致精神活动发生不同程度的变异，造成精神病人的意识和行为异常，并极易受到暗示的影响。犯罪分子往往利用精神病人的这种病态，教唆其实施一定的危害行为。在这种情况下，精神病人只不过是犯罪工具而已。精神病人由于没有刑事责任能力，法律规定不负刑事责任。因此，利用没有刑事责任能力的精神病人实施犯罪行为，应以间接实行犯论处。我国《刑法》第18条第2款规定："间歇性精神病人在精神正常的时候犯罪，应当负刑事责任。"所以，如果是利用间歇性精神病人为工具实施犯罪的，还必须查明其实施犯罪行为时是在精神正常期间还是在发病期间。只有在间歇性精神病人处于丧失刑事责任能力的发病期间，教唆其实施危害行为的，才能构成间接实行犯。否则，教唆犯和精神处于正常期的间歇性精神病人构成共同犯罪。

3. 利用他人的无罪过行为实施犯罪

我国《刑法》第16条规定："行为人在客观上虽然造成了损害结果，但不是出于故意或者过失，而是由于不可抗拒或者不能预见的原因所引起的，不认为是犯罪。"这就是刑法理论所说的无罪过行为，包括不可抗力和意外事件。所谓利用他人的无罪过行为实施犯罪，就是指被利用的人的行为在客观上是危害社会的行为，但他在实施这一行为时主观上没有罪过，属于不可抗力或者意外事件。对于利用者来说，构成间接实行犯，应对他人的无罪过行为所造成的损害结果承担刑事责任。例如，医生甲与病人乙有仇，一天甲在注射液内投入致命药，让护士丙为乙注射，结果乙被害死亡。在本案中，护士丙的行为虽然在客观上造成了乙的死亡，但丙对于死亡的原因是不能预见的。因此，乙的死亡对丙来说是意外事件。甲对于乙的死亡主观上具有杀人的故意，客观上虽然没有直接的杀人行为，但利用他人的意外事件实施杀人行为，属于间接实行犯。

4. 利用他人的合法行为实施犯罪

这里所谓"合法行为"，是指正当防卫、紧急避险等排除社会危害性的行为。这些行为根据我国刑法的规定不负刑事责任，是合法行为。但如果是利用他人的正当防卫实施犯罪，防卫人不负刑事责任，但利用者构成间接实行犯。例如，甲与乙有仇，想置乙于死地，但又不想亲自下手，遂设一计，对乙谎称丙曾经在背后诽谤乙。乙听后勃然大怒，对丙进行不法侵害。但丙身强力壮，又曾从甲处得知乙将来寻衅，早已有所准备。因此，丙对乙实行正当防卫，致乙死亡。丙的行为没有超过正当防卫的必要限度，依法不负刑事责任，而甲则对乙的死亡承担间接实行犯的刑事责任。

5. 利用他人的过失行为实施犯罪

我国刑法中的共同犯罪是二人以上共同故意犯罪。共同故意是共同犯罪的质的规定性之一，没有共同故意也就谈不上共同犯罪。因此，我国《刑法》第 25 条第 2 款规定："二人以上共同过失犯罪，不以共同犯罪论处；应当负刑事责任的，按照他们所犯的罪分别处罚。"那么，一人故意和一人过失的犯罪如何处罚？对此，我国刑法没有明文规定。根据我国刑法理论，二人不构成共同犯罪，应当分别处罚。因此，一人利用他人的过失行为犯罪，利用者应对犯罪行为承担故意犯罪的刑事责任，属于间接实行犯，被利用者对该犯罪行为承担过失犯罪的刑事责任。例如，甲与乙有仇，意图枪杀乙。一天，丙向甲借枪，甲把装有子弹的枪借给丙，骗其枪中没有子弹，可以吓乙一跳。丙信以为真，朝乙开枪，乙中弹身亡。在本案中，甲主观上具有杀人的故意，客观上虽然没有直接实施杀人行为，但他利用丙的过失行为杀人，因此构成间接实行犯。丙则在主观上具有疏忽大意的过失，客观上实施了杀人行为，其行为单独构成过失杀人罪。

6. 利用他人的故意行为实施犯罪

是指被利用者本人既故意实施某种犯罪，同时又成为利用者实施犯罪的工具，被利用者缺乏目的犯中的必要目的或者缺乏身份犯中所要求的身份，有的刑法论著中又将其称为故意的工具。由于利用他人故意行为进行犯罪与教唆共同犯罪具有相似之处，因此，对于利用他人的故意行为进行犯罪是认定为教唆犯还是间接实行犯，刑法理论上也有争论，但我国刑法界的通说认为应当是间接实行犯。如甲用头痛粉冒充海洛因欺骗乙，让乙出卖"海洛因"，然后二人均分所得款项。乙出卖后获款 4000 元，但在未来得及分赃时被公安机关查获。本案中甲利用假毒品欺骗乙贩卖的行为就是间接实行犯。

间接实行犯既然是特殊形态的实行犯，就应对其直接依照刑法分则的有关条文定罪量刑，这就是对间接实行犯处罪的直接性原则。间接实行犯虽然没有直接实施犯罪行为，但由于他通过中介实施犯罪行为这一特点，表明其往往把没有达到刑事责任年龄的人、精神病人、无罪过之行为人或者其他充当犯罪工具，以逃避法律制裁。主观上具有较大的恶性，客观上陷人以罪，具有较大的社会危害性。因此，由间接实行犯直接承担刑事责任，正是罚当其罪，也充分体现了我国刑法中罪刑相适应的基本原则。

关于本案的定性之所以存在上述两种意见，是因为没有正确理解教唆犯和间接实行犯的区分。从被利用者或被教唆者的意义上说，在间接实行犯的情况下，无论被利用者是没有刑事责任能力的人还是故意或过失的犯罪人，都是间接实行犯用来实现其犯罪意图的工具。而在教唆犯的情况下，被教唆者是教唆犯在共同犯罪活动中的同伙，两者之间存在共犯关系。从利用者或教唆者的意义上说，在间接实行犯的情况下，利用者主观上具有利用他人犯罪的故意，这是一种实行的故意，客观上具有利用他人犯罪的行为，这是一种实行行为。从主观和客观相统一上来说，间接实行犯具有实行犯的构成。换言之，间接实行犯与直接实行犯相比，只存在形态上的差别性，而具有质的同一性。因此，尽管刑法没有关于间接实行犯的明文规定，仍可直接依照刑法分则的规定对间接实行犯定罪量刑。

案例讨论

被告人刘某因与丈夫金某不和，离家出走。一天，其女儿（12周岁）前来刘某住处，刘某指使女儿用家中的老鼠药毒死金某。女儿回家后即将老鼠药拌入金某的饭碗，金某食用后中毒死亡。

问：对刘某的行为如何定罪处罚？

自测题

关于实行犯的说法，下列哪一选项是正确的？（　　）

A. 按照我国刑法总则的规定，有的教唆犯也是实行犯

B. 在共同犯罪中，实行犯就是在犯罪中起主要作用的犯罪分子

C. 在对简单共同犯罪中的各实行犯进行处罚时，要遵循"部分实行全部责任"的原则

D. 间接正犯是共同犯罪中的一种特殊类型的实行犯

第十一章 一罪与数罪

罪数形态中最难的问题是数行为作为一罪论处的情形。从原本意义上讲，一个行为只能构成一罪，数个行为就应该构成数罪。但刑事立法的具体规定以及刑法一般理论将某些情形下，同一个行为人的数行为不作为数罪处理，无须数罪并罚，而是作为一罪来处理。

一、一罪与数罪的区分标准

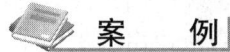

（一）案情简介

被告人陈某上厕所时把女儿放在外面靠篱笆站着。陈某在厕所内听到女儿的哭声，出来见女儿扑倒在地，将其抱起见脸上、嘴上都是鸡屎，怀疑是站在女儿身边的杨某（男，4岁）推倒的，就抓住杨某的左肩使劲"一推一转"。杨某被推倒在地，头部碰在石头上，后脚蹬了几下。陈某将女儿的脸擦干净后转身一看，见杨某仍倒在地上，就将杨某抱起，发现地上、石头上都是血，并听见杨某的喉咙里像打鼾一样响了一声，且脸色苍白，四肢瘫软，不哭不哼。陈某害怕承担责任，就将杨某抱进自家猪舍，出来将地上有血的石头、树叶拾起丢进厕所，用铁锹铲净地上的血土。陈某第二次进猪舍，见杨某仍躺着未动，即拆散一捆稻草盖在杨某的身上。尔后出屋张望，见无人影，又第三次进猪舍。这时陈某好像看见覆盖的稻草动了一下，怕杨某又活了，顺手拾起一块石头向杨某的头部砸去，并用一块石磨压在杨某的身上。三天后陈某将杨某的尸体转移到河边涵洞里，后尸体被水冲出方得以侦查破案。经法医鉴定，杨某头部被砸伤痕系死后伤，陈某用石头砸杨某之前，杨某已死亡。

（二）问题

陈某的行为是一罪还是数罪？一罪与数罪区分的标准是什么？

（三）学理分析

确认犯罪人行为构成一罪还是数罪，是刑法理论中的基本问题之一，是司法实践中经常遇到的问题，也是比较复杂的问题。因此，有必要对区分一罪与数罪的标准予以探讨和明确，使其在司法实务中得到更好的应用。

关于一罪与数罪的区分标准，国外刑法理论存在诸多学说，概括一下主要有以下几种学说：（1）犯意说。该学说认为，犯罪是主观恶性的外化，因此区分一罪与数罪，应以犯罪人的犯意的个数为标准即行为基于一个犯意的就是一罪，基于数个犯意的就是数罪。（2）行为说。该学说认为，犯罪是一种行为。因此区分一罪与数罪应以行为的个数为标准，即行为人所实施的是一个行为的就是一罪，实施数个行为的就是数罪。（3）结果说。该学说认为，犯罪对社会的危害主要表现在结果上，因此区分一罪与数罪时，应以结果的个数为标准，即造成一个犯罪结果的就是一罪，造成数个犯罪结果的就是数罪。

以上关于区分一罪与数罪的三种学说中，"犯意说"属主观说，而"行为说"和"结果说"属客观说。由于区分标准不一样自然结果也不一样。例如，一个人在同时、同地杀了三个人。按照"犯意说"的观点，这是基于一个犯意，实施了三个杀人行为，只构成一个杀人罪；按照"行为说"的观点，这是三个杀人行为，应构成三个杀人罪；按照"结果说"的观点，出现了三个死人的结果，应构成三个杀人罪。

我国刑法理论界也存在分歧，并有行为标准说、结果标准说、法益标准说和犯意标准说多种主张，但绝大多数人认为，犯罪构成是区分一罪与数罪的标准，司法实践中也是按此标准实际操作的。"犯罪构成说"之所以成为我国刑法中区分一罪与数罪的标准，主要基于以下理由：

1. 犯罪构成是刑法规定的决定某一行为的社会危害性及其程度，而为该行为成立犯罪所必须具备的一切客观要件与主观要件的有机整体。它与犯罪的概念既有联系又有区别，因为犯罪概念仅从宏观上揭示了犯罪的本质与基本特征，是犯罪构成的基础，而犯罪构成则是犯罪概念的具体化。

2. 犯罪构成的法定性。犯罪构成体现在刑法里，就是规定了各种犯罪必须具备的要件，我国的刑法总则与分则作为有机整体所规定的犯罪构成，表现在总则规定与分则作为有机整体所规定的犯罪构成，表现为总则规定了一切犯罪必须具备的要件，分则只规定了具体犯罪所特别需要具备的要件。因此，犯罪构成的条件与标准实际上融合在刑法里，为事先已法定化的内容。

3. 犯罪构成主客观相统一性。犯罪构成要件是成立犯罪必须具备的条件，包括一系列的主观与客观要件。"客观"包括犯罪客体与犯罪客观要件，"主观"包括犯罪主体与犯罪主观要件。犯罪构成不是各个要件的简单相加，而是各个要件的有机统一；各个要件按照犯罪构成要件相互联系、相互作用、协调一致，形成一个整体。如果主观要件与客观要件没有内在联系，或某种行为

第十一章 一罪与数罪

只是符合某个或几个要件，而不符合全部要件，则不符合犯罪构成，不能形成犯罪构成，因而不成立犯罪。

4. 犯罪构成标准说以犯罪现象的自身规律为出发点。贯彻了主客观相统一的原则，以犯罪构成作为区分一罪与数罪的标准，可以在确保罪数判定的法定性、统一性和公正性的基础上，体现罪刑法定原则的基本要求。即凡是基于一个确定的或概括的犯罪故意，实施一个危害行为，符合一个犯罪构成的为一罪；基于数个犯罪故意，实施数个犯罪行为，符合数个犯罪构成的为数罪。例如，抢劫罪是以暴力、胁迫或其他侵犯人身自由权的方法，强取他人财物的行为，不能因为其暴力行为符合故意伤害或故意杀人的犯罪构成要素，就认为另构成此两种犯罪，因为抢劫罪的犯罪构成中所事先法定的内容本身就包含了暴力伤害或致人死亡的犯罪构成要素，这正是由其犯罪构成的特征决定的。

对上述陈某杀人案，讨论中存在多种意见：有的主张定过失杀人罪，有的主张定故意杀人罪；有的主张定过失伤害（致人死亡）罪；有的主张定故意伤害（致人死亡）罪；有的主张定故意伤害（致人死亡）罪和故意杀人（未遂）罪。不难看出在上述意见中，大多数意见主张定一罪。但从本案的案情来看，可以分为两个阶段：第一阶段，陈某见自己女儿倒在地上，怀疑是站在旁边的4岁小孩杨某所为，一气之下抓住杨某的左肩，使劲一推一转，致使杨某死亡，构成过失致人死亡罪。第二阶段，当陈某进猪舍，好像看见稻草动了一下，怕杨某又活了，为了杀人灭口，陈某用石头猛砸杨某的头部，又用磨石压在杨某的身上。这是一个故意杀人行为，但这时杨某已经死亡。陈某误把尸体当作活人加以杀害，这是一种对象不能犯的未遂，应构成故意杀人（未遂）罪。如果说第一阶段，陈某对杨某一推一转使其跌到致死时，主观上并无犯罪故意；那么，在第二阶段，陈某已经产生了杀人的犯罪故意，只是由于陈某主观判断错误，误把尸体当成活人，也就是说，由于陈某意志以外的原因，故意杀人未能得逞。因此，陈某的行为应构成过失致人死亡罪和故意杀人（未遂）罪，应以数罪并罚。

案例讨论

司机丙于某日晚9时许驾驶"大解放"载货汽车违章超速行驶，在一拐弯处将一在非机动车道内骑小三轮车载人的刘某、王某撞倒在地，刘某当场死亡，王某身受重伤。丙立即停车，将已死的刘某弃于路旁，将重伤的王某抱进驾驶室，开车送往医院抢救，驶至途中，丙见四周无人，遂停车将伤者抱至路边的玉米地中，驾车逃跑，王某由于失去了抢救机会，失血过多死亡。

问：丙的行为是一罪还是数罪？

自测题

甲在一豪宅院外将一个正在玩耍的男孩（3岁）骗走，意图勒索钱财，但孩子说不清自己家的联系方式，无法进行勒索。甲怕时间长了被发现，于是将孩子带到异地以4000元卖掉。对甲应当如何处理？

A. 以绑架罪与拐卖儿童罪的牵连犯从一重处断
B. 以绑架罪一罪处罚
C. 以拐卖儿童罪一罪处罚
D. 以绑架罪与拐卖儿童罪并罚

二、想象竞合犯与法条竞合犯的区别

案例

（一）案情简介

贾某采用爆炸方法在某鱼塘偷鱼，结果炸死其他偷鱼者1人、炸伤3人，贾某见状逃跑，未捡炸死的鱼。

（二）问题

如何区别想象竞合犯与法条竞合犯？

（三）学理分析

1. 想象竞合犯

在刑法理论上，想象竞合犯又称为想象并合或想象的数罪，是一个行为触犯了数个罪名的情况。确切地说，以一个故意或过失，实施了一个行为，侵害了数个刑法所保护的法益。例如，甲意图杀乙，当乙看电影时，甲向乙坐的地方开了一枪，结果把乙打死，将乙旁边的丙打伤。甲的开枪行为，从表面上看似乎具备了故意杀人罪与故意伤害罪两个犯罪的构成要件，但毕竟是一个行为，只能构成一罪。因此，想象竞合犯是观念上的数罪，实际上的一罪。

根据我国刑法理论，构成想象竞合犯必须具备以下两个条件：（1）出于一个危害行为。这是想象竞合犯区别于实质数罪及牵连犯等犯罪形态的根本点。所谓一个危害行为，是指基于一个犯意所实施的行为，无论其行为是作为还是不作为；其犯罪心理是故意还是过失，抑或故意与过失混合，均不影响想象竞合犯的成立。（2）行为人的一个行为同时触犯数个罪名。即一个行为在外观上同时构成刑法所规定的数个犯罪。（3）行为所触犯的各犯罪构成之间应无重合之关系,这是想象竞合犯区别于法条竞合犯的根本特征。例如,行为人甲出于贪财的目的,偷割使用中的通讯电缆,欲取废铜处理,犯盗窃罪与破坏公用电信设施罪。两罪中的其他要件均存在重合关联,但盗窃罪具有非法占有的目的,破坏公用电信设施罪的主观内容是破坏正在使用中的电信设施,故两罪在主观方面无法重合,因此,盗窃罪与破坏公用电信设施罪均无法单独、全面地评价该行为,必须用数个罪名对行为人的危害行为进行多重评价,只用一个罪名评价一定会陷入以偏概全的错误之中,因而本案中行为人的行为是想象竞合犯。

2. 法条竞合犯

法条竞合,是指一个犯罪行为同时触犯两个以上内容有重合或交叉关系的法律条文。法条竞合的关键在于所触犯数法条之间有重合或交叉的关系。例如,《刑法》第266条规定了诈骗罪,同时第192条至第200条还规定了金融诈骗罪,包括集资诈骗罪、信用卡诈骗罪、信用证诈骗罪、保险诈骗罪等,显而易见,金融诈骗罪与诈骗罪在内容上有重合,犯罪分子进行金融诈骗构成金融诈骗方面犯罪的同时,也不可避免地要触犯《刑法》第266条规定的诈骗罪。这就出现了一犯罪触犯数法条的法条竞合现象。

从我国刑法的规定看,归纳起来,法条竞合主要有以下几种情况:

(1) 因犯罪主体特殊形成的法条竞合。例如,《刑法》第378条战时造谣扰乱军心罪和第433条战时造谣惑众罪。二者的行为都是战时造谣惑众、扰乱军心,不同的是后者的主体是现役军人,前者的主体是一般主体,前者可以包容后者。

(2) 因犯罪对象特殊形成的法条竞合。例如,《刑法》第116条的破坏交通工具罪和第275条的故意毁坏财物罪的竞合,前者破坏的对象是特殊财物,即交通工具,后者是一般财物,后者可以包容前者。

(3) 因犯罪目的特殊形成的法条竞合。例如,《刑法》第363条的制作、复制、出版、贩卖、传播淫秽物品牟利罪和第364条的传播淫秽物品罪、组织播放淫秽音像制品罪的竞合,前者是基于特殊的目的,即牟利,后者可以是基于任何目的,后者可以包容前者。

(4) 因犯罪方式或手段特殊形成的法条竞合。例如,《刑法》第192条的集资诈骗罪与第266条的诈骗罪的竞合,前者是用特殊的方式诈骗,即非法集资,后者可以用各种欺骗手段,后者可以包容前者。

(5) 因犯罪时间特殊形成的法条竞合。例如,《刑法》第424条的临阵脱逃罪与第435条的逃离部队罪的竞合,前者犯罪的时间是"战时",后者可以在任何时间,后者可以包容前者。

(6) 因数个特殊要件形成的法条竞合，例如《刑法》第 438 条的盗窃武器装备、军用物资罪与第 264 条的盗窃罪的竞合。前者的主体是特殊主体，即现役军人，犯罪对象是特殊财物，即武器装备和军用物资，后者是一般主体、一般财物，后者可以包容前者。

由于法条竞合是因法律规定的内容有重复、交叉而产生的，换言之，一个犯罪行为之所以触犯数法条是由于立法技术上的原因造成的，所以法条竞合犯与犯罪形态无关，纯属法律适用问题。对法条竞合犯，一般按特别法优于一般法的原则选择适用的法条。

3. 想象竞合犯与法条竞合犯的区别

想象竞合犯与法条竞合犯在表现上有着极大的相似性，两者的行为人都只实施了一个危害行为，都触犯了数个法条，且最终都按一罪处罚，适用一个法条（虽然适用原则各有不同），特别是当法条竞合犯各罪之间为交叉、重合关系时更令人难以理解，然而二者毕竟有着根本的区别，主要表现为：

(1) 一行为触犯的数罪名所在法条之间是否存在某种内容上的重合，如果不存在任何重合，属于想象竞合犯；如果存在某种重合，是法条竞合犯。

(2) 触犯的数罪名所在数法条之中，能否有一个法条完整地评价该犯罪行为，如果不能完整评价，是想象竞合犯；如果能完整评价，则是法条竞合犯。例如，盗窃罪与破坏广播电视公用电信设施罪二罪所在法条之间内容上没有重合或交叉现象，对该盗窃行为，适用所触犯的任一法条评价都有不完整之感。如果定盗窃罪，该盗窃行为破坏通信设备、危害公共安全的一面没有被包容进去，如果定破坏广播电视公用电信设施罪，该盗窃行为侵犯财产的一面没有被包容进去。既然对该盗窃行为适用所触犯的数法条中任一法条都不能完整评价，说明是想象竞合犯。其道理在于想象竞合犯往往造成数结果或侵害数法益，适用哪一个条文自然总是有所遗漏。

上述案例中，贾某在偷鱼的犯罪意图支配下，采用爆炸的方法，实施了犯罪活动，造成了 1 死 3 伤的危害结果，触犯了盗窃罪和爆炸罪两个罪名，完全符合想象竞合犯的特征，应择一重处断。

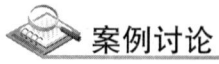 案例讨论

甲带小孩在湖边散步，乙突然跳出来劫持小孩，威胁甲交钱，否则将杀死小孩。

问：乙的行为构成何罪？

自测题

下列哪些情形属于想象竞合犯？（　）
A. 盗窃数额较大的，正在使用的通信设备
B. 窃取国家所有的，具有历史价值的档案
C. 行为人在缴纳了10万元税款后，一次性假报出口骗取国家20万元退税款
D. 对正在执行国家安全工作任务的警察实施暴力，使之受轻伤

三、牵连犯的构成与处理

案例

（一）案情简介

王某某，男，1988年出生。2006年12月24日上午9时许，王某某一人在家听音乐，9岁的堂妹来他家写作业。写了一会儿，堂妹说冷让堂哥王某某去生火。火还没生着，堂妹过来看。突然，一个罪恶的念头在王某某的脑海里升腾，他一把抱住堂妹，要和她发生性关系。9岁的堂妹哪里懂这些，挣扎不已。情绪无法控制的王某某死死地掐住堂妹的脖子，片刻，堂妹就停止了呼吸。此时，王某某又脱光了堂妹的衣服，发泄完自己的欲望后，王某某并没有罢休，而是丧心病狂地找来一根长40多厘米、直径约5毫米的不锈钢钢管，从堂妹的下身插进去，一直插到心脏部位。他又找来几根20多厘米长的铁针和毛衣针，从堂妹的左腋下一直插到右腋下，穿胸而过。①

（二）问题

1. 牵连犯的构成条件是什么？
2. 对牵连犯应当如何处理？

（三）学理分析

牵连犯是指实施某一犯罪，其犯罪方法或者结果行为又触犯其他罪名的犯罪形态。例如，为了诈骗而伪造公文，该诈骗行为构成诈骗罪，其方法行为则构成伪造公文罪。又如，盗窃一支手枪后又将其私藏起来，该盗枪行为构成盗窃枪支罪，其结果行为又构成私藏枪支罪。

---

① 参见《东方今报》2008年3月29日。

1. 牵连犯必须具备的条件

（1）牵连犯必须有两个以上的危害行为，这是构成牵连犯的前提条件。行为人只有实施了数个行为才有可能构成牵连犯。如果只实施了一个危害行为，则无法形成行为之间的牵连关系。例如，某犯罪分子实施盗窃，把一个军人的手提包拎走，打开一看，手提包里有一支手枪。对此如何处理？有人认为这是牵连犯，是盗窃的结果触犯了盗窃枪支罪。这种理解显然是错误的，关键是这里只有一个行为，不存在牵连的可能。

（2）牵连犯的数个行为之间必须具有牵连关系。所谓牵连关系，是指行为人实施的数个行为之间具有手段与目的或者原因与结果的关系。也就是说，行为人的数个行为分别表现为目的行为或原因行为、手段行为或结果行为，并互相依存形成一个有机的整体。

（3）牵连犯的数个行为必须触犯不同的罪名，这是牵连犯的法律特征，也是确定牵连犯的标志。牵连犯具有两个以上的危害行为，是事实上的关系；牵连犯触犯两个以上的罪名，是法律上的关系。如果行为人的行为只触犯了一个罪名，那就不是牵连犯。例如，犯罪分子盗窃以后销赃的，有人认为是盗窃罪与销赃罪的牵连犯。笔者认为这种观点值得商榷。根据我国《刑法》第312条规定，明知是犯罪所得的收益而代为销售的，是掩饰、隐瞒罪所得罪。显然，这就排除了盗窃犯对于本人盗窃赃物构成掩饰、隐瞒罪所得罪的可能性。对于盗窃犯来说，盗窃后的销赃行为只是一种"不可罚之事后行为"。因为这种行为并未触犯掩饰、隐瞒罪所得罪，因而不能构成牵连犯。

2. 牵连犯的处理

根据传统观点，牵连犯是裁判上的一罪，因而实行从一重罪处断的原则。对牵连犯应当采用吸收的原则，按照数行为所触犯的罪名中最重的罪论处，即在该罪所规定的法定刑范围内酌情决定执行的刑罚。而不是必须判处最重之罪的最重之刑。刑法和司法解释明文规定实行并罚的，应当依照法律规定。

根据我国刑法理论与刑事立法的具体规定，牵连犯的处理较为复杂，大致可以总结为以下三类情形：

（1）一般情况下，具有牵连关系的两个犯罪行为不以数罪处罚，而是"从一重罪处断"。如《刑法》第399条第4款规定的徇私枉法、枉法裁判并受贿，即在两个犯罪行为中，根据其所对应的具体法定刑幅度，选择较重的罪处罚即可。

（2）有时立法明确规定对某些特殊的牵连犯按照"法定的一罪论"，而不是"从一重罪论断"。即不需要我们在司法上选择到底何为重罪，而是由立法上明确规定以何罪论处。刑法中有明确规定的有以下几处：

① 《刑法》第 196 条第 3 款规定，盗窃信用卡并使用的，直接以盗窃罪定罪处罚。

② 《刑法》第 229 条第 2 款规定，承担资产评估、验资、验证、会计、审计、法律服务等职责的中介组织人员，索取他人财物或者非法收受他人财物（受贿罪或者公司企业人员受贿罪），并提供虚假证明文件的，直接以提供虚假证明文件罪论处。

③ 《刑法》第 253 条第 2 款规定，邮政工作人员私自开拆、毁弃邮件、电报又从中窃取财物的，直接以盗窃罪从重处罚。

④ 《刑法》第 318 条、第 321 条规定，组织他人偷越国（边）境、运送他人偷越国（边）境犯罪过程中以暴力威胁方法抗拒检查的，直接以组织他人偷越国（边）境罪、运送他人偷越国（边）境罪论处。

⑤ 《刑法》第 347 条规定，走私、贩卖毒品犯罪过程中以暴力威胁的方法抗拒检查的，直接以走私、贩卖毒品罪论处，并加重处罚。

(3) 对于某些牵连犯，刑事立法上还有例外的规定，即不是从一罪论，而是实行数罪并罚。

第一，刑法分则中明确规定牵连关系应数罪并罚，主要有：

① 《刑法》第 120 条第 2 款规定，组织、领导和积极参加恐怖活动并实施杀人、爆炸、绑架等犯罪的。

② 《刑法》第 157 条第 2 款规定，以暴力、威胁方法抗拒缉私的。

③ 《刑法》第 198 条第 2 款规定，为了骗取保险金而故意造成财产损毁、被保险人死亡、残疾或疾病等保险事故的。

④ 《刑法》第 294 条第 4 款规定，犯组织、领导、参加黑社会性质组织罪、入境发展黑社会组织罪，又有其他犯罪的等。

第二，相关刑事司法解释中也有不少关于牵连关系的两个犯罪行为不按一重罪处断，也不是法定的一罪论，而是实行数罪并罚的规定，主要有：

① 实施《刑法》第 140 条至第 148 条的生产、销售伪劣商品以及假药等特定的伪劣产品犯罪行为，同时又以暴力、威胁方法抗拒查处的，实行数罪并罚。①

---

① 参见最高人民法院、最高人民检察院 2001 年 4 月 9 日联合发布的《关于生产、销售伪劣商品刑事案件具体应用法律若干问题的解释》（法释〔2001〕10 号）第 11 条的规定。

②出售、运输假币构成犯罪，同时又有使用假币行为的，实行数罪并罚。①

③实施《刑法》第341条的犯罪行为，即非法猎捕、杀害珍贵、濒危野生动物，非法收购、运输、出售珍贵、濒危野生动物、珍贵、濒危野生动物制品罪，非法狩猎罪，同时又以暴力、威胁方法抗拒查处的，以《刑法》第341条之罪与妨害公务罪等实行并罚。②

④挪用公款进行非法活动构成其他犯罪的，或者因挪用公款而索取、收受贿赂构成犯罪的，实行并罚。③

总的来说，牵连犯的核心在于其处罚问题。牵连犯作为处断的一罪，故有牵连关系的两犯罪行为为一罪论处是一般原则，而实行数罪并罚则是例外，既然是例外必须以法律（包括具有参照效力的司法解释）的明确规定为准。当然，要注意在一罪论的情况下，又有一般与例外之分，即一般是择一重罪处罚，例外情形是以法定的一罪论处，而无须司法上的选择。

上述案例中，王某某的主观目的是奸淫其堂妹，而在其堂妹不从挣扎的情况下，他却将堂妹先掐死，后又奸尸。他的行为是为了奸淫这一目的，但其结果又触犯了故意杀人罪和侮辱尸体罪。再者，强奸罪、故意杀人罪和侮辱尸体罪是不同的罪名，但这几个罪在本案中紧紧相连，有前因又有后果，所以符合牵连犯的特征。按照法律规定，牵连犯在裁判上不实行数罪并罚，而是按一罪处理，因而实行的是"从一重罪处断的原则"。也就是说，对牵连犯应当采用重罪吸收轻罪的原则，即按照数行为所触犯的罪名中最重的罪来论处。本案中王某某所犯的三个罪名中，故意杀人罪的刑罚相对最重，所以按照牵连犯重罪吸收轻罪的原则，应对其以故意杀人罪论处。

案例讨论

王某为骗取保险金与赵某预谋：由赵某将王某承包县汽车站的一客车烧掉（客车所有权、投保人均为汽车站），事后王某付给赵某2500元酬金。商定后王某先付给赵某500元。数日后的一个凌晨，赵某携带汽油及点火装置到县汽

---

① 参见最高人民法院2000年9月8日发布的《关于审理伪造货币等案件具体应用法律若干问题的解释》（法释〔2000〕26号）第2条第2款的规定。

② 参见最高人民法院2000年11月17日《关于审理破坏野生动物资源刑事案件具体应用法律若干问题的解释》（法释〔2000〕37号）第8条的规定。

③ 参见最高人民法院1998年4月6日《关于审理挪用公款案件具体应用法律若干问题的解释》（法释〔1998〕9号）第7条的规定。

车站,将王某停放在车站院内的客车烧毁,造成经济损失数万元。当时车站内停有其他车辆10余辆,燃烧地点距家属楼10米,距加油站15米,距气象站7米。事后,王某又付给赵某2000元。保险公司县支公司当时未能查明起火原因,遂向投保人县汽车站支付赔偿款34400元。案发后,县汽车站又将该款返还保险公司。

问:王某、赵某行为应如何处罚?

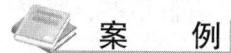

无业人员甲通过伪造国家机关公文,骗取某县工商局副局长的职位。在该局股级干部竞争上岗时,甲向干部乙声称:"如果不给我2万元,你这次绝对没有机会。"乙为获得岗位,只好送给甲2万元。关于对甲的行为的处理意见,下列哪一选项是正确的?( )

A. 甲触犯的伪造国家机关公文罪与招摇撞骗罪之间具有牵连关系,应从一重罪论处

B. 对甲的行为以伪造国家机关公文罪与敲诈勒索罪实行并罚

C. 对甲的行为以伪造国家机关公文罪与受贿罪实行并罚

D. 甲触犯的伪造国家机关公文罪与受贿罪之间具有牵连关系,应从一重罪论处

四、继续犯与连续犯的区别

案 例

(一)案情简介

1. 林某自从有了"外遇"以后,向妻子王某提出离婚,王某不答应。为此,林某对王某进行虐待、折磨,经常对其打骂且不给饭吃,致使王某的身心健康受到严重危害,并数次被打成轻微伤送进医院。

2. 卞某,男,34岁;王某,女,31岁。2008年2月,卞某与其妻王某将黄某骗至安徽省寿县,出卖给寿县农民韩某为妻,得赃款4000元,2008年3月,卞某将妇女唐某带至安徽省寿县,出卖给寿县农民时某为妻,得赃款3000元。2008年8月,卞某以找工作为名,将林某从家中骗出带至安徽省寿县,出卖给寿县农民常某为妻,得赃款3500元。2008年11月,卞某将被害人唐某骗出,出卖给寿县荆塘乡农民常某为妻,得赃款3600元。2008年12月,卞某、王某以做生意为名,将正在玩耍的李某骗至安徽省霍邱县,出卖给

霍邱县农民吴某为妻,得赃款 3500 元。卞某与王某采取类似手段拐骗十余位姑娘并卖至安徽、河南等地。直至 2009 年 2 月案发。

(二) 问题

继续犯与连续犯的构成及其区别?

(三) 学理分析

1. 继续犯

所谓继续犯,也称持续犯。是指从实行犯罪到犯罪行为终止以前,犯罪行为一直处于持续状态的犯罪。如非法拘禁罪,行为人从非法剥夺他人人身自由到恢复他人人身自由的期间,非法拘禁他人的行为一直处于继续的状态之中。其具有以下几个特征:

(1) 继续犯必须是实施了一个犯罪行为。即基于一个犯意实施的同一性质的犯罪行为,且侵犯同一个具体的社会关系,自始至终针对同一对象。

(2) 继续犯必须是犯罪行为在一定时间内不间断地持续存在。一方面,犯罪行为必须具有时间的继续性,即在一定时间内持续,但瞬间持续不构成继续犯,另一方面犯罪行为必须从一开始到结束都没有间断。

(3) 必须是犯罪行为和不法状态同时继续,而不仅仅是不法状态的继续。这是继续犯与状态犯的主要区别。状态犯是犯罪行为结束后,其造成的不法状态仍在持续的情形,如盗窃犯。而继续犯是犯罪行为本身的持续,且行为的持续又导致不法状态的持续。

(4) 继续犯必须是出于一个罪过。常见的继续犯还有:持有型犯罪,如非法持有毒品罪,非法持有枪支、弹药、爆炸物罪,非法持有假币罪,窝赃罪,窝藏毒品、毒赃罪,重婚罪,等等。

2. 连续犯

所谓连续犯,是指行为人基于数个同一的犯罪故意,连续多次实施数个性质相同的犯罪行为,触犯同一罪名的犯罪形态。例如,甲因为其妻与他人通奸,蓄意杀死其妻与奸夫进行报复。一天下午,甲在家将其妻杀死,晚上又潜入奸夫的家里将奸夫杀死。连续犯的构成具有以下几个特征:

(1) 连续犯必须是基于连续意图支配下的数个同一犯罪故意,这是构成连续犯的主观要件。连续犯必须实施数个足以单独构成犯罪的危害行为。这是连续犯成立的客观要件之一。也就是说,行为人实施的数个危害行为必须能够构成数个相对独立的犯罪,这是成立连续犯的前提条件。

(2) 连续犯所构成的数个犯罪之间必须具有连续性。这是成立连续犯的主观要件与客观要件相互统一而形成的综合性构成标准。

（3）连续犯所实施的数个犯罪行为必须触犯同一罪名，这是连续犯的法律特征。因为连续犯法无明文规定，只是在《刑法》第89条追诉时效中涉及犯罪有连续的情况。因此，连续犯称为裁判的一罪。

3. 继续犯与连续犯的区别

根据以上继续犯与连续犯的概念与构成，两者存在以下几点区别：

（1）行为的个数有所不同。继续犯实际上只有一个行为，而连续犯则有多个行为。

（2）继续犯的行为虽然持续一定时间，但不间断；而连续犯的数个行为之间持续一定时间，但数行为之间是有间断性的。

（3）继续犯是事实上单纯的一罪，而连续犯是裁判上的一罪。

（4）继续犯是依法处罚，而连续犯则按一个罪名从重处罚。

上述案例1中，行为人林某的行为应当属于继续犯，而非连续犯。因为虐待罪包括打骂行为，打骂行为虽然有一定的间隔，但仍属于一行为之继续，所以应定虐待罪。案例2中，卞某、王某初次犯罪行为始于2008年2月，最后一次犯罪行为终于2009年，每次犯罪行为都独立构成犯罪，犯罪之间具有连续性，各次犯罪均构成刑法规定的拐卖妇女罪，构成连续犯。

案例讨论

孙某与王某预谋抢劫。一天晚上，二人在县城雇了一辆拉客的三轮摩托车到偏远的地方，抢劫了该车主。二人得手后，到县城的娱乐场所挥霍。二人玩耍结束后，回家的路上遇到独自回家的青年张某，遂又抢劫了张某的财物。

问：孙某和王某的行为应如何认定？

自测题

下列犯罪情形，哪一表述是正确的？（　　）

A. 甲对乙连续刺了十几刀，致乙死亡，甲属于连续犯

B. 丙为了杀丁，向丁开了一枪，却击伤了站在丁旁边的王某，丙的行为属于牵连犯

C. 丁为诈骗钱财，伪造了一个单位的公章和自己的身份证，这属于牵连犯

D. 甲将妇女乙从四川拐卖到安徽，途中还强奸了乙，但只构成拐卖妇女罪，这属于结合犯

五、结果加重犯的认定与处理

(一) 案情简介

被告人王某某因犯盗窃罪于1998年12月被判处有期徒刑7年,2004年7月3日刑满释放。2005年5月13日凌晨3时许,王某某钻窗潜入北京市西城区某胡同某号楼被害人李某(女,时年39岁)家中,从客厅窃走李某的人民币100余元及手机1部。后王某某又进入大卧室,见到熟睡的李某,遂起意奸淫。王某某对李某进行威胁、捆绑,强行将其奸淫,后钻窗逃离现场。李某到阳台呼救时因双手被捆,坠楼身亡。[1]

(二) 问题

结果加重犯的构成条件是什么?如何处理?

(三) 学理分析

本案经北京市第一中级人民法院审理认为,被告人王某某违背妇女意志,使用暴力、胁迫手段强行与妇女发生性关系,其行为已构成强奸罪,且造成被害人呼救时坠楼身亡的严重后果,依法应予处罚;王某某刑满释放后5年内又重新犯罪,系累犯,依法应从重处罚,其所犯强奸罪性质恶劣,情节、后果严重,依法应当判处死刑,但鉴于本案的具体情况,可不必立即执行。据此,北京市第一中级人民法院于2006年5月23日判决:被告人王某某犯强奸罪,判处死刑,缓期二年执行,剥夺政治权利终身。

一审宣判后,王某某不服,上诉至北京市高级人民法院。其提出:被害人的死亡不是其造成的,是坠楼身亡,与其无关,请求从轻处罚;其辩护人认为,被害人的死亡与王某某的行为不存在直接、必然的因果关系,王某某不应对被害人的死亡承担刑事责任。

双方意见哪一方正确,关键在于正确认定结果加重犯。

结果加重犯,又称加重结果犯,是指法律上规定的一个犯罪行为,由于发生了严重结果而加重其法定刑的情形。例如,我国《刑法》第260条第1款规定的是虐待罪的基本犯,根据刑法规定,处2年以下有期徒刑、拘役或者管制。第2款规定:"犯前款罪,致使被害人重伤、死亡的,处2年以上7年以

---

[1] 参见北京市高级人民法院〔2006〕京高刑终字第451号。

下有期徒刑"，这就是结果加重犯。在这种情况下，因为在犯虐待罪的过程中发生了致使被害人重伤、死亡的情形，因而加重其刑。

结果加重犯的成立必须具备以下条件：

（1）行为人必须实施了基本犯罪行为，这是构成结果加重犯的前提条件。至于这一基本犯罪行为的主观罪过形式，应以刑法规定为准，在一般情况下，基本犯罪行为的主观罪过是故意，即为故意犯的结果加重犯。例如我国《刑法》第234条第2款规定的故意伤害（致人死亡）罪。在个别情况下，基本犯罪行为的主观罪过也可能是过失，即为过失犯的结果加重犯。例如我国《刑法》第131条规定的重大飞行事故罪，基本犯主观上是过失，处3年以下有期徒刑或者拘役；造成飞机坠毁或者人员死亡的，处3年以上7年以下有期徒刑。造成飞机坠毁或者人员死亡的，就是重大飞行事故罪的结果加重犯。

（2）在基本犯罪行为的基础上造成了加重结果。加重结果是超出基本犯罪的罪质范围的他罪结果，而不是基本犯罪结果的程度增加。例如，致人死亡，对于故意伤害罪来说就是加重结果，而故意重伤则是本罪结果而非他罪结果。

（3）结果加重犯在基本犯罪与加重结果之间存在因果关系。如果没有这种因果关系，即使发生了某种加重结果，行为人对此也不承担刑事责任。行为人之所以要对超出基本犯罪的加重结果负刑事责任，就是因为基本犯罪与加重结果之间存在因果关系。如果没有这种因果关系，则不存在结果加重犯之问题。例如，甲造成乙轻伤，乙由于破伤风感染而死亡。在本案中，甲的伤害行为与乙的死亡之间不存在因果关系，因而不能构成故意伤害致人死亡罪。

（4）结果加重犯对于加重结果主观上存在罪过。如果说，基本犯罪与加重结果之间存在因果关系是行为人对加重结果承担刑事责任的客观基础，那么，行为人对于加重结果主观上有罪过，就是行为人对于加重结果承担刑事责任的主观基础。但是，行为人对加重结果主观上罪过仅限于过失还是故意，在刑法理论上存在争论。第一种观点认为，对于加重结果只能是过失而不包括故意。第二种观点认为，对于加重结果既包括过失也包括故意。在大多数情况下，结果加重犯对于加重结果的主观罪过形式只限于过失。因为结果加重犯是一行为在造成一个本罪结果的同时又过失地造成一个他罪的加重结果，因而刑法才将其规定为一罪。如果除基本犯罪以外，一个行为又故意地造成了一个他罪的加重结果，那就不可能是结果加重犯。例如《刑法》第238条第1款规定了非法拘禁罪的基本犯，第2款前半句规定非法拘禁致人重伤、死亡的，是结果加重犯，这里的致人重伤、死亡主观上只能是过失。第2款后半句规定非法拘禁使用暴力致人伤残、死亡的，是转化犯，应以故意伤害罪、故意杀人罪论处。在此，对于伤残、死亡结果主观上是故意。上述立法例，对于正确界定加重结果的主观罪过形态具有重要意义。但在某些情况下，刑法对于某种加重结果的客观罪过形式并未加以限制。例如《刑法》第263条规定的抢劫致人重伤、死亡，既包括过失致人重伤、死亡又包括故意致人重伤、死亡。"抢劫罪侵犯的是复杂客体，既侵犯财产权利又侵犯人身权利，具备劫取财物或者造成他人轻伤以上后果两者之一的，均属抢劫既遂；既未劫取财物，又未造成他人人身伤害后果的，属抢劫未遂。据此，《刑法》第263条规定的8种处罚情节中除'抢劫致人重伤、死亡'的这一结果加重情节之外，其余7种处罚情节同样存在既遂、未遂问题，其中属抢劫未遂的，应当根据刑法关于加重情节的法定刑规定，结合未遂犯的处理原则量刑"。①

根据我国刑法理论，结果加重犯，虽然由于危害结果发生了变化而使法定刑升格，但犯罪行为并没有增加。所以结果加重犯是一罪而不是数罪，应当按照法律对结果加重犯的规定处罚。

就本案而言，从客观方面看：第一，被告人基于奸淫的意图，对被害人故意实施了强奸这一基本犯罪行为。第二，在案证据显示，被告人为实施强奸捆绑被害人双手，正是这一行为直接导致被害人在阳台呼救时因难以控制身体平衡而坠楼身亡。捆绑被害人，在被告人犯罪时属于其强奸实行行为的一部分，被害人到阳台呼救时虽然被告人已完成强奸的实行行为，但此时被害人意识上不能确定对方是否已结束侵害，被害人双手仍被捆绑意味着其犯罪暴力尚在持续地对被害人发生作用，捆绑被害人双手实际上是被告人犯罪暴力的延续。在此情况下，被害人到阳台呼救行为应是其反抗被告人侵害行为的表现，并最终导致了被害人在呼救反抗时坠楼身亡的严重结果。也就是说，被害人的死亡与被告人的犯罪暴力之间存在事实上的因果关系，客观上由被害人反抗被告人的强奸所导致，而非意外事件。第三，被害人死亡这一犯罪结果已经超出强奸罪的基本构成要件，应为被告人强奸犯罪的加重结果。

从主观方面看，强奸行为本身已包含了足以产生加重结果的危险性，容易引发被害人死亡诸如直接造成死亡、因抢救无效死亡、因求助、反抗导致死亡、自杀等重结果的发生。本案中，被告人在被害人反抗的情况下，采取捆绑等暴力手段，在高层建筑内故意对被害人实施强奸这一特殊的危险行为。在被告人强烈反抗的情况下，可以认为其在一定程度上具有对发生被害人死亡后果的"危险"的认识和意志，即主观上对加重结果具有过错。从现场勘查情况

---

① 参见2005年最高人民法院《关于审理抢劫、抢夺刑事案件适用法律若干问题的意见》。

看,案发卧室阳台的窗前靠外墙摆放一组台面与窗户基本平行的矮柜,据此可以推断被害人系呼救反抗时紧急中越过矮柜从窗口处坠下,但现有在案证据难以证明被害人的坠楼系被告人推搡或杀死后抛弃等行为导致。换言之,只能认定被告人主观上具有对发生被害人死亡后果的"危险"的认识和意志,而无法认定其对被害人死亡这一加重后果具有实害故意。所以,本案只能判定被告人对被害人死亡应依法承担强奸罪结果加重犯的刑事责任,而非故意杀人罪的刑事责任。

李某与几位多年未见的朋友相聚,喝了不少酒,但自恃驾车技术高超,深夜路况较好,于是独自开车回家,结果将正在马路上骑电动车行驶的向某撞倒。李某下车后看到向某已被轧断下肢,想报警但又担心自己喝酒被严惩,于是见四周无人,就驾车急速驶离现场,对重伤昏迷的被害人弃之不顾。不久,向某被人发现,但送至医院因失血过多、抢救无效而死亡。①

问:李某的行为应如何认定?

下列哪些情形不属于结果加重犯?(　)

A. 侮辱他人导致他人自杀身亡

B. 监管人员对被监管人进行殴打与体罚导致被监管人死亡

C. 强制猥亵妇女致人死亡

D. 遗弃没有独立生活能力的人致其死亡

六、吸收犯与牵连犯的区别

案　例

(一)案情简介

甲为某书店经理,盗印其他出版社印刷出版的中、小学课本和教辅材料。然后将盗印的教材向各地销售,违法所得达320万元。

(二)问题

如何区别吸收犯与牵连犯?

---

① 王志刚主编:《案例刑法学总论》,中国法制出版社2010年版,第369页。

（三）学理分析

本案在法院审理中存在两种观点。第一种观点认为，被告人的行为构成侵犯著作权罪和销售侵权复制品罪，属于吸收犯，应当只定侵犯著作权罪。第二种观点认为，被告人的行为构成侵犯著作权罪和销售侵权复制品罪，属于牵连犯，应当择一重罪处罚。这两种意见哪一种正确，关键在于如何正确区分吸收犯与牵连犯。

1. 吸收犯

在刑法理论上，吸收犯是指事实上存在数个不同的行为，其一行为吸收其他行为，仅成立吸收行为一个罪名的犯罪形态。如伪造枪支后又私藏枪支的行为，仅成立伪造枪支罪。吸收犯具有以下几个特征：

（1）具有数个独立的符合犯罪构成的犯罪行为。如果只有一个行为符合犯罪构成，则不可能成立吸收犯。

（2）数行为必须触犯不同罪名。如果数行为触犯同一罪名，就不成立吸收犯。

（3）数行为之间具有吸收关系，即前行为是后行为发展的所经阶段，后行为是前行为发展的当然结果。

关于吸收犯的吸收关系，通常认为有三种情况：即重行为吸收轻行为；实行行为吸收预备行为；主行为吸收从行为。

2. 牵连犯

牵连犯是指以实施某种犯罪为目的，但其方法行为或结果行为又触犯了其他罪名的情况，此时方法行为和目的行为之间、原因行为和结果行为之间就存在牵连关系，因此称之为牵连犯。例如，为了诈骗而伪造公文，该诈骗行为构成诈骗罪，其方法行为则构成伪造公文罪。牵连犯具有以下几个特征：

（1）牵连犯必须有两个以上的危害行为，这是构成牵连犯的前提条件。行为人只有实施了数个行为才有可能构成牵连犯，如果只实施了一个行为，无法形成行为之间的牵连关系。

（2）牵连犯的数个行为之间必须具有牵连关系。所谓牵连关系，是指行为人实施的数个行为之间具有手段与目的或者原因与结果的关系。也就是说，行为人的数个行为分别表现为目的行为或原因行为、手段行为或结果行为，并互相依存形成一个有机的整体。

（3）牵连犯的数个行为必须触犯不同的罪名，这是牵连犯的法律特征，也是确定牵连犯的标志。牵连犯具有两个以上的危害行为，是事实上的关系；牵连犯触犯两个以上的罪名，是法律上的关系。如果行为人的行为只触犯一个罪名，那就不是牵连犯。因此，牵连犯的数个行为必须是分别具备不同性质的犯罪构成要件的行为。

3. 吸收犯与牵连犯的区别

从以上吸收犯与牵连犯的概念和特征来看,牵连犯与吸收犯都具有数个独立的犯罪行为,而且它们之间都具有一定的联系,并且都是发生在一个犯罪过程中,都是出于犯一罪的目的。但是二者之间仍具有质的区别,主要表现为:

(1) 数行为触犯的罪名的性质不同。牵连犯的数行为触犯的是不同的罪名,是罪质不同的犯罪;而吸收犯的数行为触犯的是相同的罪名,是罪质相同的犯罪。

(2) 数行为间关系的含义不同。牵连犯的数行为之间是牵连关系,具体说来,牵连关系是手段与目的、原因与结果关系。从实质上来说,牵连关系也是一种吸收关系。但这是一种刑的吸收关系,而不是罪的吸收,所吸收之罪仍独立存在。吸收犯数行为间的关系是吸收关系,这种吸收关系是罪的吸收,所吸收之罪不再存在。

(3) 行为的具体表现不同。牵连犯的数行为表现为手段行为、目的行为和结果行为。吸收犯的数行为表现为预备行为、未遂行为、实行行为、中止行为、组织行为、教唆行为和帮助行为等。

(4) 犯罪故意的性质不同。吸收犯数行为的故意是同一的;其数量可能多个,但性质是相同的,且是针对同一行为对象,侵犯相同直接客体的故意。牵连犯的数行为的故意不是同一的,支配方法行为、目的行为、结果行为的各个具体犯罪故意虽然是为总的犯罪目的服务,但其本身则具有各自不同的内涵。

(5) 侵犯的客体和作用的对象不同。构成吸收犯的数行为必须侵犯同一或相同的直接客体,并且指向同一的具体犯罪对象;而构成牵连犯的数行为侵犯的直接客体必然是不同的,也不必作用于同一具体的犯罪对象。

(6) 主观方面的差别。牵连犯虽然是基于一个犯罪目的实施数个犯罪行为,但行为人在这个犯罪目的的制约下,形成了与牵连犯罪的目的行为、方法行为、结果行为相对应的数个犯罪故意,犯意的异质性和相对复数性是牵连犯的构成特征之一。吸收犯必须基于一个犯意,为了实现一个具体的犯罪目的而实施了数个犯罪行为,犯意的同一性和单一性是吸收犯的显著特征之一。

(7) 两者在处断原则方面存有差异。通常认为,牵连犯的处断原则,一般为从一重处断,即按重的罪从重处罚。吸收犯的处断原则是仅以吸收之罪论处,对被吸收之罪置之不论。

根据最高人民法院、最高人民检察院《关于办理侵犯知识产权刑事案件具体应用法律若干问题的解释》第 14 条规定:实施刑法第 217 条规定的侵犯著作权犯罪,又销售该侵权复制品,构成犯罪的,应当依照刑法第217条的规定,以侵犯著作权罪定罪处罚。① 因此,本案应属于吸收犯,对其只定侵犯著作权罪。

 案例讨论

1. 被告人王某某于2006年2月21日凌晨5时许,以婚姻彩礼纠纷向周某某要钱为借口,跳墙进入周某某院内,把堂屋门的玻璃打碎,将门弄开,进入屋内。见周某某的86岁的母亲陈某某一人在家看门,就用木棍将堂屋内的锅、碗、香炉等物品砸坏,并说:"我把你儿子、孙子杀了,我养活你。"随后,又用铁棍撬开东屋门,将周某某停放在东屋内的红色隆鑫125型摩托车推出,又从堂屋将陈某某拉出街门外,用自己带的锁将街门锁住,骑走摩托车占为己有。经鉴定,被损坏的物品价值371元,摩托车价值4400元。②

本案在审理过程中,对被告人王某某的行为如何定性,存在三种处理意见。第一种意见认为被告人的行为构成非法侵入住宅罪。第二种意见认为被告人的行为构成抢劫罪。第三种意见认为被告人的行为构成非法侵入住宅罪和抢劫罪,应数罪并罚。

问:你的意见如何?请说明理由。

2. 2004年7月的一天深夜,下班回家的女青年王某回到5楼住处。她掏出钥匙打开房门,忽然从身后冒出两条黑影,还没等她反应过来,一人已经抢下她的背包,并顺势把她往屋里猛地一推。跌倒在地的她刚一起身,一把冰冷的尖刀已经顶在了脖子上。随后,另一名男子从衣柜里翻找出衣服、围巾,两人一起将王某的手脚牢牢捆住。在她的背包里,有一部西门子手机和一个钱包。奇怪的是,得到财物的两人此时似乎并没有离开的意思,其中一人从钱包里取出钱后虽然开门离去,可是过了不一会儿,他就带着此前并未出现过的另一男子又回到了屋内。"把衣服脱了!"劫犯喝令。任凭王某不断哀求,他们还是脱光了她的衣服,并拿出相机拍了许多照片。"其实,拍摄裸照敲诈才是我们最初的目的。"当参与犯罪的行为人站在第二中级人民法院的被告人席时,他们吐露了这次行动从策划到实施的内情。当时都不满20岁的夏某某、汪某某和另案处理的曹某一起盯上王某,认为她可能有些积蓄。最初他们的计划是拍摄王某的裸照进行敲诈,为此他们事先摸清王某的住处,并到了现场踩

---

① 2007年4月4日最高人民法院审判委员会第1422次会议、最高人民检察院第十届检察委员会第七十五次会议通过。

② 资料来源于中国法院网。

第十一章 一罪与数罪

点观察。然而，2004年7月9日三人出发准备行动时，原本携带照相机负责拍照的曹某却表示，自己没能找到照相机。他提出，不如由夏某某、汪某某两人先从王某身上抢些钱，然后由他去买一部照相机。眼看事已至此，夏某某、汪某某便同意了他的计划。在拍了28张照片之后，他们要求王某以每张2000元价格全部赎回，并扬言不给钱就公开照片。此后为了吓唬王某，夏某某、汪某某先后两次将敲诈信及7张王某的裸照塞入王某室内。2004年7月14日晚上7点多，当夏某某和曹某等人携带王某的21张裸照，再次来到王某住处准备敲诈时，被警方人赃俱获。当晚，汪某某亦被抓获。[1]

问：行为人的行为构成何罪？一罪还是数罪？是否构成牵连犯？

自测题

下列哪些情形属于吸收犯？（　　）

A. 制造枪支、弹药后又持有、私藏所制造的枪支、弹药
B. 盗窃他人汽车后，谎称所盗汽车为自己的汽车出卖他人
C. 套取金融机构信贷资金后又高利转贷他人
D. 制造毒品后又持有该毒品

---

[1] 参见上海市第二中级人民法院"精品案·名法官"系列报道四十。

第十二章　刑罚的体系和种类

刑罚的体系，即以刑法的规定为依据，以刑法规定的刑罚种类为基本构成要素，按照主从关系、轻重梯次而形成的刑事制裁体系。现行刑法第三章"刑罚"规定了刑罚的种类和非刑罚制裁方法。以该章规定的刑罚种类为依据，现有刑罚体系由主刑和附加刑构成。主刑是指根据法律规定对犯罪人适用的主要刑罚种类，以剥夺犯罪人的人身自由权利乃至生命权利为内容。其特点表现为：只能独立适用，不能附加适用。因此，认定犯罪人触犯某一具体犯罪，审判机关只能适用一种主刑，而不能适用两种以上主刑；如果认定犯罪人实施了多个犯罪，并相应地宣告了多个主刑，但是在确定应执行的刑罚时，根据《刑法》第69条有关数罪并罚的规定，也只能确定应执行的一个主刑。根据《刑法》第33条的规定，主刑的种类有管制、拘役、有期徒刑、无期徒刑和死刑五种。附加刑，又称从刑，是指辅助主刑适用的刑罚种类。根据刑法的规定，附加刑既可以附加适用也可以独立适用。与主刑不同的是，对某一犯罪人进行量刑时，根据其行为触犯的具体罪刑规范，可以对其适用两种以上的附加刑。现行刑法规定附加刑有罚金、剥夺政治权利和没收财产三种。此外，《刑法》第35条还规定，对于犯罪的外国人，可以独立适用或者附加适用驱逐出境。

一、管　　制

案　　例

（一）案情简介

被告人王某自建"反包二奶"网站，揭露父亲包养了李某，此事一度成为社会热点，搜索的相关网页达500多页。2006年8月14日李某以王某在没有证据的情况下，故意捏造事实，侮辱、诽谤李某，给其人格、名誉造成巨大伤害，造成严重社会影响，王某触犯侮辱罪、诽谤罪为由，向山东省定陶县人民法院提起刑事附带民事诉讼。2007年2月5日，定陶县法院作出的一审判决送达当事人手中,法院认定王某构成侮辱罪,判处管制两年。①

(二) 问题

我国对于管制是如何规定的?

(三) 学理分析

管制是我国刑罚主刑中最轻的一种刑罚方法。由人民法院判决对罪犯不予关押,但限制其一定自由,依法实行社区矫正的一种刑罚方法。由于对被判处管制的犯罪分子不予关押,而是对其限制一定的自由,因而管制刑又被称为限制自由刑。作为一种刑罚种类,萌芽于民主革命时期,新中国成立后继续采用。1979年刑法将其规定为一种主刑,成为我国独创的刑罚方法。管制的存在完善了刑罚体系的整体结构,作为一个中间环节将剥夺自由刑与非自由刑联结起来,而且,由于它对犯罪分子不予关押,从而可以避免监狱生活带来的交叉感染,并可以调动社会力量参与对犯罪分子的改造,同时它也不致影响犯罪分子的劳动、工作和家庭生活,这对于犯罪分子的改造和社会秩序的安定,都有积极的意义。因此,管制作为一种开放型的刑罚方法,是符合刑罚改革的国际趋势的。

根据《刑法》第38条至第41条的规定,管制具有以下特征:

(1) 对犯罪分子不予关押。即不是将犯罪分子羁押在特定的场所或者设施内,从而剥夺其人身自由,而是实行社区矫正。这是管制与拘役、有期徒刑等剥夺自由刑的重要区别。

(2) 限制罪犯一定的自由。管制虽然不剥夺犯罪分子的自由,但是作为一种刑罚方法,当然应具有惩罚的属性。根据《刑法》第39条规定,判处管制的犯罪人,执行期间应当遵守的规定有:①遵守法律、行政法规,服从监督;②未经执行机关批准,不得行使言论、出版、集会、结社、游行、示威自由的权利;③按照执行机关规定报告自己的活动情况;④遵守执行机关关于会客的规定;⑤离开所居住的市、县或者迁居,应当报经执行机关批准。但对于被判处管制的犯罪分子,在劳动中应当同工同酬。

(3) 具有一定期限。根据《刑法》第38条第1款的规定,判处管制的期限,为3个月以上2年以下,《刑法》第69条规定,数罪并罚时,管制刑的刑期最高不能超过3年。《刑法》第78条规定,被判处管制的犯罪分子被减刑时,减刑以后实际执行的刑期,不能少于原判刑期的1/2。

(4) 被判处管制的犯罪人依法实行社区矫正。《刑法》第38条第3款规

---

① 资料来源于《齐鲁晚报》2007年2月6日。

定,对判处管制的犯罪分子,依法实行社区矫正,从而明确了管制的执行方式。社区矫正是一项综合性很强的工作,需要各有关部门分工配合,并充分动员社会各方面力量,共同做好工作。虽然《刑法修正案(八)》将刑法原来规定的"由公安机关执行"修改为"依法实行社区矫正",但这并不意味着公安机关不再承担对被判处管制的犯罪分子的监管职责。在正在实行的社区矫正工作中,公安机关仍然承担着重要的监管职责。

2011年4月28日,最高人民法院、最高人民检察院、公安部、司法部《关于对判处管制、宣告缓刑的犯罪分子适用禁止令有关问题的规定(试行)》规定,对判处管制的犯罪分子,人民法院根据犯罪情况,认为从促进犯罪分子教育矫正、有效维护社会秩序的需要出发,确有必要禁止其在管制执行期间从事特定活动,进入特定区域、场所、接触特定的人,可以根据《刑法》第38条第2款、第72条第2款的规定,同时宣告禁止令,有针对性地决定禁止其在管制执行期间、缓刑考验期限内"从事特定活动,进入特定区域、场所,接触特定的人。"《刑法》第38条第4款规定"违反第二款规定的禁止令的,由公安机关依照《中华人民共和国治安管理处罚法》的规定处罚。"

综上所述,本案中王某的行为已构成侮辱罪,但因其是初犯,因此对其判处管制是妥当的。

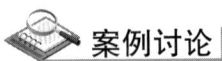 案例讨论

2018年3月张某因犯开设赌场罪,被判处管制2年。2018年8月,同在某集镇上开办幼儿园的彭某与李某,因相互争夺"生源"发生纠纷,并各自邀集人员打架,张某受彭某之邀也参与其中。因此事,造成双方多人轻伤、轻微伤。在本案中,张某因犯聚众斗殴罪,且有犯罪前科,被判处有期徒刑11个月。

问:管制刑执行期间再犯罪应如何处理?

自测题

依据法律规定,在管制的判决和执行方面,下列说法哪些是不正确的?
(   )

  A. 管制的期限为3个月以上2年以下,数罪并罚时不得超过3年
  B. 被判处管制的犯罪分子,由公安机关执行
  C. 对于被判处管制的犯罪分子,在劳动中应酌量发给报酬
  D. 管制的刑期从判决执行之日起计算,判决执行以前先行羁押的,羁押

一日折抵刑期一日

二、死　刑

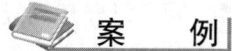案　例

（一）案情简介

2014年12月，被告人李某与汉中市某有限公司参加培训的被害人杨某（女，殁年24岁）发展为婚外情人关系。2016年1月1日晚，李某与另一女性就餐后回到其租住处，杨某亦来到李某的租住处，质问李某当天行踪和拒接杨某电话原因，二人为此发生争吵。当晚22时许，李某来到汉中市某小区杨家中找杨某父母理论时，杨某回到家中，二人发生争执。次日1时许，李某、杨某认为杨某父母在场不利于矛盾解决，便一同离开杨某家，来到某超市门口继续协商解决办法。因协商不成，二人再次发生争吵，李某用手卡住杨某颈部，将杨某按倒在地，并捡起地上的砖块朝杨某头部猛砸。小区门卫听到呼救声来到现场，对李某进行阻止。李某不听劝阻，并在探查杨某伤情后继续持砖块猛砸杨某头部数十下，致杨某重度颅脑损伤当场死亡。

（二）问题

什么是死刑？我国刑法对死刑作了哪些限制？

（三）学理分析

1. 死刑的概念

死刑，又称生命刑。是剥夺犯罪人生命的刑罚方法，包括立即执行和缓期两年执行两种方式。是刑法体系中最严厉的刑罚方法，因此，也称极刑。

死刑是一种古老的刑罚方法。在奴隶社会和封建社会，死刑的种类繁多，但从来没有人怀疑其存在的合理性。自18世纪以来，死刑存废问题是西方刑法学界争论的热点。我国目前还不能废除死刑，但应严格控制死刑的适用，凡可杀可不杀的，一律不杀。办理死刑案件，必须严谨审慎，既要保证根据证据正确认定案件事实，杜绝冤假错案的发生，又要保证定罪准确，量刑适当，做到少杀、慎杀。①

---

① 最高人民法院、最高人民检察院、公安部、司法部《关于进一步严格依法办案确保办理死刑案件质量的意见》第4条。

2. 适用死刑的限制性规定

（1）从适用条件上加以限制。根据《刑法》第48条第1款的规定，死刑只适用于罪行极其严重的犯罪分子。从该规定可以看出，适用死刑的条件是犯罪人所犯的罪极其严重。"罪行极其严重"，应从犯罪人的行为及其后果和犯罪人的人身危险性两个方面，即从犯罪人的行为及其后果来看，已经达到极其严重的程度；而从犯罪人人身危险性来看，犯罪行为及犯罪前后所表现出的人格危险程度也达到极其严重的程度。另外，在刑法分则中，除了极个别的例外，死刑都是作为选择刑来规定的并不是绝对确定的法定刑，这就从死刑规定的方式上保证依法应当判处死刑的只是极少数罪行极其严重、罪该处死的犯罪分子。

（2）从适用的犯罪主体上加以限制。《刑法》第49条第1款规定："犯罪的时候不满18周岁的人和审判的时候怀孕的妇女，不适用死刑"；第2款规定："审判的时候已满75周岁的人，不适用死刑，但以特别残忍手段致人死亡的除外。"所谓"不适用死刑"，是指不能判处死刑，而不是暂不执行死刑，当然也不能判处死刑缓期执行。

（3）从犯罪性质上进行限制。根据我国现阶段经济发展实际，对于一些较少适用甚至基本没有适用过死刑的罪名可以适当减少。基于这种社会情势，《刑法修正案（八）》取消了近年来很少适用过的13个经济性非暴力犯罪的死刑。这些犯罪包括：走私文物罪，走私贵重金属罪，走私珍贵动物、珍贵动物制品罪，走私普通货物物品罪，票据诈骗罪，金融凭证诈骗罪，信用证诈骗罪，抵扣税款发票罪，伪造、出售伪造的增值税专用发票罪，盗掘古文化遗址、古墓葬罪，盗掘古人类化石、古脊椎动物化石罪，盗窃罪；《刑法修正案（九）》又取消了走私武器、弹药罪，走私核材料罪，走私假币罪，伪造货币罪，集资诈骗罪，组织卖淫罪，强迫卖淫罪，阻碍执行军事职务罪，战时造谣惑众罪等9个死刑罪名。以上取消的22个死刑罪名，占我国现有死刑罪名总数的近30%，表明我国废止死刑的进程又向前迈了一大步，为我国最终废除死刑奠定了良好的基础。

（4）从核准程序上加以限制。《刑法》第48条第2款规定："死刑除依法由最高人民法院判决的以外，都应当报请最高人民法院核准。"根据这一规定，死刑的核准权全部都由最高人民法院统一行使，从而更加严格了死刑的适用程序，在制度上为死刑正确、公正适用提供了有力保障。

（5）从执行制度上加以限制。《刑法》第48条第1款规定："对于应当判处死刑的犯罪分子，如果不是必须立即执行的，可以判处死刑同时宣告缓期二年执行。"这是关于我国刑法中死刑缓期执行制度的规定，简称死缓。死缓不是独立的刑种,而是死刑的一种执行方式,是我国的独创。这一制度的实行,大大缩小了判处死刑立即执行的适用范围。对于死刑缓刑执行可以从以下几个方面来把握:

第一,死刑缓期执行适用的条件。根据《刑法》第48条第1款的规定,适用死刑缓期执行必须具备以下两个条件:一是应当判处死刑,这是宣告死刑缓期执行的前提条件,它要求适用死缓,首先必须符合适用死刑的条件,凡是刑法分则条文没有设立死刑的,就不可能适用死缓;刑法分则条文虽然设有死刑,但所犯罪行不该适用死刑的,也不可能适用死缓。总之,死缓是死刑的执行制度,而不是轻于死刑的一个刑种,所以它的适用必须以犯罪分子被判处死刑为前提。二是不是必须立即执行,这是宣告死刑缓期执行的实质条件。所谓"不是必须立即执行",可以做出以下原则上的认识:其一,犯罪分子的行为客观危害十分严重,但其主观恶性并不大;其二,犯罪分子虽然主观恶性较大,但其行为的客观危害性并不是特别严重;其三,犯罪分子虽然主观恶性和行为的客观危害都比较大,但其具有从宽处罚情节。

第二,死刑缓期执行的判决及其核准。为了保证死缓制度的正确执行,《刑法》第48条第2款对死刑缓期执行的判决及其核准作了明确规定:死刑缓期执行的,可以由高级人民法院判决或者核准。

第三,死刑缓期执行期满后的处理。根据《刑法》第50条的规定,对于被判处死缓的犯罪分子,在死刑缓期执行期满后,有三种处理办法:一是在死刑缓期执行期间,如果没有故意犯罪,2年期满以后减为无期徒刑;如果确有重大立功表现,2年期满以后,减为25年有期徒刑。至于哪些属于重大立功表现,应根据《刑法》第78条予以规定。二是在死刑缓期执行期间的累犯以及因故意杀人、强奸、抢劫、绑架、放火、爆炸、投放危险物质或者有组织的暴力性犯罪被判处死刑缓期执行的犯罪分子,人民法院根据犯罪情节等情况可以同时决定对其限制减刑。三是在死刑缓期执行期间,如果故意犯罪,情节恶劣的,报请最高人民法院核准后执行死刑;对于故意犯罪未执行死刑的,死刑缓期执行的期间重新计算,并报最高人民法院备案。这表明,进一步提高了对死缓罪犯执行死刑的门槛。死缓核准执行死刑的条件是犯罪分子在缓刑执行的两年期间实施了故意犯罪,而且必须是情节恶劣的。

本案中,被告人李某故意非法剥夺他人生命,其行为已构成故意杀人罪。李某系有妇之夫,在婚姻关系存续期间又与被害人杨某发生不正当两性关系,在与杨某协商处理二人关系不成的情况下,不顾他人劝阻,持砖块连续砸击杨某头部数十下,致杨某当场死亡,犯罪手段特别残忍,情节特别恶劣,罪行极其严重,应依法惩处。一审判处死刑,最高人民法院核准死刑。

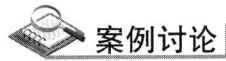 **案例讨论**

吴某被判处死刑缓期二年执行，于2018年7月27日考验期满，其所在的服刑监狱于当日上报了将死缓减为无期徒刑的材料。7月29日，吴某因同监舍的郑某无故辱骂他而将郑某一只耳朵打聋。

问：对吴某应当如何处理？

自测题

依据法律规定，下列关于死刑的说法哪些是正确的？（ ）

A. 审判的时候已满75周岁的人，不适用死刑

B. 对不属于罪行极其严重的犯罪分子，既不能判处死刑立即执行，也不能判处死刑缓期执行

C. 对犯罪时不满18周岁的人，不能判处死刑立即执行，但可以判处死刑同时宣告缓期二年执行

D. 对审判时怀孕的妇女，可以判处死刑，但必须在其生育或者流产后才能执行死刑判决

三、怀孕妇女的死刑适用

 **案　例**

（一）案情简介

被告人郭某因为怀疑丈夫李某有外遇。一天晚上，李某与合作施工单位的领导在饭店吃饭，郭某一时想不开，就拿了一瓶硫酸和一把尖刀来到了饭店，突然闯进包房内，将玻璃瓶子内的浓硫酸泼到了李某的脸上。李某立即跑到了卫生间，就在用水冲洗面部的时候，郭某用尖刀连续向李某刺了6刀，李某当即倒在血泊之中。在场的人都被这一幕惊呆了，当人们想起来报警并抢救李某的时候，郭某已经消失在夜色中。而李某经抢救无效死亡。郭某外逃4个月后，投案自首。但是在审问期间，警方发现犯罪嫌疑人郭某已经怀孕。

（二）问题

对"怀孕妇女不适用死刑"如何理解与执行？

（三）学理分析

我国刑法和刑事诉讼法基于罪责自负和人道主义的考量，对"审判时正

在怀孕的妇女，不适用死刑"作了明确规定。立法的本意是保障无辜的婴儿不受刑罚的追究，体现少杀的政策。然而，在司法实践中，如何理解并执行这一规定，还存在一些值得注意的问题。

1. 如何理解"审判的时候怀孕的妇女"

我国刑法并未规定对妇女一律不适用死刑，而仅仅规定对"审判的时候怀孕的妇女"不适用死刑。也就是说，只有"审判的时候怀孕的妇女"才能享受不适用死刑的宽大待遇。

正确把握"审判的时候怀孕的妇女"已成为正确执行这一规定的前提。从字面上看，"审判时正在怀孕的妇女"这一条文并不难理解。但如何理解"审判时"？"审判"是刑事诉讼中的一个过程。狭义的"审判的时候"仅指人民法院审理期间，因而在审判之前的诉讼羁押期间分娩或者人工流产的妇女就不再适用刑法的规定。广义的"审判的时候"应包括侦查（羁押）、提起公诉、法庭审理，直到法院判决这一阶段。在司法实践中，通常把审判前在羁押受审时已怀孕的妇女也包括在内。这里"审判的时候"应作广义理解，应包括整个羁押候审期间。

2. 如何理解"怀孕的妇女"

这一理解关键在于把握那些在审判之前或者在审判过程中自然流产或做了人工流产的妇女是否属于怀孕的妇女。换言之，对于孕妇是否可以在流产后适用死刑？针对这个问题，最高人民法院曾于1983年9月20日在《关于人民法院审判严重刑事犯罪案件中具体应用法律的若干问题的答复》中明确指出：无论是羁押期间，还是法院受理案件时，只要是怀孕的妇女，不管是不是人工流产的，都不应适用死刑。1998年8月4日在给河北省高级人民法院的批复中指出："怀孕妇女因涉嫌犯罪中羁押期间自然流产后，又因同一事实被起诉、交付审判的，应当视为'审判时候怀孕的妇女'，依法不适用死刑。"① 这一司法解释是完全正确的。因为无论何种原因的流产，孕妇的身份并没有改变。所以，对于已做人工流产或自然流产的妇女，应当视为审判时怀孕的妇女，而不应适用死刑。

3. 如何理解"不适用死刑"

所谓不适用死刑既包括死刑立即执行又包括死刑缓期二年执行。因为死刑是一个刑种，死缓只不过是死刑的执行方式而已。死缓不能脱离死刑而存在，不适用死刑也就意味着不适用死缓。更不能对怀孕的妇女先行宣告判处死刑，等其分娩后再予以执行死刑。

---

① 参见《司法文件选编》1998年合订本，第597页。

本案中，在审查期间发现郭某怀孕，应视为"在审判的时候怀孕的妇女"。

章某与张某系母女。张某与同学杨某关系较密，因杨某多次向张某借钱后不还，引起章某不满，遂到杨某家干涉，并阻止张某与杨某交往。杨某对章某怀恨在心。2000年7月，杨某对张某谈起如果章某死亡，张某则可获自由，且可继承遗产，张某亦认为母亲管束过严，两人遂共谋杀害章某。同年8月23日晚，张某在上海市永兴路某弄某号家中给其母章某服下安眠药，趁章某昏睡之机，将杨某提供的胰岛素注入章某体内。因章某不死，张某遂又用木凳等物砸章某头部。次日中午，杨某至张家，见章某尚未死亡，即与张某共同捆绑章某的手，张某仍用木凳猛砸章某头部。被害人章某终因颅脑损伤而死亡。嗣后，张、杨两人取走章某的存折、股票磁卡等，由杨某藏匿。张某购买水泥，并将章某的尸体掩埋于家中阳台上。同年10月8日，公安机关查实杨某涉嫌参与共同杀人时，杨某正怀孕在身，但未及时采取相应的强制措施。10月20日杨某产下一男婴。上海市人民检察院第二分院指控被告人张某、杨某共同故意杀死1人，两被告人的行为均已构成故意杀人罪，于2001年3月15日向上海市第二中级人民法院提起公诉。①

问：如何理解"审判时怀孕的妇女，不适用死刑"，本案对杨某是否应适用《刑法》第49条？

自测题

审判的时候怀孕的妇女依法不适用死刑。对这一规定的理解，下列哪些选项是错误的？（　）

A. 关押期间人工流产的，属于审判的时候怀孕的妇女
B. 关押期间自然流产的，属于审判的时候怀孕的妇女
C. 不适用死刑，是指不适用死刑立即执行但可适用死缓
D. 不适用死刑，既包括不适用死刑立即执行，也包括不适用死缓

---

① 张华：《从张杨共同杀人案谈如何理解审判时怀孕的妇女》，载《政治与法律》2002年第3期。

四、未成年人的死刑适用

案　例

（一）案情简介

2007年6月26日晚，陈某某（17岁）、武某某（17岁）、孙某（17岁）预谋抢劫。当晚21时30分许，3人在西安市莲湖区环城西路自来水公司附近，发现女子李某孤身行走，遂上前实施抢劫。孙某抢包时，遭到李某的反抗，陈某某、武某某见状即持刀对李某进行威逼，此时路经此处的戴某挺身而出，予以制止，陈某某、武某某持刀分别朝戴某的身体猛刺数刀，作案后3人逃离现场。戴某当场死亡。经鉴定：戴某系被刺伤致肺破裂、肝破裂后引起失血性休克而死亡。事发8天8夜后，杀害戴某的三名凶手陈某某、武某某、孙某被警方抓获归案。经查，该3名案犯还伙同其他4人作案多起，罪名涉及抢劫罪、掩饰、隐瞒犯罪所得罪、故意伤害罪、抢夺罪、盗窃罪5个罪名，并在作案中致2人死亡、3人重伤。7月21日，西安市中级人民法院对7人进行了一审宣判，其中杀害戴某的3名凶手陈某某、武某某、孙某一审均被判处无期徒刑，剥夺政治权利终身，并各被处5万余元罚金。

（二）问题

如何理解"犯罪的时候不满18周岁的人不适用死刑"？

（三）学理分析

我国刑法中的未成年人，是指已满14周岁不满18周岁的人。目前，对未成年人不适用死刑，几乎成了一条世界性的通则，而且这种规定得到了国际性规范文件的确认。有资料显示，在全球保留死刑的国家和地区中，绝大部分都对未成年人排除适用死刑，其中70多个国家禁止对犯罪时不满18岁的人适用死刑。我国《刑法》第49条也明确规定："犯罪的时候不满18周岁的人，不适用死刑。"

1. 如何正确理解"年满18周岁"

坚持对未满18周岁的未成年人不适用死刑的原则，有赖于对未成年人年龄的正确确认。不满18周岁，是指犯罪人的实足年龄，而不是虚岁年龄。过了18周岁生日的第2天凌晨零点，才算年满18周岁。周岁的计算方法以公历为准，满18周岁是从过了18周岁的生日第2天开始，生日的当天仍属未满18周岁。对于行为人实施危害行为时是否达到18周岁的年龄不清时，应以有关证件为准，如出生证明、档案、出生地户口登记等。若无证件或对有关证件产生怀疑时，则由专门人员鉴定，即通过医学科学测量，根据人体发育过程，对年龄作出测定。对于确实无法查清的，应当按照"犯罪事实存疑时有利于被告人"的原则，视为犯罪的时候未满18周岁，不适用死刑。

应当注意的是，未满18周岁不适用死刑是绝对的硬性规定，不得有任何突破，即在具体执行时，任何个人或者机关不得借口任何理由，也不得为了实现任何目的而作出任何的变通。

2. 如何正确理解"犯罪时未满18周岁"

由于刑法所规定的各种犯罪形态的既未遂标准不一样，所以，"犯罪时"并不是单纯指犯罪成立或犯罪实行的时候。因为"犯罪时"可以是一个即时概念，也可以是一个延时概念。此处的犯罪既包括构成独立犯罪的完整意义的犯罪行为，也包括行为人实施某种极其严重危害社会整个行为过程中已满18周岁的一段犯罪行为。在审判实务中，必须对未成年人"犯罪时"进行准确定位，以确定哪些是应当适用死刑的犯罪行为，哪些是不能适用死刑的犯罪行为。

（1）行为人在未满18岁之前实施严重危害社会行为，无论多么严重，也不能判处死刑。

（2）行为发生在18周岁以前、结果发生在18周岁之后的应如何确认"犯罪时"？未成年人为行为犯，对于未满18周岁的犯罪行为，不能判处死刑；未成年人为结果犯，根据未成年人实施行为的结果时间作为既遂标准适用刑罚，不能以行为人行为时间适用刑罚；犯罪预备、终止、未遂都不发生结果问题，不发生隔时犯问题，因而也不能依此追究死刑刑事责任。

（3）未成年行为人为跨刑事责任年龄继续犯或连续犯问题。我国法律对此没有明确规定，可参照《刑法》第89条第1款，对继续犯的追诉期限，从犯罪行为终了之日起计算。一个故意犯罪行为从未满18周岁延续到超过18周岁，在认定是否适用死刑时不能简单地将整个犯罪叠加计算，而应当根据已满18周岁以后所实施的行为情节是否符合死刑刑罚的适用条件而决定是否对其判处死刑。

3. "不适用死刑"的含义

根据我国《刑法》第49条的立法宗旨，结合我国现阶段未成年人的身心发育、文化教育、智力状态等相应责任能力以及借鉴国外立法经验，考虑到未成年人发育尚未完全，具备的识别是非善恶能力还不完全，尚不能正确、全面地理解犯罪危害社会的意义，尽管其有严重危害社会的行为，也不能适用死刑。所谓"不适用死刑"，是指不能判处死刑，而不是暂时不执行死刑，待年满18周岁以后再执行。而且，由于死刑缓期两年执行是死刑的执行制度，所以不适用死刑也意味着不适用死缓。

本案中,尽管陈某某、武某某、孙某等人作案多起,罪名涉及抢劫罪,掩饰、隐瞒犯罪所得罪,故意伤害罪,抢夺罪,盗窃罪 5 个罪名,并在作案中致 2 人死亡、3 人重伤。但由于作案时年龄均未满 18 周岁,所以法院的判决是正确的。

犯罪嫌疑人张某瑞、侯某、王某安因琐事与张某东产生矛盾,伺机对其进行报复。2017 年 8 月 10 日晚 20 时许,犯罪嫌疑人侯某、张某瑞、王某安、杨某艺(4 人均未满 18 周岁)以打扑克为名将张某东骗至某小区楼顶天台对张某东进行殴打,后将张某东勒死并焚烧。

问:未成年人杀人,怎么判决?

自 测 题

依据法律规定,下列关于死刑的说法哪些是不正确的?(　　)

A. 对不属于罪行极其严重的犯罪分子,既不能判处死刑立即执行,也不能判处死刑缓期执行

B. 死刑缓期执行的判决,可以由高级人民法院核准

C. 对犯罪时不满 18 周岁的人,不能判处死刑立即执行,但可以判处死刑同时宣告缓期二年执行

D. 对审判时怀孕的妇女,可以判处死刑,但必须在其生育或者流产后才能执行死刑判决

五、75 周岁以上的人的死刑适用

案 例

(一)案情简介

2004 年 6 月 12 日 2 时 15 分,河北省青龙满族自治县大山里的一个小村庄掀起了轩然大波。100 岁的王某某老人惨死在自己家的庄稼地里,是谁会杀害这样一位百岁老人呢?青龙满族自治县公安局法医介绍,老人的伤集中在头颈部,有 32 处,他右手的一个手指也断了。办案民警分析,这属于外力击打所致,死者手上、胳膊上还有搏斗伤。另外,在庄稼的叶子上、附近的石头上,

均发现大量喷溅型血迹。警方认定，这是一起恶性杀人案件。让法医们迷惑不解的是关于凶器，究竟是钝器还是锐器造成的伤害。几名法医意见不一。32处伤痕，虽然每一处都不足以致命，但分别位于脖子和嘴巴上的伤口却非常突出，很像是某种锐利的器物所导致。这不仅是罪案的重要证据，而且对于案件的侦破，无疑能够提供至关重要的线索，但是死者身上的大部分伤口明显是钝器打击所致，难道凶手在作案时会同时使用镰刀和棍棒？

据犯罪嫌疑人李某交代：6月13日案发当天，他在家门口远远望见要去下地的王某某，"我看他过去了，我就拎着拐杖跟了上去。我拿着拐杖朝他一打，有帽子垫着，没打实，估计也得有10下。"李某不知道，自己其实打了30多下……

李某在88岁这一年，用拐杖打死了已到百岁之年的王某某。2004年10月21日，李某因故意杀人罪被一审判处死刑，缓期二年执行。

（二）问题

如何理解"审判的时候已满75周岁的人不适用死刑"？

（三）学理分析

综观中国历代的刑事立法，对于老年人从宽处罚，以及限制对老年人死刑的适用，古已有之。从我国奴隶制的西周刑法，经封建制的《法经》、汉律、唐律，直到近代的《大清新刑律》，都把达到一定年龄（最低60岁以上，最高90岁以上）的老年犯罪人作为减免刑罚的对象加以规定。虽然对老年人刑事责任年龄的划分及相对刑事责任的具体规定各异，但是老年人刑事责任"从宽"的立法精神贯穿始终，现行的我国台湾地区"刑法"第63条也规定：未满18岁或满80岁犯罪者，不得处死刑或无期徒刑，本刑为死刑或无期徒刑者，减轻其刑。我国《刑法修正案（八）》也正是秉承着对老年人刑事责任从宽的立法精神，在刑法总则增加规定"审判的时候已满75周岁的人，不适用死刑，但以特别残忍的手段致人死亡的除外"，不仅反映了我国宽严相济刑事政策的要求，其最大限度地扩展了限制适用死刑的范围。

1. 对"审判的时候"的理解

所谓审判，是指法院在当事人和其他诉讼参与人的参加下，依照法定程序，对权利义务的争议进行审理并作出裁判的活动。刑事审判是审判的一种。在我国，刑事审判程序包括第一审程序、第二审程序、审判监督程序以及死刑复核程序。第一审程序和第二审程序是我国"四级两审制"的基本审级。而审判监督程序又称再审程序，是一种特殊的救济程序；死刑复核程序则是最高人民法院对判处被告人死刑的案件进行审查核准的一种审判程序，两者均是基本审判程序外的特殊审判程序，与第一审和第二审审判程序组成了我国的刑事审判程序。因此，"审判的时候"应当涵盖整个刑事审判程序，即刑事第一审程序、第二审程序、审判监督程序乃至死刑复核程序。

2. 对"特别残忍手段致人死亡"的理解

老年人生命进入晚期，身体机能和心理机能均有别于成年人。在身体上，体弱多病，心理上容易孤僻暴躁，敏感多疑，情感缺乏，这些原因导致其刑事责任能力的下降。随着老年人刑事责任能力的下降，其人身危险性也减弱。根据相关资料显示，从全世界范围看，老年人犯罪率低，占整个社会全部犯罪数量的比例很小，如在美国只有 1.2%。老年人犯罪往往采取非暴力的手段，较为隐蔽，危害性不大。实践中，老年人犯罪的形式也多为轻型犯罪，偶犯、过失犯罪的情况较多，对社会的危害程度不大，基本上不会是严重的暴力犯罪，男性老年人多以诈骗、盗窃、猥亵、侵占等犯罪行为居多，女性老年人则以盗窃居多，并且由于老年人身体状况不好，不再像年轻时身强力壮，所以老年人犯罪对象多为弱势群体，手段简单。当然不能排除那些有着长期犯罪经历的老年人，他们的主观恶性深，人身危险性大，所以刑法又规定"以特别残忍的手段致人死亡的除外"。我国采取一般免死制度下设置例外的立法体制，目的就在于一方面顺应对老年人犯罪从宽处罚的国际趋势，另一方面也阻塞了法律漏洞，不姑息纵容恶性犯罪，不丧失法律的尊严与威慑力。

从字义上理解，"残忍"在辞海中的解释为残暴狠毒，"特别残忍"也就是特别地残暴狠毒的意思。我国刑法条文中涉及"特别残忍手段"的条款一共有两条：一条是《刑法》第 49 条，另一条则是《刑法》第 234 条第 2 款中规定："致人死亡或者以特别残忍手段致人重伤造成严重残疾的，处 10 年以上有期徒刑、无期徒刑或者死刑。"但究竟何为"特别残忍手段"，刑法中并未有相应的解释性规定，司法解释也并未明确给出其内涵。一般理解为，首先，被害人感受极其痛苦，这种痛苦包括心理和身体上的。比如，将刀插入被害人身体中并搅动的行为。其次，行为人采取的手段是一般人感情上难以容忍的，是一种严重背离善良风俗的行为，甚至是令人感到变态、恶心的行为。最后，行为的持续时间、实施行为的次数都是重要的参考因素。如让被害人多次反复、长时间地忍受常人难以忍受的痛苦等。

所谓"致人死亡"，主要是指犯罪故意而不包括过失。我国《刑法》第 49 条这一规定主要基于两个方面的考虑：一是考虑到已满 75 周岁的人的生理能力、心理能力相对于一般成年人有很大的降低，人身危险性有所减弱，不需也不宜对其适用死刑，这也是人道主义的要求。二是考虑到部分已满 75 周岁的人生理能力、心理能力尚好，又以特别残忍手段致人死亡，如不对其适用死刑,难以维护公平正义。这是立法的一种权衡。

本案中,行为人李某杀死被害人王某某用的是拐杖,犯罪手段简单,犯罪工具是用于支撑自己行走的拐杖。伤情分析显示,属于无力型人员所为,被害人有过错,不属于手段特别残忍。

 **案例讨论**

被告人王某某,1940年3月3日出生在越南。20世纪70年代初,已经30多岁的王某某返回中国,回国后在广西扶绥县一个林场工作,退休后在中越边境的广西东兴市居住。回国后,王某某办理了身份证和户口本,在这两个最重要的身份证件上,王某某的出生年月均为1940年3月3日。

根据警方的调查,王某某从2011年就开始了贩毒活动。他与陈某某、钟某某、王甲等人组成一个贩毒集团,采用单线联络的方式形成严密的走私、贩卖、运输毒品网络,多次向越南女毒贩"阿玉"购买毒品海洛因,然后雇请他人运到广东湛江或海南三亚贩卖。在这个贩毒团伙中,王某某扮演的是"中间人"的角色,每次有人下"订单"之后,他从国外"要货",让买家带现金到东兴交易,他从中拿差价。

2013年5月28日,广西防城港市中级法院对这起案件做出了一审宣判。陈某某、王某某被判处死刑,其余几人则被判处死缓和无期徒刑。判决后,王某某等人均提出上诉。2014年6月,法院二审维持原判。

律师认为,根据《刑法》第49条的规定,审判的时候已满75周岁的人,不适用死刑,但以特别残忍手段致人死亡的除外。目前王某某已经年满75周岁,案件进入了死刑复核阶段,在刑事诉讼法中,死刑复核被列为特别程序,但依然也在"审判"这一章节里。所以死刑复核也应看作是审判的一种。

"死刑复核"这一刑事诉讼法中的特别程序算不算是"审判的时候"?目前在法律上并没有明确的交代。而此案也是《刑法修正案(八)》增加"75岁"条款后,所遇到的"75岁死刑复核"第一案。①

问:一审、二审获刑时并未年满75岁的王某某,能否在死刑复核阶段因为年迈而保命?

---

① 参见《毒贩死刑复核阶段已年满75岁 是否免死存争议》,载人民网2015年4月23日。

第十二章 刑罚的体系和种类

自 测 题

1. 根据刑法的规定,下列哪项可以适用死刑?( )
   A. 甲审判时怀孕
   B. 乙犯罪时不满 18 周岁
   C. 丙 76 周岁时实施拐卖儿童犯罪,且造成 2 名被拐卖儿童死亡
   D. 丁 75 周岁,为恶意报复,以肢解方式行凶杀害他人

2. 按照我国刑法相关规定,下列哪项可以适用死刑?( )
   A. 甲女因涉嫌投毒致被害人死亡被羁押,案件审判时发现其已怀孕
   B. 乙男 76 周岁时采用泼硫酸的方式实施伤害行为,致被害人死亡
   C. 丙男 17 周岁时实施抢劫行为致被害人死亡,该案件审判时丙已过了 18 周岁的生日
   D. 丁男 74 周岁时实施杀人行为,由于案件一直处于侦查、审查起诉等司法程序,审判该案件时,丁已满 75 周岁

六、非刑罚处罚方法——职业禁止

(一) 案情简介

被告人张小军(化名)与张大宏(化名)系父子俩,张大宏于 2006 年开办蛇酒厂以来,遂小范围断续生产销售永州特色的异蛇酒,但考虑到自己的酒厂规模和蛇酒的风味,单纯的生产异蛇酒并不能有效扩大销售业绩,张大宏遂动起了歪脑筋,张大宏在现有的异蛇酒品牌下,自己做了一个富有暗示性意味的"异蛇鞭酒",并在市场上买入"伟哥""金枪不倒"等性保健品的方式作为独家配方,"生产"异蛇鞭酒并销售。零陵区法院以生产、销售有毒、有害食品罪,判处被告人张大宏有期徒刑 2 年 6 个月,判处被告人张小军有期徒刑 2 年,并依据《刑法》第 37 条之一的规定,禁止二被告人在缓刑期间及缓刑期满之日起 3 年内从事酒类生产、销售职业。

(二) 问题

什么是职业禁止?违反"职业禁止"的后果有哪些?

(三) 学理分析

《刑法修正案(九)》在《刑法》第 37 条之后增加了一条"职业禁止",

作为第37条之一,即"因利用职业便利实施犯罪,或者实施违背职业要求的特定义务的犯罪被判处刑罚的,人民法院可以根据犯罪情况和预防再犯罪的需要,禁止其自刑罚执行完毕之日或者假释之日起从事相关职业,期限为3年至5年。被禁止从事相关职业的人违反人民法院依照前款规定作出的决定的,由公安机关依法给予处罚;情节严重的,依照本法第313条的规定定罪处罚。其他法律、行政法规对其从事相关职业另有禁止或者限制性规定的,从其规定。"

《刑法修正案(九)》将职业禁止规定作为《刑法》第37条之一增加在第37条"非刑罚处罚措施"之后,由此可见,职业禁止属于"非刑罚处罚措施"。

就职业禁止而言,从立法目的来看,旨在将利用职业便利或违背职业要求的特定义务而实施犯罪的人员,从特定的职业领域或行业中清除出去,避免其利用特定职业再犯罪。从规定适用的基础看,职业禁止主要适用于刑罚执行完毕后,这完全是基于对行为人人身危险性的考虑。从处罚措施来看,职业禁止强制行为人在3年到5年内不能继续从事相关职业,且该种强制得到刑事法律强有力的保障。可以说,职业禁止本质上是一种强制性的隔离措施,以消除或减少可能再次引发的危险状态。

违反"职业禁止"情节较轻的,公安机关给予行为人的处罚形式也应该是以罚款、行政拘留为主。对于违反"从业禁止",情节严重的,刑法规定依据《刑法》第313条即"拒不执行判决、裁定罪"定罪处罚。

 案例讨论

2017年12月26日上午,北京海淀区法院一审宣判,以强奸罪判处被告人邹某某有期徒刑9年;以强制猥亵罪判处其有期徒刑4年;决定执行有期徒刑12年6个月,剥夺政治权利2年,并判决禁止被告人邹某某自刑罚执行完毕或者假释之日起五年内从事与未成年人相关的教育工作。①

问:对于判决结果你怎么看?

自测题

关于职业禁止,下列哪一选项是正确的?( )

A. 利用职务上的便利实施犯罪的,不一定都属于"利用职业便利"实施犯罪

---

① 参见新浪网2017年12月26日。

B. 行为人违反职业禁止的决定，情节严重的，应以拒不执行判决、裁定罪定罪处罚

C. 判处有期徒刑并附加剥夺政治权利，同时决定职业禁止的，在有期徒刑与剥夺政治权利均执行完毕后，才能执行职业禁止

D. 职业禁止的期限均为3年至5年

第十三章　刑罚裁量

一、自首的成立条件

（一）案情简介

被告人段某在任某市农业干部学校招待所出纳会计期间，利用职务之便，多次私自挪用自己保管的库存现金，共计13万余元。后因该市委市政府积极部署加强反贪污和廉洁建设，段某担心早晚被告发，遂主动向检察机关自首，并积极退还全部赃款。

（二）问题

自首的成立条件是什么？

（三）学理分析

根据我国《刑法》第67条规定，所谓自首是指犯罪分子在犯罪以后，自动投案，如实供认自己的罪行。自首的成立必须具备以下三个条件：

（1）犯罪以后自动投案。所谓自动投案，通常是指犯罪分子在犯罪以后，犯罪事实或者其本人未被司法机关发觉前，或虽被发觉但尚未对其讯问，未被施以强制措施以前，自动地出于本人意愿向司法机关或有关单位投案的。根据有关司法解释[1]，下列情形也应当认定为自动投案：①犯罪嫌疑人向所在单位、城乡基层组织或者其他有关负责人员投案的；②犯罪嫌疑人因病、伤或者为了减轻犯罪后果，委托他人先代为投案，或者先以信电投案的；③罪行尚未被司法机关发觉，仅因形迹可疑，被有关组织或者司法机关盘问、教育后，主动交代自己的罪行的；④犯罪后逃跑，在被通缉、追捕的过程中，主动投案的；⑤经查实确已准备去投案，或者正在投案的途中，被公安机关捕获的；⑥并非出于犯罪嫌疑人主动，而是经亲友规劝、陪同投案的；⑦公安机关通知犯罪嫌

---

[1] 1998年4月6日，最高人民法院《关于处理自首和立功具体应用法律若干问题的解释》，载《司法文件选编》合订本1998年，第298页。

疑人的亲友或者亲友主动报案的，后将犯罪嫌疑人扭送归案的。但是，犯罪嫌疑人自动投案后又逃跑的，不能认定为自首。

（2）如实供述自己的罪行。犯罪嫌疑人自动投案后，如实交代自己的主要犯罪事实。犯有数罪的犯罪嫌疑人仅如实交代所犯数罪中部分犯罪的，只对如实供述部分犯罪的行为，认定为自首。共同犯罪案件中的犯罪嫌疑人，除如实供述自己的罪行外，还应当供述所知的同案犯罪，主犯则应当供述所知的其他同案犯的共同犯罪事实，才能认定为自首。

犯罪嫌疑人自动投案并如实供述自己的罪行后又翻供的，不能认定为自首，但在一审判决前又如实供述的，应当认定为自首。如果行为人避重就轻，只供述次要罪行而隐瞒主要罪行的，或者以虚假供述来掩盖自己的罪行的性质和事实真相的，或者为掩护同伙而包揽罪责的，都不能认为是如实供述自己的罪行。如实供述自己的罪行，是犯罪人认罪的表现，是自首的基本条件和本质特征。

本案中，段某在挪用公款后，在司法机关发现之前，能够主动退还赃款，并到检察机关如实供述自己的罪行，符合自首成立条件。应认定其行为构成自首。

案例讨论

任某某在任来安县水利局屯仓水库管理处主任期间，分四次收受安徽同济水电建安有限公司贿赂共计83000元，为安徽同济水电建安有限公司在滁州市平阳水库除险加固二期、三期工程公开招标中帮忙中标，并在同济公司资金周转出现困难时，两次帮忙提前支付工程月进度款100万元。

2009年1月10日，来安县水利局局长颜某庆被"双规"。2009年1月11日，县纪委委托来安县水利局纪检书记颜某忠通知任某某到来安县纪委谈话。当日，任某某在颜某忠的陪同下一同来到纪委，在谈话期间如实供述了自己的罪行。案发后，任某某退出违法所得83000元。庭审中任某某对犯罪事实供认不讳。

本案在审理过程中，对于任某某在纪委谈话期间承认受贿是否属于自首有不同意见。第一种意见认为任某某到纪检部门后，如实供述了受贿犯罪的具体情节，应该认定其自首，应依法从轻或减轻处罚。第二种意见认为任某某在案发后退出全部赃款，认罪、悔罪态度较好，可酌情从轻处罚，但无主动投案的事实，依法不成立自首。

问：任某某的行为是否属于自首？

自测题

下列情形哪一项属于自首？（ ）

A. 甲杀人后，其父主动报案并将甲送到派出所，甲当即交代了杀人的全部事实和经过

B. 甲和乙共同贪污之后，甲主动到检察机关交代自己的贪污事实，但未提及乙

C. 甲和乙共同盗窃之后，甲主动向公安机关反映乙曾经诈骗数千元，经查证属实

D. 甲给监察局打电话，承认自己收受他人1万元贿赂，并交代了事情经过，然后出走不知所踪

二、投案后不承认，一审审理过程中又承认的，能否认定为自首

（一）案情简介

2003年7月4日下午2时许，车主王某与司机刘某、装卸工薛某开车去塘沽拉胶合板。途经某检疫站时，因更改检疫证与该站工作人员沈某发生争执，于是三人持钢管到检查室报复。王某进入检查室后，用钢管朝沈某身上猛打，后被检疫站其他工作人员拉开，三人一起回到车上。这时，沈某等人跑来拦车，三人驾车逃离。沈某见拦车未停，便双手抓住大货车驾驶室右侧后视镜支架，身体悬挂在车外。三人在明知沈某悬在车外的情况下，不但未停车反而加速逃跑，当车行至检疫站西200米时，王某用钢管将沈某打落在地，汽车从沈某下肢轧过。沈某掉下车后，头部与路面撞击，造成颅脑损伤死亡。案发后，王某向公安机关投案，但不承认用钢管将被害人打落，认为是其自己掉下去的。在法院审理过程中，王某又承认了用钢管将被害人打落的事实。

（二）问题

王某的行为能否认定为自首？

（三）学理分析

我国《刑法》第67条第1款规定，犯罪以后自动投案，如实供述自己的罪行的，是自首。关于自首的认定问题，最高人民法院发布的《关于处理自

首和立功具体应用法律若干问题的解释》第 1 条规定：如实供述自己的罪行，是指犯罪嫌疑人自动投案后，如实交代自己的主要犯罪事实。犯罪嫌疑人自动投案并如实供述自己的罪行后又翻供的，不能认定为自首，但在一审判决前又能如实供述的，应当认定为自首。

本案被告人王某的行为涉及两个问题：一是其投案后未承认用钢管打落被害人；二是被告人王某投案时未承认用钢管打落被害人，但在庭审中承认，应否认定为自首？

关于第一个问题，即被告人王某投案后，交代了因未停车导致被害人死亡的犯罪事实，但不承认用钢管击打被害人的行为，应否认定为自首？对本案被告人王某的投案行为能否认定为自首的关键问题在于其用钢管击打被害人这一情节是否属于"主要犯罪事实"。在故意杀人犯罪中，主要犯罪事实是指被害人的死亡是否是由被告人的行为所致，而不是被告人犯罪事实中的某一具体情节。具体到本案来看，无论被告人王某是否曾用钢管击打过被害人，被害人的死亡结果都是由于其不停车反而加速行驶所导致的结果。也就是说，被告人王某用钢管击打被害人的情节，不属于本案的主要犯罪事实。无论被告人王某是否曾用钢管击打被害人，其行为均构成故意杀人罪。可见，虽然被告人王某未承认用钢管将被害人打落，但其自动投案后供述了致死被害人的主要犯罪事实，其行为应当认定为自首。

关于第二个问题。被告人王某投案时未承认用钢管打落被害人，但在庭审中又承认，应否认定为自首的问题，根据上述解释，只要在一审判决前能如实供述的，就应当认定为自首。基于同样的精神，被告人王某在向公安机关投案时，即使当时未如实供述，但在一审庭审过程中又能如实供述的，也应认定为自首。

案例讨论

被告人陈某某，男，1954 年 3 月 28 日出生，原系中国东方航空股份有限公司驻泰国曼谷办事处（以下简称东航驻曼谷办）经理；被告人郭某，男，1968 年 3 月 9 日出生，原系东航驻曼谷办销售经理；被告人方某某（曾用名方某天），男，1969 年 12 月 16 日出生于上海市，汉族，大专文化，原系东航驻曼谷办财务经理。1999 年 5 月和 6 月，被告人郭某与个体水产商卜某等人商定，以保证卜某等人在货运旺季时所需的货运舱位作为入伙条件，参与卜某等人从事的泰国至上海的水产销售贸易，并从中获取相应的利润。郭某将此事向被告人陈某某作了汇报，陈某某表示同意后，让郭某负责具体操作。同年10 月至 2000 年 5 月间，郭某直接或通过东航驻曼谷办其他工作人员，向东航在泰国曼谷的部分货运代理商打招呼,让这些货运代理商确保卜某等人每天所需的东航由泰国曼谷至上海航班的货运舱位数。事后,卜某等人按照事先约定,送予郭某20万美元、92万泰铢和55万元人民币,郭某将上述钱款中的部分分给陈某某及方某某。1999年12月至2001年7月间,被告人陈某某等三人经事先共谋,利用由东航驻曼谷办制定从泰国曼谷至上海航线的空运价格的职务便利,在货运淡旺季交替之时,采取向货运代理商提前或延长旺季而向东航报送货运淡季价格表的方法,多收少报,秘密截取货运款人民币133.4万余元。后三被告人到法院自首。被告人郭某在本案侦查阶段,包括二审审理期间,能够如实供述自己所犯公司、企业人员受贿罪的主要犯罪事实,但在一审庭审期间则辩称,其以对水产商卜某的40万余元债权作为出资,与水产商合伙从事水产贸易而分得相应的利润。据此可以认定,郭某在一审庭审期间的供述系否认其在未出资的情况下,利用职务便利为水产商谋利益,继而收受贿赂这一构成公司、企业人员受贿罪的基本事实。

问:被告人在法院一审审理期间,推翻自己在侦查、起诉阶段所作的供述,在二审审理期间又如实供述全部犯罪事实,能否认定为自首?

自测题

下列哪些情形能成立自首?(　　)

A. 公安机关经过侦查掌握了甲盗窃的一些线索和证据,一天,公安人员把甲叫到派出所,问甲最近都干什么事了,甲一听,就主动交代了盗窃犯罪事实

B. 甲、乙、丙三人半夜将盗得的电视机等赃物装在三轮车上运输,被巡警发现,经盘查,三人交代了盗窃的犯罪事实

C. 检察人员到某国有企业找副厂长王某了解厂长李某的贪污事实,询问中,王某神色紧张,检察人员乘机问他:"你有什么问题也说说吧。"王某就交代了自己贪污的事实

D. 甲在抢劫后自动投案,如实供述抢劫的罪行,一审法院对其抢劫罪依据自首从轻处罚,甲提出上述,上诉中翻供了,全面否认抢劫罪行

E. 乙盗窃后自动投案,如实供述了盗窃事实,后又翻供,但在一审判决前又如实供述了盗窃犯罪事实

三、主动交代司法机关还未掌握的余罪是否成立自首

（一）案情简介

被告人刘某，男，35岁。刘某先后3次在某市安钦路采用钻窗入室等方法盗窃陈某某、黄吴某的人民币2000余元和价值3850元的移动电话机、金手链等物。2016年8月18日，刘某因涉嫌犯盗窃罪被查获归案后，主动供述了经查证属实的下列犯罪事实：2016年3月下旬的一天22时许，刘某将一歌厅小姐带至其在某市小区的暂住地留宿，次日凌晨3时许，趁该小姐熟睡之机，刘某用羊角锤猛砸其头部，致其重度颅脑损伤死亡，后将尸体肢解并进行异地抛尸。2016年1月3日23时许，在某机关办公大楼内，刘某采用改锥撬碎门窗玻璃的方法，盗窃某机关办公室现金6000余元及价值4200余元的高档烟酒等物。

（二）问题

主动交代司法机关还未掌握的余罪是否成立自首？

（三）学理分析

根据《刑法》第67条第2款规定，余罪自首，是指被采取强制措施的犯罪嫌疑人、被告人和正在服刑的罪犯，如实供述司法机关还未掌握的本人其他罪行的情形。余罪自首又称特殊自首或准自首，与一般自首相比，它有着自身的特殊性，不要求具备自动投案的要件，但对成立自首的主体则有较为严格的界定，对所供述的罪行也限制在司法机关还未掌握的本人其他罪行中。具体来说，构成余罪自首必须符合以下要件：

（1）适用对象是被采取强制措施的犯罪嫌疑人、被告人和正在服刑的罪犯。根据我国有关法律的规定，处于公安机关侦查、预审阶段和检察机关审查、起诉阶段的案犯称为犯罪嫌疑人，处于人民法院审判阶段的案犯称为被告人。犯罪嫌疑人和被告人又统称为未决犯。可见，余罪自首适用对象包括采取强制措施的未决犯和正在服刑的罪犯。所谓强制措施，按照刑事诉讼法的规定，是指拘传、取保候审、监视居住、拘留和逮捕。

在司法实践中，还会遇到被采取行政拘留、劳动教养、司法拘留、留置盘查等非刑事强制措施的犯罪分子，如实供述司法机关未掌握的、与被采取限制

人身自由的违法行为不相同的犯罪行为，能否"以自首论"的问题。对此应如何处理，法律没有明确。如认定一般自首，他们缺乏自动投案的构成要件；如认定余罪自首，又不符合余罪自首的主体范围，故当司法机关遇到此种情况时，往往难以认定。笔者认为，对于此类人员来说，司法机关所掌握的只是他们一般性违法事实，而并非犯罪事实，故不能构成余罪自首，即本罪尚未掌握，何谈余罪？通常情况下，可以认定为一般自首。由于犯罪分子人身自由受限，不可能做到形式上的自动投案，但前行为——被抓获的被动性并没有实际影响后行为——供述的主动性，犯罪分子在司法机关尚未掌握其犯罪事实时主动供述的行为，完全符合自动投案的本质特征，对此如不按自首处理显然有违自首的立法意旨。

（2）供述的罪行是司法机关还未掌握的本人的其他罪行。所谓"还未掌握"，是指司法机关尚不知道犯罪发生，或者虽然知道犯罪发生，但不知道犯罪人是谁以及虽有个别线索或证据使司法机关对某人产生怀疑，但还不足以据此将其确定为犯罪嫌疑人。从诉讼的角度讲，这里的"还未掌握"实际上是指"没有确实证据证明"。实践中，有一种观点将"还未掌握"等同于"一无所知"，认为如果司法机关掌握了一定的线索或证据，即使这些证据尚不足以证明犯罪分子构成犯罪，也应认为司法机关已经掌握，这种情况下，犯罪分子如实供述本人的其他罪行也不能"以自首论"。显然，这种观点背离了余罪自首制度的立法意旨。我国法律设立余罪自首制度的初衷是给犯罪分子一条悔过自新之路，通过自首而获得宽大处理，不仅对犯罪分子有利，而且也有利于司法机关及时侦破案件，节省人力、物力、财力，提高司法效率。若仅因司法机关掌握了一定的线索或证据，就不"以自首论"，既不利于鼓励犯罪分子悔过自新，也不利于案件的及时侦破，更与刑法设立余罪自首制度的初衷相悖。当然，也不能将这里的"掌握"狭义地理解为掌握了犯罪分子的全部犯罪事实及证据。从刑事诉讼的角度看，凡司法机关依据现有的线索和证据足以确定该人就是某案的犯罪嫌疑人时，往往意味着罪行已被掌握。在这种情况下，即使犯罪嫌疑人、被告人、正在服刑的罪犯，向司法机关如实供述了本人的该罪行，也不能"以自首论"。

根据最高人民法院《关于处理自首和立功具体应用法律若干问题的解释》第2条规定，所谓"其他罪行"，是指"与司法机关已掌握的或者判决确定的罪行属不同种的罪行"。倘若如实供述司法机关尚未掌握的罪行，与司法机关已掌握的或者判决确定的罪行属同种罪行的，则"以坦白论"。

本案中，被告人刘某在涉嫌犯盗窃罪被羁押期间主动供述了本人其他一起故意杀人事实和一起盗窃事实，这两起犯罪事实，均属公安机关还未掌握的罪行。其中故意杀人罪，与公安机关已掌握的盗窃犯罪属不同种罪行，因此，被告人刘某对故意杀人罪的主动供述的行为依法成立余罪自首，而其对盗窃罪的主动供述，由于与公安机关已掌握的犯罪属于同种罪行，依据最高人民法院的司法解释，不构成余罪自首，属于坦白。

案例讨论

2014年1月16日，李某伙同赵某、蔡某等六人盗掘古墓葬时被公安机关抓获，审讯期间，公安机关发现李某手机中存有疑似枪支的照片，后经讯问，李某如实供述了其伙同范某非法制造枪支的犯罪事实。

审理中，关于被告人李某构成盗掘古墓葬罪、非法制造枪支罪自不必言，但对于李某在非法制造枪支罪中是否构成自首存在两种不同的意见。一种意见认为，李某在非法制造枪支罪中不构成自首，理由是：李某是在公安机关掌握一定犯罪线索，并依法对其进行讯问的情况下才如实供述了伙同他人非法制造枪支的犯罪事实，其供述缺乏主动性，不应认定为自首。另一种意见认为，李某在被采取强制措施期间，如实供述了公安机关尚未掌握的犯罪事实，且该犯罪事实与公安机关已掌握的罪行属不同种罪行，因此，应当认定为自首。

问：如何认定李某的行为？

自 测 题

下列哪些情形不属于自首？（　　）

A. 甲因盗窃罪被刑事拘留后，又主动交代一起司法机关尚未掌握的盗窃行为

B. 乙因盗窃300元被行政拘留，拘留后乙主动交代3月前曾有一次盗窃了6000元

C. 丙因强奸罪被判处6年有期徒刑，在监狱执行期间，丙主动交代3年前曾抢劫一次

D. 丁一教唆丁二实施抢劫，丁二劫得现金2000元，分给丁一500元。10天后，丁二主动到公安机关交代了自己抢劫的事实，但未交代是丁一教唆的

四、立功的规定

 案　例

（一）案情简介

2016年6月，马某、任某盗窃他人财物销赃给章某，在侦查机关以收购赃物罪对章某执行逮捕时，章某向侦查机关检举马某还有伙同他人盗窃某公司电缆线的犯罪事实，侦查机关据此讯问了马某，但马某未交代章某所检举的盗窃某公司电缆线的犯罪事实。直至同年7月，看守所在进行坦检教育时，马某主动交代了其伙同黄某等人盗窃某公司电缆线的事实，侦查机关根据马某的交代抓获了同案犯黄某等人。

（二）问题

章某的检举行为能否认定为立功？

（三）学理分析

立功，是指犯罪人到案后揭发他人犯罪行为，查证属实，或者提供重要线索，从而得以侦破其他案件等具有协助司法机关工作的属性，或者对国家、社会有利的行为。我国刑法设置的立功制度及其所确立的对立功犯从宽处罚的原则，具有重要的意义。首先，它有利于犯罪分子以积极的态度协助司法机关工作，提高司法机关办理刑事案件的效率，其结果具有应予肯定的价值，有利于国家、有利于社会。其次，它对于瓦解犯罪势力，促使其他犯罪分子主动归案，减少因犯罪而造成的社会不安定因素，起着积极的作用。最后，它有助于通过对犯罪分子立功从宽的处罚结果，激励犯罪分子悔过自新、改过从善，进而较好地协调、发挥刑罚的惩罚犯罪和教育改造罪犯的重要功能。

根据《刑法》第68条的规定，我国刑法中的立功分为一般立功和重大立功两种。一般立功与重大立功的直接法律后果是，两者依法受到的从宽处罚程度有所不同。

一般立功的主要表现形式为：揭发他人犯罪行为，包括共同犯罪案件中的犯罪分子揭发同案犯所参与的共同犯罪以外的其他犯罪行为，查证属实的；提供重要线索，从而得以侦破其他案件的；协助司法机关抓捕其他罪犯（包括同案犯）的；在押期间制止他人犯罪活动的等。

重大立功的主要表现形式为：揭发他人重大犯罪行为，查证属实的；提供重要线索，从而得以侦破其他重大案件的；协助司法机关抓捕其他重要罪犯

(包括同案犯)的；在押期间制止他人重大犯罪活动的；对国家和社会有其他重大贡献的等。

根据我国《刑法》第68条的规定，对于立功犯应分别依照以下不同情况予以从宽处罚：(1)犯罪分子有一般立功表现的，可以从轻或者减轻处罚。(2)犯罪分子有重大立功表现的，可以减轻或者免除处罚。

本案中，侦查机关在得知章某检举马某盗窃电缆线的犯罪事实后，随即对马某展开侦查，但马某并未承认或者交代盗窃电缆线的犯罪事实。可以说，马某伙同黄某等人盗窃电缆线犯罪事实得以侦破，正是基于后来马某自己的主动供述，而非由于章某的检举且经侦查机关查证属实，因此，章某虽有提供线索的行为，但其提供的线索并未能使侦查机关侦破案件，而且本案也不是直接根据该线索侦破的，故章某的行为不宜认定为立功。

案例讨论

张某因涉嫌盗窃罪被逮捕，在羁押期间向侦查人员提供了同案犯王某的藏匿地点，侦查人员赶到该地点时发现王某已逃离。经查，王某确实在该处隐匿，只是由于抓捕行动过于声张而惊动了王某，才使其逃脱。

对于张某是否构成立功有三种不同意见：

第一种意见"抓获说"认为对张某不宜认定为立功。从最高人民法院《关于处理自首和立功具体应用法律若干问题的解释》(以下简称《解释》)第5条所规定的几种立功表现的表述形式看，对检举、揭发他人犯罪行为用的是经"查证属实"，阻止他人犯罪活动用的是"阻止"，其他有利于国家和社会的突出表现用的是"突出表现"，均是一种内含行为结果的表述。故对协助抓捕行为应理解为出现协助的结果，方认定为有立功表现较符合司法解释的精神。张某虽然提供了同案犯的藏匿地点，但公安机关并未抓获同案犯，未出现协助的结果，因此张某不能构成立功。

第二种意见"抓捕说"认为从《解释》第5条的规定来看，该规定用词为"抓捕"而不是"抓获"。从二者的关系来看，"抓捕"是一种行为过程，是"抓获"的事先行为和前提条件，而"抓获"则是抓捕行为所取得的结果之一。因此，上述规定并未将"抓获成功"作为构成该项立功的必备条件。本案中，张某已经提供了同案犯的准确藏匿地点，为公安机关的抓捕行动起到了积极作用，其行为符合《解释》第5条所规定的立功的客观条件，应当构成立功。

第三种意见认为，"抓捕说"与"抓获说"均具有一定合理性，但"抓捕说"仅是从字面来理解《解释》第5条之规定，未能准确把握《解释》的本义;而"抓获说"未考虑由于其他原因造成抓捕失败的情况,从而让被告人承担公安机关抓捕不力的后果,这显然是不合理的。只要行为人的协助抓捕行为,在通常情况下,能够产生抓捕成功的结果,行为人就可以构成立功。在抓捕过程中,由于其他原因而导致原本能够成功的抓捕行为未果的,不影响行为人构成立功。

问:你的意见是什么?

自测题

下列关于立功的表述,哪些选项是正确的?( )

A. 甲因抢劫被刑事拘留后,主动揭发刘某是自己抢劫的教唆犯。甲揭发刘某属于立功

B. 乙和王某共同盗窃被刑事拘留后,乙揭发王某3月前还曾抢劫一次。乙揭发王某抢劫属于一般立功

C. 丙和周某共同抢劫被拘留,但周某在途中脱逃,丙提供了周某藏匿的地点,公安机关得以顺利将周某抓获。丙属于一般立功

D. 丁因受贿被拘留后,主动揭发了郑某的受贿行为。检察机关根据这一线索,查获郑某受贿500多万元的犯罪事实。丁揭发郑某的行为属于重大立功

五、累犯的构成与处理

案 例

(一)案情简介

2010年11月12日凌晨2时许,刚刚刑满释放的被告人郭某窜进被害人李某出租屋实施盗窃将李某掐晕以防止其呼救,发现李某上身赤裸便对李某实施强奸,事后抢走李某一条价值18元的银白色装饰项链以及一个从挎包上脱落的金属扣。

(二)问题

累犯成立的条件?

(三)学理分析

根据《刑法》第65条、第66条规定,所谓累犯,是指因犯罪受过一定的刑罚,在刑罚执行完毕或赦免以后,于法定期限内又犯一定之罪的犯罪人。但是过失犯罪和不满18周岁的人犯罪的除外。其可分为一般累犯和特殊累犯。

1. 一般累犯成立的条件：

（1）罪过条件：前罪和后罪都是故意犯罪。这是构成一般累犯的主观条件，如果前后两个罪一个是故意犯罪、另一个是过失犯罪，或者前后两个罪都是过失犯罪，都不构成累犯。

（2）主体条件：行为主体实施前罪与后罪时，都必须已满18周岁。犯后罪时不满18周岁的，不得认定为累犯；同样，犯前罪不满18周岁但犯后罪时已满18周岁的，也不构成累犯。一方面，未成年人容易接受教育改造，不以累犯从重处罚，也足以预防其再犯罪；另一方面，对未成年人犯罪不以累犯论处，符合我国注重对未成年人进行保护性教育的刑事政策。

（3）刑种条件：前罪和后罪所判处的刑罚都是有期徒刑以上刑罚。这是构成一般累犯的重要条件。我国刑法之所以把前后两个罪都应处有期徒刑以上刑罚之罪，作为一般累犯的条件，是因为从我国刑种类来看，被判处管制、拘役的犯罪分子，所犯罪行一般都比较轻，社会危害较小。而前后两罪均被判有期徒刑以上刑罚的犯罪分子，所犯罪行一般都比较重。这些屡教不改的犯罪分子，是各种再次犯罪的犯罪分子中危害性最大的。把这些人从各种再犯中划分出来，就能使司法机关集中力量，着重打击这些屡教不改的犯罪分子。

（4）时间条件：后罪发生在前罪执行完毕或赦免以后的5年以内。这是构成一般累犯的必要条件。这里的前罪刑罚执行完毕，一般是对有期徒刑而言的。被判处无期徒刑的罪犯，在逻辑上不存在刑罚执行完毕的问题。只有当罪犯被假释，并在假释考验期内未犯新罪时，才被认为刑罚执行完毕。这种人以后再犯新罪时，可能构成累犯。但是，无论被判处无期徒刑或有期徒刑而被假释的罪犯，如果在考验期内再犯新罪被撤销假释的，都不是累犯。因为撤销假释后，前罪的刑罚还要继续执行，而不是执行完毕。同理，被判处有期徒刑宣告缓刑的犯罪分子，在缓刑考验期内又犯新罪的，也不构成累犯。缓刑考验期后又犯罪的，更不会发生累犯问题。因为缓刑期满就意味着原判刑罚不再执行，而不是刑罚执行完毕。这里的刑罚执行完毕是指主刑执行完毕，不包括附加刑。被判处有期徒刑以上刑罚的犯罪分子，不论在刑罚开始执行以前或刑罚执行过程中受到赦免，以后再犯应当判处有期徒刑以上刑罚的，不影响累犯的构成。

2. 特殊累犯成立的条件

（1）前罪和后罪都必须是危害国家安全犯罪、恐怖活动犯罪、黑社会性质的组织犯罪的犯罪。只要前罪与后罪是这三类罪之一，如前罪是危害国家安全犯罪，后罪是恐怖活动犯罪的，或者前罪是恐怖活动犯罪，后罪是黑社会性质的组织犯罪的，均成立特殊累犯。如若前后两罪或者其中一罪不是这三类犯罪,则不成立特殊累犯,符合一般累犯条件的则可以成立一般累犯。

(2) 前罪被判处的刑罚和后罪应判处的刑罚的种类及其轻重不受限制。即使前后两罪或者其中之一被判处或者应当判处管制、拘役或者单处某种附加刑,也不影响特别累犯的成立。

(3) 前罪的刑罚执行完毕或者赦免以后,任何时候再犯上述任一类罪,都构成特别累犯,不受前后两罪相距时间长短的限制。

根据以上论述来分析本案,刚刚刑满释放的被告人郭某窜进被害人李某出租屋实施盗窃、强奸,后两种行为发生在被告人郭某刚刚刑满释放时,也就是说在前罪刑罚执行完毕5年内,且后两种行为应判处有期徒刑以上刑罚的,都属故意犯罪,构成累犯。

案例讨论

李某曾因犯盗窃罪被判处有期徒刑5年,2009年7月28日释放。2012年7月28日凌晨1时许,李某骑三轮车到城内新村董某家,跳墙入内,意欲行窃,因未能撬开门离去。2012年7月29日凌晨1时许,李某再次骑三轮车到董某家,跳墙入内,剪断窗户钢筋后进入室内,盗走现金、首饰及部分物品,价值9000元。

问:李某的行为能否构成累犯?

自测题

以下哪些被告人构成累犯?(　　)

A. 甲犯盗窃罪被判有期徒刑,刑罚执行完毕后第4年又犯强奸罪

B. 乙犯间谍罪被判有期徒刑,刑罚执行完毕后第2年又犯抢劫罪

C. 丙犯传染病菌种、毒种扩散罪被判有期徒刑,刑罚执行完毕后第3年又犯故意杀人罪

D. 丁犯故意伤害罪被判有期徒刑10年,执行6年后获得假释,假释后的第7年又犯诈骗罪

六、缓刑期满后又故意犯罪是否构成累犯

**案　例**

(一) 案情简介

被告人赵某,因犯盗窃罪于2000年7月10日被法院判处有期徒刑6个

月,缓刑 1 年。缓刑期满后,赵某于 2002 年 6 月 7 日至 9 日受冷某的雇用,伙同屈某、陈某共同伤害与冷某有矛盾的唐某。几人为达到伤害唐某的目的,进行了共谋和具体的分工。2002 年 6 月 10 日晚 9 时许,被告人赵某与冷某到现场督阵,屈某和陈某实施作案。当唐某驾驶摩托车带妻子叶某路过时,屈某和陈某持刀上前往唐、叶夫妇身上一阵乱砍后逃离现场。作案后,冷某拿出 1000 元人民币作为"报酬"交给赵某、屈某、陈某。被害人唐某、叶某的伤势经法医鉴定均系轻伤。

(二) 问题

缓刑期满后又故意犯罪是否构成累犯?

(三) 学理分析

"前罪"被判处有期徒刑宣告缓刑的故意犯罪,缓刑期满且未发生《刑法》第 77 条规定的情形的,在规定的 5 年期限内因故意再犯应当判处有期徒刑以上刑罚之罪的,是否构成累犯?对于这种情况,传统的观点认为不构成累犯。但近年来有学者认为,在缓刑期满后,原判刑罚虽然不再执行,但在 5 年时间内又犯应当判处有期徒刑以上的故意犯罪的,可以构成累犯。理论界一直未有定论,司法实践中也因无章可循,实际中存在不同执法标准。

该案在审理中,对赵某是否以累犯处罚,存在两种不同意见。

第一种观点认为,被告人赵某已构成累犯,理由主要如下:(1) 缓刑具有可以实际执行的具体内容:缓刑是对所判处的刑罚有条件地不执行,在缓刑考验期内,依法实行社区矫正。因此,这实际上就是一种宽泛的监督、考察管理,是对缓刑的"执行"。缓刑期满即是对犯罪分子缓刑的"执行"完毕,可以并且应当得出缓刑执行完毕的结论,从而决定原判刑罚是"执行"还是"不再执行"。(2) 缓刑期满,原判刑罚不再执行时,此时的"不再执行"不是指原罪不构成的不再执行,而是指已经构成犯罪,因为在缓刑考验期限内未违反《刑法》第 77 条的规定,而法律推定其已经接受了教育改造,达到了刑法对其惩罚和改造的目的,不需要再执行原判刑罚。故此时的"不再执行"实际上是通过"缓刑的执行"已经得到了执行。其实质是通过执行相对原执行强度较弱的执行方法实现执行目的。因此这里的"不再执行"是一种实质意义上的"执行完毕"的"执行",与累犯制度所规定的"刑罚执行完毕"的本质是一致的。(3) 如果被判处有期徒刑的犯罪分子于缓刑期满,不再执行原判刑罚后,5 年内又因故意犯罪应当判处有期徒刑以上刑罚之罪,则说明该犯罪分子并未认真改造自己,其继续犯罪的事实,足以证明其具有较大的主观恶性和社会危害性,应当以累犯从重予以处罚。

第二种观点认为，被告人赵某不构成累犯，理由如下：（1）累犯是指被判处一定刑罚的犯罪人，在刑罚执行完毕或者赦免以后，在法定期限内又犯一定之罪的情况。其中的"法定期限"的计算是从刑罚执行完毕或者赦免之日起至又犯一定之罪之日。本案中缓刑期满，原判刑罚不再执行，因而不存在刑罚执行完毕或赦免的时间，就不产生"法定期限"的计算问题，因而不构成累犯。缓刑考验期内考验、考察的是犯罪分子在缓刑考验期内是否遵守执行缓刑的条件，否则将撤销缓刑，这是对缓刑的"执行"，并不是对刑罚的执行，因而不构成累犯。如果对缓刑的"执行"可以算作"法定期限"的计算时间，那么类似的"执行"都因是"执行"而产生"法定期限"的计算问题，比如对附加刑的执行，而累犯的"法定期间"的计算必须是从主刑执行完毕后或赦免之日起计算的。（2）本案虽然不构成累犯，但并不意味着否认已经构成犯罪，如果不构成犯罪，就不可能产生缓刑的问题。同时，如果犯罪分子在考验期限内通过了这些考验，就推定其已经得到了改造，从而达到了对其惩罚和改造的目的。也就是说，虽然刑罚没有执行，但已经通过缓刑实现了刑罚的目的。而第一种观点认为"不再执行"是一种实质意义上的"执行完毕"的执行，其实是一种逻辑悖论，其实质也就是"不再执行"与累犯制度所规定的"刑罚执行完毕"的本质是恰恰相反的。（3）如果被判处有期徒刑的犯罪分子于缓刑期满，不再执行原判刑罚后，5年内又因故意犯罪应当判处有期徒刑以上刑罚之罪，确实足以证明其具有较大的主观恶性和社会危害性，但这并不是累犯的构成要件，从重处罚也不是只能通过累犯制度来实现，比如犯罪分子被单处附加刑后5年内又犯有期徒刑以上刑罚之罪，其主观恶性和社会危害性同样较大，但并不构成累犯。

以上两种观点针锋相对，在于如何理解缓刑之刑罚"不再执行"。笔者赞同第二种观点。根据刑法规定，缓刑是在一定考验期限内，暂缓执行原判刑罚的制度。如果犯罪分子在缓刑考验期内没有再犯新罪，实际上并没有执行过原判的有期徒刑刑罚；加之，被判处有期徒刑缓刑的犯罪分子，一般犯罪情节较轻和有悔罪表现，因其不致再危害社会才适用缓刑。所以，对被判处有期徒刑缓刑的犯罪分子，在缓刑考验期满5年内又犯应判处有期徒刑以上刑罚之罪的，可不作累犯对待。因此赵某不构成累犯。

案例讨论

被告人柏某某，2013年7月因犯开设赌场罪被湖南省宁远县人民法院判处有期徒刑1年，缓刑2年。2017年11月再次因涉嫌犯开设赌场罪被宁远县公安局刑事拘留，同年12月5日经宁远县人民检察院批准逮捕，次日由宁远县公安局执行逮捕。湖南省宁远县人民检察院以湘宁检刑诉（2018）9号起诉书，指控：2017年7月至11月6日，被告人柏某某在宁远县舜陵街道水市停车场某酒楼一楼开设赌场，聚众赌博，并负责发牌及抽取水子钱。其中被告人柏某某每盘从中抽取20元到30元水子钱，非法获利2万余元。

问：柏某某的行为成立累犯吗？

自测题

下列哪一种情形不成立累犯？（ ）

A. 张某犯故意伤害罪被判处有期徒刑3年，缓刑3年，缓刑期满后的第3年又犯盗窃罪，被判处有期徒刑10年

B. 李某犯强奸罪被判处有期徒刑5年，刑满释放后的第4年，又犯妨害公务罪，被判处有期徒刑6个月

C. 王某犯抢夺罪被判处有期徒刑4年，执行3年后被假释，于假释期满后的第5年又犯故意杀人罪被判处无期徒刑

D. 田某犯叛逃罪被判处管制2年，管制期满后20年又犯为境外刺探国家秘密罪，被判处拘役6个月

七、数罪并罚的适用

案例

（一）案情简介

张某，男，23岁。张某因犯盗窃罪于2007年5月5日被法院判处有期徒刑5年。服刑期间，张某因病于同年7月11日保外就医。保外就医的当月，张某又继续盗窃作案。在一年之内共盗窃23次，价值人民币45000元。

（二）问题

数罪并罚有几种类型？

（三）学理分析

数罪并罚是刑罚适用的基本制度之一，是指判决宣告以前一人犯数罪，或刑罚没有执行完毕以前发现有漏罪或者又犯新罪，对犯罪分子所犯数罪，按照一定的原则，分别定罪量刑，决定执行的刑罚的一种刑罚制度。数量并罚具有以下几个方面的特征：第一，必须是一行为人犯有实质上的数罪或独立的数罪，这是对犯罪分子实行并罚的前提条件；第二，行为人所犯的数罪必须发生

于判决宣告以前或刑罚执行完毕之前,这是数罪并罚与累犯之区别;第三,必须在对数罪分别定罪量刑的基础上,依照法定并罚原则、并罚范围和并罚方法,决定执行的刑罚。

1. 数罪并罚的原则

实行数罪并罚必须依据一定的原则。在外国的立法例中,数罪并罚的原则主要有以下三种:(1)并科原则。就是将所处几个刑种简单相加,相加的总和就是应执行的刑罚。例如,甲罪判处20年,乙罪判处10年,相加就是30年,也就是执行30年。在有些情况下,甚至长达百十年。这样,刑期就超过了人的生命极限,没有实际意义。因此许多国家都不采用这个原则。(2)吸收原则。就是在所犯数罪分别宣告的刑罚中,选择其中最重的一种刑罚作为执行的刑罚,其余较轻的刑罚,被最重的刑罚吸收,不予执行。如甲罪判处5年,乙罪判处15年,丙罪判处20年,按重刑吸收轻刑的原则,实际执行20年。按照这一原则,用重刑吸收轻刑,轻的就等于没有判,体现不出数罪从重,不利于对犯罪的预防。(3)限制加重原则。就是以数罪中最重的刑罚为基础,再加重一定的刑罚,作为执行的刑罚,或者在数罪分别宣告的数刑中最高刑期以上、数刑合并的总和刑期以下,酌情决定执行的刑期。限制加重原则,克服了吸收原则和并科原则的缺点,便于根据罪行确定适当的刑罚,但对有些刑罚如死刑、无期徒刑却不适用。上述几种原则,各有利弊。如果单独采用其中之一,或者容易产生各种弊端,或者难于适用于全部刑罚。因而除少数国家采用单一原则外,大多数国家都兼用其中两种或两种以上原则,以长补短,恰当地确定执行的刑罚。在刑法理论上,对这种采用两种或两种以上原则的,称为折中原则。

2. 我国数罪并罚采取混合原则

根据我国《刑法》第69条第1款规定:"判决宣告以前一人犯数罪的,除判处死刑和无期徒刑的以外,应当在总和刑期以下、数刑中最高刑期以上,酌情决定执行的刑期,但是管制最高不能超过3年,拘役最高不能超过1年,有期徒刑总和刑期不满35年的,最高不能超过20年,总和刑期在35年以上的,最高不能超过25年。"其第2款规定:"数罪中有判处有期徒刑和拘役的,执行有期徒刑。数罪中有判处有期徒刑和管制,或者拘役和管制的,有期徒刑、拘役执行完毕后,管制仍须执行。"其第3款规定:"数罪中有判处附加刑的,附加刑仍须执行,其中附加刑种类相同的,合并执行,种类不同的,分别执行。"据此,我国刑法对数罪并罚采取的是混合原则,具体如下:

(1)对判处死刑和无期徒刑的,采取吸收原则。具体如下:①数罪中判处几个死刑或者最重刑为死刑时,只执行一个死刑,不执行其他主刑。②数罪

第十三章 刑罚裁量

中判处几个无期徒刑或者最重刑为无期徒刑时，只执行一个无期徒刑，不执行其他主刑。在这种情况下，不能将两个以上的无期徒刑决定合并执行死刑。一方面，两个以上无期徒刑相加，也是无期徒刑。另一方面，无期徒刑与死刑是性质截然不同的两个刑种；刑法严格控制死刑的适用，将两个以上的无期徒刑合并为死刑，就扩大了死刑的适用范围；而且既然被告人所犯各罪都只应判处无期徒刑，就说明罪行并非极其严重，不能决定合并执行死刑。

（2）对于判处有期徒刑、拘役和管制的，区别对待。具体如下：①数罪中有期徒刑和拘役并存的，采取吸收原则，执行有期徒刑，拘役不执行，即确立了有期徒刑和拘役不并罚制度；②数罪中有期徒刑和管制或拘役和管制并存的，有期徒刑、拘役执行完毕后，管制仍需执行，即确立了有期徒刑和管制并罚、拘役和管制并罚制度。

（3）数罪中有判处附加刑的，附加刑仍须执行（主刑与附加刑的并罚）。即对判处附加刑的，采取附加刑与主刑并科的原则。如一人犯数罪，其中一个罪被判处剥夺政治权利，那么，在执行主刑的同时，剥夺政治权利附加刑仍须执行。因为附加刑与主刑的性质不同，不得换算与吸收。

（4）数罪中判处数个附加刑，附加刑种类相同的，合并执行；种类不同的，分别执行（附加刑之间的并罚）。例如，一个罪判处罚金5万元，另一个罪判处罚金10万元，合并执行15万元。又如，一个罪判处罚金，另一个罪判处剥夺政治权利的，要分别执行。再如，数罪分别被判处罚金与没收全部财产时，也应分别执行。

3. 数罪并罚的规则

根据《刑法》第69条、第70条、第71条的规定，不同法律条件下适用数罪并罚原则的具体规则分为以下三种：

（1）判决宣告以前一人犯数罪的合并处罚规则。《刑法》第69条的规定表明，我国刑法规定的数罪并罚原则及由此而决定的基本适用规则，是以判决宣告以前一人犯数罪的情形为标准确立的。因此，就基本内容而言，判决宣告以前一人犯数罪的合并处罚规则，与前述我国刑法中数罪并罚原则的基本适用规则完全一致，故此处不再赘述。

（2）刑罚未执行完毕以前发现漏罪的合并处罚规则。我国《刑法》第70条规定："判决宣告以后，刑罚执行完毕以前，发现被判刑的犯罪分子在判决宣告以前还有其他罪没有判决的，应当对新发现的罪作出判决，把前后两个判决所判处的刑罚，依照本法第69条的规定，决定执行的刑罚。已经执行的刑期，应当计算在新判决决定的刑期以内。"

根据该条规定，刑罚执行完毕以前发现漏罪的合并处罚规则，具有如下特征：①必须在判决宣告以后，刑罚还没有执行完毕以前发现漏罪，且漏罪是指被判刑的犯罪分子在判决宣告以前实施的并未判决的罪。"判决宣告以后"，是指判决业已宣告并发生法律效力之后，若漏罪被发现的时间不是在判决宣告以后至刑罚未执行完毕以前的期限内，而是在刑罚执行完毕之后；或者所发现的罪行并非在判决宣告之前实施的，而是在刑罚执行期间实施的，则均不得适用该条规定的合并处罚规则。②对于新发现的漏罪，无论其罪数如何（数罪应为异种数罪），或者与前罪之性质是否相同，都应当单独作出判决。这是此种法律条件下的合并处罚结果，可能重于判决宣告以前一人犯数罪的合并处罚结果的原因。③应当把前后两个判决所判处的刑罚，即前罪所判处的刑罚与漏罪所判处的刑罚，按照相应的数罪并罚原则，决定执行的刑罚。此种法律条件下的合并处罚与判决宣告以前一人犯数罪的合并处罚不同的是，后者是将同一判决中的数个宣告刑合并而决定执行的刑罚，前者是将两个判决所判处的刑罚合并而决定执行的刑罚。④在计算刑期时，应当将已经执行的刑期，计算在新判决决定的刑期之内。换言之，前一判决已经执行的刑期，应当从前后两个判决所判处的刑罚合并而决定执行的刑期中扣除。故该种计算刑期的方法，依特点可概括为"先并后减"。

（3）刑罚执行期间又犯新罪的合并处罚规则。我国《刑法》第71条规定："判决宣告以后，刑罚执行完毕以前，被判刑的犯罪分子又犯罪的，应当对新犯的罪作出判决，把前罪没有执行的刑罚和后罪所判处的刑罚，依照本法第69条的规定，决定执行的刑罚。"

根据该条规定，刑法执行期间又犯新罪的合并处罚规则具有如下特点：①必须在判决宣告以后，刑罚执行完毕以前，被判刑的犯罪分子又犯新罪，即在刑罚执行期间犯罪分子又实施了新的犯罪。②对于犯罪分子所实施的新罪，无论其罪数如何（数罪应为异种数罪），或者与前罪之性质是否相同，都应当单独作出判决。③应当把前罪没有执行的刑罚和后罪所判处的刑罚，依照刑法规定的相应原则，决定执行的刑罚，即采用首先应从前罪判决决定执行的刑罚中减去已经执行的刑罚，然后将前罪未执行的刑罚与后罪所判处的刑罚并罚，故该种计算刑期的方法，依特点可概括为"先减后并"。

据此分析上述案件，张某的行为属于在刑罚执行期间又犯新罪的情况。根据我国刑法的规定，对此情况，应当对新犯的罪作出判决，把前罪没有执行的刑罚和后罪所判处的刑罚进行并罚，并决定应当执行的刑罚，即采用先减后并的方式进行并罚。

第十三章 刑罚裁量

案例讨论

乙犯诈骗罪，被判处有期徒刑 8 年；犯伪造证件罪，被判处管制 1 年 6 个月，执行有期徒刑 6 年后被假释，假释考验期满后开始执行管制，执行 1 年管制后，发现乙在假释考验期内又犯盗窃罪，应当判处有期徒刑 2 年。

问：法院对乙的行为应如何并罚？

自测题

下列关于数罪并罚的做法与说法，哪些是错误的？（ ）

A. 甲犯 A、B 罪，分别被判处有期徒刑 14 年和 7 年，法院决定合并执行 18 年。在执行 8 年后，甲又犯 C 罪，被判处有期徒刑 5 年。对此，法院应在 14 年以上 20 年以下有期徒刑的范围内决定合并执行的刑期，然后，减去已经执行的 8 年刑期

B. 乙犯 A、B 罪，分别被判处有期徒刑 14 年和 7 年，法院决定合并执行 20 年；在执行 2 年后，法院发现乙在判决宣告以前还有没有判决的 C 罪，并就 C 罪判处有期徒刑 5 年。这样，乙实际执行的有期徒刑必然超过 20 年

C. 丙犯 A、B 罪，分别被法院判处 14 年和 11 年，法院决定合并执行 20 年；在执行 2 年后，丙又犯 C 罪，法院就 C 罪判处有期徒刑 5 年。由于数罪并罚时有期徒刑不得超过 20 年，故丙实际上不可能执行 C 罪的刑罚

D. 丁在判决宣告以前犯有 A、B、C、D 四罪，但法院只判决 A 罪 8 年有期徒刑、B 罪 12 年有期徒刑，决定合并执行 18 年有期徒刑。执行 5 年后发现 C 罪与 D 罪，法院判处 C 罪 5 年有期徒刑、D 罪 7 年有期徒刑。此次并罚的"数刑中的最高刑期"是 18 年，而不是 12 年

八、缓刑的规定与适用

案 例

（一）案情简介

被告人王某（17 岁，某校学生）在北京市某村，以暴力殴打的方式，劫取被害人张某某（女，19 岁）黑色挎包 1 个，内有人民币 75 元、被害人身份证 1 张及银行卡 1 张，并致被害人张某某轻微伤。被告人王某于当日被抓获，款、物均已起获发还。后被告人的法定代理人赔偿被害人治伤损失费等人民币 20000 元，双方达成和解协议。

北京市海淀区人民法院经审理认为，被告人王某行为已构成抢劫罪，应予惩处。鉴于被告人王某犯罪时未满成年，系初犯，到案后能如实供述自己的犯罪事实，庭审中认罪态度较好，已赔偿被害人的经济损失，获得被害人谅解，涉案款、物均已起获发还，被告人王某所在学校愿意接收其回校继续读书，并建立监管组织对其进行监管帮教，其既往表现良好，悔改深刻，具备感化、挽救的基础，故对被告人王某依法减轻处罚，并宣告缓刑，同时，为了矫正王某的不良习惯，有利于对其在缓刑考验期限内的监管帮教，特宣告禁止令。判决被告人王某犯抢劫罪，判处有期徒刑2年，缓刑2年，罚金人民币2000元。禁止被告人王某在缓刑考验期限内进入夜总会、酒吧、迪厅、网吧等娱乐场所，禁止酗酒。

（二）问题

我国刑法关于适用缓刑的条件是什么？

（三）学理分析

缓刑制度起源于西方国家。我国的缓刑制度是清末从西方国家引进的，新中国成立后，即1950年中央人民政府司法部《关于假释、缓刑、褫夺公民权等问题的解释》正式确立了缓刑制度，规定："缓刑一般适用于对社会危害性较小、处刑较短的，且依据具体情况又暂不执行为宜的徒刑犯。"我国1979年刑法首次在法律上系统、全面地对缓刑制度作出了规定，1997年刑法修订过程中，对缓刑的规定作了重要的修改补充，《刑法修正案（八）》对《刑法》第72条又作了修订："对于被判处拘役、3年以下有期徒刑的犯罪分子，同时符合下列条件的，可以宣告缓刑，对其中不满18周岁的人、怀孕的妇女和已满75周岁的人，应当宣告缓刑：（一）犯罪情节较轻；（二）有悔罪表现；（三）没有再犯罪的危险；（四）宣告缓刑对所居住社区没有重大不良影响。"根据这一规定，缓刑不是独立的刑种，它不能离开拘役或者有期徒刑而独立存在。只有对犯罪分子首先判处拘役或者有期徒刑，才能决定是否适用缓刑，因此，判处拘役或者有期徒刑，是适用缓刑的前提，如果没有这个前提，就谈不上宣告缓刑的问题。

1. 缓刑与死缓的区别

缓刑不同于死缓，两者有着根本的区别：（1）适用的对象不同。死缓适用于被判处死刑的犯罪分子，而缓刑则适用于判处拘役或3年以下有期徒刑的犯罪分子。（2）适用的条件不同。对于被判处死刑的犯罪分子，只要不是必须立即执行，都可以同时宣告死缓。而缓刑则是根据犯罪分子的犯罪情节、悔改表现和确实不致再危害社会等条件宣告的。（3）期限不同。死缓的期限法定为2年；缓刑的考验期限，对判处拘役的为原判刑期以上1年以下，但是不能少于2个月；对判处有期徒刑的为原判刑期以上5年以下，但是不能少于1年。(4) 待遇不同。宣告死缓的犯罪分子关押在监狱里强迫劳动改造；判处缓刑的犯罪分子则不予关押，依法实行社区矫正。(5) 法律后果不同。死缓期满可以减刑或者执行死刑，缓刑期间没有再犯新罪，考验期满原判刑罚就不再执行；再犯新罪，撤销缓刑，将前罪和后罪按照《刑法》第69条的规定，决定应执行的刑罚。

2. 缓刑与免刑的区别

缓刑不同于免刑。两者有着很大的区别。免刑是人民法院对于具备刑法规定的免除处罚情节的犯罪分子，宣告免予刑事处罚。免刑不存在刑罚的执行问题。而缓刑虽然也宣告不执行原判的刑罚，但是保留执行的可能，一旦犯罪分子在缓刑考验期限内再犯新罪，原判刑罚就要执行。

3. 适用缓刑的条件

适用缓刑必须具备一定的条件。根据我国刑法的有关规定，适用缓刑必须具备以下三个条件：

(1) 前提条件。即适用于"判处拘役、3年以下有期徒刑的犯罪分子"。缓刑是一种以附条件不执行原判刑罚的方法来迫使罪犯改恶从善的刑罚制度，这种制度的性质决定了缓刑的适用对象必须是罪行较轻、社会危害性较小的犯罪分子。我国1979年刑法和1997年刑法都规定，缓刑适用于3年以下有期徒刑和拘役的犯罪分子。3年有期徒刑在我国刑法中具有特殊的意义，我国刑法分则和单行刑事法律中对普通刑事犯罪规定含有3年以下有期徒刑或者拘役的法定刑条款是相当多的，如抢劫罪的最低刑期为3年以上，侮辱罪、诽谤罪等犯罪最高刑期为3年以下有期徒刑，因而，需要判处3年以上有期徒刑的，都是罪行较重的，行为人的人身危险性较大，行为的社会危害性较大；而需要判处3年以下有期徒刑的，相对来说，行为人的人身危险性较小，行为人的行为社会危害性不大，因此，对被判处3年以下有期徒刑的犯罪分子适用缓刑符合我国刑法的逻辑。另外，根据我国刑法规定的罪刑相适应的原则，以及我国现行刑法和当前审判实践，一般来说，判处有期徒刑超过3年的是较重的罪，3年以下和拘役则是较轻的罪，所以，我国刑法对缓刑的适用对象作了上述限制性规定。另外，缓刑适用于3年以下有期徒刑，是指宣告刑，而不是法定刑。即便有少数条款和罪名的法定刑低限超过了3年以上有期徒刑，如果犯罪分子具有减轻处罚情节，仍有可能被判处3年以下有期徒刑甚至拘役，因而如果罪犯具备缓刑适用的其他条件时，仍可获得缓刑宣告。例如我国《刑法》第17条第3款规定："已满14周岁不满18周岁的人犯罪，应当从轻或者减轻处罚。"这样，一些未成年犯所犯罪行的法定最低刑虽然超过3年，但只要符合减轻处罚条件的，实际宣告刑还可能是在3年以下，只要符合缓刑适用的实质要件，该罪犯可以被宣告适用缓刑。

（2）实质条件。具体而言，只有同时具备以下条件，才能适用缓刑：①犯罪情节较轻；②有悔罪表现；③没有再犯罪的危险；④宣告缓刑对所居住社区没有重大不良影响。

前三个条件的设定是基于法律理由，其中，第三个是实质条件，第一个与第二个是判断没有再犯罪危险的条件。"悔罪表现"，是指犯罪后悔恨自己罪行的表现，如犯罪后积极退赃，真诚向被害人道歉，在羁押期间遵守监管法规等。据此，即使犯罪情节较轻，但没有悔罪表现的，法院也不得认为其没有再犯罪的危险。"没有再犯罪的危险"，从理论上讲，是适用缓刑的决定性要件，而犯罪情节和悔罪表现则是预测和判断"没有再犯罪的危险"这一要件的事实根据。认为对犯罪分子适用缓刑不致再危害社会是一种主观判断，是一种预测。然而这一预测并非没基础的猜测，而是根据犯罪分子的犯罪情节和悔罪表现进行的。在司法实践中，"没有再犯罪的危险"可以从以下几方面判定：从犯罪的动机、目的、手段、是否是初犯、偶犯等，从悔罪表现包括是否真诚坦白悔改，是否认罪服法，是否彻底揭发同案犯的罪行，主动消除或减轻犯罪后果，以及赔偿损失、积极退赃等。是否适用缓刑，既要重视犯罪事实方面的情况，又要重视犯罪人在犯罪前后的表现，综合判断其社会危害性及人身危险性程度，以便作出决定。第四个条件的设定是基于政策理由。值得注意的是，宣告缓刑对所居住社区是否具有重大不良影响，需要根据社区环境（包括犯罪人家庭环境），联系犯罪人所犯之罪与社区环境的关系，进行客观判断。只要适合在所居住的社区实行社区矫正的，就应认为符合第四个条件。不能以社区部分居民反对缓刑为由，认定宣告缓刑对所居住社区有重大不良影响。

（3）排除条件。即不是累犯和犯罪集团的首要分子。换言之，对于累犯和犯罪集团的首要分子，不适用缓刑。因为累犯在执行一定刑罚之后无视受刑的体验而再次犯罪，说明其再犯罪可能性大；如果不执行所判处的刑罚，他们再次犯罪的可能性更大，故对累犯不能适用缓刑。犯罪集团的首要分子，因为其罪行严重，如适用缓刑，依然可能组织、领导犯罪集团的犯罪活动，故不得适用缓刑。

应当注意的是，具备上述条件的，就"可以"宣告缓刑。对其中不满18周岁的人、怀孕的妇女和已满75周岁的人，"应当"宣告缓刑。

4. 缓刑期限

适用缓刑有一定期限。这个期限叫作缓刑的考验期。我国《刑法》第73

条规定:"拘役的缓刑考验期限为原判刑期以上1年以下,但是不能少于2个月。有期徒刑的缓刑考验期限为原判刑期以上5年以下,但是不能少于1年。"确定考验期限要适当,过长会影响犯罪分子的改造积极性,过短则不能起到教育和改造作用。缓刑考验期限,从判决确定之日起计算。判决之前先行羁押的日数不能折抵缓刑考验期的日数。我国《刑法》第72条第3款规定:"被宣告缓刑的犯罪分子,如果被判处附加刑,附加刑仍须执行。"这就是说缓刑的效果不及于附加刑。

5. 缓刑的撤销

如果被宣告缓刑的犯罪分子,在缓刑考验期限内再犯新罪或者发现判决宣告以前还有其他罪没有判决的,应当撤销缓刑,对新犯的罪或者新发现的罪作出判决,把前罪和后罪所判处的刑罚,依照《刑法》第69条的规定,决定执行的刑罚。被宣告缓刑的犯罪分子,在缓刑考验期限内,违反法律、行政法规或者国务院有关部门关于缓刑的监督管理规定,或者违反人民法院判决中的禁止令,情节严重的,应当撤销缓刑,执行原判刑罚。

在本案中,被告人王某犯罪时为未成年人,系初犯,到案后能如实供述自己的犯罪事实,庭审中认罪态度较好,已赔偿被害人的经济损失,获得被害人谅解,涉案款、物均已起获发还,被告人王某所在学校愿意接收其回校继续读书,并建立监管组织对其进行监管帮教,其既往表现良好,悔改深刻,具备感化、挽救的基础,符合适用缓刑"有悔罪表现,没有再犯罪的危险"的条件。

案例讨论

2012年3月的一天,被告人赵某(有盗窃前科)与邻居张某聊天时,编造谎言称其小舅子刘某在某工程部当部长,搞大型机械除尘工程,比较赚钱,可以入股,其已入股47万元,如果张某入股10万元,可以分得20%至30%的红利,到11月份就可以分红。骗得张某的信任后,张某也想入股,便取出自家的4万元交给了赵某。一月后,张某又筹资3万元交给赵某。赵某将骗得的7万元用于自己花销。同年6月30日,张某得知赵某去向不明、手机关机、无法联系后,即向公安机关报案。2012年9月24日,赵某在上海一旅馆内被上海公安机关民警抓获。归案后,被告人赵某如实供述了其犯罪事实,退还了赃款7万元,并得到了张某的谅解。

问:对赵某能否适用缓刑?

自 测 题

关于缓刑，下列哪一选项是错误的？（ ）

A. 对于累犯不适用缓刑

B. 对于危害国家安全的犯罪分子，不适用缓刑

C. 对于数罪并罚但宣告刑为 3 年以下有期徒刑的犯罪分子，可以适用缓刑

D. 虽然故意杀人罪的法定最低刑为 3 年有期徒刑，但只要符合缓刑条件，仍然可以适用缓刑

第十四章 刑罚的执行

一、减刑的适用与条件

 案 例

（一）案情简介

罪犯吴某，男，农民，因犯交通肇事罪于 2012 年 1 月被判处有期徒刑 3 年，缓刑 3 年，在湖南省汨罗市桃林镇接受社区矫正。缓刑考验期自 2012 年 1 月 28 日起至 2015 年 1 月 27 日止。吴某在社区矫正期间服从监管，接受教育改造，积极参加集中教育及社区服务等活动，表现良好。2013 年 5 月 4 日，吴某在经过桃林镇枫树塘时，发现一名儿童溺水，遂不顾危险，跳入两米多深的水中将儿童救起。同年 8 月，吴某被汨罗市综治委授予"见义勇为"称号。2014 年 2 月，湖南省司法厅社区矫正管理局给予吴某重大立功奖励 1 次。岳阳中院认为，罪犯吴某在缓刑考验期间积极参加社区矫正部门组织的集中教育和社区服务活动，确有悔改表现并有重大立功表现，对其依法应予减刑。遂当庭宣告对吴某减刑 7 个月 3 天，并相应缩短缓刑考验期。社区矫正机关亦于当天为吴某办理了解除社区矫正的手续。①

（二）问题

减刑必须具备哪些条件及其如何适用？

（三）学理分析

减刑是我国刑法特有的一项刑罚制度。早在 1954 年颁布的《中华人民共和国劳动改造条例》中就有关于减刑的规定。当时，该条例对减刑的规定还比较笼统，对于减刑的限度、减刑后刑期的计算等均未予以规定。在总结新中国成立后实行减刑制度经验的基础上，我国《刑法》第 78 条作了明确的规定，即"被判处管制、拘役、有期徒刑、无期徒刑的犯罪分子，在执行期间，

---

① 资料来源于最高人民法院网，发布时间：2015 年 2 月 13 日。

如果认真遵守监规，接受教育改造，确有悔改表现的，或者有立功表现的，可以减刑；有下列重大立功表现之一的，应当减刑……"根据上述规定可知，我国刑法中的减刑是指对于被判处管制、拘役、有期徒刑、无期徒刑的犯罪分子，在刑罚执行期间，如果确有悔改或立功表现而适当减轻其原判刑罚的制度。

根据《刑法》第78条的规定，减刑分为两种情况：一是"可以"减刑，即具备一定条件时，人民法院可以裁定减刑。二是"应当"减刑，即有重大立功表现时，人民法院应当减刑。从减刑的方法与效果来看，减刑也分为两种情况：一是将无期徒刑减为有期徒刑，这是刑种的变更；二是将管制、拘役、有期徒刑的刑期减少，不变更刑种。

减刑不同于改判。改判是指原判决有错误，撤销原判决而重新作出判决；改判的结果是多种多样的。减刑并不改变原判决，而是在肯定原判决的基础上，基于法定原因将原判决的刑罚予以减轻。

减刑与减轻处罚的区别则更为明显。减轻刑罚发生在判决确定之前，是审判人员根据犯罪分子具有的减轻处罚的情节，判处低于法定最低刑的刑罚。而减刑则发生在判决执行过程中，是根据犯罪分子的表现，对原判刑罚予以减轻。

1. 减刑的条件

（1）对象条件。只能对被判处管制、拘役、有期徒刑、无期徒刑的犯罪人减刑。这是可以减刑与应当减刑的共同前提条件。这里只有刑种的限制，没有刑期长短和犯罪性质的限制。首先，对于死缓依法减为无期徒刑或者有期徒刑的，虽然实质上减轻了刑罚，但不是《刑法》第78条规定的减刑。其次，附加刑的减轻也不是《刑法》第78条规定的减刑。例如，在死刑缓期执行或者无期徒刑减为有期徒刑的时候，应当把附加剥夺政治权利的期限改为3年以上10年以下。这种附加刑的减轻，与《刑法》第78条规定的减刑在适用对象、适用条件、适用后果等方面都存在区别。最后，被宣告缓刑的犯罪人，①如果在缓刑考验期内确有悔改或立功表现的，可以参照《刑法》第78条的规定，对原判刑罚予以减刑，同时相应地缩短其缓刑考验期限。对缓刑考验期限的缩短，虽然不是刑法第78条规定的减刑，但缩短缓刑考验期限的前提是对原判刑罚予以减刑。

（2）减刑的实质条件。因减刑的种类不同而有所区别，具体又分为"可以"减刑的实质条件和"应当"减刑的实质条件。

① "可以"减刑的实质条件。是指犯罪分子在刑罚执行期间认真遵守监

---

① 参见1995年6月8日最高人民法院研究室《关于办理减刑、假释和刑事申诉案件有关程序问题的答复》。

规，接受教育改造，确有悔改表现，或者有立功表现。具体地说，在下列两种情形下，可以减刑：

一是犯罪人在执行期间，认真遵守监管法规，接受教育改造，确有悔改表现。根据2016年11月14日公布的最高人民法院《关于办理减刑、假释案件具体应用法律的规定》（以下简称《减刑、假释规定》），"确有悔改表现"是指同时具备以下四个方面情形：认罪悔罪；认真遵守法律法规及监规，接受教育改造；积极参加思想、文化、职业技术教育；积极参加劳动，努力完成劳动任务。对罪犯在刑罚执行期间提出申诉的，要依法保护其申诉权利，对罪犯申诉不应不加分析地认为是不认罪悔罪。罪犯积极执行财产刑和履行附带民事赔偿义务的，可视为有认罪悔罪表现，在减刑时可以从宽掌握；确有执行、履行能力而不执行、不履行的，在减刑时应当从严掌握。

二是有立功表现。根据《减刑、假释规定》第4条的规定，具有下列情形之一的，可以认定为有"立功表现"："（一）阻止他人实施犯罪活动的；（二）检举、揭发监狱内外犯罪活动，或者提供重要的破案线索，经查证属实的；（三）协助司法机关抓捕其他犯罪嫌疑人的；（四）在生产、科研中进行技术革新，成绩突出的；（五）在抗御自然灾害或者排除重大事故中，表现积极的；（六）对国家和社会有其他较大贡献的。"需要研究的问题是：立功表现是否以认真遵守监规、接受教育改造为前提？换言之，如果并未认真遵守监规、接受教育改造，但有立功表现的，可否减刑？笔者认为，只要犯罪人在执行期间具有立功表现的，就可以减刑。有立功表现的人通常以认真遵守监规、接受教育改造为前提，但也不排除没有这种前提的立功表现。正因为如此，刑法规定"可以"减刑。另外，如果立功以具有悔改表现为前提，那么，对立功条件的规定就实属多余了。

②"应当"减刑的实质条件。是指犯罪分子在刑罚执行期间有重大立功表现。根据《刑法》第78条的规定和《减刑、假释规定》第5条的规定，具有下列情形之一的，应当认定为有"重大立功表现"："（一）阻止他人实施重大犯罪活动的；（二）检举监狱内外重大犯罪活动，经查证属实的；（三）协助司法机关抓捕其他重大犯罪嫌疑人的；（四）有发明创造或者重大技术革新的；（五）在日常生产、生活中舍己救人的；（六）在抗御自然灾害或者排除重大事故中，有突出表现的；（七）对国家和社会有其他重大贡献的。"

2. 减刑的限度

减刑的限度，是指犯罪分子经过一次或几次减刑以后，应当实际执行的最低刑期。具备减刑的条件的，便可以或者应当减刑。但是，减刑得有一定限度。如果减得过多，则违背罪刑相适应原则，有损法院判决的严肃性；如果减得过少,就难以对犯罪人的改造起到鼓励作用,也丧失了减刑制度的意义。根据我国《刑法》第78条的规定,减刑以后实际执行的刑期不能少于下列期限:"(一)判处管制、拘役、有期徒刑的,不能少于原判刑期的1/2;(二)判处无期徒刑的,不能少于13年;(三)人民法院依照本法第50条第2款规定限制减刑的死刑缓期执行的犯罪分子,缓期执行期满后依法减为无期徒刑的,不能少于25年,缓期执行期满后依法减为25年有期徒刑的,不能少于20年。"

所谓实际执行的刑期,是指判决执行后犯罪分子实际服刑的时间。如果判决前先行羁押的,羁押期应当计入实际执行的刑期之内。但这一理解,能否适用于对无期徒刑实际执行的刑期确定,值得研究。由于无期徒刑不存在把先行羁押的时间折抵刑期的问题,而且减刑不是对原判决的改判,而只是根据罪犯在服刑期间的表现对原判决确定的刑罚进行局部调整,由此决定了法院在作出将无期徒刑减为有期徒刑的裁决时不能再考虑先行羁押的时间折抵刑期的问题,所以,无期徒刑实际执行的刑期就不能包括判决前先行羁押的时间。我国刑法对减刑后刑期的计算办法作了如下规定:管制、拘役、有期徒刑减刑后,其刑期从原判刑罚开始执行之日起计算。即原判刑期已执行的部分,应当计算在内。无期徒刑减为有期徒刑的,其有期徒刑的刑期,从裁定减刑之日起计算。

3. 减刑的时间、幅度

减刑的时间包括减刑的起始时间、减刑的间隔。减刑的起始时间,是指犯罪分子可以被初次适用减刑的最低服刑刑期。减刑的间隔,是指犯罪分子前后两次适用减刑之间的间隔时间。减刑的幅度,是指犯罪分子每一次被适用减刑可以减轻的刑期。我国刑法未对减刑的起始时间、间隔和幅度作出明确规定,但为了保障既能充分发挥减刑的积极作用,又不使减刑被滥用,《减刑、假释规定》对于减刑的起始时间、间隔和幅度等问题作出了如下具体规定:

(1)有期徒刑罪犯在刑罚执行期间,符合减刑条件的,减刑幅度为:确有悔改表现,或者有立功表现的,一次减刑不超过9个月有期徒刑;确有悔改表现并有立功表现的,一次减刑不超过1年有期徒刑;有重大立功表现的,一次减刑不超过1年6个月有期徒刑;确有悔改表现并有重大立功表现的,一次减刑不超过2年有期徒刑。有期徒刑罪犯的减刑起始时间和间隔时间为:不满5年有期徒刑的,应当执行1年以上方可减刑;5年以上不满10年有期徒刑的,应当执行1年6个月以上方可减刑;10年以上有期徒刑的,应当执行2年以上方可减刑。减刑的起始时间自判决执行之日起计算。被判处不满10年有期徒刑的罪犯,两次减刑间隔时间不得少于1年;被判处不满10年以上有期徒刑的罪犯,两次减刑间隔时间不得少于1年6个月。减刑间隔时间不得低

第十四章 刑罚的执行

于上次减刑减去的刑期。确有重大立功表现的,可以不受上述减刑起始时间和间隔时间的限制。有期徒刑罪犯减刑时,对附加剥夺政治权利的期限可以酌减。酌减后剥夺政治权利的期限,不能少于1年。

(2) 无期徒刑罪犯在刑罚执行期间,符合减刑条件的,执行2年以后,可以减刑。减刑幅度为:确有悔改表现或者有立功表现的,可以减为22年有期徒刑;确有悔改表现并有立功表现的,可以减为21年以上22年以下有期徒刑;有重大立功表现的,可以减为20年以上21年以下有期徒刑;确有悔改表现并有重大立功表现的,可以减为19年以上20年以下有期徒刑。无期徒刑罪犯减为有期徒刑后再减刑时,减刑幅度依从有期徒刑的减刑规定。两次减刑间隔时间不得少于2年。罪犯有重大立功表现的,可以不受上述减刑起始时间和间隔时间的限制。

(3) 死刑缓期执行罪犯减为无期徒刑后,符合减刑条件的,服刑3年以上方可减刑。减刑幅度为:确有悔改表现或者有立功表现的,可以减为25年有期徒刑;确有悔改表现并有立功表现的,可以减为24年以上25年以下有期徒刑;有重大立功表现的,可以减为23年以上24年以下有期徒刑;确有悔改表现并且有重大立功表现的,可以减为22年以上23年以下有期徒刑。死刑缓期执行罪犯经过一次或几次减刑后,其实际执行的刑期不能少于15年,死刑缓期执行期间不包括在内。死刑缓期执行罪犯在缓期执行期间不服从监管,抗拒改造,尚未构成犯罪的,在减为无期徒刑后再减刑时应当适当从严。被限制减刑的死刑缓期执行罪犯,减为无期徒刑的,符合减刑条件的,执行5年以上方可减刑,一般减为25年有期徒刑,有立功表现或者重大立功表现的,可比照相关规定减为23年以上25年以下有期徒刑。被限制减刑的死刑缓期执行罪犯,减为有期徒刑后再减时,一次减刑不超过6个月有期徒刑,两次减刑间隔时间不得少于2年,有重大立功表现的,间隔时间可适当缩短,但一次减刑不超过1年有期徒刑。

(4) 判处管制、拘役的罪犯,以及判决生效后剩余刑期不满2年有期徒刑的罪犯,符合减刑条件的,可以酌情减刑,其实际执行的刑期不能少于原判刑期的1/2。

(5) 判处拘役或者3年以下有期徒刑并宣告缓刑的罪犯,一般不适用减刑。但罪犯在缓刑考验期限内有重大立功表现的,可以参照刑法第78条的规定,予以减刑,同时应依法缩减其缓刑考验期限。拘役的缓刑考验期限不能少于2个月,有期徒刑的缓刑考验期限不能少于1年。

(6) 未成年罪犯的减刑,可以比照成年罪犯依法适当从宽。未成年罪犯能认罪悔罪,遵守法律法规及监规,积极参加学习、劳动的,应视为确有悔改表现，减刑的幅度可以适当放宽，起始时间、间隔时间可以相应缩短。

老年、身体残疾（不含自伤致残）、患严重疾病罪犯的减刑，应当主要注重悔罪的实际表现。基本丧失劳动能力、生活难以自理的老年、身体残疾、患严重疾病的罪犯，能够认真遵守法律法规及监规，接受教育改造，应视为确有悔改表现，减刑的幅度可以适当放宽，起始时间、间隔时间可以相应缩短。

4. 减刑的刑期计算

减刑后刑期的计算方法，因原判刑罚的种类不同而有所区别：对于原判管制、拘役、有期徒刑的，减刑后的刑期自原判决执行之日起算；原判刑期已经执行的部分，应计入减刑以后的刑期之内。对于原判无期徒刑减为有期徒刑的，刑期自裁定减刑之日起算；已经执行的刑期，不计入减为有期徒刑以后的刑期之内。对于无期徒刑减为有期徒刑之后，再次减刑的，其刑期的计算，则应按照有期徒刑罪犯减刑的方法计算，即应当从前次裁定减为有期徒刑之日算起。对于曾被依法适用减刑，后因原判决有错误，经再审后改判为较轻刑罚的，原来的减刑仍然有效，所减刑期，应从改判的刑期中扣除。

根据《刑法》第79条的规定，对于犯罪分子的减刑，由执行机关向中级以上人民法院提出减刑建议书。人民法院应当组成合议庭进行审理，对确有悔改或者立功事实的，裁定予以减刑。非经法定程序不得减刑。

根据我国刑法关于减刑的规定，在本案中，吴某在服刑期间认罪服法，且有重大立功表现，完全符合减刑条件。

案例讨论

乙在服刑劳改期间，虽有一次立功表现，但他一直不认罪服法，坚持认为自己无罪，并申诉不断。因而法院认定不能对乙进行减刑。

问：法院不予减刑是否正确？

自测题

下列有关减刑的说法，哪些选项是错误的？（　　）

A. 减刑既可以由基层人民法院也可由中级以上人民法院裁定

B. 在特别的情况下，执行机关可以不经法院裁定而直接对罪犯作出减刑的决定

C. 甲被判处有期徒刑8年，执行2年后，被减为6年有期徒刑，对甲应当再执行6年

D. 乙被判处无期徒刑，执行3年后，被减为19年有期徒刑。因已经执行

了3年，因此，对乙再执行16年

二、假释的规定与适用

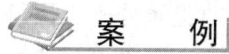 案　例

（一）案情简介

罪犯魏某某，男，某大学毕业生，因犯招摇撞骗罪于2012年11月被判处有期徒刑3年6个月。判决生效后交付河南省安阳市监狱服刑。魏某某服刑1年9个月后，安阳监狱提出其确有悔改表现，建议对其假释。2014年9月安阳市中级人民法院受理该案后，将假释建议书等相关材料通过互联网向社会公示，同年9月12日公开开庭审理了本案，五名有关方面的代表受邀旁听了庭审①。

（二）问题

我国刑法对假释的规定与适用是什么？撤销假释后刑期如何计算？

（三）学理分析

假释制度是我国一项重要的行刑制度，承载着我国惩办和宽大相结合的刑罚政策。《刑法》第81条规定，被判处有期徒刑的犯罪分子，执行原判刑期1/2以上，被判处无期徒刑的犯罪分子，实际执行13年以上，如果认真遵守监规，接受教育改造，确有悔改表现，没有再犯罪的危险的，可以假释。如果有特殊情况，经最高人民法院核准，可以不受上述执行刑期的限制。由此可知，适用假释的实质条件是"确有悔改"，即犯罪分子通过一定时间的思想教育和劳动改造，对自身的罪行有了深刻的认识，并有认罪服法、痛改前非、重新做人的态度和行为表现。

假释是一种附条件的提前释放，是一种以保留对被假释者执行剩余刑期的可能性为手段，使其在社会上改恶向善的制度。假释不同于减刑。假释是有条件地将犯罪分子释放，而减刑一般不释放而是刑期的变更，减刑对于减掉的刑期不再执行，而假释保留执行的可能性。假释不同于刑满释放，刑满释放是原判的刑罚已经执行完毕，无条件地释放，而假释是刑罚没有执行完毕附条件地提前释放。在假释的考验期内，如果再犯新罪，剩余刑还要执行。假释不同于监外执行，监外执行是一种执行方法。对于犯人有严重疾病需要保外就医的或

---

① 资料来源于最高人民法院网，发布时间：2015年2月13日。

是孕妇或是哺育婴儿的妇女,在监内执行不方便,暂予监外执行。监外执行期间算入刑期,如果监外执行条件消失,则要收监执行。假释是根据罪犯的悔改表现而适用的,不是由于患病等客观原因,而且在考验期内不犯新罪,就认为原判刑罚执行完毕。假释是我国刑罚制度之一,它体现了我国刑罚的目的。

我国《刑法》第81条第1款规定:"被判处有期徒刑的犯罪分子,执行原判刑期1/2以上,被判处无期徒刑的犯罪分子,实际执行13年以上,如果认真遵守监规,接受教育改造,确有悔改表现,没有再犯罪的危险的,可以假释。如果有特殊情况,经最高人民法院核准,可以不受上述执行刑期的限制。"第2款规定:"对累犯以及因故意杀人、强奸、抢劫、绑架、放火、爆炸、投放危险物质或者有组织的暴力性犯罪被判处10年以上有期徒刑、无期徒刑的犯罪分子,不得假释。"

1. 适用假释的条件

(1) 对象条件。假释只适用被判处有期徒刑、无期徒刑的犯罪人。被判处徒刑以外其他刑罚的犯罪分子不适用假释。因为管制不剥夺犯罪分子人身自由,对被判处管制的犯罪分子适用假释没有意义;拘役虽然剥夺犯罪分子的人身自由,但刑期很短,适用假释也没有必要。对于被判处死刑缓期2年的犯罪分子不能适用假释,只有当2年期满,减为无期徒刑或有期徒刑以后,具备假释条件时,才可以适用假释。

(2) 刑期条件。根据我国《刑法》第81条和有关司法解释的规定,被判处有期徒刑的犯罪分子,执行原判刑期1/2以上,被判处无期徒刑的犯罪分子,实际执行13年以上,才可以适用假释。只有执行一定的刑期,才能比较准确地考察、判断犯罪分子是否认真遵守监规,接受教育改造,确有悔改表现,没有再犯罪的危险,以保证假释的准确性并取得预期的效果,而且只有如此,才能在对犯罪分子通过假释实行特殊预防的前提下,确保刑罚具有足够的威慑力以兼顾一般预防之刑罚目的的实现,也只有如此,使刑罚执行时间不至于太短,从而有助于维护法院判决的权威性和严肃性。

为了使适用假释有必要的灵活性,我国《刑法》第81条第1款还规定"如果有特殊情况,经最高人民法院核准,可以不受上述执行刑期的限制"。根据有关司法解释,所谓特殊情况,是指与国家、社会利益有重要关系的情况。

(3) 实质条件。根据《刑法》第81条的规定,假释的实质条件是:犯罪分子认真遵守监规,接受教育改造,确有悔改表现,没有再犯罪的危险,假释后对其居住的社区没有重大不良影响。具体应从以下三个方面理解假释的实质条件:①确有悔改表现。根据有关司法解释,"确有悔改表现"是指同时具备以下四个方面的情形：认罪悔罪；认真遵守法律法规及监规，接受教育改造；积极参加思想、文化、职业技术教育；积极参加劳动，努力完成劳动任务。对罪犯在刑罚执行期间提出申诉的，要依法保护其申诉权利，对罪犯申诉不应不加分析地认为是不认罪悔罪。罪犯积极执行财产刑和履行附带民事赔偿义务的，可视为有认罪悔罪表现，在假释时可以从宽掌握；确有执行、履行能力而不执行、不履行的，假释时应当从严掌握。②没有再犯罪的危险。判断"没有再犯罪的危险"除符合《刑法》第81条规定的情形外，还应根据犯罪的具体情节、原判刑罚情况，在刑罚执行中的一贯表现，罪犯的年龄、身体状况、性格特征，假释后生活来源以及监管条件等因素综合考虑。③假释后对其所居住的社区没有重大不良影响。根据《刑法》第81条第3款"对犯罪分子决定假释时，应当考虑其假释后对所居住社区的影响"的规定也应当成为决定是否对犯罪分子假释的条件。相关司法解释也规定：提请假释的，应当附有社区矫正机构关于罪犯假释后对所居住社区影响的调查评估报告。所谓"对所居住社区的影响"，主要是指所居住社区的居民对将该犯罪分子在该社区假释的主观愿望以及该社区原有的社会治安状况。

另外，根据有关司法解释，把握适用假释的实质条件，还须特别注意以下几个问题：一是为了贯彻对未成年犯教育、感化、挽救的方针，对未成年犯的假释在掌握标准上可以比照成年犯依法适度放宽。未成年罪犯能认罪悔罪，遵守法律法规及监规，积极参加学习、劳动的，应视为确有悔改表现，符合《刑法》第81条第1款规定的，可以假释。二是老年、身体残疾（不含自伤致残）、患严重疾病罪犯的假释，应当主要注重悔罪的实际表现。基本丧失劳动能力、生活难以自理的老年、身体残疾、患严重疾病的罪犯，能够认真遵守法律法规及监规，接受教育改造，应视为确有悔改表现，假释后生活确有着落的，除法律和相关司法解释规定不得假释的情形外，可以依法假释。三是对罪行严重的危害国家安全的罪犯，犯罪集团的首要分子、主犯、惯犯的假释，主要是根据他们的改造表现，同时也要考虑原判的情况，应当特别慎重，严格掌握。

（4）消极条件。对累犯以及因故意杀人、强奸、抢劫、绑架、放火、爆炸、投放危险物质或者有组织的暴力性犯罪被判处10年以上有期徒刑、无期徒刑的犯罪分子，不得假释。首先，不管对累犯所判处的是什么刑种与刑期，都不得假释。这是因为累犯是已经执行过刑罚又犯罪的，从其人身危险性来看，适用假释难以预防其再次犯罪。其次，对实施了故意杀人、强奸、抢劫、绑架、放火、爆炸、投放危险物质或者有组织的暴力性犯罪，并且被判处10年以上有期徒刑、无期徒刑的犯罪人，不得假释。最后，对于被判处10年以上有期徒刑、无期徒刑的暴力性犯罪人，即使减刑后其刑期低于 10 年有期徒刑，也不得假释。因为《刑法》第 81 条第 2 款明文规定，只要是因犯暴力性犯罪被判处 10 年以上有期徒刑、无期徒刑的，就不得假释。减刑以后，这些犯罪人只是"被裁定"减轻了刑罚，仍然属于"被判处" 10 年以上有期徒刑、无期徒刑的犯罪人，故不得假释。

2. 假释的考验期限

假释是附条件地提前释放，因而需要设立一定的考验期限，以便对假释罪犯继续进行监督改造。我国《刑法》第 83 条规定："有期徒刑的假释考验期限，为没有执行完毕的刑期；无期徒刑的假释考验期限为 10 年。假释考验期限，从假释之日起计算。"

根据《刑法》第 84 条的规定，被宣告假释的犯罪分子，应当遵守下列规定：①遵守法律、行政法规，服从监督；②按照监督机关的规定报告自己的活动情况；③遵守监督机关关于会客的规定；④离开所居住的市、县或者迁居，应当报经监督机关批准。

根据《刑法》第 85 条的规定，对假释的犯罪分子，在假释考验期限内，依法实行社区矫正。

3. 假释的法律后果

根据《刑法》第 85 条、第 86 条的规定，假释的法律结果有以下几种：

（1）被假释的犯罪分子，在假释考验期限内没有《刑法》第 86 条规定的情形，即没有再犯新罪或者发现漏罪，或者违反法律、行政法规或者国务院公安部门有关假释的监督管理规定，假释考验期满，就认为原判刑罚已经执行完毕，并公开予以宣告。

（2）被假释的犯罪分子，在假释考验期限内再犯新罪或者发现其在判决宣告以前还有其他罪没有判决的，应当撤销假释，分别依照《刑法》第 71 条、第 70 条的规定实行数罪并罚。

（3）被假释的犯罪分子，在假释考验期限内，有违反法律、行政法规或者国务院有关部门关于假释的监督管理规定的行为，尚未构成新的犯罪的，应当依照法定程序撤销假释，收监执行未执行完毕的刑罚。

犯罪分子被假释后，原判有附加刑的，附加刑仍须继续执行。原判有附加剥夺政治权利的，附加剥夺政治权利的刑期从假释之日起计算。

根据《刑法》第 82 条、第 79 条的规定，对于犯罪分子的假释，由执行机关向中级以上人民法院提出假释建议书。人民法院应当组成合议庭进行审理，对符合法定假释条件的，裁定予以假释。非经法定程序不得假释。

在本案审理中查明，魏某某在服刑期间认罪悔罪、积极改造，获得表扬 1

次，记功1次。另查明：第一，林州市司法局出具的《社会调查评估报告》证实，魏某某家在农村，父母常年身体不好，家庭经济条件困难，其本人及家人平常无不良嗜好，与邻居关系相处和睦。其居住地村委会、邻居及其家属均表示愿意协助对其进行监管教育。第二，刑事判决书及谅解书证实，魏某某虽在犯罪中骗取他人一定数量的钱款，但案发后与被害人达成和解协议，全部退还所骗款项，取得了被害人谅解，社会影响不大。第三，魏某某具有较高文化程度，假释后有能力凭借自身的劳动获取生活来源。安阳中院认为，魏某某确有悔改表现，且假释后再犯罪的可能性较小，符合法律规定的假释条件。该院在充分听取有关方面代表意见的基础上，依法对魏某某作出准予假释的裁定。

案例讨论

赵某于2005年以抢劫罪被法院判处有期徒刑8年，刑期自2005年9月2日起至2013年9月1日止。2012年10月14日，法院根据刑罚执行机关的建议对赵某予以假释，假释考验期从假释之日起至2013年9月1日止。在假释考验期内，赵某因吸毒触犯了《全国人民代表大会常务委员会关于禁毒的决定》① 的有关规定。

问：对赵某应如何处理？

自测题

1. 关于假释，下列哪一选项是正确的？（ ）

A. 被假释的犯罪分子，未经执行机关批准，不得行使言论、出版、集会、结社、游行、示威自由的权利

B. 对于犯杀人、爆炸、抢劫、强奸、绑架等暴力性犯罪的犯罪分子，即使被判处10年以下有期徒刑，也不得适用假释

C. 对于累犯，只要被判处的刑罚为10年以下有期徒刑，均可适用假释

D. 被假释的犯罪分子，在假释考验期间再犯新罪的，不构成累犯

2. 关于假释的适用，下列哪些选项是正确的？（ ）

A. 甲因爆炸罪被判处有期徒刑15年。在服刑13年时，因有悔改表现而被裁定假释

B. 乙犯抢劫罪被判处有期徒刑9年，犯故意伤害罪判处有期徒刑8年，数罪并罚决定执行有期徒刑15年。在服刑13年时，因有悔改表现而被裁定

---

① 已因2008年实施的《禁毒法》而失效。——编者注

假释

C. 丙犯诈骗罪被判处有期徒刑 10 年，刑罚执行 7 年后假释。假释考验期内第 2 年，丙犯抢劫罪，应当判处有期徒刑 9 年，数罪并罚决定执行有期徒刑 10 年。在服刑 7 年时，因有悔改表现而被裁定假释

D. 丁犯盗窃罪，被判处有期徒刑 3 年，缓刑 4 年。经过缓刑考验期后，发现丁在缓刑考验期内的第 2 年，犯故意伤害罪，应判处有期徒刑 9 年，数罪并罚决定执行有期徒刑 10 年。在服刑 7 年时，因丁有悔改表现而被裁定假释

第十五章 刑罚的免除

一、追诉时效的起算和中断

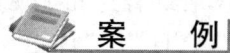

（一）案情简介

王某系某钢厂的业务员，已婚，有一女。王某因工作经常出差，在某市联系业务时，结识了一饭店的服务员刘某，两人互有好感。王某向刘某谎称自己未婚，2007年4月利用空白介绍信填写虚假内容与刘某登记结婚。一年后，与刘某生育一子，久之，王某之妻李某有所察觉，多次询问均被王某否认。王某恐怕夜长梦多，2012年结束第二次婚姻关系。2015年3月，王某挪用公款20万元，案发。

（二）问题

如何确定追诉时效的起算和中断？

（三）学理分析

追诉时效制度，是指依法对犯罪分子追究刑事责任的有效期限。在法定的期间内，司法机关有权追究犯罪分子的刑事责任，超过此期限，除法定最高刑为无期徒刑、死刑的，经最高人民检察院特别核准必须追诉的以外，都不再追究犯罪分子的刑事责任。因此，超过追诉时效，就说明不能行使求刑权、量刑权与行刑权，而导致刑罚的消灭。追诉时效制度存在的意义在于促使犯罪人在没有受到国家刑事责任追究的情况下，悔罪自新，重新做一个遵纪守法的人；从另一个方面来讲，对国家司法机关司法资源的合理配置与社会秩序的稳定都有重要意义，是现代国家对国家刑事追诉权的自我限制，以防止追诉权的无限扩大与延展，减少国家公权力对社会生活的过多干预，体现了刑法的谦抑性和人道性，是刑事立法走向科学化、现代化的表现。我国刑法确立的刑事追诉时效，也体现了我国刑法的目的——旨在通过对犯罪分子本人进行刑罚改造和警诫社会上的不稳定分子，预防犯罪。

关于追诉期限的起算，各国立法不尽相同。理论上也有较大争议，有主张应自犯罪发生时开始计算，也有主张应自犯罪结果发生时开始计算等。我国《刑法》第 89 条第 1 款规定："追诉期限从犯罪之日起计算；犯罪行为有连续或者继续状态的，从犯罪行为终了之日起计算。"

根据我国《刑法》第 89 条第 1 款规定，一般认为，追诉时效的起算分为两种情况：

（1）一般情况下，追诉期限从犯罪之日起算。何谓"犯罪之日"，没有立法或司法解释，理论界也是众说纷纭。第一种说法是犯罪行为实施之日；第二种说法是犯罪行为发生之日；第三种说法是犯罪行为完成之日；第四种说法是犯罪成立之日；第五种说法是犯罪行为停止之日等。还有学者综合这几种观点，认为"犯罪之日"应理解为"犯罪行为停止或结果发生之日"，"停止"包括被迫停止、自动停止和完成。"犯罪之日"之所以会有如此之多的学理解释，根源在于法条本身就有缺陷，过于原则，定义不明。一般来说，一个犯罪的构成，其核心就是犯罪行为，同时犯罪又是复杂多样的，应综合考虑各种犯罪构成所要求的条件来认定犯罪。因而，追诉时效的起算应是犯罪成立之日，即行为符合犯罪构成要件之日。因刑法对各种犯罪规定的构成要件不同，认定犯罪成立的标准也就不同。即根据具体的犯罪形态分别确定"犯罪之日"的含义。具体而言，对行为犯应从犯罪行为实施之日起计算；危险犯是以行为人实施的危害行为造成法律规定的发生某种危害结果的危险状态作为既遂犯罪标志的犯罪，因而其追诉时效期限应从法定现实危险状态出现之日起计算；对结果犯，应以结果的发生之日作为其追诉时效期限的起算开始；对结果加重犯应从严重结果发生之日起计算；对于共同犯罪的追诉时效的期限也应从共同犯罪成立之日起计算，因共同犯罪的特点所决定，所有共同犯罪参与人的追诉时效期限的起算都应是同一日；对预备犯、未遂犯、中止犯，也应分别从犯罪预备、犯罪未遂、犯罪中止成立之日起计算。

（2）犯罪行为有连续或者继续状态的，追诉期限从行为终了之日起计算。至于何谓"行为终了之日"，大家认识上比较一致，在此不作赘述。

这里需要注意的一个问题是，追诉期限的重新起算。我国《刑法》第 89 条第 2 款规定："在追诉期限以内又犯罪的，前罪追诉的期限从犯后罪之日起计算。"即在追诉期限以内又犯罪的，前罪所经过的时效期间便归于无效，前罪的追诉期限从犯新罪之日起重新计算。这在理论上称作追诉时效的中断。

本案中，王某已婚并有一女，却谎称自己未婚并利用空白介绍信填写虚假内容与刘某登记结婚，其行为已构成重婚罪。重婚罪是继续犯，按《刑法》第 89 条之规定，从行为终了之日起计算，因此，王某的重婚罪的追诉时效应从 2012 年起计算，我国《刑法》第 258 条规定的重婚罪的法定刑是处 2 年以下有期徒刑或拘役，因而，根据《刑法》第87条规定，对王某重婚罪的追诉时效的期限应为5年，也就是在2012年到2017年期间进行追诉，经过5年以后就不应再对其重婚行为追究刑事责任。但是，王某在2015年3月又犯挪用公款罪，根据《刑法》第89条第2款"在追诉期限以内又犯罪的，前罪追诉的期限从犯后罪之日起计算"的规定，对王某重婚罪的追诉时效应从2015年3月起计算。

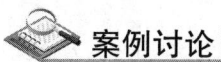 **案例讨论**

1996年11月26日下午，刚到河南省新密市来集镇马沟村一煤矿打工仅两天的被告人刘某某，酒后行至来集镇马沟村一乡间小路，将放学路过此处的被害人郭某某（女，殁年8岁）强行抱进路边一个废弃的窑洞内实施强奸，在强奸过程中致被害人窒息死亡。经鉴定，郭某某系被他人用钝性物体（如徒手）作用于颈部致机械性窒息而死亡。后刘某某将被害人掩埋后潜逃。

数日后，被害人的尸体被发现，当地公安机关虽查明被害人系被他人强奸并杀死，限于当时的侦查技术，该案件一直未能成功侦破。2013年，随着科学技术的发展，公安机关从被害人体内提取的生物检材中成功检出一名男性的DNA。经过排查，最终查获被告人刘某某，并于2017年3月1日在新疆克拉玛依市将隐姓埋名打工的刘某某抓获归案。该案案发距今已超过20年，跨越了1979年刑法和1997年刑法两个阶段。

问：对该案能否追诉？

自测题

下列关于追诉时效的说法，哪些选项是正确的？（ ）

A. 甲犯寻衅滋事罪，应判处5年以下有期徒刑，追诉时效为5年

B. 乙故意致人重伤，应判处3年以上10年以下有期徒刑，追诉时效应为10年

C. 丙盗窃3000元，应判处3年以下有期徒刑，追诉时效应为5年

D. 丁某犯杀人罪，应判处10年以上有期徒刑、无期徒刑或死刑，追诉时效应为20年

二、已立案的案件起诉时已过追诉时效的应当如何处理

 案 例

(一) 案情简介

陈某某,男,49岁,某镇企业办公室主任兼某厂厂长。1995年11月,陈某某主持会议,召集同厂李某某、黎某某、林某某等人研究:由于该厂面临倒闭,决定以虚开增值税专用发票的方法,冲抵成本后变现以奖金形式分发给职工。李、黎、林均表示同意。同年12月3日,陈某某安排李某某,通过刘某某、肖某某开得增值税专用发票2张,价税合计15万元,其中税款2万余元。随后,加上该厂实有现金以奖金形式分发到人(由于当时现金不够、多数分发的是欠条。2000年该厂转制变卖后才兑现)。2000年11月,因刘某某、肖某某在外地虚开增值税专用发票案发,刘某某、肖某某交代为陈某某虚开增值税专用发票一事。陈某某所在地公安机关于2000年11月24日立案侦查,12月5日对陈某某等人留置盘问,12月7日刑事拘留,后取保候审。2001年3月5日,移送审查起诉。

分歧意见:第一种意见认为,陈某某等人虚开增值税专用发票的数额,应处3年以下有期徒刑,追诉期限是5年。虽然公安机关立案在追诉期限内,但在起诉环节已超过追诉期限,应作不起诉或中止审理。第二种意见认为,追诉时效期限的计算,应从犯罪行为终了之日计算。公安机关立案侦查是在追诉时效期限内,就应当追诉。至于立案以后的诉讼环节,不受追诉时效期限的限制。因此,应追究陈某某等人的刑事责任。

(二) 问题

已立案的案件起诉时超过追诉时效应当如何处理?

(三) 学理分析

所谓追诉时效,是指依法对犯罪分子追究刑事责任的有效期限。在法定期限内,司法机关有权追究犯罪分子刑事责任,超过这个期限,就不应再追究。在人民检察院、公安机关、国家安全机关立案侦查或者在人民法院受理案件后,表明司法机关对其犯罪事实开始追究。此时,犯罪时效已停止计算,以后的诉讼环节,就不存在追诉时限限制。

根据本案陈某某等人虚开增值税专用发票的事实,无论是根据修订前的刑

法还是修订后的刑法,应处3年以下有期徒刑,追诉时效的期限应是5年。陈某某等人虚开增值税专用发票的行为,是在1995年12月3日终了,对其追诉时效期限应从此时开始计算至2000年12月2日止。而公安机关则是在追诉时效期限内的2000年11月24日立案,此时,就停止了对追诉时效的计算,所以本案就没有超过追诉时效期限。并且,根据最高人民法院1997年《关于适用刑法时间效力规定若干问题解释》和新刑法第88条规定,在追诉时效期内立案,则追诉时效延长,在以后诉讼环节里,就不存在超追诉时效的问题。因此,本案并未过追诉时效期限,应追究陈某某等人的刑事责任。

案例讨论

1980年初,张某强奸妇女并将其杀害。1996年末,张某因酒后驾车致人重伤。两案在2007年初被发现。

问:关于张某的犯罪行为,应如何认定?

自测题

下列哪种情形应当受到追诉期限的限制?( )

A. 在人民法院受理了齐某自诉汤某伤害案件以后,汤某离家杳无音信
B. 丛某因出国而未在法定期限内对钟某的侮辱案提出控告
C. 薛某向公安机关控告,声称自己被抢劫,因薛某说话颠三倒四,接案人员对其报案有怀疑而未立案
D. 秦某得知与其共同诈骗的李某被公安机关抓获,遂逃离居住地藏匿

三、不受追诉时效期限限制的几种情况

案 例

(一)案情简介

刘某于1998年2月20日晚10时左右在河南省滑县盗走一蓝色金陵摩托车,后通过徐某介绍以1800元的价格卖与他人。滑县公安局于1998年2月20日接到被害人的报案,于次日立案侦查,此后该案一直未能告破。其间,刘某、徐某未离开本地。2008年6月9日,徐某因涉嫌拐卖妇女罪被滑县检察院依法批准逮捕,其供述了1998年帮助刘某卖赃车的犯罪事实。滑县价格认定中心对该摩托车的鉴定价值为5664元。

(二) 问题

对刘某的行为该如何认定?

(三) 学理分析

我国《刑法》第88条第1款规定:"在人民检察院、公安机关、国家安全机关立案侦查或者在人民法院受理案件以后,逃避侦查或者审判的,不受追诉期限的限制。"第2款规定:"被害人在追诉期限内提出控告,人民法院、人民检察院、公安机关应当立案而不予立案的,不受追诉期限的限制。"由此,追诉时效的无限延长,是指基于法律规定的原因,对犯罪人刑事责任的追究,不受追诉期限限制的一种制度。

1. 对《刑法》第88条第1款的理解与适用

(1)"立案侦查"和"受理案件"的问题。本款可分解为:在人民检察院、公安机关、国家安全机关立案侦查以后,逃避侦查的,不受追诉期限的限制;在人民法院受理案件以后,逃避审判的,不受追诉期限的限制。

①立案侦查。有学者认为,所谓立案侦查,应当理解为立案并且侦查;也有学者认为,由于立案后就开始侦查,所以立案侦查有时就是立案决定侦查之意,或者说就是立案的意思。不应从字面孤立地研究此款中的"立案侦查",而应该将"立案""侦查"分开并结合此款的"以后"和"逃避侦查"来理解。首先,立案又称立案阶段或立案程序,是指司法机关在审查材料(包括公诉或者自诉材料)后,根据事实和法律,决定是否作为刑事案件进行侦查或审判的诉讼活动。它包括发现立案材料或对立案材料的接受、对立案材料的审查、根据审查的结果作出立案或不立案的决定三方面的内容。因此,这又称为广义的立案。由此可见,立案决定和不立案决定都只是立案的一部分,所以也有人将立案决定称为狭义的立案。其次,侦查是指司法机关采取的专门调查工作和有关的强制性措施。因此,立案与侦查是两个不同的诉讼阶段。最后,根据该款规定,对于人民检察院、公安机关或者国家安全机关办理的案件,只对那些逃避"侦查"的犯罪人适用追诉时效无限延长。因此,适用追诉时效无限延长的时间应起始于侦查阶段,对于在立案阶段有潜逃、隐匿等逃避行为的犯罪人一般不应适用追诉时效无限延长。也就是说,在立案阶段一般不存在适用追诉时效无限延长问题。据此,如果将"立案侦查"理解为广义的立案,由于立案阶段一般不存在适用追诉时效无限延长,此种理解显然没有意义。因为立案决定作出后,即进入侦查阶段,立案决定与侦查两者在程序上极为接近,所以本款"立案侦查"可理解为"作出立案决定",即狭义的立案。

②受理案件。对"受理案件",应结合"逃避审判"来理解。此款规定人

民法院受理的案件，应该既包括自诉案件，也包括公诉案件。对于自诉案件，人民法院受理并不意味着刑事诉讼程序的正式启动，只有经人民法院审查认为自诉人的起诉理由成立并决定审理后，一审程序才算正式开始，即进入审判程序。对于公诉案件，虽然现行刑诉法将人民法院受理案件后的庭前审查，由原来的实体审查改为程序审查，但人民法院只有在作出立案决定后才算进入审判程序。因此无论公诉或自诉案件，人民法院受理案件后，只有在作出立案决定时才算进入审判阶段，此时才存在"逃避审判"的情况。所以，此处的"受理案件"可理解为人民法院"作出立案决定"。

（2）"逃避侦查或者审判"的问题。对此，应从犯罪人的主观和客观两方面分析。犯罪人的主观意愿与其行为应该是互为因果的，只有二者兼备，才符合"逃避侦查或者审判"的本义。

①主观上，犯罪人必须有逃避侦查或者审判的故意。即犯罪人必须是明知人民检察院、公安机关或者国家安全机关已经对其犯罪行为予以立案侦查，或者明知人民法院已经决定对其犯罪行为进行受理，却故意逃避侦查或者审判的。犯罪人若不明知，则不应对其适用追诉时效的无限延长。例如犯罪人在不知司法机关已对其犯罪行为予以立案侦查或受理的情况下，没有隐姓埋名出远门从商或打工，就不应对其适用无限延长追诉期限。因为犯罪人出远门的目的是从商或打工，并没有逃避侦查或审判的故意。如果认为犯罪人应该知道其犯罪行为迟早会被立案或受理的，其外出从商或打工的行为就是畏罪潜逃，其外出目的即为故意逃避侦查或审判，这就成了"客观归罪"，令人难以信服。

②客观上，犯罪人必须有逃避侦查或审判的行为。其中，包括隐姓埋名潜逃、藏匿或者从羁押场所逃跑等行为。这些都将使司法机关暂时或者长期无法将犯罪人缉拿归案，导致侦查或者审判工作无法正常开展。

2. 对《刑法》第 88 条第 2 款的理解与适用

（1）"被害人在追诉期限内提出控告"的问题。首先，这里的被害人不能狭义地理解为公民个人。它不仅包括人身或者财产权利受到犯罪侵害的自然人，也包括财产等合法权益受到侵害的法人。其次，被害人要使犯罪人受到刑事追究，必须在追诉期限内提出控告，该追诉期限是指《刑法》第 87 条所规定的期限。如果被害人没有在追诉期限内提出控告，即使其合法权益受到犯罪人侵害，也不能对犯罪人适用追诉时效的无限延长。但是，对于被害人在追诉期限内提出控告，司法机关当时没有立案的，被害人在追诉期限届满后能否再提出控告。根据该款精神，适用此款的对象都是那些已过追诉期限的案件。如果被害人曾在追诉期限内提出过控告，若不允许被害人在追诉期限届满后再次提出控告，则此款规定的适用追诉时效无限延长的案件，可能会因为缺少主体提出而无法适用，刑法增设此款也就失去了意义。因此，被害人应该仍可以提出控告。这就意味着，只要被害人曾在追诉期限内提出过控告，即使追诉期限已满，被害人仍可向司法机关提出控告，至于应不应当立案则由司法机关决定。由此可见，被害人只要在追诉期限内提出控告的，如果该案件实际上系应当立案的，那么不论当时立案与否，都会无限延长适用追诉期限。当然，如果该案件实际上系不应当立案的案件，即使当时立了案，也不能延长追诉时效期限。再次，至于是否必须由被害人本人提出控告，值得研究。因为，有些案件的被害人可能因受到疾病或者强制、威吓等生理、心理原因，其本人不能或者不敢提出控告，此时若不允许被害人的法定代理人或者近亲属代为控告，实属于理不通，也不符合我国刑诉法相关之规定和刑法增设该款保护被害人权益的目的。最后，必须是控告的案件。根据此款规定，如果被害人不知道犯罪嫌疑人、被告人是谁，而只是报案的，则不能适用本款的规定。该规定反映了我国刑法在保护被害人合法权益、防止司法舞弊的同时，也给被害人规定了一定的义务，即需指明犯罪嫌疑人或被告人，这也是节约司法成本、避免无限追诉的需要。

(2)"应当立案而不予立案"的问题。根据刑诉法的规定，应当立案是指司法机关认为有犯罪事实，并需要追究刑事责任的。因此，对"应不应当立案"标准的判断并不困难。但是，当受理控告的司法机关与被害人之间就应不应当立案发生争议时，应由谁来作为认定"应不应当立案"的主体，则较为复杂。因法律对此尚无明确规定，可按以下几种情况处理：①被害人对公安机关应当立案侦查而不立案侦查的案件有异议，向人民检察院提出时，应由人民检察院作为认定应不应当立案的主体。②被害人对人民法院、人民检察院、公安机关应当立案而不予立案的案件不服时，可向各该司法机关申请复议，由于刑诉法并未规定控告人可以申请复核，所以这时认定应否立案的主体应仍是各该司法机关。这显然有失公正，因为不应由争议双方中的任何一方来作决断。对于这种情况，应规定被害人不服复议时可以申请复核，即最终由各该司法机关的上级机关决定应不应当立案。③根据审判监督程序的规定，受理被害人在追诉期限内提出控告的各司法机关的上级机关或者上级人民检察院有权作为认定应不应当立案的主体。

本案中，公安机关于1998年2月20日接到被害人的报案后，于次日对摩托车被盗案进行了立案侦查，属于单纯对事立案，而犯罪嫌疑人刘某、徐某对公安机关的侦查情况并不知情，也并未采取逃避侦查的行为，因而不能适用《刑法》第88条第1款之规定，而应对各犯罪嫌疑人适用《刑法》第87条的规定，案件已过诉讼时效不追究其刑事责任。

第十五章 刑罚的免除

案例讨论

1994年7月,印刷厂工人康某利用工作之便,套色印刷10元面值的人民币101张。同年8月3日晚,康某在某商店里用伪造的货币购物时,引起售货员的怀疑,当售货员对照灯光查验货币时,康某心虚,拔腿就跑。售货员呼喊,康某被一恰好路过的公安人员抓获,带回公安机关审查。在看守羁押期间,康某脱逃,偷渡出境,到国外定居。2005年12月7日,因其父病故,康某悄悄从国外赶回家中探望,公安机关得知后将其抓获。人民法院以伪造货币罪判处康某有期徒刑5年,康某不服判决,以追诉时效已过为由提出上诉。

问:康某的行为是否已过追诉时效?

自测题

1. 赵某于1998年4月2日犯重婚罪,2003年5月解除重婚关系。2005年7月又犯故意伤害罪。对赵某重婚罪的追诉期限开始计算哪个选项是正确的?( )
   A. 1998年4月2日   B. 2003年5月
   C. 2005年7月   D. 2008年5月

2. 关于追诉时效,下列哪一选项是正确的?( )
   A. 刑法规定,法定最高刑为不满5年有期徒刑的,经过5年不再追诉。危险驾驶罪的法定刑为拘役,不能适用该规定计算危险驾驶罪的追诉时效
   B. 在共同犯罪中,对主犯与从犯适用不同的法定刑时,应分别计算各自的追诉时效,不得按照主犯适用的法定刑计算从犯的追诉期限
   C. 追诉时效实际上属于刑事诉讼的内容,刑事诉讼采取从新原则,故对刑法所规定的追诉时效,不适用从旧兼从轻原则
   D. 刘某故意杀人后逃往国外18年,在国外因伪造私人印章(在我国不构成犯罪)被通缉时潜回国内。4年后,其杀人案件被公安机关发现。因追诉时效中断,应追诉刘某故意杀人的罪行

参考答案

第一章　刑法基本原则

一、罪刑法定原则

案例讨论：

1. 同样"裸聊"，不同结果。

随着网络的普及，网上聊天成为很多市民消遣、交友的重要途径，裸聊也成为一个时髦的"玩意"。裸聊侵害了社会善良风俗，有一定社会危害性，关于裸聊是否有罪也成了人们讨论的焦点。笔者认为，在案例一中，张某裸聊不应定罪；而案例二中的方某则应认定为传播淫秽物品牟利罪。一样的裸聊，不一样的结果，其差别的关键在于刑法中的一个重要原则——罪刑法定原则。

罪刑法定原则的经典表述是："法无明文规定不为罪，法无明文规定不处罚。"其内涵丰富，包括要求罪和刑都要有法律明文规定，禁止溯及既往，禁止有罪类推，禁止处罚不当罚的行为等含义。根据这一原则，司法机关定罪和量刑都必须按照法律规定来判断，而不仅仅是看行为是否具有社会危害性。案例一中张某的裸聊虽然有伤风化，但我国刑法并无规定裸聊构成犯罪的法律条文，也不属于淫秽信息，不能类推适用，因此不应认定为犯罪。案例二中的方某的裸聊以牟利为目的，传播裸聊照片，完全符合《刑法》第364条、第367条的规定，应认定方某构成传播淫秽物品牟利罪。

罪刑法定原则是法治主义在刑法中的直接体现，是法治社会与专制社会中刑法的根本分野所在。其反对罪刑擅断和刑事类推，不仅对保护社会安宁有重要作用，对保障人权具有更重大的意义。对于类似"裸聊"的新生事物，可以通过行政处罚、规范网络秩序等其他手段进行管理，并进一步完善法制。不能一味追求严刑厉法，否则只能得不偿失。

2. 被告人李某以营利为目的，组织"公关先生"从事金钱与性的交易活动。虽然该交易在同性之间进行，但该行为亦为卖淫行为，被告人李某作为组织者，其行为侵害了社会治安管理秩序和良好的社会风尚，符合组织卖淫罪的构成要件。

自测题：B

二、适用刑法人人平等原则

案例讨论：任何人犯罪，不论犯罪人家庭出身、社会地位、职业性质、财产状况、政治面貌、文化程度、才能业绩如何，都应追究刑事责任，一律平等地适用刑法，依法定罪、量刑和行刑，不允许任何人有超越法律的特权。

自测题：D

三、罪责刑相适应原则

案例讨论：符合罪刑相适应原则。行为已既遂，放孩子回去不影响定罪，而量刑又是在法定幅度内。

自测题：ABCD

第二章 刑法的效力

一、我国刑法对外国人在我国领域内犯罪的效力

案例讨论：

1. 我国刑法有管辖权，因为犯罪行为地发生在我国，根据《刑法》第6条的规定有管辖权，而行为人又不属于享有外交特权的人。

2. 内地的司法机关对张某案具有刑事管辖权。根据《刑法》第6条的规定有管辖权，因为犯罪行为地发生在内地。

自测题：C

二、我国刑法对我国公民在我国领域外犯罪的效力

案例讨论：丁某的行为适用我国刑法，因为丁某是国家工作人员。

自测题：AD

三、我国刑法对外国人在我国领域外犯罪的效力

案例讨论：有管辖权，因为甲、乙、丙、丁实施的是海盗方面的犯罪，我国加入了《联合国海洋法公约》，有普遍管辖的权利。

自测题：1. C 2. ACD

四、刑法的溯及力

案例讨论：胡某行为的发生时间和检察机关的起诉时间均在 1997 年刑法实行之前，所以检察机关只能依照当时的有关刑事法律追究被告人的刑事责任，按照被告人行为时的法律及全国人大常委会《关于惩治贪污罪贿赂罪的补充规定》第 3 条的规定，"挪用公款数额较大，不退还"的以贪污论处。本案中胡某挪用公款后尚有 25 万元不退还，根据上述规定检察机关指控被告人犯有挪用公款和贪污罪是正确的，但是在案件起诉到法院之后，在审理期间修订后的刑法已经生效，依照修订后的刑法第 12 条规定的从旧兼从轻的原则，在适用法律上必须将新旧刑法对挪用公款罪的处刑轻重进行比较。全国人大的补充规定第 3 条和修订后的刑法第 384 条，虽然都规定了挪用公款"情节严重的，处五年以上有期徒刑"，但前者规定挪用公款数额较大，不退还的，以贪污论处，而后者则规定挪用公款数额巨大不退还的处 10 年以上有期徒刑或者无期徒刑，不再以贪污论处。两相比较，前者的处刑显然有助于后者，因此法院应当按照从旧兼从轻的原则，结合本案的实际情况，对被告人的行为适用修订后的刑法第 384 条及使用 1997 年的刑法以挪用公款罪对被告人定罪处刑。

自测题：1. ABC 2. C

第三章 犯罪概说

案例讨论：

1. 李某的行为构成诬告陷害罪。诬告陷害罪是指捏造犯罪事实向国家机关或者有关单位告发，意图追究他人刑事责任，情节严重的行为。本案中李某模仿孙某的笔迹，先后写了 3 封信，编造一些关于我军布防情况的情报的行为属于捏造他人犯罪事实的行为，李某以"知情人"的名义写信给公安机关要求对孙某写信传递情报的行为进行追查的行为，属于向国家机关告发，意图追究他人刑事责任。

2. 唐某兄弟的行为构成盗窃罪，如果说第一次是操作失误所致，具有不当得利性质，但后来他明知自动取款机发生故障，还多次取款，说明其主观上具有非法占有为目的，且数额较大，根据《刑法》第 264 条之规定已经构成盗窃罪。由此可见，唐某兄弟的行为已经触犯刑律，应当追究刑事责任。

自测题：D

第四章　犯罪客体

案例讨论：第二种意见对。

自测题：BD

第五章　犯罪的客观方面

一、危害行为

案例讨论：

1. 洪某的行为构成犯罪，而且构成故意杀人罪。理由如下：当何某将受伤老人抱上洪某所驾驶的出租车后，洪某即对该老人产生救助义务，且洪某已经驱车前往医院。当何某找个借口开溜后，洪某在老人重伤且昏迷的情况下将老人丢弃于大街上，虽然是大街但当时已过深夜 12 点，被别人发现受伤老人的机会不是很大。在这种情况下，洪某明知老人有可能因为得不到医治而死亡，仍然将老人弃置于街上，其行为构成故意杀人罪，主观方面是间接故意。

2. 王某的行为不构成犯罪，睡梦中的行为不受其意识或意志支配，不属于刑法上的危害行为。

自测题：1. ABD　2. C　3. C

二、因果关系

案例讨论：

1. 有因果关系，但不构成故意杀人罪。因为行为人不希望死亡的出现，积极施救，死亡的原因来自医疗单位。

2. 没有因果关系。

自测题：1. BCD　2. ABCD　3. D

第六章　犯罪主体

一、刑事责任年龄

案例讨论：

1. 法院的判决不正确。刑事责任年龄的计算一般是以行为时的年龄计算的，行为有连续或继续状态时以行为终了之日时计算。盗窃罪不属于连续犯或继续犯。因此作案时15周岁的丙和作案时14周岁的丁不构成盗窃罪。

2. 刑事责任年龄以满14周岁第2天起算。那么，14周岁生日当天不属于满14周岁，必须是生日后一天才算满14周岁。具体说，就是14周岁生日当天24小时后再犯法就有可能追究刑事责任了。所以帅某的盗窃和抢劫行为是属于未满14周岁前实施的，不能追究刑事责任。生日后一天，出去盗窃并交通肇事，由于不满16周岁，对盗窃和交通肇事行为同样不负刑事责任。但帅某多次进行违法犯罪活动，虽然因不满16周岁不予刑事处罚，但可以对其进行收容教养。

自测题：1. ABD 2. ABCD 3. CD

二、精神病人的刑事责任能力

案例讨论：胡某应当负刑事责任，可以从轻或减轻处罚。

自测题：1. AC 2. BCD

三、聋哑人、盲人犯罪与刑事责任

案例讨论：林某和胡某应当负刑事责任，但可以从轻或减轻处罚。

自测题：D

四、醉酒的人的刑事责任

案例讨论：

1. 不能。

2. 从孙某某的心理态度分析，他在醉酒驾驶时，对危害结果没有必然性的认识，也不会对撞死人的后果抱有希望或者放任的态度。事后也积极赔偿，取得被害人家属谅解。因此，二审法院改判是正确的。

自测题：1. AB 2. ABC

五、犯罪主体的特殊身份

案例讨论：张某的行为构成贪污罪。根据全国人大常委会《关于〈中华人民共和国刑法〉第九十三条第二款的解释》，村民委员会等村基层组织人员协助人民政府从事下列行政管理工作，属于《刑法》第93条第2款规定的"其他依照法律从事公务的人员"：（1）救灾、抢险、防汛、优抚、扶贫、移民、救济款物的管理；（2）社会捐助公益事业款物的管理；（3）国有土地的经营和管理；（4）土地征收、征用补偿费用的管理；（5）代征、代缴税款；

(6)有关计划生育、户籍、征兵工作;(7)协助人民政府从事的其他行政管理工作。村民委员会等村基层组织人员从事前款规定的公务,利用职务上的便利,非法占有公共财物、挪用公款、索取他人财物或者非法收受他人财物,构成犯罪的,适用《刑法》第382条和第383条贪污罪、第384条挪用公款罪、第385条和第386条受贿罪的规定。本案中张某将县、乡拨发的土地开发费截留,用于个人宴请,属于侵吞,属于贪污。在村民企业报销费用属职务侵占,因数额不属于较大,不构成职务侵占罪。

自测题:1. BC 2. A

六、单位犯罪

案例讨论:周某某作为公司副董事长兼总经理,在台湾侨资联合开发有限公司为公司注册登记过程中,伙同台湾侨资公司董事长刘甲、总经理刘某某故意隐瞒事实真相、虚报注册资本,使公司骗取登记,并通过企业年检,其行为系单位犯罪行为。第一,周某某隐瞒事实真相、虚报注册资本的目的是欺骗公司登记管理部门,使公司取得登记,并通过企业年检,也就是说,周某某的行为是为公司牟取不正当利益,而非为周某某个人;第二,周某某作为华泰公司的总经理,其决定并实施的虚报注册资本的行为,是以公司的名义实施的,代表的是公司的意志;第三,根据《刑法》第158条的规定,个人犯虚报注册资本罪要求犯罪主体是特殊主体,即行为人必须是申请公司登记的个人。而根据公司法的规定,有限责任公司"申请公司登记的人"是由全体股东指定的代表或者共同委托的代理人;股份有限公司"申请公司设立的人"是董事长。本案中,华泰公司是有限责任公司,其申请设立人是台湾侨资公司,而周某某不是出资人,不是股东,也不是股东指定的代表,也就是说,从自然人犯虚报注册资本罪的要求看,周某某不符合特殊主体的要求。综上,周某某作为侨资公司聘用的华泰公司高级管理人员,其虚报注册资本的行为,就是华泰公司的行为。华泰公司虚报注册资本,且数额巨大,其行为构成虚报注册资本罪。本案二审法院认定华泰公司犯虚报注册资本罪是正确的。

自测题:ABCD

第七章 犯罪的主观方面

一、犯罪故意的概念和特征

案例讨论:以间接故意杀人罪论处。明知被害人准备跳车,不但不停车,反而加速,致他人的生命安危于不顾。对被害人的死亡持放任的心理态度。

自测题:1. C 2. AC

二、直接故意的概念和特征

案例讨论:甲对丙死亡的主观罪过是直接故意,明知结果必然发生而放任结果发生的,成立直接故意。

自测题:ABC

三、间接故意的概念和特征

案例讨论:通常情况下,"不作为"不会产生妨害或者损害后果,但在特定情况下,应作为而不作为就有可能构成犯罪,这就是不作为犯罪。本案因为小偷周某想逃避韩某某等三人的围殴而发生溺水死亡危险,韩某某、颜某某、廖某某等三人具有防止周某溺水死亡的法定作为义务,应当尽全力救援落水者。三被告人不予救助,这种不作为行为导致了周某死亡的后果,所以应当以故意(间接故意)杀人罪追究其刑事责任。

自测题:B

四、过失犯罪的概念和特征

案例讨论:在本案中,肖某对误食有毒面条而死亡的儿子,在主观上应属于过于自信的过失的心理态度。这是因为:(1)肖某对于自己在面条中投毒的行为可能会毒死其子是已经预见到了,因此她才采取了一定的措施来防范;(2)虽然已经知道自己的行为可能毒死其子,但她却相信能够避免,其子不会误食有毒的面条,这表现为她一方面口头告诉其子该吃哪一碗不该吃哪一碗,另一方面她将两碗面条也分别放在不同的地方,以防其子端错了;(3)当其子中毒死亡这一结果发生后,她心里特别难受,这也说明其子的死亡是违背肖某意愿的。肖某对其子可能被毒死并不是采取听之任之、放任不管的态度,只是由于过高地估计了自己所采取的预防措施,以致造成其子中毒死亡的严重后果。

自测题:1. ABCD 2. C

五、疏忽大意的过失

案例讨论:王某开枪的行为主观上不是希望或者放任李某的死亡结果的发生,而是应当预见到自己向水泥地开枪对他人造成危险而没有预见的心理态度。

自测题：1. C 2. C

六、过于自信的过失

案例讨论：杨某的主观罪过是过于自信的过失。

自测题：AC

七、疏忽大意的过失与间接故意的区别

案例讨论：第一种意见正确。

自测题：间接故意。

八、过于自信的过失与间接故意的区别

案例讨论：被告人张某某的行为成立故意杀人罪（间接故意）。

自测题：C

九、意外事件的概念和特征

案例讨论：意外事件。理由：首先，被告人追赶李某，只是为了让其将偷的鱼留下，并没有将其赶下水的意图，也就不会有致其于死地的故意；其次，被告人在李某下水后，未采取任何足以促使其死亡的行为；最后，看到李某下沉后，迅速施救。从李某下水到被捞起约5分钟时间。由此可见，被告人已经尽了自己最大的努力去营救李某。所以，被告人主观上既不存在希望或放任的心理状态，也不存在疏忽大意或过于自信的心理状态。

自测题：ABCD

十、意外事件与疏忽大意的过失的区别

案例讨论：

1. 从本案情况看，甲的死亡确与乙的行为有关，因为确是乙将其抬至门口，但从主观上看，乙既没有故意也不存在过失，因为在当时的情况下，乙不想让甲与其母的争吵进一步升级恶化，闹得不可开交，而是想息事宁人，并听其母的话，将甲抬到外面去醒醒酒，以避免事态的发展，其从甲腋下用双肘将甲的身体撑起抬至门外摔倒时，在自身亦被绊倒在地的情况下不可能在极短的时间内控制和中止损害后果的发生。且门外是一平台而非下楼梯口，其不能预见甲会从楼梯上摔下的结果，故虽然在客观上造成了甲摔下致死的结果，但乙并无主观故意也没有疏忽大意的过失心态，而是由于不能预见的原因引起的，

甲的死亡后果与乙的行为不构成直接必然的因果关系。故本案纯属意外事件，根据刑法的有关规定，乙不负刑事责任。

2. 丁对老头的死亡主观上是疏忽大意的过失心态。

自测题：B

十一、意外事件与过于自信的过失的区别

案例讨论：过于自信的过失。行为人已经想到了，但又想几天前这个地方吊死一个人，阴森森的，白天都很少有人到这里来，夜晚这里肯定更没有人，说明他已经预见到了，但轻信没有人来，故成立过于自信的过失。

自测题：ABCD

十二、刑法上的认识错误

案例讨论：假想防卫，存在认识错误。

自测题：ABCD

十三、对象的错误

案例讨论：是故意杀人既遂。

自测题：1. A　2. ABCD

十四、行为错误

案例讨论：有犯罪故意，按未遂处理。

自测题：ABC

十五、因果关系的错误

案例讨论：这个因果关系的错误认识不影响最终的定性处罚。

自测题：AD

十六、犯罪目的和犯罪动机

案例讨论：厉某的行为不能以拐卖儿童罪论处，因为不具有出卖的目的。

自测题：1. B　2. B

第八章 排除犯罪性事由

一、正当防卫的概念和特征

案例讨论：

1. 首先，邓某某的捅刺行为具有防卫性。因为当邓某某准备离开时遭到邓某大的拦截并两次将邓某某压于身下的沙发上；其次，防卫超过了必要限度，是防卫过当。

2. 首先，于欢的捅刺行为具有防卫性。案发当时杜某某等人对于欢、苏某持续实施着限制人身自由的非法拘禁行为，并伴有侮辱人格和对于欢推搡、拍打等行为；民警到达现场后，当于欢和苏某想随民警走出接待室时，杜某某等人阻止二人离开，并对于欢实施推拉、围堵等行为，在于欢持刀警告时仍出言挑衅并逼近，实施正当防卫所要求的不法侵害客观存在并正在进行；于欢是在人身自由受到违法侵害、人身安全面临现实威胁的情况下持刀捅刺，且捅刺的对象都是在其警告后仍向其靠近围逼的人。因此，可以认定其是为了使本人和其母亲的人身权利免受正在进行的不法侵害，而采取的制止不法侵害行为，具备正当防卫的客观和主观条件，具有防卫性质。其次，于欢的捅刺行为不属于特殊防卫。最后，于欢的捅刺行为属于防卫过当。于欢面临的不法侵害并不紧迫和严重，而其却持刃长15.3厘米的单刃尖刀连续捅刺4人，致1人死亡、2人重伤、1人轻伤，且其中1人系被从背后捅伤，故应当认定于欢的防卫行为明显超过必要限度，造成重大损害，属于防卫过当。

自测题：1. B　2. ACD

二、正当防卫开始时间和终止时间的认定

案例讨论：

1. 曾某的行为构成故意伤害罪，因为林某的不法侵害还没有开始。

2. 夏某利用晚间王某熟睡之际，用斧头砍死王某以及试图阻挡其逃走的王某的母亲之后逃走，属事后防卫。

自测题：ABC

三、正当防卫必要限度的认定标准

案例讨论：

1. 2011年7月29日，海淀区法院一审认定吴某的行为是正当防卫，对吴

某宣告无罪,当场释放,不承担民事赔偿。海淀区法院在判决中对吴某是否构成正当防卫进行了分析。法院认为,李某3人夜闯民宅殴打他人已严重侵犯了3名弱女子的人身权利。当李某举着长11厘米、宽6.5厘米、重达1斤的锁砸向吴某时,致使暴力程度愈演愈烈,甚至危及吴某的生命安全。而案发时正是凌晨3时,夜深人静,案发现场离其他人住宿比较远,吴某等人被围困在空间狭小的宿舍里,实际上处于孤立无援的状态。因此,吴某的行为完全属于正当防卫,且没有超过必要限度,故判决吴某无罪。

2. 该起案件系因李某无故挑衅、无休纠缠、耍蛮斗狠等行凶行为引发的,王某是在其自身健康和生命安全受到威胁的情况下,出于极端恐惧、愤怒而产生的激烈反击行为,完全符合正当防卫的构成要件,依法应不负任何法律责任。

自测题:1. D　2. C

四、紧急避险的概念和特征

案例讨论:可以成立紧急避险。

自测题:ABD

五、紧急避险是否适用于职务上、业务上负有特定责任的人

案例讨论:

1. 李某的行为不是紧急避险。因为他是消防员,他的职责是消灭火灾、参与救护、为民服务工作等,属于《刑法》第21条第3款所规定的职务上、业务上负有特定责任的人。

2. 丽丽和娜娜的行为是紧急避险,她们不属于《刑法》第21条第3款所规定的职务上、业务上负有特定责任的人,而且生命权大于财产权。

自测题:B

六、自招危险特别是故意的犯罪行为招致的危险可否紧急避险

案例讨论:碑林区法院经审理认为,紧急避险具有排除社会危害性的性质。苗某某当时车速为67.6公里,已超过最高限速,且苗某某在超速行驶的情况下与余某的车辆并行,其行为不仅使自己的车辆处于危险之中,也给正常行驶的车辆带来危险。因此苗某某的违规行为使其本身具有社会危害性,在此情况下发生事故,紧急避险所应具备的前提条件不存在,仍构成交通肇事罪。因此,该院以交通肇事罪判处苗某某有期徒刑2年,缓刑3年。

自测题:可以成立。本案中,藏獒伤人的急迫危险确实是甲故意行为造成,但应当看到,甲故意挑逗藏獒时,并没有毁坏乙财产的意图,更没有试图

通过毁坏乙的财物以避免急迫危险的意图，此情形下的"故意"并不像避险挑拨的"故意"那样，在自招危险行为与避险行为之间具有明显而强烈的关联和传递，即两者之间根本没有犯罪意图的贯通。其毁坏乙财产行为不过是在出现了即将为藏獒所伤急迫危险才付诸实施的。

七、牺牲他人生命保全本人生命的紧急避险

案例讨论：本案中，张某与王某同时处于死亡的边缘，生命安全均受到了强烈冲击，在这种生死存亡的关头，任何人都会毫不犹豫地选择生存。在只有一个救生圈，且不能同时承受两个人的重量时，张某将王某从救生圈上拽开，自己独自逃生，是为了生存而作出的本能反映。我们不可能期待张某作出一个更合法或者更有利于双方生命安全的选择，该行为虽然非法，但是在这种特殊情况下，为抢夺生存的机会不得已作出的行为，是一种合理存在。

自测题：BD

八、安乐死的定性

案例讨论：（略）

自测题：E

第九章 故意犯罪过程中的停止形态

一、犯罪既遂

案例讨论：张某的行为是犯罪既遂。

自测题：ABCD

二、犯罪预备的概念和特征

案例讨论：甲的行为是犯罪预备。

自测题：1. AC　　2. B

三、犯罪中止的概念和特征

案例讨论：张某的行为成立犯罪中止。

自测题：B

四、放弃重复侵害行为的定性

案例讨论：本案中李某自动放弃射击的行为符合犯罪中止的概念特征。从

时间上讲，李某放弃重复侵害的行为发生在犯罪过程之中，连续射击的重复侵害行为应看作一个整体的行为，并不是实施数个独立的行为。

自测题：：CD

五、犯罪未遂

案例讨论：姜某的行为是抢劫未遂。因为姜某已经着手实施刑法分则关于抢劫罪的实行行为，虽属熟人作案，但姜某逃离现场，不仅仅是因被害人认出了他而是他见有人来，因此是抢劫未遂。

自测题：：ACD

六、犯罪着手的认定

案例讨论：李某、刘某二人的行为是抢劫预备，还未着手，即被抓获。

自测题：AB

七、犯罪未得逞的认定

案例讨论：本案中，杨某的投毒杀人行为已经实施完毕，虽未发生行为人所预期的死亡结果，但这是由于行为人所采取的手段——投放的是不能致人于死地的硫酸铜所致的，而非行为人所采取的送医院抢救措施。换言之，杨某尽管主观上彻底放弃了犯罪意图，客观上做了积极努力，但这种努力并非有效地避免预期危害结果发生的原因，即这种努力在主观上是自动的，在客观上却是无效的。它虽然符合犯罪中止的自动性条件，但却不具备中止的有效性特征。因此，只能以未遂犯论处，而不能以中止犯论处。当然，这种为防止危害结果的发生所作的努力，在量刑时应当作为酌定的从轻情节加以考虑。

根据我国《刑法》第25条的规定，共同犯罪是指2人以上共同故意犯罪，即共同犯罪的成立，客观上须各个行为人实施了共同的犯罪行为，主观上行为人之间存在共同的犯罪故意。本案被告人钱某，在得知张某的杀人意图后，不仅未积极提供帮助，反而予以拒绝。后虽在张某揭发其隐私的要挟下提供了药物，但提供的却是不能致人死地的硫酸铜，这说明钱某自始至终均不存在与杨某、张某共同杀人的主观故意，也未实施共同杀人的客观行为，故钱某的行为不能以犯罪论处。张某成立犯罪未遂。

自测题：D

八、不能犯未遂的认定与处理

案例讨论：甲的行为属于工具不能犯未遂。

自测题：CD

九、犯罪分子意志以外的原因的认定

案例讨论：林某的行为属于犯罪未遂。

自测题：ACD

第十章　共同犯罪

一、共同故意的认定

案例讨论：从本案的过程来看，张某在客观上既没有直接实施与梁某同时强奸孔某的行为，也没有为梁某提供犯罪工具和场所，更没有帮助梁某窥察被害人的行踪、排除实施犯罪的障碍、选择犯罪的手段，以及为犯罪的实施创造有利条件等帮助行为。及至在电工房内，张某发现梁、孔二人时，张某也不知道梁某将要强奸孔某，因为梁、孔二人平时来往较多，有谈情说爱的传闻，故张某只是对孔某笑了笑就离开了电工房，当然。后来张某在房外听见了梁某强奸孔某的过程，此时可以进去制止梁某的行为而没有进去制止，这是极端错误的。但这种错误只能说明他法制观念淡薄，道德品质差，但不能以梁某强奸犯罪的共犯论处。

自测题：1. ABCD　2. ACD

二、一方实行过限的共同犯罪如何定罪

案例讨论：本案中夫妻双方当事人因排水纠纷继而伤人，在这个过程当中，杨某和李某是否构成共同犯罪，关键在于他们是否有共同伤害的犯罪意思联络，对于这种相邻权纠纷而相互发生口角在生活中较常见，杨某在与邻居黄某发生口角时并没有伤害邻居的故意，也无法预见到丈夫会殴打黄某，因此，不应定共同犯罪。

自测题：ABC

三、内外勾结（非身份者与身份者）共同犯罪的定性

案例讨论：对赵某应定性为滥用职权罪（主犯）、受贿罪，进行数罪并罚；对钱某应定性为滥用职权罪（从犯）。

自测题：D

四、间接实行犯的定性与处理

案例讨论：刘某的行为属于间接实行犯。

自测题：C

第十一章 一罪与数罪

一、一罪与数罪的区分标准

案例讨论：丙的行为构成数罪。构成交通肇事罪和故意杀人罪，基于两个故意，实施两个行为，符合两个犯罪构成。

自测题：D

二、想象竞合犯与法条竞合犯的区别

案例讨论：乙构成抢劫罪，属绑架罪想象竞合。

自测题：AD

三、牵连犯的构成与处理

案例讨论：被告人的犯罪目的是骗取保险金，但他们实施了放火烧毁客车的行为。这个放火烧毁客车的行为目的是骗取保险金，但行为本身又构成了放火罪。前者是方法行为，后者是目的行为，两者之间具有牵连关系，属于牵连犯。但根据《刑法》第198条第2款的规定：为了骗取保险金而故意造成财产损毁的，应当数罪并罚，因此应对二人行为进行并罚。

自测题：C

四、继续犯与连续犯的区别

案例讨论：孙某和王某的行为属连续犯，构成抢劫罪。

自测题：C

五、结果加重犯的认定与处理

案例讨论：李某交通肇事后，对被害人的死亡放任不管，并导致其死亡的严重后果，符合《刑法》第133条所规定的"逃逸致人死亡"之加重情形。

自测题：ABCD

六、吸收犯与牵连犯的区别

案例讨论：
1. 抢劫罪吸收非法侵入住宅罪。
2. 数罪并罚，不成立牵连犯。

自测题：AD

第十二章 刑罚的体系和种类

一、管制

案例讨论：结合张某的犯罪情节，需判处有期徒刑，根据《刑法修正案（九）》的规定，前罪所判处的管制刑依然有效，待本案判决执行完毕后，再执行前罪未执行完毕的刑罚。

自测题：CD

二、死刑

案例讨论：以无期徒刑和故意伤害判处的刑罚数罪并罚。

自测题：B

三、怀孕妇女的死刑适用

案例讨论：公安机关已掌握杨某涉嫌参与杀人的犯罪事实，又得知杨某怀孕，但暂缓采取强制措施，依照《刑法》第49条的规定，对杨某仍可视为"审判时怀孕的妇女，不适用死刑"。

自测题：C

四、未成年人的死刑适用

案例讨论：犯罪的时候不满18周岁的人不适用死刑，尽管民愤极大，但年龄界限不得突破。

自测题：CD

五、75周岁以上的人的死刑适用

案例讨论：最高法对此案进行了判决。判决书显示，该院认为，被告人王某某为牟取非法利益，结伙走私、贩卖海洛因，其行为已构成走私、贩卖毒品罪。王某某指使他人从境外将毒品走私入境贩卖，走私、贩卖毒品数量大，犯罪情节严重，社会危害大，在走私共同犯罪中系罪责最为严重的主犯，应依法惩处。一审判决、二审裁定认定的事实清楚，证据确实、充分，定罪准确，审判程序合法。鉴于王某某审判时已年满75周岁，依法对其不适用死刑。撤销判决中被告人王某某以走私、贩卖毒品罪判处死刑，剥夺政治权利终身，并处没收个人全部财产的部分。被告人王某某犯走私、贩卖毒品罪，判处无期徒刑，剥夺政治权利终身，并处没收个人全部财产。

自测题：1．D　2．B

六、非刑罚处罚方法——职业禁止

案例讨论：法院的判决是正确的。

自测题：B

第十三章　刑罚裁量

一、自首的成立条件

案例讨论：任某某的行为属于自首。属于罪行未被发觉，配合调查时主动交代犯罪行为的。

自测题：A

二、投案后不承认，一审审理过程中又承认的，能否认定为自首

案例讨论：被告人在法院一审审理期间推翻自己在侦查、起诉阶段所作的供述，属于翻供，依照司法解释的规定，不属于如实供述犯罪事实，不应认定为自首；即使其在二审审理期间又如实供述全部犯罪事实，也不应认定为自首。

自测题：ABCE

三、主动交代司法机关还未掌握的余罪是否成立自首

案例讨论：本案中，被告人李某因盗掘古墓葬被采取强制措施，其间如实供述了伙同他人非法制造枪支的犯罪事实，因盗掘古墓葬罪与非法制造枪支罪确属不同种罪行，且无法律与事实上的关联性，因此，应依法认定为自首。

自测题：AD

四、立功的规定

案例讨论：第三种意见正确。

自测题：BCD

五、累犯的构成与处理

案例讨论：李某在刑罚执行完毕后 5 年内已开始实施的犯罪行为虽然在刑罚执行完毕后 5 年外的时间内结束，应当视为在刑罚执行完毕后 5 年内发生的犯罪行为，因其犯罪应当判处有期徒刑以上刑罚而构成累犯，应以盗窃罪从重处罚。

自测题：ABD

六、缓刑期满后又故意犯罪是否构成累犯

案例讨论：柏某某的行为不构成累犯。

自测题：BCD

七、数罪并罚的适用

案例讨论：应当将诈骗罪没有执行的 2 年有期徒刑、伪造证件罪没有执行的 6 个月管制，与盗窃罪的 2 年有期徒刑实行并罚。倘若决定执行 3 年有期徒刑，6 个月管制，那么应当在 3 年有期徒刑执行完毕后再执行 6 个月管制。

自测题：ABC

八、缓刑的规定与适用

案例讨论：本案中，赵某有盗窃罪前科，他应该明白，即使不赔，法律也会强迫他赔偿的，并且司法实践中"坦白从宽，抗拒从严"的政策及"赔钱减刑"的惯例，使每个被告人都知道坦白、赔偿被害人损失往往会从轻处罚，因此被告人为了获得轻判常常会作出坦白、道歉、民事赔偿。另外，赵某是在逃跑、隐匿期间被抓获的。综合分析赵某的情况，并不能排除赵某有再犯罪的可能性，故对其不适用缓刑要妥当些。

自测题：B

第十四章　刑罚的执行

一、减刑的适用与条件

案例讨论：不正确，可以减刑。

自测题：ABCD

二、假释的规定与适用

案例讨论：法院对赵某作出撤销假释决定。

自测题：1. D 2. BCD

第十五章　刑罚的免除

一、追诉时效的起算和中断

案例讨论：由于被告人刘某某实施犯罪时是 1996 年 11 月 26 日，至 2017 年 3 月 1 日，已超过 20 年追诉期限。根据相关规定，须层报最高人民检察院核准。最高人民检察院经审查后认为，被告人刘某某强奸幼女并致其死亡的行为，虽然已超过 20 年追诉期限，但犯罪行为恶劣，后果严重，必须追诉，依法作出了上述决定。最高人民检察院核准追诉被告人被判处死缓。

自测题：CD

二、已立案的案件起诉时已过追诉时效的应当如何处理

案例讨论：构成故意杀人罪。

自测题：B

三、不受追诉时效期限限制的几种情况

案例讨论：康某的行为未超过追诉时效。根据《刑法》第 88 条规定，在公安司法机关采取强制措施后，逃避侦查或者审判的不受追诉时效的限制。

自测题：1. C 2. B

参考书目

1. 陈兴良、曲新久主编：《案例刑法教程》，中国政法大学出版社 1994 年版。
2. 黄京平主编：《刑法总则案例分析》，中国政法大学出版社 2000 年版。
3. 高铭暄主编：《新编中国刑法学》（上册），中国人民大学出版社 1993 年版。
4. 高铭暄、赵秉志主编：《过失犯罪的基础理论》，法律出版社 2002 年版。
5. 侯国云主编：《过失犯罪论》，人民出版社 1996 年版。
6. 高铭暄、马克昌主编：《刑法学》，北京大学出版社 2005 年版。
7. 马克昌主编：《犯罪通论》，武汉大学出版社 1991 年版、1999 年版。
8. 高铭暄、马克昌主编：《刑法学》，北京大学出版社 2000 年版。
9. 赵秉志主编：《中国刑法案例与学理研究》（总则上、下篇），法律出版社 2001 年版。
10. 赵秉志主编：《犯罪总论问题探索》，法律出版社 2003 年版。
11. 侯国云主编：《过失犯罪论》，人民出版社 1993 年版、1996 年版。
12. 姜伟主编：《犯罪形态通论》，法律出版社 1992 年版。
13. 张明楷主编：《刑法学》（教学参考书），法律出版社 1999 年版。
14. 谢望原、赫兴旺主编：《中国刑法案例评论》（第二辑），中国法制出版社 2008 年版。
15. 张文学主编：《刑法条文案例释解》，法律出版社 1997 年版。
16. 陈兴良主编：《刑法案例教程》，中国法制出版社 2003 年版。
17. 周振想主编：《释论与罪案》（上册），中国方正出版社 1997 年版。
18. 刘四新主编：《刑法实务与案例评析》（上册），中国工商出版社 2002 年版。
19. 陈兴良主编：《刑法疑案研究》，法律出版社 2002 年版。
20. 陈兴良主编：《当代中国刑法新径路》，中国人民大学出版社 2006 年版。

21. 陈兴良主编：《刑法案例教程》，中国法制出版社 2007 年版。
22. 赵秉志主编：《刑法教学案例》，法律出版社 2003 年版。
23. 侯国云主编：《刑法》，中国政法大学出版社 2007 年版。
24. 韩玉胜主编：《刑法总论案例分析》，中国人民大学出版社 2000 年版。
25. 于志则主编：《案例刑法学总论》，中国法制出版社 2010 年版。
26. 韩锦霞、史玉琴主编：《刑法学》，中国检察出版社 2017 年版。